高等学校公共管理类核心课程规划教材

社会调查与统计

主　编　董海军
副主编　杨成胜　唐美玲

Social Survey and Statistics

WUHAN UNIVERSITY PRESS
武汉大学出版社

图书在版编目(CIP)数据

社会调查与统计/董海军主编 .—武汉：武汉大学出版社，2015.2(2025.7 重印)
高等学校公共管理类核心课程规划教材
ISBN 978-7-307-15088-1

Ⅰ.社… Ⅱ.董… Ⅲ.①社会调查—高等学校—教材 ②社会统计—高等学校—教材 Ⅳ.①C915 ②C91-03

中国版本图书馆 CIP 数据核字(2015)第 022660 号

责任编辑:范绪泉　　责任校对:鄢春梅　　版式设计:马　佳

出版发行：**武汉大学出版社**　(430072　武昌　珞珈山)
(电子邮箱：cbs22@ whu.edu.cn　网址：www.wdp. com.cn)
印刷:湖北金海印务有限公司
开本:787×1092　1/16　印张:23.5　字数:559 千字　插页:1
版次:2015 年 2 月第 1 版　2025 年 7 月第 12 次印刷
ISBN 978-7-307-15088-1　定价:58. 00 元

前 言

毛泽东在《反对本本主义》《农村调查》等著作的序言中，多次讲到调查研究的态度、作风和方法问题。他曾指出：很多人的调查方法是错误的，“调查的结果就像挂了一篇狗肉账，像乡下人上街听了许多新奇故事，又像站在高山顶上观察人民城郭。这种调查用处不大，不能达到我们的主要目的”。① 针对这种情况，他在 1931 年第一次提了“不做正确的调查同样没有发言权”的口号，补充和发展了“没有调查就没有发言权”的观点，把运用正确的方法进行社会调查，提到思想原则高度上做了概括。

社会学专家、原复旦大学社会学系主任胡曲园说，社会学的精髓在于社会调查及方法。美国的统计师比律师还吃香，数据分析行业在美国十分受重视。就像计算机和外语一样，统计本身是一种工具，在科学发展的当今社会，任何工作如果用上统计进行数据分析就会做得更好。正因为如此，我们力图改变调查方法类教材对统计只是蜻蜓点水式介绍的格局。

现代社会是一个复杂多变的信息社会。要正确认识并科学管理现代社会，离不开对社会信息准确及时的收集和处理。社会调查作为一种收集和处理社会信息的基本方法，在现代社会中具有越来越重要的作用。一切社会工作者和研究人员，都应该认真学习和掌握社会调查方法，努力提高自己的认识能力和工作水平。

社会学研究的实证性以理论研究与经验研究的结合为前提。实证这一概念是社会学的创始人孔德首先提出来的，它的本意是“确实的”，指知识来源于具体的经验研究。社会学虽然同其他学科一样离不开理论分析，但它的知识主要依靠对“社会事实”进行具体的经验研究所获得。具体而言，社会学研究的实证性包括这样几层含义：第一，社会现象同自然现象一样是客观存在的，它们之间也存在着因果联系，可以被科学认识，也可以进行观察和测量，可以运用数学的方法、统计学的方法及其他自然科学的方法对其进行定量分析。第二，社会学对社会现象的分析，是建立在实际调查所获得数据的基础上的，而不依靠思辨的方法，进行抽象推理。第三，社会学研究坚持理论的提出必须有事实作为根据，必须经充足的经验证据验证的原则。

本教材编写的出发点和宗旨是学以致用，以科学规范性为基础，以实务操作性为标准，以调查研究项目开展的过程为主线。相对于国内已有的版本，本教材具有以下三个鲜明的特色：

第一，体现课程思政的要求，立德树人。牢固地站在实践的基础上，紧紧抓住社会调查研究深入社会、实事求是的精髓，把做人做事的基本道理要求融入教材中来，强调实事

---

① 毛泽东选集 . 第 1 卷 . 北京：人民出版社，1991：113.

求是和求真务实，融思想性、知识性和实务性于一体，对读者正确地认识世界和了解世界产生积极影响。

第二，突显课程教材与“真”的结合。本教材对知识要点的引入和阐述，丰富精彩，以中外现实社会的调查与统计案例导入，以开阔的思路和鲜活的文字讨论阐释，可读性强，又备感受益。由于本教材能做到深入浅出，加上此课程设置的普遍性，相信其适应面很广。

第三，更多地强调作为调查与统计的应用性、操作性和实践性，着重研究设计、问卷制定、资料收集和数据分析，淡化理论色彩和思辨性内容，避免国内外同类著作的通病——学生完成课堂学习后“会说不会做”。本教材通过提供大量案例和课堂互动练习，引导学生在教材的指导下独立完成社会调查与统计的全过程，让学生碰到具体的调查项目就知道如何进行研究。

本书的价值在于以一种自下而上的方式来展开介绍调查与统计的相关知识，从学生或研究者常有的问题或困惑入手来展开知识介绍，同时，本书将融入编者多年来的调查研究实践经验，因此在体例和内容上具有一定的创新性，不仅仅介绍以统计调查为代表的定量社会调查，还包括以实地研究为代表的定性社会调查，从而使得本教材能够尽可能满足深入社会做调查的研究者或学习者的需要。

本书是一本社会调查类的教材，内容包括选择课题、调查设计、问卷设计、资料收集、数据处理和调查报告撰写。本书的一大特色是按照研究的整体步骤逐步以实例阐明，同时将定性的实地调查纳入调查研究的范畴。本书不仅使希望了解调查方法的读者能完整地学到这一方法，而且还力求使那些通过社会研究方法入门教材对调查方法有一定了解的读者有更专业的理解和认识。

本书同时可作实务操作手册。操作性和实务性是本书阐述的一个基本要求，也是本书的另一特色。通过对社会调查与统计每一步操作程序和技巧的讲解，辅以中国具体环境下的实际处理事例，本书可以帮助社会调查研究的从业人员完成具体的操作过程。

有一点需要作出说明，统计学方法在社会学中的运用已经成功地走过了半个世纪，它对提高社会学这门学科的科学研究水平作出了巨大的贡献。在社会调查的概念中，实质上已经包括资料分析的内容，但是为了突出定量的统计，所以我们的书名取为《社会调查与统计》。

应该指出的是，教师和学生可以按照自己的需要，将有关数据的统计分析部分有选择性地进行讲解和阅读，也可以结合其他教材补充讲解有关实验研究等内容。

在编写本书的过程中，编者参考了国内外社会调查类的专著和书籍，也借鉴了国内外应用统计学的内容。就本书中的例题来说，多结合了编者的教学实践、研究课题和国内外的有关事例。学生通过本教材的学习，可以直接学到社会调查与统计在社会研究中的运用。

向一切关心本书出版的各校社会学系师生员工表示谢意。

编　者

2015 年 2 月

目　录

第一章

导　论

☞**思考发现**

习近平总书记强调："调查研究是我们党的传家宝，是做好各项工作的基本功。"回望中国共产党的历史，什么时候重视调查研究，坚持一切从实际出发，党和人民事业就蒸蒸日上；什么时候忽视调查研究，主观认识脱离客观实际，就会遭受挫折。现代社会是一个复杂多变的信息社会。要想正确认识并科学管理现代社会，离不开对社会信息准确及时的收集和处理。所有社会工作者和研究人员都应该认真学习和掌握社会调查方法。

☞**案例导入**

这样的社会调查与统计可信可靠吗①

有的电视节目中的"街头"访谈，还有许多医药广告，根据凑巧出现在电视访谈地方的人（甚至是主观安排好的人）的意见而冠以调查的名义来反映普通大众的意见；

有的社会调查在几千人的总体中，仅仅调查了十几个人，甚至只调查了几个人，就得出了一系列有关这个总体的结论；

有的社会调查也许发出上千份问卷，可收回的只有两三百份，但研究者仍振振有词地用这两三百份问卷的结果来对社会现象进行分析和说明；

有的通过互联网进行网络调查进而得出全民性的调查报告；

有的大型社会调查做完后，调查者只能在调查报告中遗憾地说：本调查结果不能反映总体的情况，有的调查者甚至到最后还说不清他所调查的总体究竟是什么；

有的社会调查虽得到了一大批资料，可是除了一些简单百分比之外，调查者并不知道他究竟得到了些什么；有的调查者则总是把表面上存在差别而

① 风笑天．什么是社会调查．青年研究，1993（2）．

实际上并无差别的统计结果作为阐述两变量关系的依据；

还有的社会调查对被调查者提出了一些很难回答，甚至完全不能回答的问题，收回的只是一堆虚假的、无用的数字。可调查者却在计算机上用这些数字认真地统计出一个个结果，得出一条条结论；

有的调查，其问卷操作化不严密，测量的结论不具有推论性。比如，询问中小学生是否曾有一闪而过的“活着不如死了好”的想法，有此想法的学生即被认为精神有障碍。

……

作为社会巫术的社会调查——摘录一段布迪厄的谈话

在过去十年里，整个政治领域变得越来越封闭，争斗的对手只限于内部的一些人，彼此的争吵独具一格，争夺的焦点也极为特殊。政府的领袖们实质上成了囚犯，被一群阿谀奉承之徒所包围，这些随从是原本一片好心的技术官僚们，可惜他们就是不懂他们的公民们在日常生活中的一举一动，不懂他们自己无知到何种地步。他们乐于借助民意调查的巫术来进行治理，这些调查用一些被调查者不用的字眼，提一些被调查者一般并不会提出来的问题，而被调查者直到问题摆在了他们面前，面对调查者的催促和逼迫，才会并不情愿地给出了一些牵强的答案。这种强加的问题，貌似合理的技术，其实不过是蛊惑人心的伪科学。(布迪厄，华康德．实践与反思．李猛，李康，译．北京：中央编译出版社，1998.)

阅读提示：通过对本案例的理解，观察社会调查与统计的影响，同时至少思考以下几个方面的问题：(1) 什么是社会调查？请你举例说明有哪些社会调查。(2) 结合案例分析说明不科学的社会调查与统计会导致怎样的不良后果？(3) 如何进行科学的社会调查？

第一节　社会调查的含义、题材与功能

青少年犯罪问题为什么那么严重？如何缩小我国的贫富差距？家庭是不是正在解体？社会的婚恋观发展趋势如何？大多数人都很关心这些话题，不论是否受过学术训练。然而，在看待这些话题时，社会学家与一般人的不同之处在于，社会学家必须使用科学方法来研究社会。这门课程就是为了帮助我们掌握研究社会的科学方法。

你是否接触甚至参与了社会调查呢？当我们漫步街头，可能碰到有人拿着问卷在拦住行人做问卷调查，或许直接被访问过对品牌商品的评价；当我们翻开各种社科期刊，比如《社会学研究》、《青年研究》或《中国青年研究》，等等，经常可以读到有关各种问题的大篇社会调查报告，就是在一些非专业报刊上，甚至在许多通俗读物中，我们也能不时看到“关于……的调查”这样的标题和字眼，文中经常会读到“据……调查”，等等。

然而，究竟什么是社会调查？科学意义上的社会调查又具有什么特征呢？对于这样的问题，人们并未去细究。特别是当需要亲自动手做一项社会调查时，许多人往往就是凭着头脑中对社会调查的那一点点感性认识（不管正确与否、全面与否、科学与否），大胆地去干了。结果自然也都会有，其中不少结果还发表在各种报纸杂志上，有的也送到了各级政府决策部门领导的办公桌上。可这些调查结果的质量究竟如何？它们究竟在多大的程度上反映了客观社会的现实呢？它们会不会歪曲了现实、误解了现实呢？很少有人去认真思考这些问题，而现实生活中存在这类问题的如案例导入中的社会调查却随处可见。

劣质的社会调查会干扰人们对现实世界的认识，同时还会败坏科学的社会调查的声誉。因此，对社会调查的知识体系具有某种基本的、正确的认识和了解，既是动手做一项社会调查的前提，也是做一项高质量的社会调查与统计的前提。

一、社会调查的概念

社会调查是人们有目的地认识社会的一种活动。随着社会的进步和调查技术的发展，调查机构趋向专业化，社会调查方法逐渐成为一门专供人研究和教授的学问，现代社会调查逐渐兴起。由于人们对这种活动所涉及的范围和内容的看法不同，因而对社会调查这一概念的理解也不相同。

有人认为，社会调查指的是一种采用自填式问卷或结构式访问的方法，系统地、直接地从一个取自总体的样本那里收集量化资料，并通过对这些资料的统计分析来认识社会现象及其规律的社会研究方式①。社会调查是社会调查的名称、具体定义和知识体系的构成，不同学者的认识不尽相同，但是，国内“社会学界对社会调查方法体系的认识”基本上“形成了某种共识”。这种共识突出地体现在以下几个方面②：

（1）几乎所有这类著作中都将社会调查方法或社会调查研究方法的知识体系划分为方法论、基本方式和具体方法及技术三大部分。（2）几乎所有这类著作中都将社会调查方法或社会调查研究方法的基本方式划分为普遍调查、抽样调查、典型调查和个案调查四种类型。（3）大部分著作中都把问卷法、访问法、观察法、实验法、文献法等作为社会调查或社会调查研究中的资料收集方法。（4）几乎所有这类著作中都遵循着从选题开始，直到撰写调查报告为止的完全相同的逻辑程序。（5）大部分著作中都将社会调查研究的全过程划分为选题、准备、调查、研究、总结五个阶段。（6）几乎所有这类著作中都包含着测量、抽样、问卷设计、统计分析这几个关键性内容。

我们认为，社会调查是指人们运用特定的方法和手段，从调查对象或调查地收集信息资料，并对其作出描述和解释的一种自觉的社会认识过程或活动。其中，特定的方法和手段主要有问卷、访问或观察三种。社会调查不仅包括以调查研究为代表的定量社会调查，还包括以实地研究为代表的定性社会调查。

同时，在社会研究方式体系（见图1-1）构成中，调查研究与实地研究的社会学学科性最强，文献研究是各个学科都采用的研究方式，实验研究在社会科学中主要为心理学、

① 风笑天．社会调查方法还是社会研究方法？．社会学研究，1997（2）．

② 风笑天．近五年社会学研究方法述评．社会学研究，1995（1）．

教育学等采用。因此，作为社会调查方法的课程内容体系，我们不宜将实地研究的教学排除在外。实地研究要深入实地，要接触研究对象，要从研究对象那里收集第一手资料，甚至都要用到访问的方法。

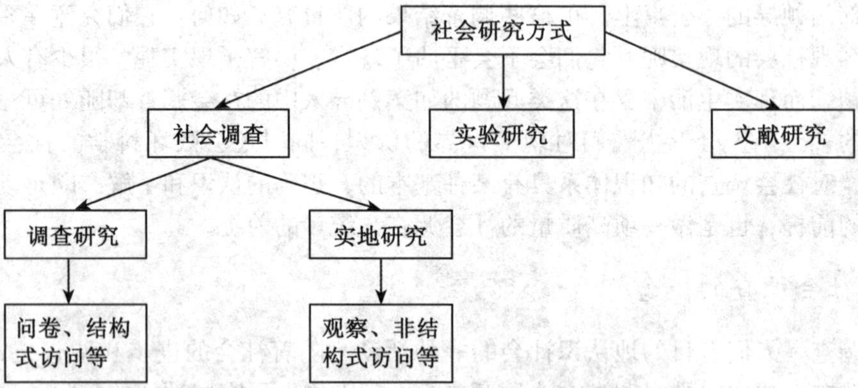

图 1-1　社会调查在研究法中的位置及其主要内容

二、社会调查的题材

人类社会现象的丰富性，决定了社会调查题材的丰富性和多样性。但概括地说，我们从与社会调查相关的人群的角度来看社会调查的题材主要可分为下述三大类：

(1) 某一人群的社会背景。即有关人们各种社会特征的资料。这种资料既包括某些人口统计方面的内容，比如，性别、年龄、职业、婚姻状况、文化程度，等等，也包括人们生活环境方面的内容，比如，家庭构成、居住形式、社区特点，等等。这类题材客观性很强，在社会调查中收集这方面的资料往往比较容易，较少出现问题。并且，几乎所有的社会调查都或多或少地包括这一题材中的内容。

(2) 某一人群与公共政策相关的社会行为的活动。即有关人们“做了些什么”以及他们“怎样做”等方面的资料。比如，人们每天几点钟上班、每周看几次电影、在家中谁辅导孩子学习等。这类题材也是客观的、事实性的，它通常构成大部分公共调查的主体内容。

(3) 某一人群的意见和态度。即有关人们“想些什么”“如何想的”或“有什么看法”“持什么态度”等方面的资料。比如，人们怎么看待离婚现象、人们对住房制度改革有什么意见、人们选择对象的标准是什么，等等。这类题材属于观念性、主观性的，是构成各种民意测验、舆论调查、社会心理调查的主要内容。在其他一些类型的社会调查中，它往往也是十分重要的一部分。

三、社会调查的功能

社会调查作为一种自觉的认识和实践活动，具有多方面的社会功能。

1. 描述功能：社会调查是正确了解社会的基本途径

了解和描述社会现象的状况，是人们深入认识这一现象的基础。人们了解和描述社会现象的途径有很多，主要有参加社会实践、学习书本知识、进行社会调查等。但是，通过社会调查，人们可以超越自身实践经验的局限性，获得更为广阔的社会生活的知识与经验；可以使我们对事物的认识更符合客观实际；可以透过事物的外部现象而认识事物的本质和发展规律性，从而使我们对社会现象的认识更全面、更深刻。比如说，要考察有关离婚政策就要深入认识我国社会中的离婚现象，就必须首先对目前社会中离婚现象的状况有一个客观的、整体的了解，必须先弄清离婚现象普遍到什么程度、离婚者有哪些背景特征、离婚现象在总体上具有一些什么样的特点，等等。而通过进行一项社会调查，我们就可以较为准确地描述出离婚现象在各个不同时期中的普遍程度，在城乡两种社区之间的差别，离婚者的年龄分布、文化程度分布、职业分布以及结婚时间长短的分布等基本情况。这种客观的、精确的，并且是多方面综合的描述，能较好地帮助我们从多种因素、多种现象的相互关系中，找出最主要的原因。

2. 解释功能：社会调查是正确掌握社会机理的基本方法

如果说，社会调查所具有的这种描述状况的作用可以理解成回答社会现象“是什么”或“怎么样”这类问题的话，那么，社会调查的第二个用处——解释社会现象发生的原因，就可以理解成回答社会现象“为什么是这样”或“为什么会如此”这样的问题了。显然，这一作用比起单纯地描述状况就要更为深入一些。它使得社会调查能够被广泛地用来探讨不同社会现象之间的关系，探讨某一现象发生的原因。比如，在上面离婚例子中，我们可以通过社会调查来深入探讨夫妻双方的年龄差与离婚行为间的关系，探讨夫妻双方在收入上的差别、在文化程度方面的差异与离婚行为之间的关系，等等，从而达到在更深入的层次上认识和理解离婚现象的目的。尽管社会调查的这种解释作用，或者说探究社会现象之间关系的作用还赶不上实验法那么有力，但是，它作为一种在现实生活中远比实验法行得通、办得到的社会研究方法，备受各类研究人员的青睐。尤其是随着社会统计分析方法的进一步完善，社会调查在探究现象间关系方面的威力和作用也将越来越强大。

3. 预测功能：社会调查是预测社会发展趋势的基本保证

除了对过去的和现在的社会现象进行解释外，社会调查还可以对社会政策实施绩效及社会发展趋势作出一定的预测，当然这种预测要以对这一现象的准确描述和正确解释为基础。还是以上述的离婚现象为例，当研究者对离婚现象的现状、特征，以及当事人作出离婚决定的各种原因有了较清楚明确的认识后，他就能依据社会环境中各种因素或条件发展变化的趋势，对未来社会中的离婚现象作出一定的预测。如果调查表明，开放地区及经济发达地区离婚比例较高，脑力劳动职业中离婚比例较高——描述作用的体现；同时，如果调查还表明，导致人们离婚的主要原因是与经济发展和思想解放相伴随的观念更新，以及与受教育程度和职业类型密切相关的个人自主意识增强——解释作用的体现，那么，就可以预言：随着我国改革开放的进一步深入、城市化进程的进一步加快、社会心理环境的进一步宽松、人们文化程度的普遍提高，整个社会中的离婚现象还将进一步上升——预测作用的体现。

第二节　社会调查的类型学及过程

社会调查是研究方法性科学，其方法体系可由社会调查的方法论、基本方式、各种具体方法和具体技术三个层次构成。我们讨论社会调查的类型学主要是从具体方法角度来讨论。本书认为，社会调查包括调查研究和实地研究两种方式。另外，社会调查也可以分为定量研究和定性研究。

一、调查研究

社会研究所使用的资料可分为三类：(1) 直接调查得来的数据资料。(2) 直接调查得来的文字资料。(3) 文献资料。调查研究所收集的资料属于第一类。这种资料是通过在自然状态下直接询问、观察或由被调查者本人填写得来的。这是社会学者在实际研究中采用得最多的一种研究方式，它在整个社会研究方法体系中占有非常重要的地位。概括地说，研究内容的广泛性、资料获取的及时性、描述的全面性和概括性、实际运用的普遍性，等等，是调查研究方式的主要特征。询问，是调查方式中主要的资料收集方法；而抽样、问卷、统计分析则是构成调查研究方式的三个基本元素，同时也是从事调查研究的三个关键环节。资料的收集是利用事先设计好的表格、问卷、提纲等，所提出的问题和回答的类别是标准、统一的（即结构化的），调查内容可以汇总统计。也就是说，研究者事先根据研究假设确定好要了解每一个调查对象（或个案）的哪些属性和特征（称为变量）；并规定了统一的记录格式，这样，所调查到的每一个案的情况都可在一个统一的资料格式中汇总起来。举例来说，某项研究是要了解“人们为什么对政治改革有不同的态度”。研究者在一个城市选取了几百人（个案）作为样本，并确定了要了解的个人特征是性别、年龄、文化程度、职业和政治态度这几个变量，然后制定了如何测量或记录取值的统一标准。

调查研究根据对象的范围，可分为全面调查和非全面调查。

全面调查即普遍调查，指的是对构成总体的所有个体无一例外地逐个进行调查。一般来说，普遍调查的规模往往非常大，属于宏观的调查。例如，全国范围的普查、全省普查、全市普查、全县普查或某一行业、系统的普查，等等。普遍调查最典型的例子是人口普查。

非全面调查就是按照一定规则对调查对象总体中一部分所进行的调查，如典型调查、抽样调查等。典型调查就是从调查对象中选择具有代表性的对象作为典型，并由典型推及一般的调查；抽样调查是从调查对象的总体中按照一定的方法抽取一部分对象作为样本，并以对样本进行调查的结果来推断总体的调查。

二、实地研究①

实地研究是一种定性的社会调查方式。实地研究是一种深入到研究现象的生活背景中，以参与观察和无结构访谈的方式收集资料，并通过对这些资料的定性分析来理解和解释现象的社会研究方式。它通常以参与观察、个案研究的形式进行，其基本特征是深入到所研究对象的生活环境中，作为其中的一员与他们共同生活一段相当长的时间，通过参与观察和询问，去感受、感悟研究对象的行为方式及其在这些行为方式背后所蕴藏的文化内容，以逐步达到对研究对象及其社会生活的理解。实地研究者往往力求从所研究对象的角度，而不是从局外观察者的角度来认识和了解社会世界。

实地研究是一种定性研究方式，也是一种理论建构型的研究方式。从总体上讲，实地研究可分为个案研究和社区研究。《江村经济》是社会学实地研究的代表作之一。费孝通先生的这本著作在社会调查研究方法和方法论上有巨大贡献，它成功地把功能主义人类学的研究方法和观点移植到社会学中来，开辟了人类学研究当代文明社会农村的先河。

三、定量研究与定性研究

定量研究与定性研究是我们在社会研究过程中可以采取的两条路径。它们所能给我们提供的是两种不同的路径。如同对实证主义与解释主义方法论的评价一样，定性研究与定量研究两者之间也不存在谁优谁劣的问题。在社会研究者认识社会现象的过程中，它们发挥着各不相同的作用。对于有些研究情景和研究问题而言，最合适的方式或许是定量研究；但与此同时，另一些研究情景和研究问题则只适合采用定性研究的方式进行探讨。正如有的研究者所说：至于在实际社会研究中应该运用哪种方式，这不仅取决于研究者的个人兴趣，而且取决于他所要解决的问题。

我们可以用表 1-1 来简明扼要地说明定量研究方式与定性研究方式的各种差别。

表 1-1　　**定量研究与定性研究的差别比较**

	定量研究	定性研究
主要方式	调查研究	实地研究
哲学基础	实证主义	解释主义
研究范式	科学范式	自然范式
逻辑过程	演绎推理	归纳推理
研究特征	客观	主观
理论模式	理论检验	理论建构
主要目标	确定相关关系和因果联系	深入理解社会现象
资料收集	量表、问卷、结构观察等	深度访问、参与观察等
资料处理	统计分析	文字描述

① 实地研究在第八章详细阐释，此处简略介绍。

四、社会调查的过程

作为一种系统的、科学的认识活动，社会调查体现了其自身所具有的一种内在逻辑结构，并遵循着一套比较固定的程序，按时间的推移和任务的不同，大体可以分为五个阶段：选题阶段、准备阶段、调查阶段、研究阶段、总结阶段。

1. 选题阶段

调查课题是社会调查研究所要反映或解释的某一特定的社会现象或社会问题。俗话说："选好了问题也就解决了一半。"一项具体的社会调查往往开始于对调查课题的选择。这里所说的"课题"、与通常所说的"问题"或"现象"既有些相近，又有所不同。社会调查的课题常常是现实生活中的某种社会现象或某种社会问题，这是它们有些相近的原因；但社会调查的课题通常比各种社会现象或社会问题更为具体、更为集中，也更为明确，这是它们之间有所不同的地方。在复杂的社会生活中，可供研究的课题很多，涉及社会现象的各个方面。但是，由于受到主客观诸多因素的限制，我们不可能漫无边际地开展调查而只能从社会实践的需要出发，从社会现象的很多方面选择其中的一个或数个方面，从众多课题中选择一个或数个课题进行调查研究。

2. 准备阶段

如果说选择调查问题的意义在于确定调查的目标，那么准备阶段的全部工作就可以理解为实现调查目标而进行的道路选择和工具准备。所谓道路选择指的是为达到调查的目标而进行的调查设计工作，它包括从思路、策略到方式、方法和具体技术的各个方面。就像实施一项工程之前必须进行工程设计一样，要保证一项社会调查工作的顺利进行，保证调查目标的圆满实现，也必须进行周密的调查设计。这里所说的工具准备，主要指的是调查所依赖的测量工具或信息收集工具——问卷的准备，当然，同时还包括调查信息的来源——调查对象的选取工作。

准备阶段是整个社会调查的起始阶段，准备工作的好坏直接影响整个调查的效果，因此，社会调查必须认真做好准备工作。准备阶段的主要任务是：确定调查任务，设计调查方案，组织调查队伍。

准备阶段是整个社会调查的基础阶段。正确确定调查任务是搞好社会调查的前提；调查方案的科学设计，是社会调查获得成功的关键环节；认真组织调查队伍是调查任务顺利完成的基本保证。实践证明，像人口普查、工业普查和农业普查等大型社会调查，往往需要一两年甚至更长的时间进行准备，远远多于实施现场调查所花的时间。

3. 调查阶段

调查阶段也称作收集资料阶段或调查方案的实施阶段。这个阶段的主要任务，就是具体贯彻调查设计中所确定的思路和策略，按照调查设计中所确定的方式、方法和技术进行资料的收集工作。在这个阶段，调查者往往要深入实地，接触被调查者；调查工作中所投入的人力也最多，遇到的实际问题也最多，因此，需要很好地组织和管理。另外，需要注意的是，由于社会现象的复杂性，或者由于现实条件的变化，我们事先所考虑的调查设计往往会在某些方面与现实之间存在一定的距离或偏差，这就需要我们根据实际情况进行修正或弥补，发挥研究者的灵活性和主动性。

进入调查现场，与调查对象直接接触，是获取第一手资料的重要途径。调查者进入调查现场一般采取两种方式：一种是通过被调查者的上级领导介绍，另一种是通过自我介绍或熟人朋友介绍。无论是采取哪一种方式，都必须真诚、客观地向被调查者说明调查的目的、内容和方法等，以取得对方的支持与协助。

调查者进入调查现场调查可以采取多种方法收集资料，比较常用的有文献资料收集法、访谈法、观察法、问卷法等。无论采取哪一种方法，都要做好记录，做到勤问、勤看、勤记，利用一切机会发现问题产生和发展的脉络。既要做好口头资料的收集，还要做好文字资料的收集。同时要及时集中、整理调查资料，做到边收集资料边进行资料审核工作，以便随时发现问题，及时进行资料的补充调查和修正工作。

为了组织众多的调查人员按照统一的要求顺利完成收集材料的任务，必须加强调查阶段的组织管理。一是要加强调查队伍的内部指导工作，使调查人员尽快打开调查工作的局面，尤其是要加强调查人员搜集资料的“实践”训练。二是要注意总结和交流调查工作的经验，及时发现和解决调查工作中出现的新情况、新问题，促进调查工作的平衡发展。三是要搞好外部的协调工作，即努力争取被调查单位的支持与帮助，合理地安排调查工作的任务和进程。同时，也要认真搞好与被调查者的密切联系，争取他们的充分理解与合作。实践证明，做好内外部的协调工作，是保证调查阶段工作顺利进行的必要条件。

4. 研究阶段

在调查结束之后，就需要对新收集的资料进行整理和分析。此时调查就进入了研究阶段。其主要任务是：鉴别整理资料，进行统计分析和开展理论研究。

资料的鉴别整理分为两个部分：一是资料的鉴别，即将调查阶段搜集到的资料进行全面审核，分清真、伪，消除假、错、缺、冗，以保持资料的真实、准确和完整。二是资料的整理，即将鉴别后的资料进行汇总和加工，使之系统化和条理化，并以集中、简明的方式反映调查对象的总体情况。

资料的统计分析，就是运用统计学的原理和方法，对所获得的调查资料进行数量关系的研究分析，从中揭示调查对象的发展规模、水平及其与其他事物之间的内在联系。通过统计分析，可以证明或推翻假设，为理论研究提供切实可行的数据资料，以说明调查对象的发展趋势。为了提高统计分析的精度和效度，要尽可能利用电子计算机来处理各种数据。

对资料展开理论研究，就是运用逻辑思维方法以及与社会调查相关的各学科的科学理论与方法，对经过鉴别整理后的事实材料和统计分析后的数据，进行科学思维加工，揭示调查对象的内在本质，说明调查对象的前因后果，预测调查对象的发展趋势，作出调查者自身对调查对象的理论说明，并在此基础上有针对性地提出对实际工作的具体建议。

研究阶段是社会调查的深化、提高阶段，是从感性认识向理性认识飞跃的阶段，整个社会调查是否最终出成果，在很大程度上取决于研究阶段。因此，社会调查的领导者和组织者，要花更多的时间和更大的精力，抓好这一阶段的工作。

5. 总结阶段

总结阶段的任务主要是：撰写调查报告，总结调查工作，评估调查质量。

调查报告是一种以文字和图表将整个调查工作所得到的结果系统地、集中地、规范地反映出来的形式。它是社会调查成果的集中体现，而撰写调查报告也可以说是对整个社会调查工作进行全面的总结。从调查的目的、方式，到资料的收集、分析方法，再到调查得出的结论、调查成果的质量，都要在调查报告中进行总结和反映。同时，还要将社会调查研究的成果以不同的形式应用到社会实践中去，真正发挥社会调查在认识社会现象、探索社会规律中的巨大作用。

总结调查工作，是对整个社会调查研究过程的回顾与总结，包括整个社会调查工作的总结和每个参与者的个人总结。总结的目的是既要积累成功的经验，又要吸取失败的教训，为今后进行类似的社会调查研究提供必要的经验教训。

评估调查研究成果，主要包括学术成果评估和社会成果评估。从学术成果评估来看，主要是对社会调查所提供的事实和数据资料、理论观点和说明，以及所使用的调查研究方法，作出客观的评价。从社会成果评估来看，主要是对社会调查结论的采用率、转引率和对实际工作的指导作用，作出实事求是的估计。对社会调查成果的评估，必须以实践为基础，在实践中应用调查结论和检验调查结论。

总结阶段是社会调查的最后阶段，认真做好总结工作，对提高调查研究的能力和水平、深化对社会的认识，以及对制定解决社会问题的方针、政策和措施，都具有十分重要的意义。

社会调查的上述五个阶段，是相互关联、相互交错在一起的，它们共同构成社会调查的完整过程，去掉其中任何一个阶段，调查工作都将无法进行。

第三节　社会调查的理论基础

如同面向自然现象的科学研究都是在特定的理论指导下进行的一样，面向社会现象的社会调查，作为社会科学研究的基本形式之一，也是在一定的理论指导下进行的，而且后者对理论指导的依赖性要高于前者，因为后者面对的是更为复杂的现象。不仅社会调查的理论假设、概念框架和调查指标要依靠一定的理论指导才能完成，而且调查对象的选定、调查主题的确立和调查结果的分析与评价，也都必须借助理论思维才能完成。因此，调查法与理论的关系是我们首先要探讨的问题。

实证主义与解释主义（或者说人文主义）两种不同的方法论主张在经验研究中则代表着两种不同的探求知识的方法。其一是科学主义的；其二是自然主义的。而定量研究方式与定性研究方式的代表调查研究与实地研究则可以说是这两种方法论的最集中体现。同时，任何社会的调查都是在一定的社会文化下进行的调查，因此需要了解中国社会性质及其特点。

一、调查法与科学环

美国社会学家华莱士在其名著《社会学中的科学逻辑》一书中，提出并详细阐述了社会研究的逻辑过程，其所概括的这一过程见图 1-2。这一图示被人们称作“科学环”并广泛运用。

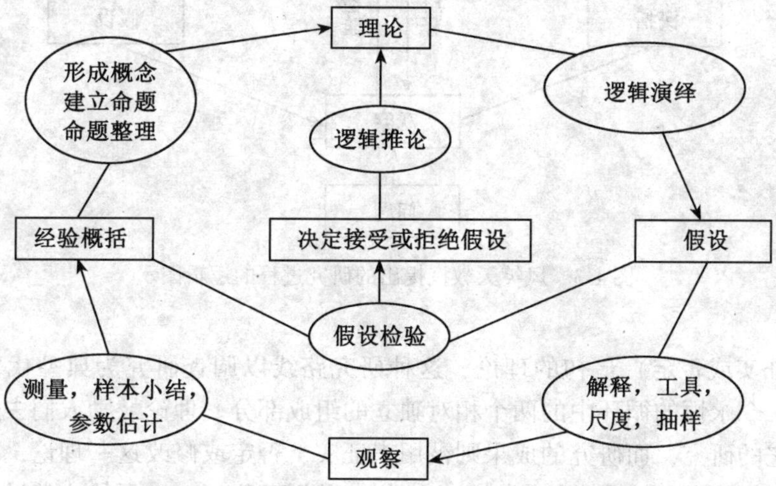

图 1-2 华莱士所提出的“科学环”的逻辑过程

华莱士所提出的“科学环”告诉我们：科学是理论与研究之间不断相互作用的过程。在这一“科学环”中，研究者有两个入口：有时，研究者首先从观察事实、记录事实入手，通过描述和解释他们所观察到的事实，形成经验概括并上升为理论。然后在他们的理论的基础上作出预测，即对未知事物的假设，再通过观察新的事实以检验这种预测。有时，研究者首先从理论出发，由理论产生假设，再由假设导致观察，然后由观察形成经验概括，用这种概括支持、反对或建议修改理论，或提出新的理论。

华莱士所建构的“科学环”是针对社会研究的一般逻辑过程而言的，即对于社会研究的总的过程来说，它有两个起点，反复循环，螺旋上升。但是，对于任何一项具体的社会研究来说，它往往只是走完整个圆环的一半，即理论建构的研究往往只走完左半圆——从观察走到理论；而理论检验的研究则只是走完右半圆——从理论到观察。并且，同是观察产生的事实，在其作为导出理论的起点时和其作为检验理论的终点时是不一样的；类似地，同是理论解释，在其作为推出假设、指导观察的起点时和其作为具体观察和经验概括的终点时也是不一样的。为了更好地说明这一差别，风笑天教授提出了研究过程的逻辑图示（见图 1-3）。

研究问题是任何一项具体研究的逻辑起点。图 1-3 则表明，在现实所提出的各种问题面前，具体研究可以采取两种不同的研究路线。一是从具体观察入手，通过经验概括和归纳推理，得出理论，并用这一理论对最初的观察进行说明和解释，这种研究路线以实地研究这一方式为典型代表；二是从现有理论入手，运用演绎推理得出假设，再通过经验的观

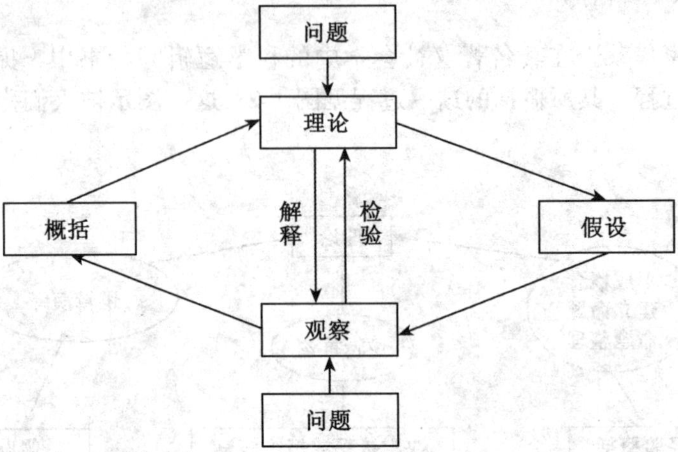

图 1-3 风笑天教授提出的研究过程的逻辑图示

察来检验（证实或否定）最初的理论，这种研究路线以调查研究为典型代表。因此，理论和研究是一个永恒的循环中的两个相对独立的组成部分。理论鼓励人们去进行可以用来证实或反驳它的研究，而研究的成果则被用来证实、否定或修改这一理论，同时也为新的理论的建立提供依据。社会学知识正是在这样一种循环往复、永无休止的过程中一步步积累起来的。从这里我们可以看出实地研究与调查研究这两种研究方式的内在连续性。

尽管在具体的社会研究中，研究者可能只采用两者之一作为他的起点，但他有义务考虑他的工作对两者间互动的意义。如果他集中于经验研究，他就必须考虑这种研究与社会理论的相关性。而如果他的主要兴趣在于发展社会理论，那么，他就必须说明依据经验研究来检验和扩充他的理论的具体方式。“我们不欣赏那些只会空谈不会观察，或只会观察不会思想，或只会思想而不能使自己的思想经受系统经验检查的社会学家，而不管他们是什么权威。”①

二、实证主义与解释主义

实证主义理论源于经验主义哲学。在主客体的关系上，实证主义认为社会现象是客观存在，不受主观价值因素影响，不以知识、理论为中介；主体和客体是两个截然分开的实体，主体可以通过对一套工具的操作而获得对客体的认识。在对客体的认识上，实证主义认为社会现象必须是可以被经验感知的，一切概念必须还原为直接的经验内容，理论的真理性必须由经验来验证。理论与实践、价值与事实是相互独立的实体，不能相互渗透。实证主义遵循自然科学的思路，认为事物内部和事物之间必然存在逻辑因果关系，对事物的研究就是要找到这些关系，并通过理性的工具对它们加以科学的论证。

社会学即是通过哲学的实证化而诞生的。调查研究就是基于这一理论，其基本过程

① ［美］罗伯特·默顿．论理论社会学．何凡兴，译．北京：华夏出版社，1990：92.

是：研究者事先建立假设并确定具有因果或相关关系的各种变量，然后使用某些经过检测的工具对这些变量进行测量和分析，从而验证研究者预定的假设。这种方法的重要前提是：研究对象不依赖于研究者而独立存在；事物本身具有内在固定的、可以重复发生的规律；事物的量化维度可以用来计算事物的“质”。因此，调查研究不考虑研究者对研究对象的影响，而对操作工具的科学性和规范性十分重视。这种方法运用于社会科学研究的典型例子包括对各种相关因素的分析，如贫穷与家庭人口数量的关系、年龄与离婚率的关系、性别与职业的关系，等等。

长期以来，伴随着科学技术的发展而形成的实证研究范式在社会学研究中一直占据着主流地位。调查研究者受到自然科学量化研究范式的影响，认为只有客观的、实证的和定量的研究才符合科学的要求，才具有价值。而社会学要取得进步，量化的测量和分析是必不可少的。“只有当社会世界能够用数学语言来表示时，它的各个部分之间的确切关系才能得到证实；只有当资料可以通过可信的计量工具用数量来加以表示时，不同研究者的研究结果才能直接地加以比较。没有量化，社会学就只能停留在印象主义的臆想和未经证实的见解这样一种水平上。因而也就无法进行重复研究，确立因果关系和提供证实的通则。”① 法国著名的社会学家迪尔凯姆在实证主义思想的影响下，在他著名的《自杀论》一书中，仔细分析了犯罪统计学向他提供的统计资料，并最终展示出那种类似于自然科学的规律性。

然而，社会研究的客观性和确定性比自然科学差很多，因为它不仅研究可观察的现实（客观事件），而且也研究主观现实（即这些事件对人们意味着什么）。事实上，社会研究既受到其特定的研究对象、研究内容的制约，同时也由于实证研究范式（paradigm）本身所具有的缺陷，因而研究者不可能完全依赖这种范式来达到对社会世界的全面理解。自20世纪70年代以来，社会学研究领域的学者们开始注重对这一范式所存在的缺陷进行批判，并逐渐发展出更具人文主义色彩的解释范式。

与实证范式相反，解释范式是一种定性研究范式。这种范式的发展主要受到西方社会思潮中现象学、注释学、批判理论、民俗方法论、符号互动论等思想和理论的影响，同时也部分源于文化人类学的研究方法。它的哲学基础相当复杂。

与实证主义相反，解释主义认为价值和理论中立的事实是不存在的，人们看待事物的方式决定事物的性质。研究者自身处于某一科学范式之中，在研究社会现象时其思维方式、表述语言和解释原则必然也必须符合该领域基本的、约定俗成的规范。否则，便不可能对研究对象进行任何意义上的阐释，更不可能与他人进行交流。此外，解释主义流派还认为研究者个人的生活经历、价值取向和思想观点对研究也会有很大的影响。研究者本人对被研究现象的看法和态度会在很大程度上影响研究问题的提出、理论框架的设计、材料的选择和分析以及对结果的阐释。解释主义不承认主体和客体的截然分离，认为主客体的关系是一个互为主体、相互渗透的过程。主体对客体的认识实际上是主体在和客体的互动关系中对客体的重新建构。因此，解释主义者特别强调研究者深入到研究现场，在尽可能自然的环境下和被研究者一起生活工作，了解他们所关心的问题倾听他们的心声；同时对

---

① ［英］哈拉兰博斯．社会学基础．上海：上海社会科学院出版社，1986：60-61.

自己所使用的方法进行深刻的反省，注意自己和被研究者的关系对研究的影响；然后在这一基础上对被研究者的意义解释系统进行建构和再现。

从各自存在的弱点来看，实证主义将自然科学中对科学主义和工具理性的崇拜引入社会科学，将事物绝对客观化、经验化、逻辑化；解释主义假设人们的行为有其内在联系，对自己行为的动机和意义都十分清楚——而这种对当事人意义解释的过分尊重势必导致相对主义。

调查研究是基于实证主义的理论而发展起来的，而实地研究则是基于解释主义的理论，强调对事物进行深入细致的社会调查，再现当事人的视角以及他们看待世界和描述世界的方式，找到对他们来说具有意义的“本土概念”（native concepts），然后在这一基础之上建立“扎根理论”（grounded theory），即从研究者自己收集的第一手资料中构建理论。

三、中国社会调查的社会基础

以何种理论来指导中国社会调查，这应当是一种以中国社会现实为根据的选择。这种选择的首要前提是对中国社会性质及其特点的判断。梁漱溟先生从东西方社会对比关系中指出中国社会是伦理社会，关于中国社会性质的这个判断在华人世界已经达成了共识，这个判断是我们确立中国社会调查理论前提的基本出发点。

中国社会是伦理社会，这里首先包含着这样一个判断：中国社会是一个以家庭关系为基础而展开的人际关系至上的社会。家庭关系是以情感为纽带的关系，家庭关系扩展为社会关系，实质上也就是社会关系的情感化。人们常常指责中国社会“情大于法”，其实这也正是中国社会本性的表现。情是主观性，法是客观性；情是特殊性，法是普遍性；情是感受体验，法是理性原则。因此，情大于法的中国社会，是一个重主观轻客观，重特殊轻普遍，重体验轻原则的社会。很多学者据此剖析中国社会实现理性化、建立法治社会的困难。实际上，这也是确立中国社会调查理论前提的难题。

用来作为中国社会调查理论前提的理论，首先必须是承认伦理关系是在中国社会生活中具有基础地位的理论。如果做到这一点，那么会产生以下几点变化：（1）不要苛求中国社会的外在于主观的客观性，因为一切被西方人认定为客观规律的东西，在中国社会都要被纳入具有主观性的伦理关系中来理解，在一个以主观性溶解客观性的社会中寻求外在客观性是不合时宜的。（2）不要苛求超越特殊性的普遍性，在一个以家庭关系为基础而展开的伦理社会中，人们不可能离开自己的人际关系去承认抽象的普遍性。（3）不要否认情感因素在社会生活中的重要作用，无视人的情感体验，去调查中国人的理性原则不符合中国人的实际心态。

因此，作为中国社会调查前提的理论必须充分肯定主观性、特殊性和情感体验在中国社会中的重要作用，只有如此，这种理论才能作为中国社会调查的前提，指导调查选定符合中国实际的课题、假设、概念框架和指标系统，才能使社会调查真正切入中国社会实际。

承认中国社会分化不充分性也是确立中国社会调查理论前提的重要原则之一。中国社会分化不充分，不仅表现在社会宏观结构上，经济、政治、文化和社区等各种社会构成都紧密控制在中央集权的一体化社会系统中，而且在社会微观层面上，具体说在人们的思想意识中，主观与客观、个人与社会、自我与他人、情感与理性，也都处于笼统的未分化状态，这种情况不仅制约着指向某一专门领域而不顾及其他相关因素的社会调查难以进行，而且也限制了对以个体为对象的社会调查的各种提问指标的分析。被调查对象不可能在一个高度一体化的环境中，以一种笼统模糊的心态去清楚明确地回答那些被分割得外延互不重合的问题。

另外，确立中国社会调查理论前提还应考虑，中国社会是一个正处于转型时期发展极不平衡的大国社会。不仅存在着许多不确定的、变化迅速的因素，而且工业与农业、城市与农村、东南沿海与西北内地、国有企业与私有个体等多种矛盾关系同时并存，导致中国社会在许多相关层面上存在着很大差别，无限多样的特殊情况冲淡了中国社会的一般性和共同性，这种情况决定了中国社会调查应当根据不同地区、不同社会层面、选择不同的社会理论作为前提指导，而不应只以一种理论、一种原则和一种模式来对待千差万别的中国社会。

中国社会的伦理性、未分化性和转型时期的发展不平衡性，不仅决定着指导中国社会调查的理论观点和概念框架应当有自己的特殊性，而且决定着中国社会调查的认识论方法不应仅是模仿实证科学的认知方法，还应吸纳具有强烈人文精神的一些解释主义方法。作为同科学认知理论的对立物而产生的理解论方法，注重从人际关系、伦理关系、主观性、综合性、特殊性和不平衡性来理解和解释社会问题，是同中国社会的伦理性质、文化传统和现实状况比较接近的。注意从狄尔泰、韦伯、伽达默尔等人为代表的解释学传统吸收理论的合理因素，有助于克服中国社会调查理论前提贫乏、脱离实际的缺陷。

第四节 社会调查的历史发展

社会调查作为认识社会的一种活动，其历史源远流长。但是它作为一种科学方法，主要还是近代社会的产物。了解它的历史发展有助于我们进一步认识社会调查的性质、特点、功能与发展趋势。

一、近代西方社会调查研究的三位先驱人物

社会调查作为一种自觉认识社会的科学方法，是伴随着近代资本主义的产生而形成和发展起来的。早期资本主义社会大量社会问题的出现，社会调查任务的复杂化，以及自然科学方法的渗透，社会调查逐渐兴起，但大多集中在行政调查研究和社会问题调查方面，其间出现了近代西方社会调查研究的三位先驱人物。

第一位是英国著名的慈善家和社会改革家霍华德（1726—1790）。他是使用访谈法进行系统社会调查的先驱。他在“监狱调查”中使用访谈法，直接与犯人交谈，广泛收集英国和欧洲各地监狱的情况。1774 年他用调查中获得的确凿事实，说服了众议院，顺利通过了监狱改革法案。后来，他出版了《英格兰和威尔士监狱状况》一书。

第二位是法国著名社会改革家勒·普累（1806—1882）。他主要从事家庭调查，并在问卷调查方法方面作出了卓越的贡献。普累著有 6 卷本《欧洲劳工》。他以家庭特别是劳

工家庭为调查的基本单位，以家庭预算为调查的中心课题，在调查中，他发现家庭的收支状况决定家庭生活，家庭消费与国家的社会政策之间有某种固定关系。他的问卷调查结果在 1853 年国际统计会议上公布时，使德国统计学家恩格尔备受启发，从而促使他发现了工资与生活消费的比例关系，创立了著名的恩格尔法则。

第三位是英国的布思（1840—1916）。他曾经是位造船企业家，后来投身于社会调查事业。布思是社区生活调查的创始人，他从 1886 年开始经过 18 年时间，写成了 17 卷本的《伦敦居民的生活和劳动》一书。布思在社区生活调查中主要采用的是个案研究方法，在此基础上综合使用访谈法、问卷法和观察法等多种方法，以及地图、图表、统计表等工具和技术。他根据伦敦居民家庭收入的数额，把各种家庭分成八个等级。在区别了每一个城区的特点之后，他逐街逐区地描述各种家庭的生活方式、问题和期望，以及各行各业的工资和劳动条件。他的调查研究引起了社会上对劳苦人民的同情，终于促使英国于 1908 年颁布了《老年退休金法》，规定了重体力行业的最低工资，实行了病残救济与失业保险制度。

霍华德、普累、布思三人所进行的社会调查活动，标志着社会调查科学方法的逐渐形成。但是，由于历史的局限，他们在调查研究中所使用的定量分析方法还比较简单；他们的社会调查缺乏正确理论的指导。

二、现代社会调查研究方法的兴起

19 世纪末 20 世纪初，随着社会调查方法的广泛运用，以及数学方法在社会调查领域的长足进步，社会调查方法逐渐演变成为一门专门的方法性学科，而且在近半个世纪以来，这门学科获得了迅速的发展。

社会调查方法科学形成的主要标志是，数理统计学的发展及其在社会调查中的应用、专门的社会调查机构的出现、电子计算机技术在社会调查中的广泛应用以及社会调查方法课程在高校的普遍开设。

现代社会调查研究方法的兴起，首先应归功于数理统计学的发展。19 世纪中叶，比利时的凯特勒把概率论引入统计学，成为数理统计的奠基人，并进而创立了社会统计学。他的著作《论人类及其能力的发展，或社会物理学论》是这项开创性工作的代表作。1877 年，英国人高尔顿在研究人类遗传现象时，第一个发明了统计相关法。1886 年，他进一步提出了“相关指数”概念。1892 年，爱奇渥斯将其定名为“相关系数（r）”。1990 年，皮尔逊提出了卡方检验、复相关计算，并开始研究抽样的理论和方法。1928 年前后，戈塞特论证了 T 分布，费舍论证了 F 分布。抽样理论与方法的日臻完善为社会调查开辟了新的广阔途径。

统计技术运用于社会调查。1912—1914 年，英国人鲍莱主持了英国 5 个中等城镇的比较研究。在这次调查研究中，他进行了抽样方法的最初尝试。1936 年，英国人朗特里对约克镇的城市生活进行第二次调查时，成功地运用了抽样方法，并证明了抽样方法的可靠性。

第二次世界大战后，美国社会学家斯托福将数理统计方法应用到社会问题的研究中，在研究设计、抽样方法、问卷设计和假设检验等方面都有重要发展，对现代社会调查研究方法的发展产生了较大影响。

社会调查方法的科学化、现代化与电子计算机技术的发展是分不开的。20 世纪 50 年代，随着电子计算机技术的日趋成熟，美国的拉查斯菲尔德率先倡导在社会调查研究中将数理统计与电子计算机结合起来，实现资料处理的自动化。1966 年斯坦福大学开发成功“社会科学统计软件包”（SPSS），于 1971 年投放市场，成为社会调查研究中统计分析的有效手段。可以说，电子计算机技术在社会调查研究中的应用实现了社会调查方法的革命性变革。在今天，任何大型的、复杂的社会调查，如果离开了电子计算机，都会变得难以想象。

随着现代社会调查方法的发展和广泛运用，一些专业性的调查机构应运而生。1912 年，美国塞基财团设立了以哈里逊为主任的调查机构，并于 1914 年在伊利诺伊州的春田市进行了小城市状况的调查研究。这是设立专门调查机构的早期尝试。1932 年美国总统选举预测失败，迫使人们改进过去由报纸、杂志作民意测验的方法，于是产生了科学的舆论调查。1935 年盖洛普创办民意测验所，并于 1936 年总统选举前进行抽样预测，以 1% 左右的样本准确地预测罗斯福当选，它使盖洛普民意测验所名声大振。从此，各种各样的民意测验机构、市场调查机构、像“兰德公司”那样的“智囊”机构纷纷建立起来，承担着越来越广泛的社会调查研究任务。

随着现代社会调查方法的发展和广泛运用，社会调查方法逐渐成为一门专门研究和教授的学问。1920 年前后，美国的查平出版了《实地调查与社会研究》一书，这是第一部系统探讨社会调查研究方法的教科书。20 世纪 50 年代以后，各种各样的社会统计学、社会统计软件包的使用等课程成为大学里普遍开设的基础性课程，对社会调查作为一门方法科学的形成和发展起了巨大的推动作用。

三、中国社会调查的历史发展

中国社会调查的历史可以追溯到古代。社会调查研究是随着阶级、国家、战争等现象的出现到了奴隶社会后期才产生的。当时，奴隶主阶级为了统治和治理国家的需要，必须对其所统治地域的人口、土地、牲畜和财产等社会基本情况作一了解，以作为收赋税、派徭役、征兵员的依据。又由于当时社会分工的产生、文字的发明及脑力劳动者的出现，又为社会调查这种实践活动提供了条件。因此，便有了最初的社会调查。据《后汉书》记载，我国早在四千多年前的大禹时代，就对全国人口和土地基本情况进行过大规模的调查，据当时记载人口为 1355 万多，土地为 2438 万多顷。据《周礼》记载，我国夏朝时就有专管人口统计的官吏。在商朝和西周时也有过全国性的人口统计调查。我国历史上第一次全国性的土地调查登记是在明朝初年，当时为整顿田赋，曾对全国土地进行了普查，分别详列了每块土地的面积、地形、四至、土质及田主姓名，绘制成《鱼鳞图册》，成为当时确定土地所有权和征收赋税的依据。此外，一些著名的政治家、军事家、社会改革家及学者名人为治理国家、改良社会，也进行了大量的社会调查研究。如大禹为治水，勘察山川地势，足迹遍及九州，在调查研究的基础上，改原“堵塞”之法为“疏导”，终于用 13 年的时间制服了洪水。

但将社会调查作为一种认识社会的科学方法，还是 20 世纪的事情。

1. 近现代中国学者的社会调查

在19世纪末20世纪初，西方传教士和学者开始在中国进行实地社会调查研究活动。1878年美国传教士史密斯对山东农村生活进行了调查，并著有《中国农村生活——一个社会学的研究》一书。1914—1915年，美国传教士伯吉斯对北京305名黄包车夫进行了调查。1917年，清华大学美籍教授狄德莫指导该校学生对北京西郊195户农民家庭的生活费用进行了调查。1918—1919年，上海沪江大学美籍教授古尔普曾两次率学生去广东潮州凤凰村调查，并著有《华南乡村生活》（1925）一书。西方传教士和学者在中国进行的这些实地调查活动，促进了社会调查方法在中国的传播。

20世纪20年代开始，中国的社会调查走向本土化，中国学者成为社会调查的主体。1926年，中国学术界出现了两个社会调查机构。一个是在北京的由陶孟和、李景汉教授主持的中华教育文化基金董事会社会调查部（后改为社会调查所），另一个是在南京的由陈翰坚教授主持的国立中央研究院（原中华民国大学院中央研究院）社会科学研究所社会学组。前者开展的影响较大的社会调查有：陶孟和的《北平生活费用之分析》（1930），李景汉的《北京郊外乡村家庭》（1929）和《定县社会概况调查》（1933）。定县调查是以县为范围的大型社会调查。李景汉教授通过调查对定县的状况作了极为详细的描述，并出版了《实地社会调查方法》一书。这是一本很有价值的社会调查方法专著。后者开展的影响较大的社会调查是陈翰坚于1929年7月至1930年8月对无锡、广东、保定进行的三次大规模的农村调查，并出版了他的《中国的地主和农民》（1930）与《工业资本和中国农民》（1939）两本书。

近现代中国社会调查中最有影响的人物，是著名社会人类学家费孝通教授。他毕生重视社会调查，并将社会学、人类学方法运用于中国社会经济调查。在赴英留学之前，他在开弦弓村作了一个多月的社会调查。这一调查材料经整理后于1939年出版，书名为《江村经济》（又名《中国农民的生活》）。该书被他的导师马林诺夫斯基誉为“人类学实地调查和理论工作发展中的一个里程碑”，并且被当时许多大学的人类学课程列为必读参考书。回国后在云南期间，费孝通与张之毅合作进行社会调查，撰写了《乡土中国》一书，在国内外也产生了较大的影响。

总的来说，在一批老社会科学家的努力下，近现代中国的社会调查有了长足的进步，不仅积累了社会调查的丰富经验，还积累下了大量珍贵的社会调查资料。

2. 毛泽东同志社会调查的实践

1919年五四运动后，马克思主义开始传入中国，并对中国社会产生了深刻影响。以毛泽东同志为代表的中国共产党人，以马克思主义为指导思想，开始了对中国社会的科学的调查研究工作。

毛泽东同志毕生重视社会调查的理论和实践活动。他在湖南第一师范读书时，就经常利用假期到工厂、农村进行社会调查。他曾于1917年暑假用一个月时间，步行对长沙、宁乡、安化、益阳、沅江五市县的广大农村进行过社会调查。这些早期的社会调查实践为他以后的注重社会调查、实事求是的工作方法奠定了基础。

第一次和第二次国内革命战争时期是毛泽东同志社会调查实践最频繁、最活跃，也是成果最丰富的时期。1926 年 3 月，毛泽东通过深入调查，写出了《中国社会各阶级的分析》一文。1927 年 1 月至 2 月，他实地考察了湘潭、湘乡、衡山、醴陵、长沙五县的情况，于 1927 年 3 月写成《湖南农民运动考察报告》。这两篇调查研究报告，科学地阐明了中国社会的性质，正确地分析了中国社会各阶级的状况，得出了农民问题是中国革命的基本问题这一科学结论。这两本书是马克思主义和中国革命具体情况相结合的结晶。

1930 年，毛泽东为解决武装斗争、土地革命和根据地建设等重大问题，亲自至寻乌、兴国、木口村、才溪乡、长岗乡等地进行了仔细的调查研究，撰写了《中国的红色政权为什么能够存在》《井冈山的斗争》《寻邬调查》《兴同调查》《长岗乡调查》等一系列调查研究报告，通过这些调查研究弄清了中国革命的对象、性质、任务、动力、前途等中国革命的根本问题，为创建新民主主义革命理论准备了材料。

毛泽东在进行社会调查研究活动的同时，也对社会调查研究的理论与方法进行了探讨，并作出了杰出贡献。1930 年 5 月，毛泽东《反对本本主义》一文，提出了“没有调查，就没有发言权”的口号，作出了“中国革命斗争的胜利要靠中国同志了解中国情况”的科学论断，并对社会调查的意义、指导思想、调查方法及技术作了详细的论述，这是毛泽东第一本调查研究的专著，标志着毛泽东社会调查理论的形成。

抗日战争和解放战争时期，毛泽东社会调查理论达到成熟和发展。在这一时期，毛泽东发表了《实践论》《矛盾论》《改造我们的学习》《整顿党的作风》《关于领导方法的若干问题》等一系列重要著作。在这些著作里，毛泽东用马克思主义的立场、观点和方法，对调查研究作了集中的、系统的、深刻的论述，从而丰富和发展了马克思主义关于社会调查研究的理论及方法。1941 年 8 月，党中央作出了《中共中央调查研究的决定》和《中共中央关于实施调查研究的决定》，根据这两个决定，从党中央到各省委，都先后设立了专门的调查研究机构，开展了广泛的调查研究活动，如在张闻天等党政领导人的带领下，对陕北地区进行了大规模的调查，写出了《绥德、米脂土地问题初步研究》《米脂县杨家沟调查》《临固调查》《保德调查》等著名调查报告，对党的路线、方针、政策和策略的制定产生了重要影响。两个决定的发布和贯彻执行及在全党形成的社会调查热潮，表明毛泽东的社会调查理论和思想已逐渐为全党所接受。

新中国成立以后到党的十一届三中全会召开前，我党的社会调查实践活动走过了一段曲折的道路。20 世纪五六十年代，毛泽东及全党很重视社会调查研究工作，作了大量的调查，对探索具有中国特色的社会主义改造道路和社会主义建设道路作出了重要贡献。其中很重要的有毛泽东在中华人民共和国成立后的两次调查，即一次是对农业合作化问题的调查；另一次是关于十大关系问题的调查。但由于对当时阶级斗争形势作了过于严重的估计，从而造成了反右派斗争的严重扩大化，又直接助长了我党党内“左”倾思想的发展。在这种“左”倾思想的影响和干扰下，“大跃进”期间的一些调查和由此产生的决策，很多本身就是“左”倾思想的产物。十年“文化大革命”期间，更是“左”倾思想泛滥，唯心主义横行，根本谈不上在马克思主义理论指导下的社会调查及对客观事物的科学认识。

党的十一届三中全会后，党在指导思想上实现了拨乱反正，恢复了党的实事求是的思想路线，社会调查研究工作得到了全党空前的重视，出现了全党全民范围内的社会调查研究热潮，成为中华人民共和国成立以来社会调查研究之风最盛、社会调查成果最多最好的时期之一。

回顾我国社会调查研究实践的历史，可以看到，社会调查研究实践活动在我国有着悠久的历史。凡欲达到对客观世界的正确认识，向来都必须以科学的社会调查研究实践活动为先导。在这方面，我们的前人，尤其是中国共产党人的以马克思主义理论为指导的科学的社会调查研究活动，为我们树立了光辉的榜样，创造了辉煌的业绩。

☞本 章 小 结

社会调查是指人们运用特定的方法和手段，从调查对象或调查地收集信息资料，并对其作出描述和解释的一种自觉的社会认识过程或活动。社会调查包括定量社会调查和定性社会调查。从与社会调查相关的人群的角度看，社会调查的题材主要可分为三大类：(1)某一人群的社会背景；(2) 某一人群与公共政策相关的社会行为的活动；(3) 某一人群的意见和态度。社会调查具有描述、解释和预测社会的功能。

社会调查是研究方法性科学，其方法体系是由社会调查的方法论、基本方式、各种具体方法和具体技术三个层次构成的。社会调查包括调查研究和实地研究两种方式。

定量研究与定性研究是我们在社会研究过程中可以采取的两条途径。定性研究与定量研究在研究方式、哲学基础、研究范式、逻辑过程、研究特征、理论模式、主要目标、资料收集和资料处理等方面存在不同，但二者之间不存在谁优谁劣的问题。

社会调查大体可分为五个阶段：选题阶段、准备阶段、调查阶段、研究阶段、总结阶段。

科学是理论与研究之间不断相互作用的过程。研究问题是任何一项具体研究的逻辑起点。具体研究可以采取两种不同的研究路线：一是从具体观察入手，这种研究路线以实地研究这一方式为典型代表；二是从现有理论入手，这种研究路线以调查研究为典型代表。

实证主义遵循自然科学的思路，认为事物内部和事物之间必然存在逻辑因果关系，对事物的研究就是要找到这些关系，并通过理性的工具对它们加以科学的论证。与实证范式相反，解释范式是一种定性研究范式，它认为价值和理论中立的事实是不存在的，人们看待事物的方式决定事物的性质。它们各自存有弱点。调查研究是基于实证主义的理论而发展起来的，而实地研究则是基于解释主义的理论。

对中国社会进行调查的首要前提是对中国社会性质及其特点的判断。中国社会的伦理性、未分化性和转型时期的发展不平衡性，决定着指导中国社会调查的理论观点、概念框架、认识论方法应有自己的特殊性。

社会调查作为一种科学方法，主要还是近代社会的产物。霍华德、普累、布思三人所进行的社会调查活动，标志着社会调查科学方法的逐渐形成。社会调查方法科学形成的主要标志是，数理统计学的发展及其在社会调查中的应用、专门的社会调查机构的出现、电子计算机技术在社会调查中的广泛应用以及社会调查方法课程在高校的普遍开设。在一批老社会科学家的努力下，近现代中国的社会调查有了长足的进步，不仅积累了社会调查的丰富经验，还留下了大量珍贵的社会调查资料。

☞**关键术语**

社会调查　　调查研究　　实地研究　　实证主义　　解释主义　　科学环

☞**复习思考题**

1. 什么是社会调查？它具有哪些特征？

2. 社会调查具有什么样的功能？

3. 一个社会调查需要经过哪些过程？

4. 定量研究与定性研究存在哪些主要的差别？如何理解两者之间不存在好坏优劣之分？请说明理由。

5. 怎样理解中国的社会调查发展历史？

6. 联系实际谈谈进行社会调查，需要注意中国社会的哪些性质或特点。

7. 找几篇发表在《社会学研究》或相关社会科学学术刊物上的社会调查论文进行阅读，看看它们分别采取的是哪种社会研究方式，所用的具体资料收集方法是什么。

第二章

选择调查课题

☞思考发现

爱因斯坦说："提出一个问题往往比解决一个问题更重要，因为解决一个问题也许仅是一个数学上或技术上的技能而已。而提出新的问题、新的可能性，从新的角度去看旧的问题，都需要有创造性的想象力，而且标志着科学的真正进步。"在选择课题中，需要深入历史、尊重前人，还必须要能够解决社会和民众面对的具体问题，必须与广大民众的切身利益息息相关，正所谓民心所系。

☞案例导入

《江村经济》的选择①

这是一本描述中国农民的消费、生产、分配和交易等体系的书，是根据对中国东部，太湖东南岸开弦弓村的实地考察写成的。它旨在说明这一经济体系与特定地理环境的关系，以及与这个社区的社会结构的关系。同大多数中国农村一样，这个村庄正经历着一个巨大的变迁过程。因此，本书将说明这个正在变化着的乡村经济的动力和问题。

这种小范围的深入实地的调查，对当前中国经济问题宏观的研究是一种必要的补充。在分析这些问题时，它将说明地区因素的重要性并提供事实的例子。

这种研究也将促使我们进一步了解传统经济背景的重要性及新的动力对人民日常生活的作用。

……

中国越来越迫切地需要这种知识，因为这个国家再也承担不起因失误而损耗任何财富和能量。我们的根本目的是明确的，这就是满足每个中国人共

① 此处小标题为编者所加。费孝通．江村经济．北京：商务印书馆，2004.

同的基本需要。大家都应该承认这一点。一个站在饥饿边缘上的村庄对谁都没有好处。……对人民实际情况的系统反映将有助于使这个国家相信，为了恢复广大群众的正常生活，现在迫切地需要一些政策。这不是一个哲学思考的问题，更不应该是各学派思想争论的问题。真正需要的是一种以可靠的情况为依据的常识性的判断。

目前的研究，仅仅是一群懂得了这一任务的重要性的中国青年学生们的初步尝试。在福建、山东、山西、河北和广西都开展了同样的研究。将来还会有更广泛、组织得更好的力量，继续进行研究。

阅读提示：通过阅读上面的文字，可以看出费孝通做江村调查，撰写《江村经济》的主要目的和出发点，还可以了解到他选择开弦弓村作为调查地点出于何种考虑。同时，请思考以下几个问题：(1) 选择调查课题有什么样的意义；(2) 选择调查课题的标准有哪些；(3) 选择调查课题有哪几种途径。

一项科学研究总是从具体的研究问题开始的，提出问题是解决问题的第一步，选准了问题，就等于开了一个好头。选题作为科学研究的开端，是科学研究成败的关键。因为，它实际上就是确定“研究什么”的问题，亦即确定研究的方向。如果“研究什么”不明确，“怎么研究”就无从谈起。应该说，选题是做好一项研究的基础性工作中的重要一环。因此，人们常说，好的开始是成功的一半，题目选得好，可以起到事半功倍的作用。

爱因斯坦曾经说过，“提出一个问题往往比解决一个问题更重要，因为解决一个问题也许仅是一个数学或试验上的技能而已。而提出新问题，新的可能性，从新的角度去看旧的问题，却需要有创造性的想象力，而且标志着科学的真正进步。”① 这段话揭示了选题在科学研究过程中的先导性地位和决定性作用，它虽然是针对自然科学研究而言的，但同样适用于社会研究领域，适用于社会调查。

从事社会调查所遇到的第一个问题，就是如何选择和确定恰当的课题。通俗地讲，选择调查课题就是解决“调查什么、研究什么”的问题，这一问题解决不好，什么调查都只能是盲目的，其调查对象、范围就难以确定，就会造成调查难以进行或半途而废。因而，调查课题的选择是社会调查的第一步，也是非常关键的一步。选题是否得当，直接关系到社会调查的成败和意义。

第一节　调查课题及种类

调查课题，也可以称为调查题目，简单说来就是社会调查所要反映或解决的问题。它与通常所说的“社会现象”或“社会问题”既有些相近，又有所不同。社会调查的课题所涉及的常常是现实生活中的某种社会现象或某种社会问题，这是它们有些相近的原因；但社会调查的课题通常比某种社会现象或社会问题更为具体、更为集中，也更为明确，这是它们之间有所不同的地方。

按照不同的标准或角度，调查课题可以作不同分类：

---

① ［美］爱因斯坦．物理学的进化．上海：上海科学技术出版社，1962：66.

一、理论性课题与应用性课题

按照调查的任务性质，调查课题可以分为理论性课题和应用性课题两大类。理论性课题，指的是那些侧重于通过对社会现实问题的调查来发展和丰富理论，并提供有关社会发展一般规律知识的课题。它的主要任务在于解答社会科学领域和各个实践领域中的理论问题。理论性课题注重分析社会现象的规律性，而且是通过大量现象或大量样本的归纳和比较得到。它的研究范围不仅涉及社会结构、生活方式、人的现代化等领域，而且还涉及社会科学各学科，如经济学、政治学、社会学、人类学、心理学、管理学、法学、教育学等。理论性课题的关注点主要在于探索现象之间的因果关系，其主要目标是要增加人们对社会现象的内在规律的理解，促进人们对社会事物的认识。例如，“教师社会分层与流动”“社会资本与农民工职业选择”“文化程度与妇女生育意愿”等课题，都可称为理论性课题。

应用性课题，指的是那些侧重于解答各个实际工作部门、各个社会领域中具体问题的课题。它是通过社会调查来了解不断出现的新现象和新问题，并运用社会理论对这些问题作出科学的说明和解释、提出解决问题的方案或政策性建议。比如，有关社会保障、社会舆论、城乡关系、劳动就业、青少年问题、妇女问题、城市问题、犯罪问题、环境污染问题等的调查，都属于应用性课题。

二、描述性课题、解释性课题和预测性课题

按照调查的深度层次，调查课题可分为描述性课题、解释性课题和预测性课题。

描述性课题，是指对社会现象的真实情况进行具体描写或叙述的课题，主要回答“是什么”“怎么样”的问题。它能对社会现象的状况、特点和发展过程做出客观、准确的描述。例如，民意测验、市场调查、人口普查、生活状况调查等。

解释性课题，是指揭示两种或两种以上社会现象之间因果关系的课题，主要回答“为什么”“怎么办”的问题。它能说明社会现象发生的原因，探讨社会现象之间的相互联系。例如，青少年犯罪调查，它不仅要说明青少年犯罪的现状，而且还要进一步探讨青少年犯罪与家庭、学校、社会等诸多因素之间的关系。

预测性课题，是指在说明社会现象的现状及其因果联系的基础上，进一步推测社会现象的发展趋势或状况的课题，主要回答“将怎样”“应怎样”的问题。例如，人口发展趋势研究，就属于预测性的课题。它立足于人口现状，根据社会条件的变化，预测人口的未来发展情况。

这三类调查课题，一类比一类更深入，一类比一类更困难。描述性课题是最低层次的调查课题，但也是最基本的调查课题，它是后两类调查课题的基础。解释性课题是较高层次的调查课题，也是使用得最广泛的调查课题，它是进行社会预测的前提。预测性课题是最高层次的调查课题，它对实际工作和理论研究都具有重要的指导意义。

三、自选课题与委派课题

按照具体来源，调查课题可以分为自选课题和委派课题两大类。

自选课题，指的是研究者根据自己所从事的科研、教学或实际工作的需要，或者是根据自己的专业领域、研究方向或研究兴趣，并结合社会的某种需要，自己选定的课题。比如学生有为撰写毕业论文而进行一项社会调查的需要；研究人员有为验证某种理论而进行一项调查的需要；政府部门的调研人员有为解决某一社会问题而进行一项社会调查的需要，等等。这类课题的确定，主要取决于研究者本人，因而研究者具有很大的主动性和决定性。

委派课题，指的则是那种由有关的机构、部门、单位或个人根据他们的某种需要所确定并委托或指派给研究者进行调查的课题。这种课题的来源常常是各级政府机构以及涉及社会各个具体领域的工作部门，比如人口管理、劳动就业、城市建设、公共交通、环境保护、区域发展、社会治安、文化教育、社会保障、公共卫生等。而课题研究的成果也主要应用于这些部门和领域。对于研究者来说，这类课题的确定基本上与他无关，或者说不存在选择的问题，他只需按照这些机构、部门、单位或个人的要求去完成这一课题。

上述调查课题的分类只具有相对的意义。在实际的调查研究中，不少调查课题常常是理论性研究与应用性研究、描述性研究与解释性和预测性研究兼而有之，只是其侧重点不同而已。除了上述三种分类外，还可以从其他角度对调查课题进行分类，例如按照调查的内容，可分为经济、政治、思想文化、社会生活等方面的课题；根据调查的区域性，可分为农村调查与城市调查、地区性调查与全国性调查等。

第二节　选择调查课题的意义

正确选择调查课题是社会调查顺利进行的重要保证，是调查取得成功、获得成果的重要前提，在整个社会调查过程中具有重要的意义。

一、决定调查的方向

社会由许多不同的领域构成，每个领域中，都有很多值得做的调查课题。因而，对于每一个研究者来说，必须从中进行选择。在某种意义上，我们可以说调查课题就是目标，而选择调查课题如同确定我们所要达到的目标。目标一旦确定，方向也就确定，整个社会调查的基本道路也就随之确定。从事一项社会调查，就像进行一次旅行，从同一个地点出发，可以走向不同的目的地。选择调查课题正是一项社会调查活动的出发点，从这一点出发，可以通向社会生活不同的领域，到达不同的目的地。究竟朝哪里走、到哪里去，正是由调查课题的性质和内容所决定。选择调查课题所解决的，是整个调查活动的基本方向问题。

当我们打算动手做一项社会调查时，具体调查课题的选择就是我们首先面临的任务。社会调查作为人们了解社会现象、探索社会规律的一种认识活动，是十分具体、明确、有针对性的。它是为着回答特定的问题，服从于一定的研究目的的。一项社会调查最终要达到什么目的，完成什么任务，以什么作为研究对象，这都与调查课题密切相关。选择调查课题的过程，就是决定调查什么、不调查什么这样一个思维和决断的过程，也就是明确这项社会调查的目的，明确社会调查的对象，即明确整个社会调查任务的过程。

不同的调查课题，所涉及的领域不同，所针对的现象或问题也不同。比如，一项关于农村留守儿童的调查课题，所涉及的是社会生活中的儿童教育领域，所针对的是留守儿童这一社会问题；一项有关年轻人择偶模式的调查课题，所涉及的是社会生活中的婚姻家庭这一领域，针对的是年轻人的配偶选择这一现象；而一项关于房价的调查课题，所涉及的是社会生活中的房地产领域，针对的是房价涨跌这一现象。现实生活中的每一项社会调查，每一个具体的调查课题，可以说都是针对某一社会生活领域中的某种特定社会现象或社会问题的。

二、制约调查的过程

在日常生活中，一旦出发地和目的地都确定下来，那么，对于旅行者来说，剩下的问题就是在连接两地的许多条路线中选择最方便、最合适的一条。对于社会调查来说，调查课题的确立，也就意味着调查目标的确立和调查方向的选定。而这种目标和方向的确定，又同时意味着社会调查的特定路径的确定。不同的调查课题，对所走路径的要求不同。调查课题一经提出并最后确定，便制约着整个社会调查过程。课题不同，调查的对象、范围、内容、方法就不相同，调查人员的选择、调查队伍的组织、调查工作的安排也不一样。比如，有这样三个不同的调查课题：

课题一：当前我国城市居民生活状况调查

课题二：中南大学学生社会责任意识调查

课题三：凤凰县农村老年人养老模式调查

对于第一个调查课题来说，它要求在全国所有城市这一范围中进行的抽样，抽样的程序比较复杂，而且样本的规模也应该很大。加之生活质量所包含的内容比较广，因而其调查问卷也会相对复杂。资料收集方法可能既包括自填问卷，也包括结构性访谈。这样，进行这一调查课题所需要的经费、人员、时间等，也就相对较多。课题二则与课题一大不相同，它所要求的只是在一所大学中的小范围抽样，抽样程序相对简单，样本规模也要小得多。资料收集方法只需自填问卷，问卷内容也比较简单，因而很少几个调查人员，在较短的时间内就能完成，花费较小。课题三在规模、范围、内容复杂程度等方面，都介于前二者之间，它所要求的资料收集方法也与课题二不同。由于调查对象是农村老年人，他们的文化程度相对较低，因而难以采用自填问卷的方法，常常只能采用访谈的方法。这就需要比较多的调查人员、比较长的调查时间、比较高的研究经费投入以及比较复杂的组织管理。

三、体现调查的水平

不同的社会调查水平高低不一，有的能够深入揭示社会现象的内在原因，而有的只能浅显地描述社会现象的表面特征；有的能够概括社会现象的整体状况、发展变化规律，而有的则只能简单列举社会现象的个别状况和具体表现；有的能够及时回答人们关心的热点问题，而有的则只能重复人们早已明了的事实、状况和结论。所有这些差别的形成，往往都与课题的选择密切相关。

调查课题的选择，既需要用到研究者所掌握的专业理论知识、调查研究方法知识和各种操作技术，又需要研究者具有比较开阔的视野、比较敏锐的洞察力、比较强的判断能力，同时，还需要研究者具有一定的社会生活经验。一项具体调查课题从开始选择到最终确立，正是上述几方面因素共同作用的结果。而研究者在任何一个方面的欠缺或不足，都会直接影响到所选课题的水平和质量。

比如，如果缺乏专业理论知识，所选择的课题在内涵上就可能不够深入，课题的立意也可能缺少理论依据；如果缺乏比较开阔的视野，看不到某一课题领域的基本情况和总的趋势，不了解这一领域已有的研究成果和存在的不足，那么所选择的课题也许只有个别性，而无普遍性，或者所选课题只是在很低的层次上对已有研究的简单重复；如果缺乏比较敏锐的洞察力，常常会对社会生活中的许多现象视而不见，放过许多既值得研究、又能够研究的课题；而如果缺乏比较强的判断能力，那么，在众多表面看来都有价值，但实际上参差不齐的课题面前，就会迷失方向。

四、影响调查的质量

调查课题的确定，从客观上规定了课题所应该具备的各种条件，如果这些条件不能满足，调查课题的进行必然会遇到较大的障碍，调查成果的质量自然难以保证。不合适、不可行的调查课题，从一开始就包含着调查成果质量不高的内在因素，包含着研究者难以克服的一些困难和障碍。现实中一些社会调查质量较差，原因各种各样，其中除了调查课题本身的层次比较低，调查人员的素质、技能比较差，或者调查工作进行得比较粗糙等原因以外，研究者所选择的调查课题本身就不恰当、不可行，也往往是一个十分重要的原因，而一些质量比较高的社会调查成功的一个重要原因，就是调查课题对于研究者来说比较恰当、比较合适。

比如，在同样的条件下，一个不懂藏语的汉族研究者选择诸如“西藏牧民生活方式变迁”这样的调查课题，其调查结果的质量往往不如选择一个“汉族传统节日文化的演变”之类的调查课题。因为他对藏族的熟悉程度，以及他从事这一课题研究所具有的和可利用的资源、条件等，都不如后一课题；类似地，一个只有不多研究经费的研究者，如果选择做“我国城市青年住房消费及影响因素”这样大规模的调查课题，往往很难做下来，即使勉强做下来，其质量也往往不如做一个类似“某市中学生偶像崇拜现象”这样的调查课题的质量高。

第三节 选择调查课题的标准

选择调查课题是整个社会调查的起点，对于社会调查活动的成功与否以及调查质量的高低，有着重要影响。因此，每一个从事社会调查的研究者，都必须高度重视选择调查课题的工作。那么，如何正确地选择调查课题呢？在实践中，人们通常采用下列几条标准来作为选择调查课题的依据。这几条标准是：重要性，创造性，可行性，合适性。

一、重要性

重要性即是指调查课题所具有的意义或价值。我们所从事的任何一项调查课题，首先必须具有某种意义或价值，对科学进步、经济和社会发展有促进作用。当然，对于不同的调查课题来说，这种意义或价值会有大有小，同时，它既可以是实践方面的，也可以是理论方面的，或者是实践与理论两方面兼而有之的。因此，一般来讲，应从两个方面考虑课题的价值：第一，注意选题的应用价值，选择具有实践意义的课题。我们选的课题，应是与社会生活密切相关、为千百万人所关心的问题，特别是社会主义现代化建设事业中亟待解决的问题。这类问题反映着一定历史时期和阶段社会生活的重点和热点，是与广大人民群众的利益息息相关的。我们运用自己所学的理论知识对其进行研究，提出自己的见解，探讨解决问题的方法，这是很有意义的。这不仅能使自己所学的书本知识得到一次实际的运用，而且能提高自己分析问题和解决问题的能力。有现实意义的题目大致有三个来源：一是社会主义现代化建设事业中急需回答的重大理论和实践问题；二是本地区、本部门、本行业在工作实践中遇到的理论和现实问题；三是研究者本人在工作实践中提出来的理论和现实问题。第二，要注意选题的学术价值，选择具有理论意义的课题。应注重选择当前学术界比较关注的重要问题，或是目前某一研究领域亟待解决的问题，提出有价值的新见解。有的课题在相关学术领域还未完全定性，存在一定的争议，值得大家去研究和讨论；或者虽有定性，但能另辟蹊径，提出新的观点、新的认识，都不失为有价值的课题。当然，如果某种观点在学术界已经被定论，大家取得共识，不存在争议，重提话题也是老生常谈，没有任何新意，这样的课题必然没有什么价值。

在众多可供选择的调查课题面前，要思考或评价一项社会调查课题是否具有重要性，就等于先问问自己：做这项调查课题有没有用处？有什么用处？有多大的用处？无论是在促进解决社会问题、改善社会管理、提出社会政策方面，还是在提高人们对社会现象、社会过程、社会规律的认识和理解方面，越有用处的课题越是好课题，用处越多的课题越是好课题，用处越大的课题越是好课题，因而，也是越值得去做的课题。

当然，判断调查课题是否具有意义或价值，不能只看到眼前，还要看到社会长远的需要和发展的需要。有些课题看起来现实意义不大，与现实社会没有直接的联系，但是课题完成以后，将会对社会发展产生一定的积极影响，或有利于对科学研究有所发现、有所创新，并使学科理论向前推进一步。对这些课题，我们不能轻易否定和放弃。

二、创新性

创新性也可以称作创造性或独特性，它指的是调查课题应该具有某种新的东西，具有某种与众不同的地方，具有自己独特的特点。人们常说“文贵于新”，即一篇好的文章应给人以立意鲜活、不落俗套的感觉，这样才能使人产生阅读的兴趣，并有所收益。调查课题亦是如此，贵在创新，否则就是人云亦云，拾人牙慧，老调重弹，进行低水平的重复劳动。对课题的创新，可以从以下几个方面考察：

第一，调查课题是全新的、前人从没有做过的，也就是人们常说的属于“填补空白”的课题。这样的调查课题在社会转型过程中特别多。当社会急剧变迁，一种社会结构被另外一种社会结构所替代，社会矛盾和冲突不断增多时，会产生许多需要调查和研究的问题。例如，艾滋病问题、吸毒问题、留守儿童问题、城中村问题、网络暴力问题等，当它们刚出现的时候，都是全新的课题。作为一个社会研究者，要有良好的敏锐性和洞察力，善于捕捉社会转型中出现的新情况新问题。

第二，调查课题在调查的对象、调查的内容上与前人的调查有所不同，有自己独到的、新颖的地方。例如，一个对青年人的娱乐方式感兴趣的研究者，在他看到前人做过“大城市青年娱乐方式调查”的课题后，选择做一项“中小城市青年娱乐方式调查”的课题，或者选择做一项“农村青年娱乐方式调查”的课题，这就在调查的对象上有了创新性；如果他选择做一项“大城市青年职业选择调查”的课题，或者“大城市青年消费方式调查”的课题，这就在调查的内容上有了创新性。

第三，调查课题以新的角度或新的研究方法重做旧的课题，从而得出全部或部分新观点。例如，当很多研究仅仅从个人的角度寻找自杀的原因时，法国社会学家迪尔凯姆则从社会整合的角度揭示自杀的规律。有时候，对于一个旧的问题采用新的方法进行研究，也会获得新的结果。前面所提到自杀问题基本上都是采用文献研究法，如果运用实证研究法，采用大规模的抽样调查方法对失业人口、自杀未遂者进行调查，也许能获得新的结论。

创新是科学研究的灵魂，选择调查课题要有新意，研究者应该做到：首先要善于观察和思考。社会生活就像一个变化无穷的“万花筒”，各个领域、各个方面的事物及其矛盾都在不断地运动、变化、发展着，旧的矛盾解决了，新的矛盾又产生了。特别是在当前的新形势下，我们面临新旧体制转换、市场经济的发展等许多新情况、新问题，不仅原有的理论要再认识、再发展，而且需要创立许多新的理论。我们要善于观察，勤于思索，从大处着眼，小处入手，在事物的运动、发展中寻找适合自己调查的具有新意的课题。其次，要提高理论修养，开拓认识领域，增强对新鲜事物的敏感性。歌德曾经说过，理论是灰色的，生活之树常青。过去已经形成的理论，包括教科书上的一些观点，随着实践的发展，研究的深入，有的过时、有的被新的材料证实是错误的。这就要求我们平时加强信息资料的搜集和积累，努力掌握最新的工作和学术研究动态。再次，要善于分析和比较。对有关方面的问题要弄清楚别人调查过什么，有些什么观点，有何争论及分歧的焦点是什么，目前国内外对这个问题研究的进展情况以及发展趋势如何，等等。在深入研究已有成果的基础上，将收集到的材料作一番加工整理的工作，把别人认识的成果作为自己的起点，在前人和他人认识的基础上提出自己有新意的课题。

三、可行性

可行性是指研究者是否具备进行或完成某一调查课题的条件，或者说研究者在现有的条件下去从事这项调查课题行不行得通。社会调查是一项复杂的社会实践活动，其成功与否不仅取决于调查课题是否重要和具有创新性，而且取决于调查课题顺利完成的现实可能性。如果各种条件予以限制，情况不允许，根本无法完成，那么再有价值和新意的课题也只能忍痛割爱。

选择课题时应充分考虑主客观条件。主观条件主要是指研究者是否具有完成课题所需要的素质和能力，包括知识结构、理论水平、研究能力、社会经验、身体状况、操作技术、组织能力，甚至还包括研究人员自身的性别、年龄、语言等。显然，一个不懂少数民族语言的研究者，如果选择一个以少数民族成员为调查对象的调查课题就会遇到语言上的障碍。当然，主观条件中最为重要的是研究者的知识结构、研究能力、社会经验等。一般来说，研究者在选择课题时最好不要超越自己的知识结构，在自己熟悉的领域选择相应的课题是最能把握，也是最容易出成果的。一个对艾滋病的知识一无所知的研究者，如果选择关于艾滋病方面的调查课题，可行性就不高。客观条件是指客观上是否具备完成课题所必需的社会、经济和技术条件，包括必要的经费、时间、资料、设备、技术以及调查对象的合作态度和相关部门的支持程度等。经费是进行调查的物质保证，一项调查如果没有一定的经费是无从展开的。经费的多少直接决定调查规模的大小，甚至质量的好坏。同样，时间是否充裕也会影响到课题的进行，如果时间充足，调查可以做得比较细致深入；如果时间仓促，调查往往就会走马观花、浮光掠影。要调查吸毒问题，需要禁毒部门、戒毒机构、社区的支持，得不到它们的配合，调查工作就难以进行。

只有具备了必要的主客观条件的课题，才是符合可行性标准的课题。如果由于种种原因，进行研究的条件尚不成熟或尚不具备，此时就不要勉为其难，否则会事倍功半，甚至徒劳无益。当然，坚持可行性原则绝不是要求人们在一切条件都完全具备，有完全成功的把握时，才去选择某个课题，经过主观努力，可以具备完成条件的课题，则不应排除在选择范围之外。选题时，一方面要防止不顾主客观条件，贪大图新，好高骛远，选择缺乏条件、难以完成的课题；另一方面也要防止只讲条件，无视人的主观能动性，害怕困难的保守思想。

四、合适性

合适性则指调查课题最适合研究者的个人特点，这种个人特点主要包括研究者对该调查课题的兴趣、研究者对与调查课题相关的社会生活领域的熟悉程度等。合适性与可行性不同，可行性所解决的是研究的“可能性”问题，而合适性所涉及的则是研究的“最佳性”问题。

个人兴趣，是选择调查课题时不可忽视的重要因素，应尽量选择自己感兴趣的调查课题。实践证明，个人的兴趣不仅是研究工作的一种动力，而且能焕发出潜在的创造力。有了兴趣，才能知难而进，以苦为乐，锲而不舍，取得高质量的研究成果。在其他条件相同的情况下，研究者应该首先选择自己最感兴趣的调查课题。类似的，研究者对与调查课题相关的社会生活领域的熟悉程度，也是影响调查课题能否顺利进行的一个重要因素。研究者应该尽量选择与自己所熟悉的社会生活领域相关的调查课题，而不要选择自己比较陌生的领域中的课题。比如，在同样条件下，一个长期从事农村研究的学者选择“农村养老模式”的调查课题，就比他选择“城市白领生活方式”的调查课题更合适；同样，一个在校大学生选择“贫困大学生社会支持”的调查课题，也比他选择“艾滋病人社会歧视”的调查课题要合适。

以上我们介绍了选择调查课题时人们通常采用的四条标准，这四条标准之间存在着某种层次上的联系。重要性是最基本的标准，独特性则是在它的基础上提出的新的标准，可行性在某种意义上可以说是课题选择中的决定性标准，而合适性则是在前三条标准的基础上提出的更进一步的标准。这四条标准层层深入，从几个不同的侧面，将一个理想的调查课题，从最初众多不成熟的想法、思路和课题雏形中，逐渐分离出来。

总之，选择调查课题应将重要性、创造性、可行性、合适性这四条标准综合起来考虑。同时，在选题过程中还要注意和防止以下倾向和问题。

一是简单草率。选题的时候简单行事，随随便便草率定题，这种现象不同程度存在。要么缺乏主见，非常盲目，常常是看到别人选什么，自己也跟着选什么，导致课题缺乏新意；要么不去了解调查现状，不问条件是否具备，结果课题无法开展，不得不半途夭折；要么课题模糊不清，以至操作时不知要调查什么问题。调查课题选择恰当与否，对于整个社会调查的成败具有决定性的作用。因此，选题决不能草率从事，而必须认真、慎重地对待。

二是凭空设想。选择课题不能凭空设想，那种闭门造车，把自己关在屋里，既不了解现实社会，也不学习理论，凭想当然确定课题，是难以保证选好题的，调查研究难免不失败。因为凭空设想脱离了客观现实社会的实际，因而也就不可能了解现实社会急需解决的、带普遍性、倾向性的问题。具有实践意义和理论价值的调查课题深藏于纷繁复杂的社会现象和科学知识的海洋之中，应该深入到社会生活和实际工作中去探究、搜寻，才能选择到好的课题。

三是贪大求全。这是选题时常犯的一个通病。在主客观条件不具备的情况下，课题定得太大，既容易超出调查者的经验水平和能力范围，又无足够的时间、人力、物力和财力去进行调查，到头来反而被大课题束缚了手脚，结果不是半途而废，无法完成，就是用主观的推论来弥补甚至代替客观的调查研究，达不到预期的结果。费孝通曾告诫说，“在选题上常常容易犯的毛病是脱离实际，想搞大理论，搞一个完整的体系，看不起‘小题目’，忽视知识的积累，以至老虎吃天，无从下口，自己给自己出难题。这样的教训是不少的”。① 因此，选题的时候要注意宏观与微观相结合，即从大处着眼，小处着手，应当是小题大做，即所谓“小题目，大文章”。尤其对于初学者来说，选择较小的课题，选择与自己能力相适应的课题进行调查研究应该说是比较合适的。选定小题目，有两种方式，一是直接选个小题目，二是在大题目中选定小的论证角度。比如，有这样三个题目：《论妇女权益的保障》《论妇女经济权益的保障》《论妇女财产继承权的保障》，第一个题目显然太大，因为妇女权益包含的内容十分广泛，有政治权利、文化教育权益、劳动权益、财产权益、人身权益、婚姻家庭权益，等等。一个课题如果要涉及这么多的内容，是不容易做好的。第二个题目比起第一个来要小一些，但经济权益包含的内容仍较复杂，还嫌太大。第三个题目抓住了妇女经济权益中的财产继承权这一侧面，显得角度小，针对性强，容易深入研究。

四是笼统宽泛。在实际的调查选题过程中，人们经常犯这样的错误，就是选择一个比较笼统或者是比较宽泛的课题领域，甚至是某一类社会现象或社会问题，而不是一个明确、具体的调查课题。例如，“流动人口研究”实际上并非调查课题，而是问题领域，它包含若干个子问题，如“流动人口生存状况”“流动人口城市适应”“流动人口职业选择”等，甚至在每一个子问题中又包含若干小问题，如在“流动人口城市适应”里面，又包含着流动人口社会适应、文化适应、心理适应等具体的小问题。因此，必须对调查课

① 费孝通．社会调查自白．北京：知识出版社，1985：10.

题进行明确化。

五是不了解行情。在选题过程中，未能事先了解与该课题有关的文献资料和向有关专家进行咨询，在不了解与该课题相关行情的情况下就草率定题。人类的知识是一个不断累积的过程，每个研究者都是在前人的研究基础上进行相关的研究工作。因此，在确定选题前一定要“兵马未行，粮草先备”，充分储备同类研究的信息，全面了解同类研究的行情。贝弗里奇指出，“多数科学家认为：研究一个问题时，对该问题已解决到什么程度一无所知，是更为严重的障碍”。① 选题前一定要充分了解同类研究的行情，否则研究工作会事倍功半，甚至功亏一篑，劳而无功。了解行情主要通过两个途径：第一，查询并收集与本课题相关的文献资料，了解前人的研究成果和程度，以便找到研究课题的突破口及重点。第二，向相关专家咨询，与本课题有关的人员座谈，初步收集一些现实资料，以便于准确判断本课题的研究现状及研究方向所在。

第四节　选择调查课题的途径

掌握了选题的标准，并不意味着我们就一定能选择到一个恰当的调查课题，因此还要解决到哪里去找课题以及用什么方法去找课题的问题。在社会学和其他社会科学中、在现实社会生活中，都存在着大量的尚未解决的一般问题，然而要从中选择出一个有着迫切研究需要和较大研究价值的特定问题，也并不是一件容易的事情。正如美国政治学者齐斯克所说，“依靠丰富的想象创立并发展一个可行的研究课题是研究工作中最为困难的一部分”②。特别是对于刚开始独立开展社会调查的人来说，常常会觉得要找到一个合适的调查课题似乎比实际去做这个课题还要困难。尽管要选择一个合适的调查课题，并没有普遍适用的方法，但是我们可以从下面几种具体途径或来源进行考虑。

一、现实社会

现实社会是一个复杂而庞大的系统，是一个不断变化的有机体。在这个庞大而变化着的社会里，社会现象丰富多彩，社会关系盘根错节，遇到的矛盾和产生的问题层出不穷，无时不有，无处不在。旧的问题和矛盾解决了，新的问题和矛盾又会出现。因此，在很大程度上我们可以说，现实社会为我们认识社会、改造社会提供了取之不尽、用之不竭的调查课题。例如，20 世纪 80 年代，费孝通从农民致富渠道不畅的弊病中发现了必须重视小城镇建设的课题。他说，“由于落实了正确的政策，农村的农业、副业和工业都出现了新的起点。可是我们发现农村的富裕不那么稳固。如江村农民的养兔副业，就随着海外兔毛市场的涨落而波动，一时间家家户户都养起了长毛兔，没过多久又纷纷杀兔吃肉。看来农村地区没有一个相当稳定的经济中心，农民的民运就只能操纵在别人手中，这就提出了小城镇建设的问题。由此可见，社会调查的题目，从根本上说是来自于社会实践的发展”③。

① 贝弗里奇．科学研究的艺术．北京：科学出版社，1984：4.

② 齐斯克．政治学研究方法举隅．北京：中国社会科学出版社，1985：34.

③ 费孝通．社会调查自白．北京：知识出版社，1985：9.

现实社会是调查课题最丰富、最经常的来源，人们常说“理论是灰色的，实践是常青的”，也就是说千变万化的生活实践给人们提出很多问题。从改革开放到现在，我国一直处于社会转型时期，因此存在着许多需要调查研究的社会问题。我们每个调查者始终生活在现实社会中，关键是我们要善于观察、勤于思考。在日常生活中，我们要养成对各种社会现象、社会行为、社会心理、社会问题经常问个“为什么”的习惯。这样做往往可以使我们从纷繁复杂的生活大潮中、从变化无穷的社会现象中，抽出值得研究和探讨的调查课题来。对于这一点，我们可以借用一句格言来概括，这就是：处处留心皆课题。

千姿百态、丰富多彩的现实社会中，各种可以作为调查课题的社会现象、社会行为、社会问题实际上始终客观地存在我们的周围，例如社会治安、城市交通、邻里关系、基层选举、医疗保障、大学生就业、农民工子女教育等林林总总，不一而足。当我们从认识和研究社会问题这一目的出发，向自己提出一些“为什么”时，就会从这种熟悉、普遍、一般、随处可见的社会现象、社会行为、社会问题中，抽出一些值得探讨的社会调查研究问题来。比如，对于生活在城市社区的人来说，居住在单元楼房，安防盗门，出入锁门，邻里之间很少串门等，都是大家熟悉的现象。然而，当我们从认识和理解城市居民生活方式以及城市社区邻里关系这一目的出发，自己提出一些“为什么”引发思考时，就会从中找到诸如“城市居民居住方式与邻里关系研究”“城乡社会邻里关系比较研究”“和谐社会与和谐社区研究”等调查课题。从现实社会生活中发现调查课题，关键是要善于观察、勤于思考，养成对各种社会现象、社会行为、社会问题、社会事件问个问号的习惯。只要观察生活，就能从现实社会中发现可以调查和研究的问题。当然，要学会观察生活，必须热爱生活，要关心周围发生的事情，并保持高度的敏感性和好奇心，才能发现很多可以探讨的问题。

二、个人经历

个人经历是人们观察各种事物、理解各种现象的基本视角和出发点。因此，对于以观察和理解社会现象为目的的社会调查来说，同样也离不开个人经历的帮助。特定的个人经历可以更好地理解或把握研究课题。一个没有婚姻经历的人，也许很难做有关婚姻家庭方面的研究；一个出生在城市，并且很少下乡，没有农村生活的经历的人，就很难从事有关农村问题的研究。

每一个人都是在某个特定社会环境中生活，所走过的也往往是一条特定的人生道路，形成了不同的参与社会生活的记录，积累和沉淀了不同的对社会生活的认识与感受，形成了观察事物的特定视角。不同的人们对现实社会的认识不同，对社会生活的具体感受也不同。一种现象在有些人看来也许是理所当然、司空见惯，但在另一些人看来或许会大惑不解、十分新奇。因此，我们自己在社会生活中的各种经历、各种体验、各种观察、各种感受，常常是众多有趣的研究问题的最初来源，而许多有价值的、有创造的研究问题也正是从研究者个人的经历和经验中，特别是从个人特定的生活环境、特定的生活感受中发现和发展起来的。例如，农村的学龄儿童，由于家庭经济原因所致，经常被迫辍学。对于大多数生活在城市中的学生而言，很少能直接观察到此类现象，然而，对于生活在农村的学生，尤其是类似的事情发生在我们的亲戚朋友身上，其遭遇引起我们的共鸣时，便能启发我们进行很多有意义的研究，选择诸如“农村教育问题调查”“农村失学儿童问题调查”等课题。又如，一对夫妻离婚了，这种事情在现实社会生活中并不稀奇，对于与之关系不密切的一般人来说，他们可能会无动于衷，或者只是作为茶余饭后的谈资。但这件事如果发生在自己身边，比如说他的邻居，或他的好朋友，或他的姐姐、姐夫离婚了，他可能会思考一下这种现象，去问一些“如何”“什么样”或“为什么”的问题，从而导致他选择类似“离婚行为的影响因素”“离婚对未成年子女成长的影响”等调查课题。

从某种意义上说，这种从个人自身经历中寻找问题的方式，是一种十分简单实用的方法，在许多情况下，它经常可以帮助我们找到非常有价值的调查课题。

三、文献资料

调查课题常常可以从学术著作、教科书、各类文章、研究报告等文献资料中寻找到。各种文献资料常常成为引发研究灵感、启迪研究心智、催生研究想法的重要来源地，许多调查课题正是在此基础上得以形成。社会科学期刊上大量的与社会研究有关的论文和研究报告，代表着过去和现在的研究者对社会生活各个方面的研究成果，常是寻找研究问题的重要来源之一。此外，一些非专业的、综合性的，甚至是大众性、通俗性的文献中也有大量的社会问题可供我们去发现和探索、研究。

阅读各种文献，一要始终带着审视、提问、评论眼光，不要盲目地接受专家们所说的一切。由于个人生活经历、社会阅历、关注问题的不同，也必然使审视问题的视角不同，对同样的文献、同样的内容、同样的材料的看法就有所不同，从而产生一些新的疑问、新的思索，迸发出新的火花，找到有价值的调查课题。

二要进行广泛的联想，从纵向与横向、形式与内容、对象与方法、时间与空间等不同角度、不同侧面，对所阅读的文献展开广泛的联想，由此及彼，往往也能产生一些新的疑问、新的看法，并在此基础上进一步提炼出一些新的调查课题。比如，当我们在文献中读到了有关互联网对目前大学生的生活方式产生了重要影响的调查报告或其他材料时，我们就可以进一步展开联想：互联网对目前大学生的交往方式、消费方式、择业方式等方面是否也产生了同样的影响？变换一个角度还可以问：既然互联网对大学生的生活方式产生了重要影响，那么，它对其他群体比如中小学生、教师、公务员、农民工等也是否产生了影响（或者产生了哪方面的影响）呢？这样，就会产生一些值得研究的新课题。

第五节　调查课题明确化

在进行社会调查选题的时候，初学者或缺乏经验的研究者往往容易犯一个毛病，就是选择的是某一个比较宽泛的，或者是比较笼统的课题领域，甚至是某一类社会现象或社会问题，而不是一个明确的、具体的调查课题。因此，为了便于操作，有针对性地开展调查，需要对调查课题进行明确化。

比如，某大学学生暑假三下乡社会实践申报课题中，有这么几个例子：

学生甲申报的是：“留守儿童问题调查研究”

学生乙申报的是："新生代农民工的价值观调查研究"

学生丙申报的是："同性恋问题调查研究"

如果我们用前面所讲选择调查课题的标准来衡量，应该说这三个课题都值得进行研究，具有很重要的意义，但是它们的可行性都比较欠缺。原因在于，它们虽然内容各异，但有一个共同的地方，就是在内涵上过于宽泛，过于笼统，真正开始调查的时候会无从下手。同样的道理，如果选择调查课题的时候只说"我想研究流动人口问题"，或者说"我打算做一个有关流动人口的调查课题"，这都是很不够的，通常这还不是我们所说的调查课题。因为其内涵不够确切，焦点不够集中。所以，我们还应该进一步将它具体化、清晰化，转变成为焦点集中的、切实可行的调查课题，比如应该搞清楚自己究竟是想了解流动人口的规模、它的地区分布、它的形成原因、它的后果及影响，还是其他内容？这就是调查课题的明确化。

所谓调查课题的明确化，指的是通过对调查课题进行某种界定，给予明确的陈述，以达到将最初头脑中比较含糊的想法，变成清楚明确的调查主题；将最初比较笼统、比较宽泛的研究范围或领域，变成特定领域中的特定现象或特定问题的目的。这是选择调查课题过程中十分重要的一个环节。只有经过调查课题的明确化工作，研究者才能十分清楚地认识到自己真正要研究的是什么。

要使调查课题明确化，可以采取将宽泛的问题转化为狭窄的问题、将一般性问题转化为特定问题的做法，同时最好能用变量的语言来对调查课题进行陈述。比如，学生甲的课题"留守儿童问题"是一个十分宽泛的问题，其内涵并不是某一个具体的社会调查所能包含得下的。一项具体的社会调查，通常只能选择其中的一个方面进行研究。我们可以通过限制和缩小课题的内容范围，并用变量的语言进行陈述，将其转化为诸如"留守儿童问题的成因""留守儿童问题的对策""留守儿童与家庭教育方式的转变"等类似调查课题。又如，学生乙所选择的调查课题"新生代农民工的价值观调查研究"，内容也十分宽泛，我们可以用相同的方法，将其转化为诸如"新生代农民工的婚姻观""新生代农民工的择业观""大众传媒与新生代农民工的消费观"这样一些比较具体、比较确切的调查课题。同样的，我们也可以对学生丙所选择的调查课题进行界定，缩小其内容范围，分别转化为诸如"同性恋问题的社会原因""同性恋者的自我认同""同性恋与艾滋病的传播"等调查课题。

在将宽泛的问题转化为狭窄的问题的过程中，文献评论往往具有十分重要的作用。比如，我们打算研究"青少年上网的影响"，通过阅读有关文献，进行文献评论，发现已有一些研究专门探讨了上网对青少年学习、生活、社会化、犯罪等的影响。但是，很少有研究探讨上网对青少年交往的影响。这时，我们就可以专注于这一特定因素，选择一个类似于"上网与青少年人际交往"的调查课题。

在清楚、明确地定义调查课题之前，就匆匆忙忙地去调查，所收集的资料往往许多会是无用的，因此，每一个调查研究人员在具体从事一项社会调查课题时，都应该养成首先将课题内涵明确化的好习惯。

当我们运用上述知识，选择到一个有价值、有新意、切实可行、自己也很感兴趣的调查课题，同时，这一调查课题又经过了明确的界定和清楚的表述，那么，这项社会调查的质量和水平，以及整个社会调查过程的顺利进行，从一开始就有了基本的保证。

第六节　文献回顾

文献从广义上说是指记录有知识的一切载体的统称，即用文字、图像、符号、声频、视频等手段以记录人类知识的各种载体（如纸张、胶片、磁带、光盘等）。但是社会调查中的文献与一般的文献不同，它是学术文献，即指具有历史意义和研究价值的著作、论文或资料，一般发表在学术刊物上或者由出版社公开出版，而且学术著作和论文的撰写格式和要求有严格的规定。换而言之，并非所有的文字符号都是学术文献。我们这里所说的相关文献，通常并不包括各种大众传播媒介如报纸、通俗杂志中的文章，哪怕它们也涉及同样的主题。因为这些文章无论是收集资料的方式，还是分析资料、表达结果的方式，都与社会调查中的方式大不相同。

站在巨人的肩上，才能有所创新。任何研究都不可能是从平地、从最初的起点开始，都是在吸收前人研究成果的基础上再向前迈进一步。因此必须了解前人已经做出的研究成果，了解这些研究成果的长处和短处，也就是要进行文献回顾。所谓文献回顾，指的是对到目前为止的与某一研究问题相关的各种文献进行系统查阅、综合分析、归纳整理和评论，以了解该领域研究状况的过程。它要求研究者既要对所查阅文献的主要观点进行综合整理、陈述，还要根据自己的理解和认识，对综合整理后的文献进行比较专门的、全面的、深入的、系统的论述和相应的评价，而不仅仅是相关领域学术研究成果的堆砌。最关键的是要有批判性，如果对前人的成果只是进行简单归纳，就看不出自身研究所需要突破的方向和关键点。

一、文献回顾的意义

文献回顾是社会调查过程的一项重要工作，在社会调查中有着重要作用，主要体现在以下几个方面：

1. 帮助研究者明确调查选题

文献回顾对于调查的各个环节都将提供有益的信息，尤其与调查课题的选择密切相关。在科调查开始阶段，文献回顾为研究人员提供调查课题的历史、现状、当前争论的焦点及发展趋势的信息资料，能够帮助研究人员了解本领域的全面情况，从而选定有意义、有价值的调查课题。一般来说，文献回顾与选择课题二者之间往往有着如下交互作用和过程：感兴趣的现象或者问题领域→较宽泛地查阅相关的文献→初步确定研究问题→进一步查阅更为专门的文献→进一步明确研究问题。这一过程表明，熟悉同一研究领域的现状和主要研究成果，与调查课题的选择、调查课题的明确化密切相关，同时它也是进行一项社会调查的基本前提之一。

2. 帮助研究者熟悉和了解本领域中已有的研究成果

绝大多数调查课题都或多或少有人涉及过，因此当研究者在选择调查课题的时候，必须了解在这个领域中前人已做过哪些研究。通过系统的文献回顾，我们将会比较全面地了解本领域中的研究状况，特别是已取得的研究成果，弄清楚它们对现实状况的解释或说明存在哪些不足以及是否存在理论或方法上的缺陷。这种了解对于帮助我们选择和确定自己的调查课题具有十分重要的作用。它将我们自己的研究放到现有研究的背景中去，便于我们确立自己的研究在该领域中的位置，认识到自己的工作对增加人们的认识，对学科理论的发展，或对实际问题的解决所具有的意义和贡献。

3. 为研究者提供一些可供参考的研究思路和研究方法

通过文献回顾，我们可以了解到以前的研究者在探索该问题领域时所采取的各种不同的研究角度、不同的研究策略，以及各种具体的研究方法。这些角度、策略和方法为我们在自己的研究中进行研究设计、资料收集和分析提供了一种借鉴和参考的具体框架。文献回顾的结果，既可以使我们在一种与先前研究稍微不同的框架中来重新安排自己的研究，也可以帮助我们去探讨这一问题的一些新的方面。此外，文献回顾还可以帮助研究者发现和利用现有研究中对某些关键变量的操作化方法和测量指标。

4. 为解释研究结果提供背景资料

文献回顾在客观上给我们提供了一种与该研究领域有关的背景资料，这种背景资料既是研究者在选择调查课题时的参考框架，它同时也是研究者在对自己的研究结果和研究发现进行解释时所依据的一种参考框架。任何一项社会调查都可能会产生一些未曾预料的结果，或者是与研究者所期望的结果不同甚至相反的结果。而要正确地理解这些结果，合理地解释这些结果，都将离不开文献回顾所给予我们的这种背景资料。

二、文献回顾的主要任务

文献回顾的过程通常包括四项主要的工作任务：一是查找文献；二是选择文献；三是阅读文献；四是写作文献述评。

1. 查找文献

社会调查最主要的文献来源通常包括三个部分：一是相关的著作；二是相关的学术论文或研究报告；三是相关的统计资料和档案材料。

著作常常能给我们提供与研究领域相关的相对全面的研究背景和理论。图书馆则是这方面资料的主要来源。相关著作的查找主要依据图书分类法进行。研究者至少应对《中文图书分类法》有一个基本的了解。通常，在大学的图书馆中一般都会有专门的计算机检索工具，研究者可以输入所要查询的“书名”“作者”“主题词”“索书号”等进行检索。

学术论文或研究报告是社会调查查阅最多的文献。研究者通常使用各种检索工具查找自己所需的这类文献。英文论文的检索工具主要有 Social Science Index（社会科学索引，简称 SSI，这一索引收录了全世界最重要的英文社会科学期刊上所发表的论文题目）、Social Science Citation Index（社会科学引文索引，简称 SSCI，是目前世界上可以用来对不同国家和地区的社会科学论文的数量进行统计分析的大型检索工具）。社会科学的各种专门学科也有自己的专门索引工具或具有索引功能的论文摘要期刊。比如人口学中的 Population Index（人口索引），社会学中的 Sociological Abstracts（社会学摘要），政治学中的 Political Science Abstracts（政治学摘要），以及更广泛的 Social Science Abstracts（社会科学摘要）等。在 Sociological Abstracts 和其他类似摘要中，研究者不仅可以查到论文的出处（比如期刊名，哪一年第几期，作者是谁等），而且还可以查阅到该论文的摘要。

中文论文的检索工具主要有每月出版的《全国报刊资料索引》（哲学社会科学版）、中国人民大学书报资料中心编辑出版的各门社会科学的《复印报刊资料》及其索引。《全国报刊资料索引》（哲学社会科学版）每月一本，收集了全国几千种报刊上所发表的各种文章的目录，并分类排列。研究者可以从中查到相关的论文题目、作者、发表的期刊、期号等。此外，《新华文摘》《中国社会科学文摘》《高等学校文科学报文摘》兼有索引功能和论文摘要。中国学术期刊网也建立了学术期刊论文检索系统，研究者也可以上网进行论文的查找。

在计算机上进行文献查找时，首先要明确我们想要查阅的是哪方面的资料。相应的搜索方式有“主题”查询或“关键词”查询。同时，还可以选择“作者”“题目”“摘要”“发表时间”等不同的条件设置。查找的思路可以采用逐步“收敛”的方法，即开始可以从比较大的范围搜索，然后逐步缩小范围。还应注意的是，我们所感兴趣的研究问题常常会同时涉及好几个不同的主题领域，因此，应在几个相关的领域中都进行查找。比如，对于留守儿童社会化问题，我们就应该在“留守儿童”“社会化”“学前教育”“学校教育”“家庭教育”等多个不同的主题领域中进行查找，才能保证查找结果的全面性。

统计资料和档案材料是社会调查资料的重要补充，可以为研究者探索某一研究问题提供背景资料和宏观依据。统计资料可以在图书馆或互联网上查阅，档案材料则可以从政府档案馆获得。相对而言，这类文献在调查课题选择中主要起某种辅助作用，因而在整个文献回顾工作中所占的分量较轻。

2. 选择文献

有时某一个领域中已有的文献数量很多，通过检索和查找，我们可能会收集到成百甚至上千篇相关的论文。要全部阅读这些文献不仅不可能，而且也无必要。因此，为了得到与研究有关、质量较高、具有学术价值的文献，必须对文献进行选择。我们必须决定：在所查找到的这些文献中，哪些是必须详细阅读的，哪些是可以大致浏览的，哪些是不用阅读的。那么，如何决定呢？我们一般可以从下面几个方面考虑：

（1）研究的相关性。文献应是和自己的研究主题密切相关的。一般说来，文献中所研究的变量、所涉及的主要内容、所使用的样本类型，所依据的理论框架与自己的研究越相关越好，相关的方面越多越好。

（2）发表的时间。文献应是发表时间较近的。科学研究具有累积性，一般来说，相关文献发表或者出版的时间越近，其价值越高，尤其是研究报告。因为这些文献往往都已参考和吸收了比其更早的一些研究成果。

（3）研究者的学术地位。文献应是学术地位较高研究者的。相对而言，研究者的学术地位越高，文献的权威性、影响力越大。但是，这也不是绝对的，因为所有知名学者也都是从不知名走过来的，同时一些名不见经传的学者也可能写出高质量的论文或著作。

（4）文献的载体。文献应主要是学术刊物上发表的。随着科学技术的发展，文献的载体日益多元化，除了传统的纸质学术期刊，互联网等成为新兴的重要文献载体，但其所载文献往往在科学性、严谨性、可靠性上比较欠缺。因此，应慎重使用互联网上的文章。

（5）发表刊物或出版社。文献应尽可能是较好的刊物和出版社发表、出版的。一般来说，级别较高刊物（如《中国社会科学》、中国社会科学院各研究所办的学术刊物、国内一流大学学报）所发表的论文或研究报告，质量一般较高；级别较高的出版社出版的专著，学术价值通常也较高。

3. 阅读文献

阅读文献是一项既需要时间、耐心和细致，同时也需要敏锐和效率的工作。对某些重要内容要画上记号，并随手做一些简要的评论，这样做十分有利于文献回顾后期的整理和总结工作。如果有时间，还可适当做些摘录。摘录的原文要注明出处、页码；摘录的方法可以是专门的卡片，或是专门的笔记本。

阅读文献时，应特别注意如下几个方面：（1）每一研究的理论框架和研究背景，即了解各个不同的研究分别是从哪一点出发的，它们各自的目标是什么。（2）该研究的方法，包括研究对象、研究方式、抽样设计、样本特征、资料分析方法等。（3）该研究的主要结果，包括它在讨论部分所提出的观点，所作的推论等。（4）自己对该研究的评价，这一点尤其重要。既要指出该研究的特点和独到之处，也要指出它存在的不足，特别是在方法上、研究效度或信度上的不足。

对全部文献进行了系统的阅读之后，需要进行一定的总结。比如，应该考虑一下，在这一特定的问题领域，先前的研究已做了哪些方面的工作？对于这一特定的现象，现有研究涉及哪些理论？它们已得出了哪些基本的研究结论？这些研究总体上还存在哪些相对薄弱的环节？

4. 写作文献述评

对选定的有价值的文献进行浏览、泛读、精读，了解和掌握其主要观点、研究方法和研究思路，发现其中存在的各种问题，并加以整理，形成一篇文献报告，即写作文献述评。文献述评是研究者在阅读与调查课题相关的全部文献之后撰写的文献报告，主要回答以下问题：（1）与调查课题有关的已有研究的理论背景、研究框架是什么？（2）这些文献中，尤其是研究报告所反映的研究方式、研究方法有哪些，其中包括研究对象、抽样设计、样本规模、资料收集和分析的方法以及理论框架和经验资料之间通过什么样的形式进行演绎和归纳，研究假设验证的精确度和可靠性。(3) 与调查课题相关的以往研究中有哪些成果，这些成果达到的水平如何？(4) 相关文献中存在哪些问题或局限性，其中包括理论和方法的局限性，从而为自己的研究提出问题奠定基础。以上问题都必须在文献述评中得到回答，也是一篇规范文献述评的基本要素。

需要注意的是，文献述评不是简单的文献摘要，不能只有“述”，而没有“评”。一篇高质量的文献述评本身通常就是一篇好论文。文献述评的撰写，首先需要做文献摘要，然后对文献进行归纳和整理，要尽量用自己的语言概括文献中的主要成果和研究方法等，并条理化。撰写文献述评时，不要一篇文献、一篇文献单独进行述评，而是要把所有的文献综合起来。最后，还要对以往的研究加以评论，肯定长处，指出存在的问题和局限性。文献述评的格式可以按照观点进行整理，也可以按照前面所说的四个要素逐条归纳。

☞本 章 小 结

调查课题简单说来就是社会调查所要反映或解决的问题。按照调查的任务性质，可以分为理论性课题和应用性课题；按照调查的深度层次，可分为描述性课题、解释性课题和预测性课题；按照具体来源，可以分为自选课题和委派课题。

正确选择调查课题是社会调查顺利进行的重要保证，是调查取得成功、获得成果的重要前提，在整个社会调查过程中具有重要的意义：(1) 决定调查的方向。(2) 制约调查的过程。(3) 体现调查的水平。(4) 影响调查的质量。

实践中，人们通常采用下列标准作为选择调查课题的依据：(1) 重要性，指调查课题要具有一定的意义或价值。(2) 创新性，指调查课题应该具有某种新的东西。(3) 可行性，指研究者是否具备进行或完成调查课题的条件。(4) 合适性指调查课题最适合研究者的个人特点。选择调查课题应将这四条标准综合起来考虑。

选择调查课题过程中要注意和防止以下倾向和问题：一是简单草率。二是凭空设想。三是贪大求全。四是笼统宽泛。五是不了解行情。

选择调查课题的途径主要有以下几种：(1) 现实社会。现实社会是调查课题最丰富、最经常的来源。(2) 个人经历。个人经历是人们观察各种事物、理解各种现象的基本视角和出发点，社会调查离不开个人经历的帮助。(3) 现有文献资料。调查课题常常可以从学术著作、教科书、各类文章、研究报告等文献资料中寻找到。

调查课题的明确化指的是通过对调查课题进行某种界定，给予明确的陈述，以达到将最初头脑中比较含糊的想法，变成清楚明确的调查主题；将最初比较笼统、比较宽泛的研究范围或领域，变成特定领域中的特定现象或特定问题的目的。可以采取将宽泛的问题转化为狭窄的问题、将一般性问题转化为特定问题的做法，同时最好能用变量的语言来对调查课题进行陈述。

社会调查中的文献指具有历史意义和研究价值的著作、论文或资料。文献回顾指的是对到目前为止的与某一研究问题相关的各种文献进行系统查阅、综合分析、归纳整理和评论，以了解该领域研究状况的过程。它在社会调查中有着重要作用：(1) 帮助研究者明确研究选题。(2) 帮助研究者熟悉和了解本领域中已有的研究成果。(3) 为研究者提供一些可供参考的研究思路和研究方法。(4) 为解释研究结果提供背景资料。

文献回顾的过程通常包括四项主要的工作任务：一是查找文献。二是选择文献。三是阅读文献。四是写作文献述评。需要注意的是，文献述评不是简单的文献摘要，也不能只有“述”，而没有“评”。

☞关键术语

调查课题　重要性　创新性　可行性　合适性　调查课题明确化　文献回顾

☞复习思考题

1. 什么是调查课题？它主要有哪些类型？

2. 选择一个恰当的调查课题，对于整个的社会调查工作来说，具有什么样的意义？

3. 从社会学期刊中选取若干个调查研究报告，用本章所介绍的选题标准对它们进行评价。

4. 调查课题的可行性是什么意思？这种可行性与重要性、创新性、合适性之间是什么样的关系？

5. 选择调查课题的途径主要有哪些？

6. 何谓调查课题的明确化？

7. 请选择一个感兴趣的调查课题进行文献回顾。

第三章

调查设计

☞**思考发现**

正如社会调查之舟需要准确的航路图，调查设计之中需要测量的精度和操作化的明晰性，方能确保我们能够成功穿越社会现象的广阔海域。社会调查需要排除主观臆断的想法，不断深化我们对测量与操作化的理解，同时强调正确的思维逻辑，确保研究者在设计调查时具有科学的思考方式。

☞**案例导入**

家庭权力的争论

社会调查课上，老师提了一个问题，请大家凭借往日的观察和了解，判断在他们家里，到底是父亲权力大还是母亲权力大？老师还提出了一个要求，光说谁的权力大没有说服力，在给出答案之前要先说说是凭什么作出的判断，并且其他同学也可以批驳。

学生们讨论非常激烈，先让我来听听他们的争论吧！

A：在我们家，家庭什么事情都是母亲说了算，父亲也从来不管，所以母亲地位高。

B：我不这样认为。什么事情都你妈妈管，也由你妈妈去做，父亲一点都不管，你说是权力大还是没权力啊？要是我的话，我宁愿不要这权力，那么辛苦！我觉得我们家什么都爸爸管，妈妈乐得清闲。

C：在我们家吧，一般的事情母亲管，但是大事情都是父亲管，那你们说我父亲权力大还是我母亲权力大？我也弄不明白了。

D：我家妈妈权力大，爸爸每个月都把工资交给我妈妈，妈妈掌管一切经济大权，那权力还不大啊？

E：好像也是，不过还是觉得有问题。

D：有什么问题呀？

E：像我们家妈妈管钱，但是这些钱却很少是花在妈妈身上啊？爸爸买的东西都比妈妈的贵。我甚至还发现了一个秘密：我爸爸有一个小金库呐！你说谁的权力大啊？

F：那就你的意思是要看谁的权力大，先得统计一下谁花了多少钱咯？这怎么统计得清楚啊？

G：我觉得你们都想得太复杂了，想要知道谁的权力大，问问当事人自己不就得了？

H：那在我们家就麻烦了，你要是去问我妈，她肯定会说家里她最有权，但你要是问我爸，他也说他的权力大啊。你怎么判断谁的权力大啊？

……

同学们争得不可开交，但谁都没法说服谁。

那你的答案又会是怎样的呢？

阅读提示：通过导读材料，思考以下几个问题：在调查过程中，对于那些没法直接测量的抽象概念，如家庭权力，该如何具体化？这个具体化的东西是否会有效？能否测得准？如果现在要你去做一个方案设计，测量家庭中夫妻权力，你会如何设计方案？

调查课题一经确立，对整个调查研究所要达到的目标就已经确定了，接下来这一目标就得靠研究设计及其实施来实现了。在调查课题确定后，具体资料收集之前，还得进行认真、周密的规划和设计工作。

调查设计就是对整个调查研究工作进行规划，制定出探索特定社会现象或事物的策略，确定研究的最佳途径，选择恰当的方法，制定具体的操作步骤及方案等方面的内容。

第一节　分析单位

一、分析单位的概念与类型

分析单位是研究方法论中的基本概念之一，我们在社会调查中，把被研究的对象称为分析单位（units of analysis）。分析单位是研究对象的具体界定，而研究对象是研究关注点的载体，在统计分析中称为案例。分析单位是用来考察和总结同类事物特征，解释其中差异的单位，在社会科学研究中，对于分析单位并没有限制，一般社会科学研究中的分析单位包括：

个体。个体是社会调查中最常见的分析单位，任何个体都可以成为分析单位，如学生、教师、单亲家长、未婚妈妈、农民工等。如我们研究发现，在婴幼儿时期受父亲关爱越多的孩子越聪明，其分析单位是个体，因为研究的对象是“孩子”，至于是什么样的孩子，都是修饰这个关键词的；学历水平越高的妇女生育意愿越低，分析单位就是“个体”，而不是家庭，因为研究的是关于妇女的生育意愿。不过请注意，我们在对个体进行分析时，最终的目标不是个体，而是由这些个体组成的群体，通过这些个体组成的群体来发现群体运作的社会动力。如从促进孩子智力发展来看，父亲要在婴幼儿时期给予更多的关爱；要解决生育水平高的问题，可以从提高妇女的教育水平来着手。

群体。群体同样也是社会调查中常见的分析单位之一。如研究“80”后农民工与第一代农民工婚恋观念的异同，分析单位就是群体（不同年代的两个农民工群体）。把社会群体作为分析单位与研究群体中的个体不同。如我们研究家庭是否和睦对小孩成长的影响，这时分析单位是群体——家庭；如我们研究小孩成长过程中的影响因素，其中包括家庭是否和睦，这时分析单位就是个人。以群体为分析单位和以个人为分析单位的研究很类似，但描述的对象是不一样的。如准备研究“未成年人团伙的越轨行为”和“未成年人越轨行为”，前者主要是从越轨的角度分析比较不同未成年人团伙的特点和类型，研究中，既可以分析不同未成年人越轨团伙的特点和它们内部的结构以及团伙之间的联系和矛盾，也可以比较不同城市，甚至不同国家未成年人越轨团伙之间的共同特点和差别等，其分析单位是群体；后者主要是单独研究某个特殊的团伙内部成员的越轨行为不和其他团伙进行比较分析，那么它们的分析单位就是“个人”。以群体作为分析单位时，群体的特征与群体中个人的特征有关，群体的特征可以从其成员的特征中抽象出来。如可以从未成年人犯罪团伙成员的年龄、性别、教育程度、犯罪手段等来概括出未成年人犯罪团伙的特征。但是需要注意的是，群体的特征和个人的特征是不同的。以未成年人犯罪团伙作为分析单位时，可以用团体的规模、结构等作为描述团伙的特征，但却不能用同样的特征去描述团伙中的个人。分析单位的层次越高，它所能使用的分析单位也越多，在对群体内部的分析中是可以采用“个体”作为分析单位的。如研究者可以说“具有个人魅力的领袖所领导的团伙具有更高的凝聚力”，但是不能说“凝聚力比较高的团伙领袖要比凝聚力比较低的团伙领袖更具有个人魅力”。因为这样的描述，实际上是把分析单位由“群体”降低为“个人”。

组织。作为科学研究的组织包括正式组织，如企业、学校、军队、行政单位等，如《非正式政治：一个草根 NGO 的行动策略——以广州业主委员会联谊会筹备委员会为例》① 的分析单位就是一个非政府组织业委会；也包括非正式组织，如“地下钱庄”、俱乐部等。把组织作为分析单位时，我们同样可以通过组织成员来获得组织的特征。如家庭是最基本的初级组织，我们可以用家长的职业、收入、社会声望等来描述一个家庭的社会地位，从而研究得出，上流社会家庭子女平均受教育年限比下层社会家庭子女长，这时分析单位是家庭。如果我们的问题是，哪类孩子平均受教育年限长——平均来说，家庭社会地位高的长，家庭社会地位低的短，这时研究的分析单位就是个体，家庭社会地位只是一个影响因素而已。组织与群体一样，都是由若干个个人组成的，因而作为分析单位的组织所具有的某些特征，在一定程度上与组织成员的个人特征有关，但是组织的特征和个体的特征还是不同的。组织是一个层次更高的分析单位，因而在具体研究时可以采用“个人”“群体”作为分析单位，但是在比较的基础上做结论时，仍然要以“组织”作为分析单位。否则就有可能把分析单位降为“群体”或“个体”。研究者可以说“存在一些非正式团体的组织要比只有正式团体的组织更具有工作效率”，但是不能说“组织中的非正式团体对工作效率有积极影响”，因为这样的结论实际上是以“群体”作为分析单位，它要研究的问题是“非正式团体对工作效率的影响”。

① 张紧跟，庄文嘉．非正式政治：一个草根 NGO 的行动策略——以广州业主委员会联谊会筹备委员会为例．社会学研究，2008（2）．

社区。社区是一定地域中人们的生活共同体。其概念可大可小，一般来说，城市与乡村就是两个不同的社区，但是作为分析单位的社区概念一般不是很大。通常一个街区、小区（里弄、胡同）、小镇、村庄都是典型的社区。研究者也可以以城市为分析单位，比较不同城市之间文化上的差别，如“京派文化”和“海派文化”的比较研究，如果从社会研究的角度研究两个城市的文化、居民的行为模式等，那么它的分析单位就是城市。社区是一个最高层次的分析单位，因此它在具体研究时，可以采用“个人”“群体”和“组织”这样一些分析单位，但低层次的分析单位一般用于对社区内部特征的描述，对不同社区进行比较和分析时，分析单位就应该是“社区”。

社会产品。社会产品即人类行为或人类行为的产物，或者说是社会事实，比如，仪式、互动、日记、文物、制度等。迪尔凯姆指出：“一切行为方式，不论它是固定的还是不固定的，凡是能从外部给予个人以约束的，或者换一句话说，普遍存在于该社会各处并具有固定存在的，不管其在个人身上的表现如何，都叫做社会事实。”迪尔凯姆的《自杀论》通过自杀率对自杀这种现象的统计分析，使其变成一个“社会事实”，从而在各种社会因素中寻找结构性因素，从而否定了自杀作为个体心理表现的意义。比如，我们可以考察不同时期的口号标语的内容，来描述和解释口号标语内涵的变化过程，也有对日记这些社会产物进行的研究①。

二、区别分析单位与观察单位

研究中的分析单位和观察单位（或者说调查对象）不一定是同一个单位。如在社会调查方法课程学习过程中，要分析哪些学生的学习成绩会比较好，这时候的分析单位是每一个学生，观察单位也是单个的学生。而要研究家庭的政治观点和导致离婚之间是否有关系时，观察单位是每一个丈夫和妻子，而分析单位则是家庭。

分析单位的选择和确定是调查设计中的重要内容，分析单位的确定是否得当关系到研究结果是否具有有效性。如夫妇年龄差是婚姻研究的一个重要的指标，一个调查中所有夫妇的年龄差经常使用平均的夫妇年龄差表示。问题是如何来根据普查的原始数据获得这个平均的夫妇年龄差？比较省事的办法是先获得所有有配偶男性的平均年龄和所有有配偶女性的平均年龄，再两者相减，就可以得到平均夫妇年龄差。但严格来讲，这个差并不是夫妇年龄差，因为，夫妇年龄差的分析单位不是处于有配偶状态的个人，而是婚姻（涉及两个人的群体）。正确的做法是先对每一对夫妇计算他们的年龄差，形成一个新的变量，然后再对这个年龄差变量求平均值②。

有时如果不严格定义分析单位，就不可能深入分析研究对象。在郭志刚的早婚研究中就发现，如果以个人为分析单位，发现北京市男性早婚的数量是女性早婚数量的3倍，据这个结果你可能会纳闷为什么男性早婚者会比女性高这么多，但进一步以婚姻为单位时，

---

① ［美］J. David Knottnerus. 日常仪式化行为的形成：从雷锋日记到知青日记．吴艳红，译．社会，2007（1）.

② 郭志刚．中国社会学．第三卷．上海：上海人民出版社，2004：86.

发现男性早婚中有80%以上是因为女方比男方年龄大，甚至还有20%的早婚婚姻中女方结婚时已超过晚婚年龄，因而获悉北京绝大多数早婚婚姻都是因为女方年龄比较大而不能再推迟结婚的实际情况所引起的，这才发现了其中的奥秘。

三、方法论谬误

依据分析单位的口径，我们可以将研究分成宏观分析和微观分析。事物的宏观运行机制和微观运行机制经常是不一致的。经典的例子就是“谷贱伤农”，如单个农民勤奋劳作，粮食产量增加，则收入增加；但如果所有的农民都很勤奋，农业大丰收，则会导致供过于求，导致农民的收入降低。所以，我们在得出分析结果时，就不能简单地根据一个层次的观察材料推到另一个层次上去。

1. 区群谬误

根据研究方法论的原则，将宏观单位的分析结果推论到微观单位时犯了“区群谬误”（ecological fallacy），也称为生态学谬误、层次谬误或体系错误，“区位”指比个体大的群体、集合或体系，区位谬误是假定以区位为单位得到的结果也可以在区位的个体中获得证实。

如果我们在调查中发现，A城市人均收入比B城市低，并且A城市犯罪率比B城市高，由此得出结论，“收入越低的居民越容易犯罪”，就犯了生态学谬误。因为我们研究人均收入水平时是以城市作为分析单位，而研究犯罪时是以居民作为分析单位。何况犯罪的不一定就是经济收入少的居民。比如，在一次候选人的支持程度调查中发现，选民平均年龄比较小的选区比选民平均年龄比较大的选区更支持新经济政策，如果就此得出一个结论：年轻选民比年长选民更支持新经济政策，就犯了区位谬误，因为“选民平均年龄小或大”是作为某个区位的特征出现的，我们把选区作为分析单位，不能对选民作出结论。何况，在选民平均年龄小的选区里同样会有不少年长的选民也投票支持新经济政策。但在日常生活中，我们经常会冒着犯下区位谬误的错误，以此暂时作出猜测性的结论。

2. 简化论

将微观单位数据的分析结果推论到宏观单位时犯了“简化论”（reductionism），也称为简约论、还原论。

简化论包含两层意思：第一，任何复杂的事物都可以“还原”为构成事物的若干个“元素”，整体等于部分的总和，因此，在对整体的研究中，只要取其一部分研究就可以了，最为典型的说法就是“解剖麻雀”。第二，可以把社会现象分割成各自独立的几个方面，例如，政治的、经济的、社会的、心理的、文化的，企图只用其中一个方面的特征解释和说明复杂的社会现象，并且强调自己解释的重要性和特殊性，没有意识到社会现象的各个组成部分是相互关联的，整体大于部分之和。

简化论在社会研究中经常表现为：第一，研究者仅仅用十分特殊的个体资料来解释宏观层次的现象，或者说用比较低的（或非区群的）的分析单位来进行测量，而在比较高的（或区群的）分析单位上得出结论。在形式上，与区群谬误正好相反。例如，主标题是某个省，甚至是全国农民问题的研究，但是副标题则是以某某村庄的研究为例。其分析单位是村庄，要解释的却是一个更大的社区（一个省），甚至是一个国家。第二，用一组特殊的、比较狭窄的概念或变量来解释社会现象或问题。

简化论错误尤其在初学者中更容易出现。因为微观层面的数据较容易得到。如有学生通过调查发现湖南农业大学学生学习兴趣很浓厚，由此得出所有农业学校的学生对学习的兴趣都很高。当然用一组特别的、狭窄的概念来看待和解释所有事物，也是简化论。如社会学家只考虑社会学变量（规范、角色、冲突等）；经济学家只考虑经济学变量（需求、供给、价格等）；心理学家只考虑心理学变量（人格类型、精神压力等）。是什么原因造成了美国革命？是个人自由的共享价值观，经济殖民地位与英国的关系还是开国元勋们的狂妄自大？各领域中的科学家都想从各自的领域找出答案，认为某种分析单位或变量比其他的更重要或相关而对其他的可能则置之不理。例如，经济学家把 13 个殖民地作为分析单位，考察经济组织和各个殖民地的状态，用经济因素解释所有或大部分人类行为的叫经济简化论；心理学家则选择领导者作为分析单位，探讨其人格特征，用心理学因素解释所有或大部分人类行为的叫心理学简化论等。

因为人们对个体层次的特例资料很容易获得，如个人的态度、行为模式等，因而试图通过个人的行为模式等来作出普遍性的结论：如张三是一个典型的没有受过正规教育却十分富有的人，从而否认现在的一般模式，即高学历意味着高收入，从而导致个体谬误。既然不能根据个人的特殊情况来对总体作出结论，同样也不可以根据对群体的观察来对个人作出结论。正如上面的例子，高学历才意味着高收入，张三学历不高，收入是否一定会低？

要避免简化论的错误，最主要是在选择层次较高的分析单位时，注意资料来源单位和得出结论单位的一致性，如做全国“三农问题”研究时，应该以全国作为总体，采用多段抽样方法获取调查对象，在全国选择比较多的农村作研究。此时，分析单位可以有很多个，但是仍然要注意资料的来源单位和得出结论单位的一致性。

3. 生态学谬误和简化论推理上的错误

对生态学谬误和简化论的方法论意义上的否定，不在于两者使用了推论，而是推理上的错误——将可错的、不严密的推论误解为是不会错的、严密的推论。两种谬论的来源，实际上都是将某一学科中所强调的因素无限推广。如生态学强调大环境对寓于其中的物种的决定作用，“大决定小”；而简化论则认为事物的性质是由其最基本要素的性质决定的，“小决定大”。

第二节 调查方案设计

一项社会调查应该先有一个方案，通过方案来规划调查的进度、实施的内容。一般来说，在课题申请时，也包括方案设计，在此，我们借助课题申请时的方案设计来介绍方案设计应该包括哪些具体内容。

一、调查方案设计的具体内容

1. 选题目的和意义

在进行一项调查之前，应该对该课题在理论上和实践上的意义进行说明，即说明调查的价值，如果没有价值，一切都是无用功。在方案设计中说明调查的目的和意义有两方面的作用：第一，对项目调查者来说，可以进一步梳理自己的思绪，也是调查者进一步明确自己选择这一课题的动机、意图、方向、价值等的一个行之有效的途径，更坚定自己的调查方向；第二，对项目审批者或他人来说，可以让对方了解调查者的意图，以及是否具有价值，从而决定是给予支持还是不给予支持。当然在自己选择自筹式调查时，不存在经费上的支持，但往往也会简要说明调查的目的和价值，这个价值的高低可能决定着被调查者参与的兴趣，也可能会影响到被调查者的行动支持，这也会影响到后面提及的问卷的回收率。

研究目的往往要相对具体一点，是指在该调查中要达到的效果或是在理论上要有什么突破，在实践上要什么新的进展，给出研究的大致范围或基本方向。

研究目的和意义往往在研读国内外研究状况时会得到一些灵感。国内外研究状况的述评并不是一个简单的重复性劳动，也即并不是仅仅对已有的研究做一个简单的资料汇总的过程，在这个过程中还包括对他人已有的研究再评判，而这个评判过程也是研究价值的一部分。即别人没有做到的，或者是别人没有做透的，或者是某个主体还没有设计到的，或者是从其他角度来解释结论可能会不太一样，而这些也正是调查者的创新之处，体现了该调查研究不同于以往研究之处，即该研究的价值。

2. 研究内容

在研究设计中要确定研究的具体内容。研究内容是分析单位的属性或特征，是以分析单位为“载体”的，是社会研究需要收集的资料。研究内容是调查目的具体分解和细化，研究内容的细化是落实目标十分重要的一个环节。为了使结论明确，我们必须厘清概念的含义，并事先定义概念，如果要研究大学生对堕胎议题的感想及其原因，要做的第一件事就是说明，什么是“堕胎权利”，具体地说，必须注意人们接受或反对堕胎的不同情形，例如，女性的生命受到威胁，遭受强暴、乱伦，或者就是要堕胎，等等。就会发现对堕胎合法化的支持会因为不同的状况而有所不同。比如，在做“中国妇女社会地位”研究时，就可以细分为八个方面的内容：法律权利、生育与健康、教育、劳动就业、社会参与和政治参与、婚姻家庭、自我认知与社会认同、生活方式。对于教育权利又可以细分为女性人口识字率、平均学龄和文化构成；各级各类学校女性在校生、毕业生、流失生人数和比重；职业和高等院校分学科女生人数和毕业生分配情况；男女接受成人教育情况①。这一个过程事实上也就是维度和指标设计的过程，在此基础上再操作就可以设计成很具体的问卷了。当然如果研究结构并不严谨，如开放式的访谈，那么重要的就是要在研究中包括不

① 陶春芳，蒋永萍．中国妇女社会地位概观．北京：中国妇女出版社，1993：18-19.

同维度、不同方面、不同概念间的差异，从而获得比较精准的资料。

不同的研究课题，具体的研究内容会有很大的差别。但任何课题的研究内容都可以归纳为以下三类：社会特征或社会背景，行动，态度和意见。①

（1）社会特征。社会特征也称为社会背景或社会状态，它可以描述分析单位的基本状况和特征，属于客观性的资料。在分析资料时，这一类资料属于基础性资料，通常可以描述某类现象在某个特征上的分布状况，或者用来解释和分析某种特定的社会现象。不同的分析单位，社会特征类资料的内容是不一样的。如个人属性的基本资料包括反映个人自然属性的资料，如性别、年龄等，反映个人社会属性的资料，如婚姻状况、教育程度、收入、职业等。为了分析的需要，有时也需要收集个人的家庭住房特征类的资料。以群体（如家庭）为分析单位时，需要反映的有关家庭特征的资料，如家庭规模、家庭结构、家庭收入等。组织则包括组织的规模、组织的结构等。社区则包括地理环境、气候、土地、人数，等等。

（2）行动。行动通常被理解为发生在两个人以上，能够满足各自欲望的活动。行动可以是能够直接观察到的个人活动或社会活动，也可以是指已经发生的各种活动，是客观性资料，也是最重要的实证资料。按照分析单位的不同，行动可以分为个人行动、群体行动、组织行动和社区行动。

研究行动一般需要收集与研究有关的特定行动方面的资料，包括行动的内容、特点、过程、时间、地点，行动产生的原因和行动的结果，有关过程中的重大事件等。不同的研究课题，需要研究的行动也是不同的。如研究不良行为，则包括偷窃、斗殴等，家庭消费行为则要收集有关家庭消费行为的资料，如支出和储蓄的分配、消费结构、实际消费支出、购买行为、购买习惯等。描述这些行动的过程和特点，用于解释消费和其他因素之间的关系。

（3）态度和意见。态度和意见属于主观性资料，与观念、信仰、动机、行动偏好等归于价值取向。观念和信仰反映的是深层次的价值取向，往往需要长期的观察才能获得，所以研究者往往通过了解人们的态度和意见来间接测量人们的价值取向。态度和意见也很难直接观察得到，研究通常设计一组与特定态度和意见有关的指标来进行测量。

（4）社会特征、行动、态度和意见之间的关系。社会特征、行动属于客观性资料，态度和意见属于主观性资料。一般来说，人们的行动总是和他们的社会特征和价值取向有关，特定的社会特征总是影响到人们的行动和价值取向，人们的价值取向又会受到特定行动的影响。在调查当中，研究者需要收集的资料应当以客观的行动类和社会特征类资料为主。因为，在调查研究中，单独测量人们的价值取向是很难的，它的效度和信度相对较低。研究者还需要分析由对价值取向的测量所获得的资料和由对行动测量所获得的资料之间的关系，两者之间必须紧密相关，才能证实对价值取向的测量可能是有效的和稳定的。按照韦伯的理解，行动本身具有主观意义，只有联系具体的社会背景和历史背景，深入行动的主观方面理解其意义和动机，才能说明行动的原因、过程和结果，行动本身就隐藏着行动者的价值取向。通过对行动的测量来反映人们的价值取向，要比单独测量价值取向更

① 仇立平．社会研究方法．重庆：重庆大学出版社，2008：102-103.

隐蔽，也更有效。

3. 研究类型

（1）理论研究还是应用研究。在社会研究中，研究方式是指一项课题在研究时所采用的具体形式和方法，可以分为调查研究、实地研究、文献研究和实验研究；研究目的或作用可以分为探索性研究、描述性研究和解释性研究；研究性质可以分为理论性研究和应用性研究。理论性研究从研究目的来说不属于描述性研究，或者至多是以描述性研究为前提，解释社会现象之间的因果关系；从研究方式看，调查研究、实地研究和文献研究都可以进行理论性研究，一般都以演绎的方法，通过资料来验证研究假设；文献研究是在二手资料分析的基础上，可以对理论假设进行验证，也可以进行归纳研究，关键在于资料的性质是定量的还是定性的。应用性研究必须在经验研究的基础上提出解决社会问题的建议和对策，或提供咨询。应用性研究一般是描述性的，可以采用调查研究、实地研究和文献研究方式等方式。但应用性研究也应该在一定的理论指导下，以一定的理论为取向。

（2）研究的时间性。研究设计还得考虑时间性因素，即是采取纵向的研究方式还是横向的研究方式。

①纵向研究。纵向的研究有很多方式，但都有一个共同点就是测量会穿越时空，通过收集至少两个时间点上的数据来完成研究的目标。在纵向研究中需要作出多个决定，这些决定了纵向设计的类型。

是否需要追踪同一个个案。如果需要则选择趋势研究或追踪研究。如果只需要在不同时间收集可以进行比较的样本信息，但是没有必要针对同一群人，则使用趋势研究。如英国的态度调查、欧盟的民意调查等年度调查都属于这一类。如果需要对同一批人多次重复调查，就必须选择追踪调查。这种调查可以追踪整体水平和个体水平上的变化。

是否需要在同一时点上收集数据。追踪调查并不是一定得选择几个时间点来收集资料。可以使用回忆的方式，这适合回溯性追踪调查设计；如果是前瞻性纵向设计则需要在若干不同的场合收集数据或重访。

纵向研究的价值。纵向设计的价值在于它能够使我们考察变化或稳定的东西。在纵向设计中，尤其是前瞻性设计，对于事件发生的时间序列会非常明显。在截面研究中，所有的数据都是在同一时点上收集到的，所以很难确定时间发生的顺序；除此之外，还可以确立成长（年龄）效应，如老年人是否会随着年龄的增长而变得更加保守，即成长效应；确立历史（时期）效应，如到底是人随着年龄的增长而变得保守，还是因为出生在某一个历史时期的人都保守，这可以通过考察多个同期群随着年龄的增长，是否趋向于保守：如果同期群随年龄的增长没有变得更加保守，就说明不存在成长效应；确立生命历程"生涯"分析，获得"生涯"展开过程的精确序列，这对于解释这些生涯非常关键。

纵向研究的方式。纵向研究可以采用的方式包括前瞻性追踪调查设计、回溯性设计和准纵向设计。

②横向研究。横向研究也称截面研究，有三个明显的特征：无时间维度，在同一时点来收集资料；着眼于既存的差异，而非引入干预因素后所产生的变化；它根据现存的差异而不是随机分配来分组，各组除了在它们所属的自变量类别方面存在不同之处，在其他方

面可能也有差异，导致很难确定组间在结果上的差异究竟是由自变量引起的还是由于组间的其他差异引起的。

由于截面设计缺乏时间维度，不能明确地确立事件之间的时间顺序，常常受到指责。不过这一缺陷，在一定范围内可以通过多次重复截面设计控制——在很多不同的时点收集数据，但在每一个时点选择的样本是不同的。截面设计并不是对同一群体的个体进行历时性追踪，看看那些个体是如何变化的，只能在总体层次上进行纵向分析。重复截面研究可以用于同期群分析。

重复测量设计同样有两种形式：前瞻式和回溯式。前瞻式设计是以现在为研究起点，在未来的多个时点重复进行研究。回溯式重复设计是利用既存数据，检验从过去到现在的变迁模式。

4. 调查的范围、调查的对象和分析单位

调查范围的界定往往在选题时就有了一定的限制，比如，我们调查“在读高校女生的社会交往研究”，除了参照群体外，调查范围就只能是目前在全国高等学校就读的女生，不能是高校男生，也不能是女性农民工，这是对调查对象总体的一个范围的界定，即调查的总体。当然这可能会范围有点大，那我们可以选择稍微小一点范围的，如“农林院校女生的社会交往研究”。但问题是我们不太可能也没必要把所有的这些学生全部调查一遍，即普查。我们可以有技巧地在其中挑选一部分有代表性的个人作为被调查者，也就是通过合适的抽样方法选取调查对象。

调查对象和分析单位的区别在前面已经详细阐述过。调查对象的确定，可以帮助我们了解在实地调查中选择合适的抽样方法、调查方法和测量工具；而分析单位的确定，可以避免在下结论时犯“以大定小”的生态学谬误和“以小定大”的简化论错误。

5. 调查的理论假设

对于定量研究来说，一般都需要研究假设，因为定量研究的逻辑是，先有一个研究假设，再通过调查研究的数据和资料来证实或证伪。不过对于描述性的社会调查来说，只需要描述某种社会现象的状况和特点，不必要解释和探讨其中的原因，所以，一般也不需要假设。但对于解释性调查来说，则不能缺少对理论假设的陈述和说明。

6. 调查资料的收集方法与分析方法

在调查资料的收集过程中，会有不同方法，它们各自有其特定的优劣。但在具体情境中，调查者的任务就是根据调查的具体情况，选择合适的收集方法，以达到最好的调查效果。资料的收集方法与调查规模、调查经费、人力和物力的参与有关，如全国性的调查，但经费有限，可能较适合结构式问卷法；还与调查需要达到的目标有关，如果只是为了描述现状，则完全可以使用问卷调查法，而如果是为了深究产生问题的原因和影响因素，人们并且还得考虑到被调查者的情况，如对于老人，可能就不太适合自填式问卷法，因为他们的视力可能比较差；对于识字不多的小孩也只能使用访问式问卷。在探索研究时，具体问题还不够明朗，这时不太适合使用标准化的问卷调查，而使用结构式访谈法可能更合

适。其次，在调查工具的选择上也会因具体的收集资料方法不同而有区别。如定性研究过程中，经常会使用到录像机、照相机、录音机/笔、望远镜等，而定量研究中往往使用到问卷表、统计表（经济统计调查经常用到）等。

7. 调查人员的组织

学生自己在就一个很小范围做调查时，如在一个学校，或在一个市，且在时间上要求不是很严格时，完全可以由学生自己独自去做，不需要有调查人员的培训和组织。但一旦课题负责人不可能一个人包揽所有的资料收集工作时，就必须得借助于其他的调查人员，但他们可能不是专业人士，可能是专业人士，但他们对此项目不熟悉，所以项目负责人必须筛选参加调查的成员，并且就该调查的内容对他们进行培训，在调查过程中，还应对他们进行监督和管理，尽可能避免人为的因素造成调查中出现问题。

8. 调查的时间进度和经费使用安排

调查的时间进度是监控调查研究的一个很有效的方式，也是项目负责人安排调查任务的一个时间依据，在限定的时间内完成相应的任务，从而保证调查在规定的时间内完成。但调查的时间进度不能凭空想象，不同的调查课题有不同的调查时间，如你身在农村，要对农民工进行调查，最好的时间是春节，大量农民工返乡，人口很集中；如调查学生就不应该选择放假期间，或者放假的前后一段时间，这时期学生可能不在学校；如要调查某个事件对大众的影响，最好选择在事件发生不久，大家还记忆犹新的时候。

经费使用安排不是每项调查都需要的。一般是当项目得到资助时需要向资助方表明经费的去向才有。有些项目是向社会或某些机构筹措资金的，则还得在调查方案中说明这些资金如何进行筹措和使用。

二、方案设计的基本原则

（1）系统性原则。方案设计中，应该以系统论的思想为指导。在设计方案过程中，首先要确定研究所要达到的目标，即该项研究本身将要达到什么水平，是要在理论上有所创新，还是要为解决实际问题提出对策，再分析为达到此目标需要的各种条件或环境因素。

（2）规划性原则。设计方案时，要阐述时间的总体安排，以及每个阶段的任务、方法和目标。还要建立统一组织、统一指挥和安排项目成员或各研究单位的研究活动，以督促和检查调查方案的实施。

（3）经济原则。在方案设计时，应具体考虑到各种可能性，选择最切实可行，又最经济的方法和途径来达到研究的目标。

（4）可行性原则。在设计调查方案时，要充分考虑到方案的操作性和方案实施的具体条件，要具体分析研究的主观条件和客观条件，研究过程中可能遇到的困难是否能解决等。

（5）一定的弹性原则。一个看上去很完美的方案不见得在实践中能很顺利地实施，总会碰到或多或少的问题。尤其是在实地调查中，随着实地研究的深入，总会发现很多新问题，产生新的思想，就要求对原方案进行修正。所以在设计方案时，一定要保持灵活，使研究能适应周围环境或条件的变化，甚至使研究的构想达到更高的层次。

第三节 测 量

也许你听说过用斯坦福比奈智商测验（the Standford Binet IQ test）测量智力，用差异指数（the Index of Dissimilarity）测量种族隔离，用贫困线测量某个人是否贫穷。当社会研究者检验假设、评估解释、为理论提供经验支持或系统地研究某个应用议题时，就会测量概念和变量。

测量（measurement）是根据一定的规则将数字或其他符号分派给分析单位，以表示其特定属性。包含测量客体、测量内容、测量法则和数字符号四个要素。差不多每个社会现象都可以测量，只是有些可以直接测量并得到准确的数值，如年龄，而有些则必须靠使用替代品或代替物来测量，或许还不那么精准，如犯罪倾向。

一、测量的原因

日常生活中，我们几乎天天在使用测量，如早上一起床先看看温度计，看看今天需要穿多少衣服；周末在健身房称称体重，看健身是否有效等。这些都是使用了非常精确的测量工具进行的精确测量。也有时候我们会使用比较粗略的估计，如做菜的时候，先尝一小口，试试咸淡；用手指头试试洗脸水是否够热，等等。以上都是对物质世界的测量。

在日常生活中，我们也会对非物质世界进行测量，但经常都是不太精确的术语，如张先生很偏激、李小姐很有气质、某餐厅就餐氛围很好、A电影味同嚼蜡。这些测量相对较不精确，比较模糊，有时甚至就是直觉。

测量有何用？首先，延展我们的感觉。如我们使用天文望远镜、高倍显微镜可以看见肉眼看不到的天体、细胞组织，并且还很明确、肯定和精确。其次，科学的测量帮助人们看到别的方法观察不到的事物，扩展了人们的感官，它使我们能够观察曾经是不可见和不可知、只能靠理论预测的事物。如我们用磁铁来吸铁片来“看见”磁场的存在。

社会研究者感兴趣测量的事物中，有些很容易观察（如性别、肤色），有些很难直接观察得到（如态度、离婚率、偏见）。所以在社会科学领域也有必要设计测量工具来测量社会世界中不易观察的层面，如前面提到的用斯坦福比奈智商测验测量智力。

二、定量测量和定性测量

定量和定性研究者都使用细致、系统的方法去收集高质量的数据。但是不同的研究方式和数据类型，意味着它们趋向于不同的测量过程：定量研究在计划时设计精确的方法去测量变量，而定性研究者则使用广泛的技术。两种测量取向有三点区别：

第一，测量发生的时间不同。定量研究在计划阶段就要求设计好变量如何测量，这个过程在资料的收集和分析之前就已经准备就绪，测量与资料的收集和分析过程完全独立。

而定性研究在资料收集的整个过程当中都需要有测量，在资料收集过程中发展出的新想法可以完善或修改测量方法，从而又决定资料的收集方式，二者同步进行。

第二，资料的形式不同。定量研究产生定量资料，往往以数字的形式出现。而定性研究的资料很多样化，可以包括数字、口述文字、行为、声音、符号、视觉图像等。

第三，概念想法与资料收集的连接不同。定量研究者在收集资料之前就必须考虑测量的问题，而且一旦问卷发放了，就没法改变，用测量技术连接概念和资料。而定性研究者在整个研究过程中都在考察概念的测量，并且在资料收集过程中发展新的想法，给有关新的测量方法以方向和提示，新测量方法又决定研究者如何继续收集资料。他们的这种持续和相互作用的过程连接起想法与概念。

三、测量的构成

测量过程（measurement process）是一个从抽象到具体的过程，不管是定性研究还是定量研究都适合两个过程：概念化和操作化。

概念化（conceptualization）是指捕捉一个构想，并通过赋予它一个概念或理论定义的方式来提炼它。概念定义（conceptual definition）是以抽象的理论术语所下的定义。

人们在日常生活交流中使用某个概念时，如同情心，彼此之间会有一个大致的共识，这是交流顺利进行的保证，但在交流时并不要求我们对这个概念有非常精确的定义，我们只需要比较模糊的了解就够了。但如果要科学精确地测量我们所需要调查的对象是否具有同情心，则不能凭主观感受，需要有精确的测量和界定。而这个指出术语具体含义的过程，就是概念化。

单独的一个构想可能同时有数个定义，人们对于这些定义不一定会有完全相同的看法，如对于社区的界定就有几百个定义。另外，概念定义连接理论框架，往往带有价值观点，如冲突论者可能把社会阶级界定为社会中拥有或缺乏权力与财产的一群人。即便都是冲突论者，因为其基本立场的差异也还存在差别：马克思对阶级的界定主要是从生产资料的占有、在生产关系和过程中的地位和作用及对劳动产品的分配角度来定义的阶级不平等，所以这种不平等是后天的、稳定性的；而精英循环论则认为不平等是来源于先天的自然天赋的差别，是暂时性的不平等，通过个人的努力，精英可以自由流动从而改变其社会地位，进而改变社会结构。结构功能论者则把阶级界定为共享某个社会地位、社会生活模式或主观认同的个人。所以在研究之前，先得清楚说明是哪个定义很重要。通过这个定义，也可以看出你的理论取向是什么。

劳伦斯·纽曼提到的一个关于教师士气的例子。要测量教师士气，首先，要给教师士气下定义，通过资料查找发现，士气的定义很多，如“人们对事物的感觉”，“心理状态”等。通过筛选之后选定士气是一种精神状态、感觉、对某些事物的心理状况或是一种团体的感觉。其次，再按两个极端值来将概念变成变量：高士气（充满信心、乐观、诚意、一体感，以及祸福与共的意愿）和低士气（缺乏信心、悲观、抑郁、孤立自私并且不愿意与人为善）。

然后通过向教师请教，把这个概念的意义具体化。如将所有能显示教师士气高低的例子罗列出来。高昂的士气包括说学校的好话、对额外的工作不发怨言或乐于与学生相处。教师士气低落包括经常抱怨、除非校方要求否则不参与学校活动或寻找其他工作。

再进一步，士气涉及各个领域，如对学生、对家长、对薪资、对同行、对专业等。到底选哪个？还得对这些领域有一个了解，到底是不同的种类，还是属于一个构想的不同层面？到底是一个单独的、具有不同部分或层面的一般性感觉，还是数个独特的感觉？

为解决这个问题，作者考虑到得先确定分析单位，团体还是个人？根据他的研究目的，将分析单位确定为一个团体：一所学校的全体教师。

接下来还得解决一个问题——将我们感兴趣的构想和其他相关的构想区别开来。士气和心情相同吗？它决定心情是比士气更为人性与暂时性的概念。士气和乐观、悲观相同吗？也不一样，士气是某种团体的感觉，包括对未来的正负面感受，以及其他的信念与感觉。到此才把士气这个概念想通想透。

概念化的最终产物是一组具体的指标。如我们提到妇女的社会地位时，有人会从男性与女性的地位对比来界定这个概念。例如，在家庭中妻子有没有家庭事务的决定权，也就是妻子说话算不算话；男女是否同工同酬；对妇女的权益是否有专门的法律来保护；男女是否同校，女性是否享有受教育的权利；人们对待男女婴儿是否平等，等等。感觉很杂，而且感觉没完没了。为了使这种界定比较全面，我们可以把妇女的社会地位分成很多层面，如婚姻家庭、劳动就业、教育、生育与健康、社会参与和政治参与等。这些层面就是维度（dimension）。概念化就是要具体区分概念的不同维度和确定概念的每一个指标。

但问题是这么多的具体指标，在调查时是否都有必要，我们还需要对指标进行选择，选择其中最有效、最可靠的。如提到妇女的社会地位时，我们就只选择最能反映妇女地位的指标，如妇女的穿着打扮就可以忽略。

操作化（operationalization）是连接概念定义的一套特别的测量技术或程序。操作定义可以是一份调查问卷、在实地场景中观察事件的方法、在大量媒体中测量符号内容的方法，以及任何有研究者反应、归纳或表示构想在概念定义中所表示的过程。操作化是连接理论和经验的测量。

1. 量的概念化与操作化

定量研究的测量序列是：概念化、操作化、应用操作定义测量或收集资料。

图 3-1 显示了在一个理论与假设中，两个牵连在一起的变量的测量过程。需要考虑三个层次：概念层次、操作层次和经验层次。第一个层次最抽象，是两个构想之间的因果或相关关系，或称为概念假设（conceptual hypothesis）；第二个层次是操作性定义，检验经验假设，从而判断指标间的关联程度，这个层次会用到数据、统计分析；第三个层次是具体的经验世界，如变量的操作性指标（如问卷）与构想（如种族隔离）存在合乎逻辑的相关性，变量的指标就能将这些事件连接到概念层次。测量过程通过这三个层次，以演绎的方式从抽象进展到了具体。

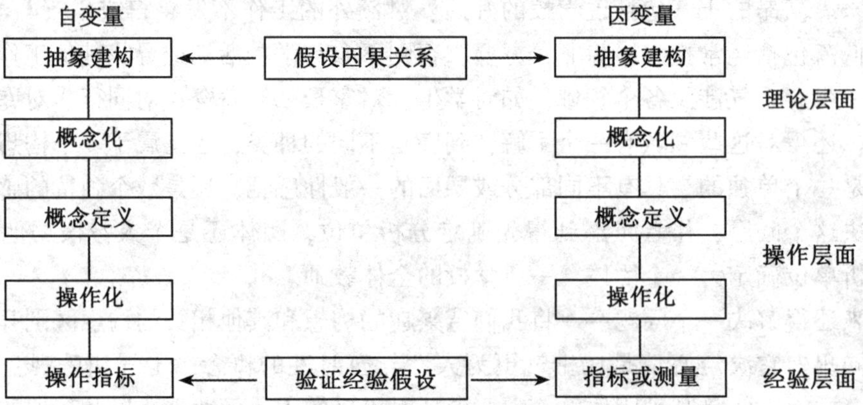

图 3-1　具体测量的抽象构建

资料来源：劳伦斯·纽曼．社会研究方法——定性与定量的取向．北京：中国人民大学出版社，2007：225.

一个假设至少得有两个变量，甚至有些自变量和因变量之间还通过中介因素在发生作用，则可能需要多个变量，每个变量都需要加以概念化与操作化。

2. 质的概念化和操作化①

定性研究的概念化过程不同于定量研究。概念化是寻找感觉，组织资料，努力形成清晰的理论定义的过程。研究者在收集和分析定性资料时，发展新概念、形成概念的定义，并考虑概念之间的关系，可能是因果关系，也可能不是。而且这个概念化的过程在很大程度上取决于资料。最后将概念连接起来形成理论关系，即与定量研究的逻辑是相反的，是归纳的方式。所以定性研究者一般都是在审视定性资料，如田野笔记、照片和地图、历史档案、文字资料等，通常研究者还针对资料提出一些理论问题，如这是一个关于种族歧视的例子吗？整个事件是如何发展的？为何发生在此？

定性研究的操作化与定量研究的操作化也有显著不同，且操作化往往先于概念化，因为概念化的过程很大程度上取决于资料。定性研究的操作化是研究者如何在观察和收集资料的过程中发展工作想法的描述。

下面通过劳伦斯·纽曼对职业化工作环境可以提高师德水平的研究（定量研究的操作化）和范塔莎有关竞争劳动力行动的实地研究（定性研究的操作化）进行比较（见图3-2、图 3-3）。

① ［美］劳伦斯·纽曼．社会研究方法——定性和定量的取向．北京：中国人民大学出版社，2007：225-227.

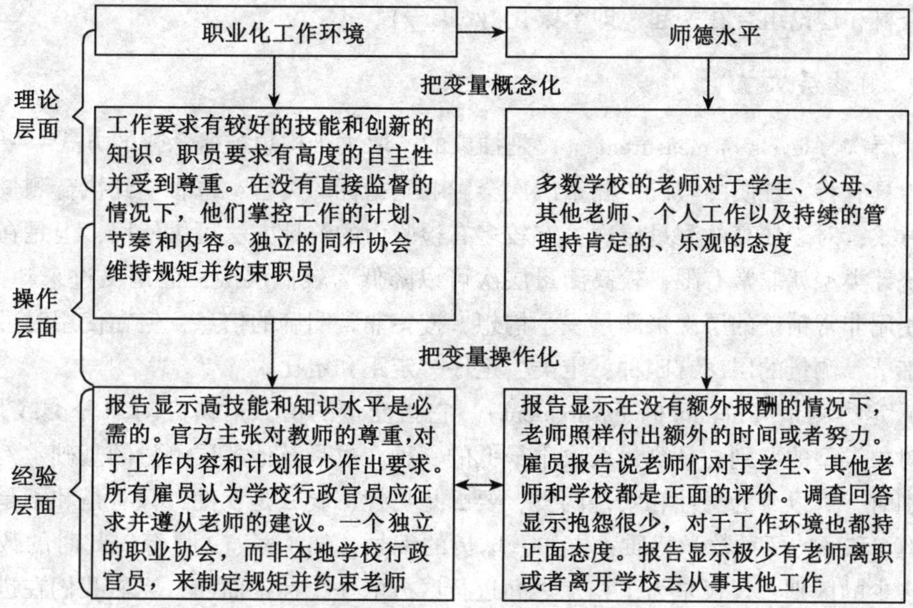

图 3-2 对假设的演绎测量的例子：职业化环境可以提高师德水平

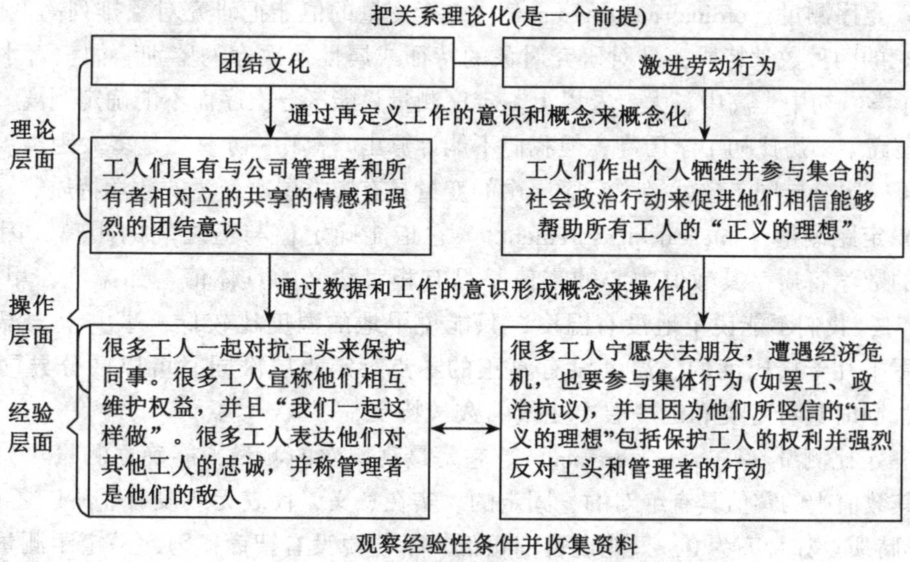

图 3-3 企业引导性测量过程的例子：在团结文化已经形成的地方激进的劳动行为更可能发生

定性研究中的操作化是研究者如何在观察和收集资料过程中发展工作想法的描述，是一种事后描述，这个描述的过程，包括研究者使用预先存在的技术和概念，它们总是与资料收集的过程中出现的技术和概念混在一起。定性研究中的想法和证据是彼此依赖的，尤其是个案研究。个案研究通过分析情况，研究者组织资料同时应用想法去产生或限定个案，将资料和理论组合在一起，即个案化（casing）。

四、测量层次

测量层次（levels of measurement）是抽象的，取决于构想被概念化的方式——即这个构想是否具有特定性质的假设。测量层次会影响到指标的类型，也影响到执行测量与统计分析的方式，对于较高的测量层次，有较多有检验力的统计方法可供使用，但是在最低等级上的统计类型就非常有限，较高测量层次可以降低为较低层次，但是反过来却办不到。即可以使用非常精确的层次来测量一个构想，搜集非常明确的信息，但在使用时可以再略去某些细节。测量的层次有四种：定类、定序、定距和定比。

（1）定类测量（nominal measurement）。它指变量的值只对研究对象分类或是标记，是测量对象类型的鉴别，是测量层次中最低的一种，也是其他各层测量的基础。例如，在测量性别时，可以分为男性和女性两类，要么是男性，要么是女性，只有是和不是两种情况，只有=和≠的两种数学特质；再如，球员的编号，如1号、2号等，此时的数字没有大小和多少的区别，仅仅是为了相互之间进行区分的一个标记而已；当然我们在进行编码的时候，可能把女性定义为1，把男性定义为0，此时的0和1并没有数量的含义，只是类别的区分，这也属于定类测量。

（2）定序测量（ordinal measurement）。它指变量的值能把研究对象排列高低或大小，具有>和<的两种数学特质，是对研究对象的特征或属性作次序的鉴别。如教育水平分为文盲、小学、初中、高中、大专及以上。定序测量只能区分次序而不能确定距离。如我们可以知道高中学历比初中学历高，但我们不能计算出“高中-初中”是多大距离。定序层次同样可以区分异同，也就是说定序层次的变量具有定类层次变量的数学特质。

（3）定距测量（interval measurement）。它指能确定值与值之间的距离，因而具有加与减的数学特质，其数值中心的零值是具有相对意义的具体值。如温度，甲地0℃，乙地40℃，我们不能说甲地没有温度，只能说甲地的温度比较低，事实上，温度还可以达到零下几十摄氏度的。温度没有真正的零点。定距层次同时可以区分异同还能比较大小，同时具有定类和定序层次变量的数学特质。

（4）定比测量（ratio measurement）。它是最高层次的测量，能确立测量对象之间的比率。其数值中的零值具有绝对的、固定的、实在意义，代表无或没有。所以还具有×和÷的数学特质。如智商为0，只能说智商很低，不能说没有智商，因此是定距测量，而收入为0，则表示没有收入，因此是定比测量。我们可以说张三的收入是李的3倍或1/2。定比测量的数值可以进行加减乘除四种运算。

一般来说，间断变量是定类与定序层次的变量，而连续变量可以有定距或定比层次测量。如果必须使用到定序测量值，那么至少得使用五个定序类别才能得到区别比较明显的资料，并且要取得很多观察值，因为分解越细的等级造成的偏差，往往比只有两个极端的偏差要小。而定比层次的测量在社会科学研究中也较少，因为不容易得到。

五、专门化的测量工具

专门化的测量工具，包括量表与指数，目前已经发展出的一些量表与指数，如科层组织的正式化程度、职业声望、人们对婚姻的调试、团体互动的强度、社区社会活动的层次等。创造量表与态度工具是很困难和精细的事，需要特别谨慎的思考。

1. 指数

在日常生活中，你可能经常会听到指数这个词。如美国报纸报道联邦调查局（Federal Bureau of Investigation）的犯罪指数与消费者物价指数。联邦调查局的指数是对七个指标犯罪（杀人、重伤害、强奸、抢劫、强盗、50元以上的偷窃和汽车盗窃）报告的总和，始用于1930年起的统一犯罪报告。消费者物价指数是测量通货膨胀的工具，是购买一系列产品与劳务（如食品、租赁、公用物品）所需成本的总和，与前一年购买同系列物品所需费用之比较。消费者物价指数从1919年起一直被美国劳工统计部（the U. S. Bureau of Labor Statistics）使用。成为决定薪资增加、工会契约和社会安全给付的根据。指数是将一些题目结合成一个分数，分别测量一个被测内容的各种不同成分或次部分，然后将它们合并成一个测量工具。

（1）建立指数的目的。指标能测出个人的心理健康状态（根据个人生活中对不同领域的适应性），个人的幸福感（根据个人对身体状态、人际关系、家庭关怀等），等等。

指数的建立很容易，但是要建立一个有效的指数不那么简单，要特别注意每一个题目都得有表面效度。被测内容的每个部分都应该至少有一个指标来测量，如果可能，则最好使用多重指标来测量它的所有部分。如幸福指数，就包括个人对自身身体状况的满意度、对人际关系和对家庭关怀的满意度等。如对大学质量的测量。

示范指数的简单方法就是使用它，如ASHA指数。ASHA是美国社会卫生组织（American Social Health Association）的缩写。该指数是由美国社会卫生组织提出并以该组织命名的一个综合评价指标。它主要用来反映一个国家，尤其是发展中国家的社会经济发展水平以及满足人民基本需要方面所取得的成就。ASHA指数由6个指标构成：就业率、识字率、平均预期寿命、人均国民生产总值（GNP）增长率、人口出生率、婴儿死亡率。

$$\text{ASHA}=\frac{\text{就业率}\times\text{识字率}\times\text{预期寿命指数}\times\text{人均 GDP 增长率}}{\text{人口出生率}\times\text{婴儿死亡率}}$$

如果在我们想要达到就业率为85%，识字率为85%，平均预期寿命为70岁，人均GDP增长率为3.5%，人口出生率为25‰，婴儿死亡率为50‰。则计算ASHA的值为：

$$\text{ASHA}=\frac{85\%\times85\%\times\frac{70}{70}\times100\%\times3.5\%}{25‰\times50‰}=20.23$$

指数可以相互合并，但要求各分指数都是测量的同一个构想。

（2）加权。在建构指数过程中有个重要的议题，就是如何给各个项目加权。除非有特殊说明，否则一般都假设指数并没有做任何的加权。除非你有充分的理由，否则也不能随意给不同的指数进行不同的加权。权数的大小来自于理论假设、某个理论定义或像是因子分析之类的统计技术。权数改变了构想的理论定义。

(3) 比率和标准化。比率把项目的值加以标准化，以便于进行比较。如犯罪率、失业率、人口负担比等。指数中的项目在可以合并之前，经常要先标准化。标准化过程，是先选择一个基数，然后将原始测量分数除以这个基数，这个过程也称为常态化。标准化才能使不同单元可以在共同的基础上作比较。例如，甲班 32 位同学中有 12 人抽烟，乙班 143 位同学中有 22 位同学抽烟，如果从绝对数量上看，则乙班抽烟的同学比甲班多（22-12），但如果按比例来看，则乙班比甲班少得多（37. 5%-15. 4%）。

2. 量表

量表如同指数的构想一样，在创造以定序、定距、定比形式测量变量的数字分数。量表常用在研究者想要测量一个人如何感觉或思考的情况之下。有人将之称为感觉的硬度或效能。

量表的使用有助于概念化与操作化过程。如通过量表可以测量人们在某些特定政策上的立场是否“保守”。量表产生的是定量数据，并可与其他变量一块被用来检验假设。常用的量表主要有：

(1) 总加量表。总加量表是根据被测试者在一组语句上测得分数相加之后，反映他们在这个量表上所测量出来的态度强弱。它是对一个复杂概念的多维度测量的结果，但不能在态度得分上分析人们态度结构的差异。总加量量表和量表的最初形式是请被测试者对一组语句或问题作出“同意”或“不同意”的选择，累计相加的分数就被视为被测试者在这个量表上的态度得分，分值越高，同意度就越高。例如，20 世纪 50 年代中期，美国社会学家史汝尔（Leo Srole）失范量表（见表 3-1）最初就是由 5 条语句构成的，被试者只要对 5 条语句就“同意”“不同意”“不能确定”作出选择，凡是同意的就给“1”分，失范感越大，分值就越高，5 分最高。虽然，史汝尔失范量表增加了一个可以选择的回答：“不能确定”，但是总体上还是符合总加量表的最初形式。

表 3-1　**史汝尔失范量表**

观　点	同意	不同意	不能确定
1. 给政府官员写信反映情况没有用，因为他们通常对普通老百姓的问题并不真正关心。	1	0	0
2. 现在人们只能为今天活着，明天就由他去吧。	1	0	0
3. 不管别人怎么说，许多普通老百姓的情况是越来越糟，而不是越来越好。	1	0	0
4. 未来如此暗淡，让孩子在现在出生，对他们是不公平的。	1	0	0
5. 如今人们已经不知道可以指望谁了。	1	0	0

资料来源：Robinson，Shaver & Wrightsman，1997a：417，420.

（2）李克特量表。李克特量表是在20世纪30年代由李克特发展出来，提供有关个人态度定序等级的测量工具，也称为加总评定或总和量表，是总和量表的特殊形式。它是通过一个人在量表上的分数，即加总这个人回答的每个答案所具有的分数所计算而得的。通常的形式是答案分成两个类别，像"同意"与"不同意"，"赞成"与"反对"等。除此之外，还有一些改良的版本。

例如，罗森伯格的自尊量表：

整体而言，我常觉得我是个失败者：

1. 总是这么认为
2. 常常这么认为
3. 有时这么认为
4. 很少这么认为
5. 从未这么认为

量表的选项是否越多越好呢？纽纳利（Nunnally，1978）说过：

当量表选项数目从2个增加到20个时，刚开始时信度会增加得很快，不过大约到7个时，信度就持平了，大约到11个之后，增加选项个数对信度的增加就不会有多少贡献。

如果所有项目都是测量同一个概念，研究者可以将一系列李克特量表的题目合成一个合成指数。为了避免答案定势，要注意答案选项的排列。答案定势也称答案类型或答案偏差，一些人由于懒惰或心理因素，总是倾向于以同样的方式（一般是同意）回答大量的选项。

为了准确地测量出人们的态度倾向，规范的总加量表中还要设计一部分"掩饰题"，即一部分中性题目，以检验量表测试的准确性以及被测试者对于量表测试的认真态度。一般而言，掩饰题的数量不超过总的语句数量的1/3，掩饰题不计入分数。同时，一个语句比较多的态度量表，实际上可以分为若干个子量表。如人际信任，大致可以分为政治信任、商业信任、教育信任等几个子量表。

李克特量表或总加量表的制作步骤如下：

①设计初始量表。一般初始量表语句的数量是正式量表语句的2倍，因为初始量表要经过试测，删除辨别力较低的语句。研究者根据被测量的概念设计语句，并且正向和反向各占一半，对每条语句给出五个回答：很同意、同意、不确定、不同意、很不同意。

②试测。在被测对象中选择一定数量的人员进行测试。

③计分。将被测者每条语句的得分加总得到总分。

④计算分辨力系数，即一条语句能否区分出人们的不同态度。分辨力的计算：将所有测试对象的总分由高到低排序，计算最高分组（从最高分向下取25%的测试对象）与最低分组（从最低分向上取25%的测试对象）每个成员在每条语句上的平均分数的差异，差异越大，辨别力就越大。将差异较小即分辨力较小的语句删除，剩下的语句就构成了正式量表（见表3-2）。

表 3-2 **分辨力计算举例**

被测试者 \ 语句		1	2	3	4	5	6	7	8	9	10	11	12	总分
高分组（25%）	学生 1	5	4	5	2	5	5	3	5	5	5	5	5	54
	学生 2	5	5	5	3	5	5	2	5	4	5	5	3	52
	学生 3	5	5	5	1	5	5	3	5	5	3	4	4	50
	学生 4	5	5	5	3	4	5	4	3	5	3	3	1	46
	学生 5	5	5	5	2	5	4	2	2	5	4	5	1	45
	学生 6	4	4	5	2	4	5	3	4	4	3	2	4	44
	学生 7	4	4	4	3	2	4	4	3	3	3	4	5	43
	…	…	…	…	…	…	…	…	…	…	…	…	…	…
	学生 14	4	3	2	2	3	2	4	3	2	2	5	4	36
	学生 15	1	2	4	2	3	2	2	4	3	4	2	5	34
低分组（25%）	学生 16	3	2	2	5	2	3	2	3	2	5	2	1	32
	学生 17	1	2	4	5	2	2	3	2	1	4	1	4	31
	学生 18	2	2	1	5	1	2	3	2	2	1	3	3	27
	学生 19	2	1	4	5	1	2	3	2	1	1	2	1	25
	学生 20	2	2	1	3	2	1	2	1	1	4	1	4	24
高分组语句平均值		5.0	4.8	5.0	2.2	4.8	4.8	2.8	4.0	4.8	4.0	4.4	2.8	—
低分组语句平均值		2.0	1.8	2.4	4.6	1.6	2.0	2.6	2.0	1.4	3.0	1.8	2.6	—
分辨力系数		3.0	3.0	2.6	−2.4	3.2	2.8	0.2	2.0	3.4	1.0	2.6	0.2	—

资料来源：仇立平．社会研究方法．重庆：重庆大学出版社，2008：171.

根据计算，第 7 条和第 12 条语句的分辨力系数最低，如果可以删掉 2 条，则都删掉。如果只能删掉 1 条，则需采用临界比的计算方法，删掉临界比较大的语句。

（3）累积量表。累积量表也称为戈特曼量表，是戈特曼（L. Gutuman）在 1944 年设计的。累积量表是单维的，在累积量表的语句结构中隐含着非常严格的由强变弱或由弱变强的逻辑关系。被测试者对上一条语句的回答决定了他对下一条语句的选择，即能接受距离较近、较亲密情况，则一定能接受距离较远、较疏离的情况。就如社会距离量表的语句表现空间关系的亲近和疏远。最典型的是美国心理学家鲍格达斯于 1925 年设计的，用于测量种族关系的社会距离量表（见表 3-3）。

表 3-3　　　　鲍格达斯社会距离量表

愿意	不愿意	问题
□	□	1. 你愿意让黑人生活在你的国家吗？
□	□	2. 你愿意让黑人生活在你所在的城市吗？
□	□	3. 你愿意让黑人住在你们那条街吗？
□	□	4. 你愿意让黑人做你的邻居吗？
□	□	5. 你愿意与黑人成为朋友吗？
□	□	6. 你愿意让黑人和你的子女交往/通婚吗？

累积量表应用中具有的一些缺陷。累积量表由于同时具有单向性和严密的逻辑关系，一方面，不能测量概念的多种维度或不能在不同层面上测量同一概念；另一方面，累积量表语句的回答是按照从最不容易通过到最容易通过的原则设计的，因此，量表语句表现为逐步收敛的特征，量表的语句不会太多，可能会影响到测量的信度；另外，利用累积量表进行测试，对于被测试者的教育水平具有一定的要求，如果被试者不能理解语句的逻辑关系，就会出现大量的“误答”，最后只能失败。

（4）语义差异量表。语义差异量表是由美国心理学家 C. 奥斯古德、G. 萨西、P. 坦南鲍姆在 1957 年提出的。奥斯古德等认为直接询问一个智力高的和言语流利的研究对象，某个概念的含义是有效的。语义差异量表在社会学、社会心理学、心理学，甚至市场研究中得到广泛使用。语义差异量表是由若干对意义相反的形容词组成，一对意义相反的形容词之间可以分为七个等级，分别用 1，2，3，4，5，6，7 或者用+3，+2，+1，0，−1，−2，−3 表示，被测试者只要在其中认为适合自己的地方打勾就行。如下表（见表 3-4）可以测量不同地域的族群的特征或国民性格。

表 3-4　　　　族群的特征或国民性格的量表

主动	1	2	3	4	5	6	7	被动
大胆	1	2	3	4	5	6	7	谨慎
开放	1	2	3	4	5	6	7	封闭
勤劳	1	2	3	4	5	6	7	懒惰
个人取向	1	2	3	4	5	6	7	集体取向
无私	1	2	3	4	5	6	7	自私
纪律	1	2	3	4	5	6	7	自律

六、测量质量的评估

测量可以有很多种途径和方式，但不同的测量方法和途径的测量质量也会不一样。因此我们有必要对测量的结果进行判断，看是否成功。

1. 定量研究中的信度和效度

定量研究中的测量质量评估，判断标准有两个：信度和效度。

一是信度（reliability）。

信度指使用相同研究技术重复测量同一个对象时，得到相同研究结果的可能性，即一致性或稳定性，即在完全一样或类似的条件下，相同的结果被重复或再现。缺乏信度，测量的过程就会产生反复无常、不稳定或不一致的结果。对于信度指标，一般用相关系数 r 来表示，有三种主要的具体类型：

（1）再测信度（test-retest reliability）。对同一群对象采用同一种测量，在不同的时间点先后测量两次，根据测量的结果计算出相关系数，这种测量系数就叫做再测信度。这是一种跨越时间的信度。这种方法也被称为前测—后测方法。再测信度的逻辑是，如果预期获得的信息没有变化，则重复测量的结果就应该一致。但问题在于，虽然使用这种方法时，两次测量所使用的工具和方法完全相同，但由于在前后两次测量之间的某些事件、活动的影响，会导致两次测量的结果会不一致，使得两次测量结果的相关系数不能很好地反映两次测量的实际情况。如测量市民对某个领导的态度时，市民根据该领导的政绩来判断，但如果在第二次测量之前，这个领导被曝贪污，市民对领导的印象定会大打折扣。何况在实际资料的收集过程中，不见得每个被调查者都会真实反映自己的情况。如萨克斯和他的同事们在报告中提到的，“将近 10%的受试者在第二次问卷填答的身高不同于第一次。1/3 的人填答的双亲年龄不同于第一次。甚至有一个受试者的父母在三个月内年龄多了 20 岁！在抽烟和喝酒的人中，有 1/5 已不能明确地回想起过去的抽烟和喝酒方式”。

（2）复本信度（parallel-forms reliability）。用两个或以上的复本，对同一群研究对象进行两次或以上测量，根据几次测量得到的分数计算其相关系数。复本信度可以避免再测信度受时间影响的缺点，但问题是它要求所使用的复本必须是真正的复本，两者在形式、内容等方面都应该完全一致，这往往很难实现。比较相似的例子是在考试中经常使用的 A、B 卷。

（3）折半信度（split-half reliability）。将研究对象在一次测量中所得的结果，按测量项目的单双号分成两组，计算这两组分数之间的相关系数，这种相关系数就是折半信度。相当于在一次测量中，对同一个内容会有两种形式来测量，有重复之嫌。至于具体操作，有人是把两种形式分别置于单号和双号两组，如果被调查者在两组项目上得分之间高度相关，则本次测量是可信的。这种方法称为对分法。

那如何增进信度呢？

要获得很完美的信度不太容易，事实上也几乎不会有。如果要增进测量工具的信度，则可以参照四条原则。

①清楚地概念化所有的构想。研究者要努力发展没有任何模糊不清的理论定义，每个

测量工具都应该预测一个唯一的概念。如，我想要发展一个指标来测量士气，但是这个指标也显示人格，导致这个指标较不具信度。不好的测量就是发生在用同一个指标来操作化不同构想的情况，事实上是对这两个概念没有清楚地界定和区分。

②增加测量层次。测量层次比较高或比较精确的指标可能会具有较高的信度，因为它得到的信息更详细，如果是测量比较特定的信息就不可能测到其他的东西。劳伦斯举了一个例子，在提高测量士气的等级时，如果用一个只有高和低两个极端的等级来测，与另一种从非常低到非常高，分10个等级来测，后者测量的结果肯定比前者效果好。但在测量有些敏感话题时，不见得越精确越好，比如，在问到人的收入时，我们更多的是使用模糊而非非常具体的方式，如我们会设计成：500元以下，500~800元，800~1100元等，而不是直接问，请问您月均收入为______元。

③使用多重指标来测量一个变量。一般来说，用多个指标测量一个变量比单独使用一个指标来测，效果会好。我们可以对变量进行不同层面测量。劳伦斯提到测量教师士气就可以从对学校的态度，从病假、要求调职以外的缺席次数，以及其他同事听到该教师发出的抱怨次数来测量。

④使用前测、测试研究和借鉴已有的测量工具。在正式使用最终版本时，先就某个测量工具发展出一个或多个草案或测试版，或者借鉴其他研究者使用过的测量工具。

二是效度（validity）。

效度是指测量工具或测量手段能够准确测出所要测量的变量的程度，或者说能够准确、真实地度量事物属性的程度，即测量的有效度或准确度。效度意味着真实性，指一个有关现实的概念与真的现实之间的“吻合”程度，如果没有了效度，那么所有的测量都毫无意义。如拿对学校的态度的题目测量非在校人员的士气就毫无意义。对于效度，一般也有四种类型：

（1）表面效度（face validity）。即实证测量的结果与我们的共识或我们头脑中印象的吻合程度。比如，我们要测量一个大学生的数学能力，使用的测量工具是10以内的加减乘除，你肯定会质疑，因为太容易，没法测大学生这个学历层次的数学能力，如果我们用它来测幼儿园小朋友则很有效。

（2）内容效度（content validity）。指测量在多大程度上包含了概念的含义，是表面效度的特殊类型。如智力的测量就应该包括记忆力、逻辑分析能力、空间想象力，等等。如果测量女性的地位，就必须从政治地位、法律地位、家庭地位、社会地位等各个方面来测量，而如果只从家庭地位一个层面来测，就只具有相当低的内容效度。

（3）标准关联效度（criterion-related validity）。也称为预测效度，是指由一些标准所确定的效度。如汽车驾照笔试的效度在于笔试成绩与考生实际驾车技术之间的关系。此处的驾车能力就是标准。社会工作师资格证的效度在各门课程的笔试成绩与实际操作能力之间的关系，此处的各种社会工作方法的操作能力就是标准。

（4）建构效度（construct validity）。因为有时候很难找到一些行为标准来有效地直接测量效度，所以通常会考虑把研究变量与其他变量在理论上的关系作为大致的标准。建构效度的基础就是变量之间的逻辑关系。如要测量婚姻满意度，用承担家庭劳动的时间来测量。如果我们的结果确实是婚姻满意度高，则承担家庭劳动的时间多，婚姻满意度低则承担家务劳动时间少，就证明测量具有建构效度，如果研究显示，家务劳动时间的多少与婚姻满意度没有太大的关联，只是分工的差别，则表明测量不具有建构效度。

2. 定性研究中的信度和效度

多数定性研究者接受信度和效度的原则，但不经常使用这个术语，在定性研究中，信度和效度的使用原则是不同的。

(1) 信度。定性研究者使用多种技术，如访谈、观察、照片等一致性地记录他们的观察。他们希望自己的观察随着时间的推移是一致的，这与稳定性信度的概念类似。他们还强调研究者与研究对象之间的互动过程，而且社会行动不可重复，场景的内容要求使用独特的、无法重复的混合测量。不同的研究者使用不同的测量将得到不同的结果，这些结果揭示不同的因素或主观事物的维度。定性研究者质疑定量研究者对标准的、固定的测量的追求。

(2) 效度。效度意味着真实性。定性研究者对真实性要比对效度更感兴趣。真实性意味着通过普通人的观点对社会生活给一个合适的说明，他们要求对社会生活给出一个无偏见的描述，并且是被研究对象的真实经验，并且通过被研究对象的感觉和理解做细致和详尽的描述。定性研究者关注生态效度或自然历史方法，这些关注向外人传达出内部人的观点，历史研究者使用内部和外部批判来决定自己已有的证据是不是真实的。他们尝试着在自己对世界的理解、想法和叙述与真实发生的事之间建立起紧密的联系。

3. 内在效度和外在效度

内在效度和外在效度按它们的原意是指，如果一项试验的结果表明没有出现明显的误差或这些误差是可以用测量假象进行解释的，这样的实验就具有内在效度；外在效度是指具有内在效度的实验是否具有普遍性，即能否推广到一个更大的范围。内在效度是指测量的内在有效性，即一组指标对于一个概念测量的有效性程度。例如，对于社会地位，如果用职业地位、收入、教育程度进行测量的话，也许只能解释70%，那么其余的30%的误差还没有得到解释，说明采用职业地位、收入、教育程度去测量社会地位的内在效度是有限的，或者说用职业地位、收入、教育程度去测量社会地位还存在一些误差，还得继续探索测量的误差来源，提高测量社会地位的内在效度。外在效度是指测量的外在有效性，即一组指标对于一个概念的测量在一个群体内具有内在效度的话，那么它对于其他群体的测量是否有效。如社会地位的测量，如果在白领群体中是有效的，那么同样的测量在其他阶层是否有效，如果都可行，则表明这个对社会地位测量的指标是有外在效度的，反之则表明其外在效度有限。从某种意义上讲，内在效度比外在效度更为重要，外在效度取决于内在效度的有效性程度。外在效度还与总体的大小以及抽样方法有关，也就是说，要提高测量的外在效度必须在一个更大的总体中测量，测量对象的选取要合乎抽样原则。

4. 信度和效度的关系

信度和效度之间的关系，可以用一个形象的比喻来说明：想象测量是靶心，信度是指每一次射点是否比较一致，即是否集中在某一个区域，不管是否射中靶心，只要越集中，信度就越高。效度则是射在靶心周围的几率，如果在靶心周围，越是接近靶心则效度越高。缺乏信度和效度的测量都是没有用的。

如图 3-4 中图 A，枪的准星很准——准则一致，有效；而且射击者瞄靶的水平也很高——多次重复动作，结果近似，所以是既有高效度又有高信度。

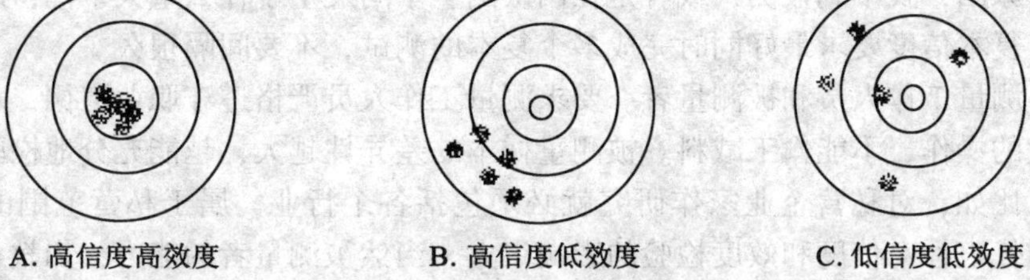

图 3-4　信度和效度的关系

图 B，射击者多次重复得到的结果很接近——信度高，但都往一个方面偏离靶心——可能准星有问题，没能打中靶心，信度低，所以是有高信度，但低效度。

对于图 C 的结果，我们很容易怀疑这个人不会使用枪，都是乱放的。所以每次成绩相差很远——没信度，而且几乎没能瞄准靶心——没效度。

信度和效度之间经常是互补的关系，但在某些特殊情况下也会有矛盾：增加效度时可能会难保信度；或增加信度时难以掌控效度。这是因为要增加信度，必须使测量值相当具体、明确，便于观察。问卷中十分明确的题目可能得出具有信度的测量值，但是也有捕捉不到该概念主观本质的风险。例如，我们在测量性别时，经常会设计的测量问题是：请问您的性别是男性还是女性？一般人都会明白性别的含义，并根据自己的情况作答，而且你重复去测量，每次的结果都会一致，表明信度会非常高。但也有人会怀疑，甲可能生下来是男性，但他做了变性手术之后，变成了“她”，你觉得“她”应该是女性还是男性？如果我们要得出一个很精准的关于性别的测量，就应该测性激素水平？这个问题的效度会非常高，但一般人不明白什么是性激素水平，即便知道是什么意思，也不知道自己的性激素水平有多高，结果要么不填，要么乱填，即信度会很低。再如，我们在测量亲密程度的时候，可能会通过距离来测量？比如说，“您经常和谁在一起？”这个题目意思很直白，一般不会答错，信度很高。但距离近就表明他们俩很亲密吗？比如，张先生和李先生确实是经常在一起，但是他们在一起不是因为感情深，而是出于工作的需要，甚至还有人看到这两个搭档经常为了利益争吵。这两个距离很近的人简直就是“仇家”，正是“近在眼前，却远在天边”。

5. 影响信度和效度的因素

影响信度和效度的因素主要与测量工具、测量环境和时间、主测和被测等因素有关：

第一，测量工具。测量工具是根据概念操作化建立的一套测量指标。指标数量越多，测量的信度就越高，但项目太多，被测厌烦或不愿花费太多时间导致敷衍了事，从而影响信度和效度。所以必须控制好问题或指标的数量。

第二，测量的时间、环境。要选择一个零干扰的环境，保证被测能独自完成测量。比如，被测旁边坐着一个“好事者”，总在看被测的回答时，很难保证被测会回答真实的情况；如果被测是在家中，则要防止家中小孩或是电话的干扰。时间主要是针对再测信度和复本信度。再测信度要求时间间隔不能过长或过短。如果时间过短，则被测还记得上次的答案，他可能会凭记忆作答，或有意识地朝着被期待的方式作答；如果时间过长，则可能会由于某些原因，找不到被测，或者是在两次测量中间发生了什么重大事件，改变了被测的态度等。复本信度要求最好同时完成多个复本的测试，不要间隔很久。

第三，测量工作人员和被测量者。要求测量工作人员严格遵守职业道德，对抽出的样本进行专业的操作，不能偷工减料。被测量样本的差异性越大，越能充分地检验测量的信度和效度。比如，对私营企业家作研究就必须包括各个行业，属于私营范围的所有企业家。样本的代表性对信度和效度检验的影响很大。当然被测量者的能力，如教育程度、理解能力，被测的配合程度也会影响到信度和效度。

第四，毫无疑问，测量中的差错也会影响到测量的信度和效度。

第四节　操　作　化

一、操作化的含义及其作用

操作化是指将命题和概念转换成可以依据一定的效度和信度进行经验观察的假设和指标的过程。“操作化”一词的首次使用与直接的物理测量有关，后被广泛地运用于定量研究。在社会学中，它是连接抽象层次的理论与经验层次的事实之间的桥梁。将抽象层次的概念和命题逐步分解为可测量的指标与可被实际调查资料检验命题的过程。它是明确和澄清抽象概念的过程，是对复杂的社会现象进行量化的一种方法。概念操作化过程事实上是一个理论概念或抽象概念复归到经验层面的过程。

操作化的作用主要体现在以下三个方面：（1）使概念或命题具体化，如妇女社会地位，可以分解为家庭地位、政治地位、经济地位等。（2）使概念或命题量化，如通过社会距离量表，可以知道被调查者对黑人的排斥程度。（3）通过量的分析，使结论建立在科学的基础上，排除了主观臆断的嫌疑。

二、操作化的过程

那该如何进行操作化呢？首先与我们的感受相关，比如，一提到“同情心”，你的脑海中可能会浮现这样的现象，对乞讨者善意地提供食物，对过马路的小孩给予扶持……但这些形象感受不一定是精确的，如看到电视中主人公遭遇不幸时泪流满面算不算是同情，或者仅仅是多愁善感？但通过有意识地、反复地对概念进行形象感受，可以逐步接近概念的精确认识，从而为操作化定义奠定基础。

概念的操作化过程同调查研究的目标有关，要根据调查研究的目标来界定概念。如在调查家庭结构时，“家庭”这个概念是指“两个或两个以上的人由于婚姻、血缘或收养关系而生活在一起的群体”，概念较宽；而要在家庭内部研究亲子关系时，则主要指父母与子女之间的关系，这时的概念较窄。何况概念具有时代意义，有时候还会具有一定的政治含义。

概念的操作化过程是一个从抽象的概念及其定义演绎到经验层面的过程，即从术语到定义，再到经验的过程。

1. 操作化定义的类型

操作化定义一般有三种类型：

第一，根据某种现象在某种状态发生时所必须完成的操作程序来定义，适用于说明事物或现象的状态，如“饥饿”可以定义为“连续××小时未进食的状态”。

第二，从描述事物动态特征的构成来定义。它可以根据某一特定种类的人所具有的可以观察到的具体行为来描述和定义这类人物。如“劳动积极分子”可以定义为“集体活动每次都能参加，从不迟到、早退，工作质量完全合格，且每月都能超额完成任务的人”。

第三，根据事物或现象的静态特征来加以定义，如“核心家庭”可以定义为“只有一对或者一对夫妇与其未婚子女共同生活的家庭”。

2. 操作化定义的作用

操作化定义的作用包括：

第一，可以认定调查研究的范围，如“2008 年某市在读大学生网络依赖的调查”，其中的“大学生”可操作化为“2008 年年底某城市行政区划内公办大学在册就读的本科学生（不包括休学者）”；

第二，可以使思路清晰，防止因定义模糊而导致的研究偏误；

第三，可以在建立测量指标的基础上，提出问题，搜集资料，如关于网络依赖可以设计如下问题：如果有一个星期没上网，您会有什么感觉？如果一天没上网，你会有什么感觉？等等。

3. 具体的操作化步骤

具体的操作化的工作主要包括以下几个步骤：界定概念，列出概念的维度，发展指标。

（1）概念的界定。概念是反映对象本质的思维形式，是科学研究必不可少的工具。概念可以分为四类：一是物体概念，它包括各种具体的物体、社会实体等，如桌子、团体等，以及包括物体或实体的属性，如大、小、软、硬等。二是事件概念，包括正在进行或发生的现象，如罢工、游行，以及事件属性，如愉快地、轻松地等。三是关系概念，是指物体、事件及属性之间的关系，如同事、友情等。四是反映人的心理取向或价值取向的概念，如同情心、紧张感等。概念因其抽象程度不一样而导致操作化难度不同。越是抽象的概念，其操作难度越大。因为越是具体的概念，人们可以从经验上判断概念的含义，容易达成共识。如收入，可以界定为“通过劳动等各种合法手段所获得的全部报酬，其中包括工资、奖金、利息、股息等各种现金收入”。而如果要对一个很抽象的概念下一个定义则可能相对困难，如“权力”等。概念的操作化更主要是针对抽象程度较高的概念。

（2）列出概念的维度。许多抽象的概念往往具有若干个不同的方面或维度，因此，在界定概念的定义时，就应该先弄清楚概念所该具有的不同维度。如“社会地位”就具有政治地位、经济地位、法律地位、教育地位和家庭地位等多个维度。将维度设计好之后，对于概念的测量指标的选择，综合的理论思考和分析都很有用。

（3）发展指标。对不同抽象程度的概念发展指标，难易程度也不一样。对比较简单的概念发展指标相对容易，如“性别”“文化程度”等。但对于复杂的概念发展指标就不是件容易的事，如“地位”“幸福”等。

指标是量化研究的必要工具，是人们把集中概括和抽象反映社会现象的理论概念转换成在实证研究中可以认知和识别的具体方法，是社会测量中使用的“量器”。它是对一个抽象概念在经验上的具体说明，是用一组可以观察到的经验现象来“指示和标志”一个抽象概念。

社会指标的特点主要有以下几个方面：

第一，具体性。社会指标不能是一般化，含混不清，必须是具体的、明确的，能帮助我们克服传统上的仅凭演绎、推理等方式进行研究与决策的缺陷。如“小康水平”，必须落实到小康水平的营养、健康、住房、闲暇、安全等具体的标准。

第二，计量性或数量性。任何社会现象都可以通过社会指标来表现，关键问题是如何用数量来表现。主观的态度也可以用数字来表现，如很满意 5 分、比较满意 4 分、一般 3 分、无所谓 2 分、不太满意 1 分、很不满意 0 分，可以计算平均值，得出大致的平均满意程度。

第三，替代性。社会指标并不是社会现象本身，它是某种社会现象、社会状态、社会活动或社会变迁的代表。这种指标具有可替代性。关键是要寻找和创造出与社会事实本身具有更多相似性、具有更多重联系的社会指标。人口的年龄构成对社会形成的压力，可用“社会负担系数”，也可用老龄人口比等。

第四，易于解释性。社会指标注重向人们解释和说明，通过指标的变化可以说明社会状态的某种变化。如当人们看到“基尼系数”超过 0.4，人们就会明白，在当下社会贫富悬殊。离婚率变高表明家庭与婚姻不稳定。

第五，时间性。社会指标具有时代性，在另一个时代可能会失效。如在 20 世纪 80 年代可以通过“三大件”（自行车、手表、缝纫机）的拥有率来显示一个农村家庭的经济状况，而到 21 世纪初我们再使用这个指标就根本无法真实地测量一个家庭的经济状况了。

第六，综合性和重要性。社会指标表现的是社会或某一方面的总体现象，只有综合的数据，才可能对较大范围的社会现象作出说明，但不排斥在社会指标中使用个体指标。如离婚率、自杀率都是综合的指标。

第七，理论与实际相结合。社会指标本身不是理论，但它往往是人们根据某种理论而设计出来的，如恩格尔系数、社会质量指数等。

从不同的目的出发，社会指标可以区分为不同的类型，比较重要的有以下几类：

第一，描述性指标与评价性指标。描述性指标是对社会客观现象的描述，如家庭收入。评价性指标是指能够反映社会发展、社会效果、社会影响在某些方面的利弊得失的指标。

第二，肯定指标、否定指标与中性指标。肯定指标也称为社会进步或发展指标，如国民生产总值增长率。否定性指标又称为问题性指标，这些指标的上升是社会不稳定因素上升的标志，如失业率。中性指标指与人们的价值取向、人们的意愿没有直接利害关系的指标。本身并不能说明社会的进步与否。如人口的民族构成。

第三，客观指标与主观指标。客观指标又称非感觉指标，反映客观社会现象，如社会环境的数字和比例。主观指标指人们对客观社会现象的感受，也称感觉指标。如人们对交通、住房等的满意程度等。主观指标与客观指标存在差异。如美国、英国的社会调查发现，在各种社会群体中，年老的退休人员对其生活水平的自我评价或满意程度最高。然而客观指标却显示老年退休者的收入和物质生活条件是低于各群体的平均水平的。但主观指标和客观指标二者具有同一性，即一个人的主观评价是不可能完全脱离客观状况的。并且主观指标和客观指标两者的界限是相对的，可能相互转化。如头痛可以是客观指标，但头痛是人的主观感受，因而又可以视为主观指标。

社会指标的设计方面有如下内容：

第一，社会理论与社会指标。首先，社会指标的设计必须有一定的理论、政策或计划做指导，这样才能选择最关键的数据作为指标；其次，要从特殊的角度来观察社会现象，必须有理论做指导；再次，要找到社会现象之间的联系要靠理论指导；最后，指标研究的成果要为社会活动服务，如果没有社会理论的指导，就会失去研究的意义。

从社会理论到社会指标需要一个过程，往往需要经过以下几个步骤：其一，针对某个现象提出属于某个理论领域的问题。如在研究社会阶级与分层现象时有一个疑问，决定一个人社会地位高低的最重要的因素有哪些？其二，提出理论假设，如决定一个人社会地位高低的包括职业、经济收入、教育水平、家庭出身等。其三，提出操作性定义，即把理论假设中那些最主要概念的比较抽象的定义转换为数量化的、可操作的定义。这是由理论转换为指标的关键环节。如教育水平可以转换为受教育年限，职业可以转换为职业声望，家庭出身可以转换为父亲的职业声望等。其四，建立社会指标，如职业声望可以转换为分数。

第二，从概念到变量。概念是构造理论、政策、计划等的基本单位，任何一种理论或政策总是可以通过几个最基本的概念及其相互之间的联系而表达出来的，因此，理论研究或决策的活动，同时也是一个寻找、建立基本概念及其相互关系的过程。概念标志着某种理论研究的基本领域、基本内容与基本方向，如使用核心家庭、主干家庭等概念时，标志着我们是在社会学领域探讨家庭理论。

变量是对其一类现象、事物的概括而作为每一个单个的具体现象。如每个学生的社会学概论成绩，这就是变量。社会整合可以通过个人与社会群体联系的紧密程度的取值——变量来表示。变量是概念由抽象不断向具体下降、靠近的最后一级，再下降就是具体的客观事物本身了。

第三，复合社会指标的设计。复合社会指标的设计相对更复杂。但是在复杂、抽象概念所包含的众多含义中，有一些是基本的、重要的，而另一些则是非基本的、不重要的，复合指标没必要，也不可能将所有的这些含义一一反映出来。因此复合社会指标首先就应该将这两方面作出区分，集中反映前者。以马克斯·韦伯的“科层制”为例，他从四个最主要的方面来操作，这四个操作性定义是：其一，有正式的规章制度：雇佣、解雇、提获、晋升等的活动程序已被撰写成条文；其二，非个人的人际关系：组织内部的人际互动仅限于各成员所代表的职位之间的互动，组织各成员交往中互称职务；其三，权力层层节制，各种级别划分的层次；其四，职业终身制：长期供职的成员占很大比例。

复合指标的设计要求单项指标的相关关系是有一定要求的。如果各单项指标之间完全相关，则复合指标多余，如果各单项指标之间完全不相关，则复合指标综合在一起就不具有实际意义。

另外，在进行复合指标的设计时，还有一个重要的问题，就是如何设定权数。从目前来看，主要途径有：其一，根据政治家、高级官员、政府领导人的意见设定权数；其二，根据专家们的意见，确定权数的大小；其三，根据公众的意见确定权数。如果能将三者结合则最好。通过三条途径获得信息后，采用评分估计、直接名次估计、两两对比估计等方法，进一步确定具体的权数。

等指标设计完毕，并将每一个指标具体化为一个个问题，就是问卷设计的工作了。

☞本 章 小 结

分析单位就是社会调查中被研究的对象。一般社会科学研究中的分析单位包括：个体、群体、组织、社区和社会产品。

社会研究中的分析单位和观察单位不一定是同一个单位。分析单位的确定是否得当关系到研究结果是否具有有效性。我们作研究结论时经常犯两种错误：区群谬误和简化论。区群谬误是指，根据研究方法论的原则，将宏观单位的分析结果推论到微观单位时犯的错误，也称为生态学谬误、层次谬误或体系错误。简化论是指，将微观单位数据的分析结果推论到宏观单位时犯的错误，也称为简约论、还原论。

调查方案设计的具体内容包括：(1) 选题目的和意义。(2) 研究内容。(3) 研究类型。(4) 调查的范围、调查的对象和分析单位。(5) 调查的理论假设。(6) 调查资料的收集方法与分析方法。(7) 调查人员的组织。(8) 调查的时间进度和经费使用安排。方案设计的基本原则，包括系统性原则、可行性原则、经济原则、规划性原则和一定的弹性原则。

测量是根据一定的规则将数字或其他符号分派给分析单位，以表示其特定属性。测量可分为定性测量和定量测量，由两个过程构成：概念化和操作化，根据研究性质的不同可分为量的概念化和操作化与质的概念化和操作化。测量的层次有四种：定类测量、定序测量、定距测量和定比测量。

专门的测量工具主要有指数和量表。指数是将一些题目结合成一个分数，分别测量一个被测内容的各种不同成分或次部分，然后将它们合并成一个测量工具。量表如同指数的构想一样，在创造以定序、定距、定比形式测量变量的数字分数，主要包括总加量表、李克特量表、累积量表和语义差异量表。

定量研究的测量方法有：信度和效度。信度指使用相同研究技术重复测量同一个对象时，得到相同研究结果的可能性，即一致性或稳定性，主要包括再测信度、折半信度和复本信度。效度是指测量工具或测量手段能够准确测出所要测量的变量的程度，或者说能够准确、真实地度量事物属性的程度，主要包括建构效度、内容效度、标准关联效度和表面效度。效度还可以分为外在效度和内在效度。信度和效度之间经常是互补的关系，但在某些特殊情况下也会有矛盾。测量工具，测量的时间、环境，测量工作人员和被测量者等因素都会影响到测量的信度和效度。

操作化是指将命题和概念转换成可以依据一定的效度和信度进行经验观察的假设和指标的过程。操作化的作用主要体现在三个方面：(1) 使概念或命题具体化。(2) 使概念或命题量化。(3) 通过量的分析，使结论建立在科学的基础上，排除了主观臆断的嫌疑。

概念的操作化过程是一个从抽象的概念及其定义演绎到经验层面的过程，即从术语到定义，再到经验的过程。具体的操作化的工作主要包括以下几个步骤：界定概念，列出概念的维度，发展指标。

指标是量化研究的必要工具，是社会测量中使用的“量器”。指标的特点：具体性、计量性或数量性、替代性、易于解释性、时间性、综合性和重要性、理论与实际相结合。社会指标的类型有：(1) 描述性指标与评价性指标。(2) 肯定指标、否定指标与中性指标。(3) 客观指标与主观指标。

☞关键术语

分析单位　区群谬误　简化论　测量　定类测量　定序测量
定比测量　定距测量　指数　量表　信度　效度　操作化　指标

☞复习思考题

1. 在测量居民的“收入”时，你会选择下列哪一种题型？为什么？

题型一：“请问您平均每月的总收入大约是多少元？”

题型二：“请问您平均每月的总收入大约是多少？”(请选择一项)：

①500 元及以下　②501~1000 元　③1001~1500 元　④1501~2000 元
⑤2001~2500 元　⑥2501~3000 元　⑦3001~3500 元　⑧3501~4000 元
⑨4001 元及以上

2. 量表是用来测量什么的？请设计一份用来测量市民对农民工态度的社会距离量表。

3. 指数是用来测量什么的？请设计一个指数来测量我国的现代化水平。

4. 试将“同情心”“越轨行为”操作化为一组测量指标。

第四章

问卷设计

☞**思考发现**

工欲善其事，必先利其器。社会调查研究是检验判断知识的科学手段，问卷是社会调查的重要工具，其设计工作需要以调查对象为出发点，从普通人民群众的特点出发来思考并解决问题，提高计划设计思维能力。做事情(比如设计问卷)需要考虑合作对象(调查对象)的特点需要。

☞**案例导入**

问卷设计是你想象的那么简单吗?

要写毕业论文了，作为一个即将毕业的学生，张萌既兴奋又紧张。张萌兴奋的是她想尝试做一次问卷调查，通过问卷调查获取的资料来写论文，紧张的是她不知道能否做出好的效果。张萌选择了贫困大学生心理冲突与心理调适进行研究，她认为，贫困大学生由于特殊的经济原因，在消费、同学交往和学习等方面，是不是有着特殊的心理压力？这对贫困大学生会有什么样的影响？如何解决这些问题？等等。带着这样的思考，张萌开始了她的研究设计，张萌对概念进行了操作化，提出了研究假设，设计了抽样框和抽样方法……一切准备就绪，张萌开始设计自己的问卷了。张萌考虑到了很多问题，可是，摆在她面前的困惑也很多：自己列举出的问题是不是就是想要研究的问题？有哪些问题是自己还没有考虑到的？有些问题会不会涉及贫困大学生的隐私而遭到拒绝？会不会因为措辞不当而伤害到贫困大学生的自尊心？题目数量是否合适？太多？太少？抑或适中？张萌这才发现，原来，问卷设计也不是自己想象的那么简单……

张萌的情况在社会研究中非常普遍，几乎每一个初次步入社会调查领域的人，都会遇到和张萌一样的困惑。为什么会出现这种情形呢？这是因为，我们试图编写的是这样一种问卷，它不仅能清楚地表达我们所需的信息是什么，而且还能使被调查者在对它的理解上不存在歧义。这样的任务并不是想象的那么简单，与样本设计相比，在这方面可以遵循的原理不是很多。我们都知道我们自己在想什么，或知道希望通过问题表达什么，而这常常成为他人不能很快理解我们意图的障碍。一旦我们开始测试问卷的初稿，问题中存在的我们意想不到的含义立即就会出现。可以说，问卷设计，看似简单的一件事情，其实也是一件不简单的任务。

阅读提示：通过对张萌所遇到的困惑的理解，想想我们平时所接触到的问卷，同时思考以下几个方面的问题：（1）什么是调查问卷？调查问卷有哪些构成要素？（2）设计问卷要经过哪些步骤？（3）如何设计一份高质量的问卷？

随着社会发展速度的加快，社会分工的日益细化，人们思想观念意识日渐多元化，社会不同群体间差异不断增大，从而引起了社会调查方式方法的变化。一些以主观定性分析方式为主的研究方法受到了挑战，而问卷调查法以科学设计的统一结构的问卷为工具，可以从不同的研究对象那里获得具有同样形式的数据，具有的客观性程度较强。同时，计算机技术突飞猛进的发展，也在悄悄地改变着社会科学的研究风格和研究方式，这大大地提高了社会科学学者的研究能力。作为一种标准化的调查方法，问卷调查法在一定程度上适应了现代信息处理手段的要求。

问卷调查法的产生和广泛运用，为社会科学研究尤其是社会学研究提供了一条新的认识社会现实的途径和工具，并越来越受到人们的重视。经过多次的运用，研究者们日益感受了问卷调查法的效果和效率，所以对于问卷在社会调查中所起的作用给予了非常高的评价。比如，美国社会学家艾尔·巴比在《社会研究实践》一书中声称：“问卷是调查研究的支柱。”① 英国社会学家、伦敦经济学院社会统计学教授莫泽也在其名著《社会研究中的调查方法》中指出：“十项社会调查中有九项都是采用问卷进行的。”② 的确，问卷方法以其众多的优点，越来越受到社会学、政治学、教育学、传播学、人口学、心理学、管理学等学科的研究人员以及政府决策部门的调研人员的青睐。

第一节　问卷及其结构

问卷就像一根导管，日常行为和观点的世界通过它进入研究和分析的世界。作为用于测量人们的行为、态度和特征或收集其他信息的一种常用工具，问卷已经成为社会调查的根本性手段。它的形式是一份预先精心设计好的问题表格。在社会调查中，问卷质量的高低直接影响到调查资料的真实性、适用性并直接影响到调查的最终结果。优良的问卷能给研究人员带来真实、可靠且重要的信息，而蹩脚的问卷只会给研究人员带来无用的垃圾信息。因此，了解问卷的结构并掌握问卷设计的技巧是问卷调查过程中十分关键的一环。

大体来说，一份问卷通常包括以下几个部分：

---

① EARL BABBIE. The Practice of Social Research. Wadsworth Inc., 1975: 105.

② C. A. MOSER & G. KALTON. Survey Methods in Social Investigation. Second Edition, HEB ltd, 1971: 45.

1. 封面信

问卷的封面信就是一封写给被调查者的短信，由于它常常放在问卷的封面上，所以被称为封面信，有的也称为卷首语。

在进行社会调查的过程中，研究对象基本上是陌生人，获取被调查者的信任和支持是非常重要的，如果能够顺利取得被调查者的信任和支持，就意味着调查成功了一大半。研究者能否说服每一个陌生的被调查者参加到你的调查中来，并让他们如实地填写问卷都取决于封面信的效果。好的封面信可以取得事半功倍的效果，而低质量的封面信只会使被调查者视问卷如废纸，不予理会。所以，如何消除被调查者的疑虑，如何引起被调查者合作的兴趣，就是问卷调查中"进门"的技巧，也是影响到整个调查能否成功的关键点之一。从这个意义上说，在问卷中设计封面信的作用有二：一是通过封面信中的自我介绍和说明，比如调查的目的，调查单位或调查者的身份等，让被调查者了解研究者的基本情况，取得被调查者对接受调查的信任，使得被调查者愿意进入调查过程；二是通过封面信中对课题的介绍和说明，如调查的大概内容、调查对象的选取方法和对调查措施的保密等，使被调查者了解课题的基本信息和接受调查的原因，让被调查者形成一定的心理准备，以便顺利进入调查过程。

封面信一般要求通俗易懂，简明扼要，要让被调查者既能看明白问卷的基本情况，又不至于拖沓冗长，一般两三百字较好；而且在语气上要态度诚恳，给被调查者树立良好的第一印象。一般来说，封面信的结构包括以下内容：

(1) 介绍调查者的身份。也就是说明"我是谁"。如果能附上研究者单位的地址、邮政编码、电话号码、联系人等则更好，更能体现研究者的诚意、体现调查的正式性和有组织性，这样做往往能给被调查者留下良好的印象，有利于得到他们的信任与合作。研究者在作自我介绍时，一般有两种方式。一种方式是研究者直接在封面信中说明其身份，如"我们是湖南师范大学社会学系的学生，我们正在进行一项农民工子女教育方面的调查"；另一种方式是通过落款来说明自己的身份，如落款署名为"湖南师范大学社会学系农民工子女教育调查组"等。以落款的方式作自我介绍时，一定要有明确的单位名称，不能只写诸如"农民工子女教育调查组"这样的署名。否则被调查者即使看到这样的署名，仍然不清楚调查者的具体身份，很难消除内心的疑虑。所以，研究者在自我介绍时应该大大方方，让被调查者越明白越好。

(2) 介绍调查的大致内容。也就是本问卷准备"调查什么"。在这里，研究者需要注意的是，一方面，研究者对调查内容的说明，要做到篇幅适中，既不能含含糊糊，也不能过于详细地去谈。通常的做法是用一两句话概括地、笼统地指出其内容的大致范围就可以了。如"我们正在进行一项有关农民工子女教育方面的问卷调查"，或者"我们本次调查是有关农村留守儿童教育的"等。另一方面，研究者不能为了让被调查者接受调查而在介绍调查内容时欺骗被调查者。如为了调查农村育龄妇女非医学性别鉴定技术等的使用情况，研究者可能担心此问题涉及违法违纪等敏感话题而得不到调查对象的支持，便在封面信中通过说明本次调查是有关农村育龄妇女生殖保健服务的调查来获取调查对象的配合，显然是不妥当的。因为这既违反了研究的伦理，同时，如果被调查对象觉察到，则会加剧被调查者的反感和顾虑。

（3）说明调查的目的。也就是“我们为什么进行这项调查”。说明调查目的是封面信中的一项重要内容，要对调查的主要目的作出明确的说明。比如，“为了了解农民工及其子女的生活状况和基本需求，探索农民工子女教育和成长的有效途径，我们开展了这项‘农民工子女教育公平问题’的调查”，或者“为了探索大学生在农村当村官过程中遇到的困惑和实际困难，帮助大学生村官顺利进行角色转变和角色适应，使大学生在当村官的过程中能够较好地服务农村服务社会，发挥自己的才能，我们开展了这项调查”。研究者在介绍调查目的时，要叙述得当，让被调查者认为研究者的调查是正当的，有价值的，而且是对被调查者有实际意义的，从而起到调动回答者的责任心和积极性的作用。

当调查者在设计问卷的封面信时对问卷调查的目的、意义，以及对被调查者如实填写问卷的重要性和作用说明不够，容易使被调查者产生漫不经心的心理反应。被调查者往往表现出对问卷调查不重视和缺乏同调查者进行积极合作的责任感，不把调查当一回事，填写问卷时随随便便甚至乱填问卷。这些不正确的调查态度将在很大程度上影响到资料的真实性。

（4）说明调查对象的选取办法及保密措施。在进行社会调查的过程中，被调查者对于陌生的研究者突如其来的来访和调查，出现戒心和疑虑是不可避免的。为了消除被调查者的这种戒心和疑虑，研究者应该在封面信中简明扼要地做点说明。主要包括：一是说明调查对象的选取办法。也就是告诉调查对象研究者是根据什么标准和采取什么方法来选择调查对象的，此时要用简明扼要的话语尽量突出研究者选择调查对象的客观性。二是说明对调查结果保密的措施。告诉调查对象研究者的调查不会有损于被调查者的利益这一点特别重要，一定要清楚、准确地向调查对象传达这样一个信号：不用填写姓名，我们仅仅只需要他回答的结果；同时，我们关心的也不是某一个人的回答结果，而是所有人的回答结果。只有当被调查者真正明白他不会被认出时，他才有可能做到畅所欲言、说心里话。这种对匿名的说明和对个人资料严格保密的保证也是封面信中不可缺少的内容。

比如，“我们按照科学的方法通过计算机随机挑选了一部分大学生作为大学生群体的代表，你是其中的一位。本调查以不记名方式进行，并且，根据国家的统计法，我们将对统计资料保密。所有个人资料均以统计方式出现”。另外，还应当明确地说明“本次调查不用填写姓名和单位，答案无对错之分，请您不必有任何顾虑”。在封面信的结尾处，一定要真诚地感谢被调查者的合作和帮助等。比如：

尊敬的家长：

您好！

我们是××××大学社会调查中心调查员，为了了解农民工及其子女的生活状况和基本需求，探索下岗职工子女教育和成长的有效途径，我们开展了这项“农民工子女教育公平问题”的调查。

您的意见和建议对我们十分重要，本次调查不用填写姓名，答案也没有对错之分。希望您能抽出宝贵时间，根据自己的实际情况填写这份问卷。

谢谢！

××××大学社会学系社会调查中心

2008年1月8日

如果研究者在问卷的封面信中对填答问卷的匿名性、抽取样本的随机性、所得资料的保密性解释不够，那么它往往导致被调查者从稳妥的考虑出发，以不会影响到自己的利益为标准来对待问卷中的问题和整个调查，这种反应最容易形成虚假的资料。比如，对于个人收入或家庭存款等问题，有些人常常往少的方面填；对有关国家政策，或对某种事物的态度方面的问题，则常常按大多数人的看法填，或者按“正确”的看法填。另一种常见的现象是，有些被调查者为迎合调查者而违心地填写，还有些根本不填写，等等。

除了以上内容外，有时还可以把填表的要求、方法、寄回的时间等内容写进封面信，有的研究者把该部分内容放入问卷的指导语内。

2. 指导语

虽然有很多人对填答问卷已经非常熟悉，但是问卷的开头还是需要有一个指导语来确切地告诉被调查者答题的方法。问卷的指导语就是用来指导被调查者填答问卷而对填答要求、方法和注意事项等所作的各种解释和说明，通俗地说，就是那些告诉被调查者如何正确填答问卷，或提示访问员如何正确完成问卷调查工作的语句。不论是自填式问卷还是访谈式问卷，都要有清楚明确的提示和说明。按照风笑天的说法，问卷指导语的作用和仪器使用说明书有些相似。有些问卷的填答方法比较简单，指导语很少，常常只在封面信中用一两句话说明即可。指导语的内容常见于以下几种情况：

（1）限定回答的范围。我们知道，在一份问卷中，既可能有开放式问题，也可能有封闭性问题，即使在封闭性问题中，既有可能有单项选择题，也可能有多项选择题等。不同形式的问题其填答方法是不同的。研究者必须在问卷中注明不同形式的题目的填答要求。如“问卷中题目如果没有特别说明，则只限选一种答案，多项选择题我们会在题目中注明”等。

（2）指导回答方法。由于问卷的难易复杂程度，以及调查对象的文化水平等情况是不同的，研究者必须考虑到所有调查对象的情况，而不能够让一部分调查对象拿到问卷后不知所措。总之，问卷中一切有可能使回答者不清楚、不明白、有疑问、难理解的地方，研究者都有必要注明填答的方法。对被调查者而言，要给答案排序不是一件很容易的事情，需要反复阅读答案选项。此时，告诉被调查者如何排序是非常必要的。如告诉调查对象“请按重要程度对以下方面进行排列”，“请您选出您喜欢的三项，按照喜欢程度由高到低排序”。还有一类特殊的问题形式，如关联式问题，要告诉调查对象如何回答。如“请没有结婚生子的调查对象跳过第 12~23 题，直接从第 24 题答起”等。

指导语的常见形式是在封面信的下面专门设计出“填表说明”。例如，填表说明：

①凡符合您的情况和想法的项目，请在答案前面的方框“□”中画“√”，或在______中填写。

②如果没有特别注明，则问卷中题目一般都是单项选择题，只有一个答案。多个答案的地方，我们会在题目后面注出。

③每页右边的一行数字和短横线上的数字是我们编码录入计算机用的，您不必填写。

还有些指导语分散在某些较为复杂的调查问题后面，对填答要求、方式和方法进行说明。

3. 问题及答案

问题和答案是问卷的主体，它们是实际测量人们的特征、行为和态度的工具，是组成问卷的核心内容。这些问题主要涉及被调查者的行为、态度、情感体验以及一些个人背景资料等方面的信息，从这些问题的提出方式来看，一般有开放式问题和封闭式问题两大类。

开放式问题就是不为回答者提供具体的备选答案，而由回答者根据自己的情况自由填答的问题。例如，“您对当前我国的食品卫生状况有什么看法?”“您喜欢穿哪类衣服?”等。开放式问题的主要优点是它允许被调查者按自己的方式，充分自由地对问题作出回答，不受任何限制，让其充分发表看法和意见。这种回答的自发性能够最自然地反映出回答者各不相同的特征、行为和态度。因此，开放式问题所得到的资料往往比封闭式问题所得到的资料丰富生动得多。特别是它常常可以得到一些调查者事先未曾料想到、未曾估计到的资料。但是，开放式问题的缺点回答过程中所提供资料的标准化程度低，资料难以编码和统计分析；对回答者的知识水平、文字表达能力以及配合调查的程度有一定要求，填答所花费的时间和精力较多，就很有可能降低问卷的回收率和有效率；而且还可能出现被调查者回答问题时走题、扯得太远而产生许多与研究无关的资料或无价值的信息。

封闭式问题，就是在提出问题的同时，还给出若干个特定的答案，让被调查者根据自己的实际情况选择回答的问题。比如，请问您的文化程度是：（1）小学及以下。（2）初中。（3）高中/技校/职高/中专。（4）大专及以上。封闭式问题的答案一定要符合穷尽性和互斥性两个基本要求。封闭式问题的优点也很明显。首先，对被调查者来说，封闭式问题形式规范，填写方便，省时省力，被调查者只需按照要求阅读、打勾画圈就行了。其次，对调查者来说，封闭式问题的一个重要优点是其答案都可通过编码而转变为简单的数字，所得的资料非常便于统计处理和进行定量分析。但是，封闭性问题也有其突出的缺点。首先，由于封闭式问题已为回答者提供了可以选择的答案，所以它实际上也就限制了回答者的回答范围和回答方式。这一特点对于有些简单的问题来说并没有太大的差别，但对于一些涉及态度、看法、意见等较为复杂的主观性问题来说，封闭性问题的效果显然远远不及开放式问题；封闭式问题的另一个缺点是，回答中的各种偏误难以发现。

正是由于开放式问题与封闭式问题具有各不相同的优缺点，所以人们在社会调查中往往扬长避短，针对不同目的、不同形式、不同规模和不同研究对象的课题选择不同的问题或在设计问卷时有所侧重。一般来说，开放式问题适合于测量人们的态度、看法等主观性问题，以及当研究者对某方面的情况不太熟悉，也可用开放式问题来搜集大量、尽可能详细的感性材料以对问题有初步的了解。而封闭式问题则适合于测量人们的性别、政治面貌、文化水平、职业等客观性问题，以及当研究者对研究的内容比较熟悉，也可以用封闭式问题来进行检验假设。

4. 编码

除上述几个主要部分外，问卷中还有一些辅助内容是研究者经常忽略但又是很重要的。如问卷的名称、问卷的编号、问题的编码等。问卷的名称给被调查者一种正式感、规范感并不难理解；问卷的编号也很重要，有了问卷的编号，研究者在进行后期资料录入和数据检查时，一旦发现某份问卷数据有问题，可以便捷地找出原始问卷核对数据，就有效地避免了不知道哪份问卷出了问题的困惑。在此，着重谈一下问卷的编码，它是问卷设计中一项十分重要的工作。

所谓编码，简单地说就是给问题和答案编上数码，用这些数码来代替问卷中的问题及其答案。编码是将问卷中的信息数字化，转换成统计软件和统计程序能够识别的数字，这项工作是一种信息代换的过程。编码工作既可以在设计问卷时进行，也可在问卷收回后进行，前者称为预编码，后者称为后编码。由于在实际调查中，研究者大多采用预编码，本书中主要介绍问卷设计时预编码的形式和方法。首先是给答案分配码值。一般来说，一个封闭式问题至少有两个以上的答案类别。每个被调查者都必须适合其中之一且仅适合其中之一。给答案分配码值是编码工作中最基本，也是最简单的一步。通俗地说，首先，它就是在问题的每一个答案前都标上一个数码，这样，我们就把文字的答案转化成了数码，以后就能够很方便地将它们输入计算机和进行统计分析。其次，它给每一个问题分配栏码。栏码的分配要根据问题的前后顺序挨个进行，但它同时还要考虑到答案码值的大小。当答案码值为一位数（即0~9）时，给该问题一个栏码；当答案码值为两位数（即10~99）时，就给该问题两个栏码，如此类推。

举例：

v1. 您的性别：□①男　　　　□②女　　　　1_

v2. 您的年龄：　　　　2_

□①25岁以下　□②26~30岁　□③31~35岁　□④36~40岁

□⑤40岁以上

v3. 您的政治面貌：　　　　3_

□①中共党员　□②共青团员　□③民主党派　□④普通群众

v4. 您的文化程度：　　　　4_

□①小学及以下　　　　□②初中

□③高中（中专/技校/职高）□④大专及以上

v5. 您家有__人，其中劳动人口__人。　　　　5-6__

7-8__

编码过程必须遵循一定的原则和要求：其一，编码必须具有完全包容性。每个答案都应有自己的唯一编码。其二，编码必须具有单一性。即一个编码只能替代一个答案，而不能代替不同的答案。其三，编码必须具有直观性、简单性和逻辑性。有些问题答案前面的序号直接可以作为编码，既便于设计，又便于统计处理。有些回答含有数字，如年龄、人数等，可以把这些数字本身视为编码数。同时，编码要符合人们的思维逻辑和计算机处理程序的逻辑。另外，编码必须考虑拒绝回答的情况。必须对无答案的情况给予特殊编码，否则处理数据时计算机将无法使程序正常进行等。

第二节 问卷设计的原则与步骤

问卷设计的水平直接影响到整个问卷调查的效果，影响到调查结果的信度与效度。问卷设计作为一个过程，必须经过细心准备、反复推敲才可能完成。在设计问卷时，必须按照一定的原则，符合一定的要求，遵循一定的步骤，才能达到以严密求可信、以客观求真实、以准确求有效的目的。

一、问卷设计的原则

对于任何一种测量工具或测量手段来说，都会涉及这样一些基本问题：测量所得的数据或资料是否与研究者兴趣和关注有关？测量所得的结果是否正是研究者所希望测量的东西？被调查者能否较好地配合调查？等等。这些问题看似简单，但在实际工作中却往往被人们所忽视，并由此产生出种种错误，影响到问卷调查的质量。因此，在问卷设计中，必须注意以下几个原则：

1. 问卷设计要从被调查者的角度出发

问卷作为调查者用来收集资料的工具，对其进行设计时，自然要考虑到研究者的需要。即设计问卷要紧紧围绕所研究的问题和所要测量的变量来进行，既不漏掉一些必要的资料，也不包含一些无关的资料。但是，如果只从研究者需要来考虑，而不考虑被调查者的多种实际情况，那么所设计出来的问卷往往会存在一些不妥的地方。现实的社会调查中，许多研究者正是对这一原则注意不够，因而出现各种只为自己着想，只从自己的需要出发，不为被调查者考虑的错误。

比如，问卷内容太多、填答量大、问卷表太厚，有的问卷长达几十页，问题数目多达几百个，或者问卷中的开放式问题过多；还有的研究者苛求被调查者清楚回忆较久远的事情，不要让回答者做一些除简单思考、填答之外的事情，像查地图册、查车站里程表或进行较复杂的数字计算以及数据统计工作，等等。例如，某些问卷中提出了下列这样的问题："10年前您家每个月用于人情的消费大概需要多少钱？（包括过节走亲戚、平时街坊邻里红白喜事等所花的钱。）"这些要求它往往直接导致被调查者放弃答卷，或者导致被调查者填答不完整，或者采取应付态度，使得问卷的回收率大大减少，废卷增加，同时也使资料的真实性受到影响。

因此，在设计问卷时，调查者不应把注意力全部放在编制什么样的问题上，而应认识到被调查者才是问卷调查的核心，要时刻从被调查者的角度出发，多为回答者着想，尽可能地为回答者创造方便，减少他们填答问卷的困难和麻烦，减少他们填答问卷所需要的时间和精力，使问卷的设计适应被调查者在心理上和思想上的要求和需要。只有注意了这一点，研究者才有可能设计出优良的问卷。这是我们的问卷调查取得成功的一项重要保证，是每个设计问卷的研究者必须记住的原则之一。

2. 问卷设计要适应调查的目的

对于任何一项问卷设计工作来说，调查目的就是其灵魂，是调查活动的根本，也是决定问卷选择什么样的内容和采取什么样的形式的关键因素。一份优良的问卷应该能够达到所希望的调查目的，因此在问卷设计时必须就不同的调查目的而遵守不同的设计要求。倘若调查者实施问卷调查收集资料的目的是为了了解和描述对象的一般状况和特征，那么选择设计问题的标准就应该是能够最大限度地询问到调查对象各方面的客观事实。倘若调查者的调查目的是为了解释或说明某类社会现象存在的原因，探索各种现象之间的关系及发展规律，抑或验证某种理论，那么整个问卷必须围绕研究课题、研究假设和变量编制，提问什么问题、不必提什么问题，都将受到理论假设、研究框架和主要变量的制约。因此，在我们动手设计问卷之前，应该问问自己：这项调查的目的是什么？只有明确了总的目的，我们在问卷设计中才知道该怎样做。

3. 问卷设计要适应调查的内容

被调查者常对不同的调查内容有不同的敏感度、熟悉度，重视程度也不同。当被调查者对调查内容比较熟悉、比较感兴趣时，问卷可以设计得相对详细深入一些，问题数量可以多一些，让其自由回答的题目也可适当增加。比如，向家长了解子女成长教育方向的情况；向农村居民了解农村基础设施建设方面的情况；向大学生群体了解对学校硬件设施、学风建设、饮食状况等方面的满意度；以及向高校教师了解高等院校教育改革方面的意见和看法等例子，都是这种类型调查的例子。但是，当调查的内容被调查者不熟悉时，或者调查内容比较枯燥、单调和平淡无味，不易引起他们的兴趣时，特别是涉及一些敏感问题时，问卷设计工作就要困难一些。对于被调查者不太熟悉的内容，问题的数量不要过多，内容要浅显，问卷的封面信和指导语就比较详细，也不要设计过多的开放式问题，以免被调查者因知之甚少而无所填答。对于比较敏感性的内容，措辞要小心谨慎，问题的形式要更加恰当等。例如，对农村育龄妇女进行计划生育方面的调查，由于涉及超生、私自进行非医学性性别鉴定甚至进行非法人工流产等违规违法行为，对相关的被调查者而言，是相当敏感的，此时就一定要注意言语的使用。对于被调查者不感兴趣或枯燥乏味的内容，在问卷设计时，问题一定要简洁明了。

4. 问卷设计要适应调查对象

由于我们设计的问卷总是给被调查者看的，它是被调查者的阅读对象。所以，在某种意义上，我们可以说，问卷是为被调查者而设计的。为他们愿意看，也为他们能够看而设计。要做到这一点其实并不容易，尤其在被调查者的构成十分复杂时，就更是如此。在一个成分复杂的样本中，人们在性别、年龄、职业、经济状况、文化程度、生活方式、心理状态、价值观念以及社会背景等多方面都存在着差别，由于他们自身能力和条件的不同，往往对于问题的理解程度有所不同，这些差别既会在对问卷调查的态度上反映出来，也会在完成问卷的能力上反映出来。同一份问卷，既可能被一些调查对象视为“档案表”，从而填表如临大敌，过分紧张；也可能被另一些调查对象视为废纸，从而不屑一顾，过分轻视。填写同样一份问卷，有的被调查者可能不费吹灰之力，而另一些被调查者却可能不知如何动笔。所有这些都告诉我们，要使一份问卷适合样本中的每一个回答者，的确需要设计者在各方面都动脑筋、下工夫。被调查者的职业、年龄、性别、文化程度、生活方式以及社会背景等都关系到问卷内容和形式的设计。要了解不同调查群体、不同层次以及不同价值观念的人对于调查内容的不同反应，就必须设计出适合不同调查对象的问卷。问卷设计围绕某一特定群体的特质越近，问卷调查的效果就会越好。在设计问卷时，调查者必须考虑到不同调查对象可能出现的困难和障碍，考虑到不同群体特征可能带来的对于问卷填答的客观限制，设计出形式多样的问卷，只有做到这一点，才有可能设计出最合适的问卷，保证调查的质量和高回收率。如用于大学生样本的问卷与用于工人样本的问卷，其形式和设计要求是不相同的。用于工人样本中的问卷其语言通俗、简单和口语化一些，问题的数量也应当少一些，尤其是开放式问题尽量少用或不用；而用于大学生样本的问卷，语言就可以书面化一些，问题的形式也可以复杂一些，数量也可以多一些，甚至可适当多用几个开放式问题，如此等等。因此，研究者在设计问卷时，应该特别注意问卷内容不能脱离被调查者的生活实际，或者所用语言与被调查者的社会文化背景极不协调。要充分考虑到各种身份、各种群体的人所可能产生的各种心理反应。

总之，问卷作为社会调查的一种工具，在设计时必须考虑到整个调查过程中的相关因素，适合被调查者情况，符合调查目的，适应调查要求。

二、问卷设计的步骤

有些研究者认为问卷不过是由一些问题组成，于是闭门造车，罗列出一系列问题，匆匆忙忙便组成一份问卷，结果在调查实践中漏洞百出，甚至与社会现实、常识大相径庭。其实，与调查设计和执行的其他部分一样，合理的问卷构建过程是由一个精心计划的一系列步骤组成的，其中每一步骤都需要特殊的技巧、一定的时间和决策。

专业的调查研究者可以用各种各样的方法逐步进行问卷设计，而一个擅长于问卷设计的研究者甚至可以用非常规的方法进行工具设计，以适应不同项目的需要。例如，可以在整个问卷的结构确定之前就开始编写某些特定的问题，可以从那些我们最感兴趣的问题或者特别难以量度的问题开始。如果调查将会涉及的若干问题中的某一主题需要编写更多的新问题，或量度的目标特别困难，我们也可专注于这一主题。

但是，对那些在问卷设计方面没有太多经验的人来说，一种行之有效的方法是按照一个系统的步骤来进行自己的问卷设计工作。这一组步骤虽然不能说它规定的问卷设计中各项工作的特定顺序总是优于其他各种工作顺序，但是至少可以说它是比较普遍的和具有适用性的，因为我们认为这一组步骤是比较合理的。这样一组步骤的目的在于确保问卷设计过程中不会遗漏任何重要的环节，下面是我们认为的问卷设计几个必须经历的步骤：

1. 探索性工作

在设计问卷中具体的问题和答案时，许多致命的含糊性以及不符合客观实际的回答常常潜伏在设计者难以察觉、未曾意料的地方。而探索性工作对防止这种现象的出现有着极大的帮助。开展探索性工作，也就是要熟悉和了解有关调查课题、调查对象等基本情况，以便对各种问题的提法和可能的回答有一个初步的认识。做这种探索性工作的常见方式是，问卷设计者深入到社会生活背景中，进行一段时间的非结构式访问，即围绕着研究的主题，围绕所要调查的课题，自然地、随便地与各种调查对象交谈，并留心观察他们的表情、行为和态度，把研究者的各种设想在不同类型的回答者中进行尝试和比较，从中既可获得对各方面问题的提法、实际语言、可能的回答种类等内容的初步印象，又可形成对调查问题以及调查对象的初步的整体的认识。研究者一方面要考虑回答者的背景，（如年龄、职业、文化程度、民族等）排除回答者方面的原因；另一方面则是要对自己的提问方式以及所提的问题进行分析，不断改进问题的提法。通过这种探索性工作，可以使问卷的设计尽量符合客观实际情况，能被大多数调查对象理解和接受。

2. 设计问卷初稿

在探索性工作的基础上，研究者可以进行问卷初稿的设计工作。但是，如何把各种问题的具体表述、答案的安排、各种问题的前后顺序、整个问卷的逻辑结构等多方面的因素较好地融合在一份问卷中，需要一种尽可能统筹兼顾的眼光和具体办法。在实际设计中，研究者常采用两种方法进行，一种是卡片法，另一种是框图法。

卡片法实际上是采用卡片的形式，首先列出一系列具体问题，然后对这些问题进行归类处理，最后调整修改，形成问卷的整体。卡片法的第一步是根据设计者在访问中的印象、认识或记录，把那些通过探索性工作得到的问题及答案逐一写在一张张单独的卡片上，每张卡片仅写一个问题及其答案；第二步是按照卡片上问题的主题内容把问题卡片分成若干堆，即把询问同一类事物或询问同一方面问题的卡片放在一起；第三步是按照一定的逻辑结构，对每一个卡片堆中的问题进行排序；第四步是根据整个问卷的逻辑结构以及调查对象的接受心理，排出各堆之间的前后顺序，使全部卡片连接成一份完整的问卷。第五步是对整个问卷调整和排序，即在前面排序的基础上对所有的卡片进行编号处理，然后根据问卷设计的基本原则和基本要求，对每一个具体问题仔细推敲，修改补充，并且对问题前后顺序进行调整，形成一份比较完整的问卷初稿；第六步是当从各方面考虑觉得都比较满意时，再按此结构和顺序将卡片上的问题全部打印出来，并加上封面信、指导语、编码等内容，形成问卷初稿。

框图法则与卡片法不同，框图法实际上是从总体结构出发，采用图解的方式，将总体划分为几个部分，再将各部分细分出若干个具体的问题，从而形成问卷的整体。框图法的第一步是根据研究假设和所需资料的逻辑结构，在一张纸上画出整个问卷的各个组成部分及其前后顺序的草图。第二步是分别从回答者回答问题是否方便、是否会形成心理压力等方面反复考虑为部分间的连接和前后顺序，选择一种最佳方案。第三步是在另外若干张纸上分别写出每一部分的问题及答案，并安排好这些问题在每一部分中的形式和前后顺序。第四步是从总体上对问题及答案的形式、前后顺序等方面进行检查和调整，直到满意后再将其打印出来，并加上封面信等内容，形成问卷初稿。

这两种方法的主要不同在于卡片法是从具体问题开始，然后到部分，再到整个问卷整体；而后者则相反，框图法是先从总体开始，然后到部分，最后到具体问题。卡片法与框图法这两种方法各有长短，设计者可以灵活运用。一般来说，采用卡片法，思路自然，修改方便快捷，但有时候显得零散，容易遗漏问题，难以从总体上把握；而采用框图法，逻辑性强，便于通盘考虑，但有时候显得灵活性不够，特别是对设计者的素质要求较高。因此，最好将两种方法相结合，发挥两者的优点，克服两者的不足。具体做法如下：（1）根据研究假设和所测量变量的逻辑结构，列出问卷各大部分的内容，并初步安排它们的顺序。（2）在每一部分中将探索性工作中得到的问题及答案写在一张张卡片上。（3）在每一部分中安排卡片之间的结构并调整其前后顺序，并按总的结构将各部分卡片首尾相接。（4）从便于回答、减少心理压力等方面反复对卡片系列进行检查和调整。（5）将最终满意的结果在计算机上打印出来，并加上封面信、指导语、编码等内容，形成问卷初稿。

3. 试调查

问卷初稿设计完以后，不能直接将它用于正式调查，而必须对问卷初稿进行试调查和修改。问卷试调查是一组测试程序，它是在态度、行为和研究者感兴趣的特征的量度有效和可信的前提下，确定问卷是否能够以研究者设想的方式运行，这一关在问卷的设计中十分关键和重要。非常遗憾的是缺乏经验的研究者往往意识不到试调查对于问卷设计和问卷调查的特殊意义。要知道，问卷调查中，问卷一旦发出，就难以进行更改，一切失误都难以弥补。这与实地研究中进行的访问有所不同。在实地研究中进行访问时，我们开始可能会遗漏一些问题，或者会提出一些抽象的、含糊的、不清楚、不恰当的问题。然而，一旦我们意识到这些问题，我们可以立即在后来的访问中加以改进或弥补。但在问卷调查中我们却做不到这一点。

试用的具体方法有两种，一种可称为客观评价法，另一种叫主观评价法。

客观评价法是直接面对可能的调查对象进行小范围的测试。其具体做法是：首先，将设计好的问卷初稿打印若干份，如30~50份（大型调查可适当增加），然后，从正式调查的总体中（或与正式调查的总体相似的总体中）任意地选择一部分个案，按正式调查的要求和方式发放设计出的问卷初稿。由于调查的对象、方式，以及所用的问卷等都与正式调查的相同，所以，在正式调查中将会出现的问题，绝大部分都会在试调查中出现。这样，试调查实际上成了正式调查的“预演”或“彩排”，它客观上起到了对问卷设计工作的检查作用。最后，研究者认真检查和分析是调查的结果，从中发现问题并进行修改。检查和分析的方面有两个：（1）回收率。回收率又包括总回收率和有效回收率两大要素。如果总回收率低，如60%以下，那么说明问卷设计上有较大的问题；即使总回收率较高，也不能断定问卷初稿不存在多少问题，还要进行进一步的检验。有效回收率是扣除各种废卷后的回收率，它比回收率更能反映问卷初稿的质量。因为，收回的废卷越多，说明回答者填答完整的就越少，也就意味着问卷初稿中的毛病较多。（2）填答差错率。填答差错率主要反映填答方面的质量。这又常见于三种情况：一是回答不全。比如，对问卷中的若干个问题未作回答，或者是从问卷的某处开始，整个后半部分都没有填写。如果只有若干个问题未回答，那么就要仔细分析这几个问题，从问题的内容、形式，到答案及语言，都要认真思考，找出未被回答的原因。特别是对于那些有相当多回答者都未回答的问题，一定会存在这样或那样的问题；如果是从某个问题开始，问卷的后半部都没有填写，那么，一种可能是前部分的问题太难回答，被调查者填了一半就花费了很多时间，因而感到工作量太大，不愿继续填下去了。另一种可能则是中断部分连续出现几个很难回答的问题，使被调查者中途卡壳，从而放弃继续填答；只有经过分析找出回答者填答不全的原因，才能抓住问题加以改正。二是内容填答错误。内容填答错误即指被调查者“答非所问”。问题问的是事物甲，可被调查者答的却是事物乙。这种错误往往来自被调查者对问题含义的不理解或误解，因此，要仔细检查问题的表达和语言是否简明易懂，概念是否清楚、明确、具体等。三是形式填答错误。形式填答错误即指被调查者在填答问题的方式方法上出现的错误。它往往是由于问题形式过于复杂，或者指示不清楚造成的。因此，要有针对性地简化问题形式，简化填答方式，并加强对填答方式的指导和说明。

主观评价法主要是面向专业人士以及一些典型的被调查者并听取他们的评判和意见。它不用抽取一个小样本进行问卷调查的预演，而是直接依靠人们对问卷本身结构、问题、答案等的主观评价。其具体做法是：在问卷初稿设计好以后，可复印若干份（5~20份左右），分别送给该研究领域的专家、学者、研究者的同行、实际调研部门的研究人员，以及典型的被调查者等，请他们从各自所具有的不同的角度和不同的背景，对问卷的各个方面及其整个问卷的设计工作进行评论，研究者从中分析并适当地加以吸收。

条件允许的情况下，研究者最好把这两种方法都用于试用中。即一方面，采用主观评价法，找出一些问题，进行一次修改。另一方面，采用客观检查法，又找出一些问题，再进行一次修改。只有当试调查的结果向我们显示出问卷基本上不存在问题时，我们才能将问卷付印，并用于正式的调查中。要特别注意的是，如果在试调查中发现问卷初稿的问题很多，对问卷初稿的改动相当大，那么，对修改后的新问卷还要重新进行试用。因为旧的问题虽然已经改正了，很可能又会产生出新的问题。因此，认真负责的研究人员往往要反复进行试用和修改的工作。

4. 问卷定稿并印制

问卷的修改主要集中在两个大的方面：一是整体结构和问题顺序；二是删除不必要的问题。问卷整体结构方面首先要注意在重要内容上有无遗漏，其次要注意每一部分的比重是否合适，尽量使各个部分的问题数目大体相当。问题的顺序要注意不同部分之间转换的自然性和流畅性。

第三节　问题和答案的设计

问题及其答案是问卷的主体。这是问卷设计工作中最具体、最直接也是最重要的内容。

一、问题的设计

1. 问题的形式

（1）填空式。填空式问题就是在问题后画一条横线，让回答者依据自身的实际情况直接在空白处填写答案。

例 1　请问您家有几口人？__口

例 2　请问您希望生__个孩子？其中，想生__个男孩？__个女孩？

填空式问题一般只用于那些对回答者来说既容易回答，又容易填写，通常只需填写数字的调查问题。如被调查者的年龄、家庭人口数、子女数目、收入等。这类问题的最大优点是所得结果的测量层次高（定比测量），包含的信息最充分，统计分析十分方便。因而，只要有可能，这类问题应尽量采用填空式设计。

（2）二项选择式。二项选择式问题的答案只有是和不是（或其他肯定形式和否定形式）两种。回答者根据自己的情况选择其一。这种形式的问题有两种不同的情形。一是问题所能列举的答案本身就只有两种可能的类别。如在询问人们的性别时，答案只可能有“男”“女”两种。另一种是在询问人们的态度或看法时所进行的两极区分。如询问某人是否赞成进行高校教师聘任制，答案有“赞成”和“不赞成”两种。

例 3　您是否喜欢目前您所在学校的学术氛围？

□①喜欢　　□②不喜欢

例 4　您愿意过您现在的生活吗？

□①愿意　　□②不愿意

二项选择式这一问题形式在民意测验、市场调查所用的问卷中用得最多。其特点是答案简单明确，可以严格地把回答者分成两类不同的群体，可以简化人们的回答分布，便于集中、明确地从总体上了解被调查者的看法。它的缺点也比较明显：一方面，对于态度问题它所得到的信息量太少，两种极端的回答类型不能很好地测量出人们在态度上的程度差异，因而不便于了解和分析回答者中客观存在的不同的态度层次。另一方面，这种问题形式也会使得原本处于中立状态的回答者违心地偏向一方，因而它在一定程度上带有强迫选择的性质。

（3）多项单选式。多项单选式就是给出的答案至少在两个以上，回答者根据自己的情况选择其中之一作为回答。这是各种社会调查问卷中采用得最多的一种问题形式。多项单选式答案特别适合于进行频数统计和交互分析。在设计上，这种问题类型的关键之处是要保证答案的穷尽性和互斥性。在具体表达形式上，多项单选式可有几种不同表达方式。比如，

例 5　您的文化程度是：（请在合适答案前的方框中打√）

□①小学及以下　□②初中　□③高中/中专/技校/职高　□④大专以上

例 6　您的婚姻状况是：（请在合适答案前的方框中打√）

□①未婚　□②已婚　□③离婚　□④丧偶　□⑤其他

例7　您最喜欢看哪一类电视节目？（请在合适答案前的方框中打√）

□①新闻节目　□②电视剧　□③体育节目　□④广告节目　□⑤其他

（4）多项多选式。与多项单选式有所不同，多项多选式问题要求回答者在问题所给出的全部答案中，根据自己的情况从中选择若干个。根据是否限选，可分为任选题和限选题。比如，将例7改成多项多选式如下：

例8　您最喜欢看哪些电视节目？（不限选项数）

□①新闻节目　□②电视剧　□③体育节目　□④广告节目

□⑤教育节目　□⑥歌舞节目　□⑦少儿节目　□⑧其他节目

例9　您认为生育儿子具有以下哪些主要的家庭功能？（限选三项）

□①提供劳动力　□②传宗接代　□③挣钱养家　□④养儿防老

□⑤有面子　□⑥完善人生　□⑦增加夫妻感情　□⑧其他

多项多选式的优点是，对于有些问题来说，它比多项单选的方式更能反映被调查者的实际情况。即有很多方面人们实际上是存在着不止一种情形的。比如上例，人们对生育后代的性别期望往往是多方面因素共同作用的结果，虽然我们可以要求回答者从中选择一个答案来回答，但那样可能会使得有的回答者感到没有很好表达他的真实情况。（在实际调查中，研究者常常碰到这样的问卷调查结果：虽然问卷中要求被调查者只选择一个答案，但一些回答者却“主动地”“自发地”选择了一个以上的答案。）在这种情况下，多项多选式的形式就给了回答者更充分地表达自己情况的机会。

（5）多项排序式。有时研究者除了希望了解被调查者所选择的答案类别，还同时希望了解他们对这些类别的看重程度。此时就可以采用排序式。这种方式可以说是针对多项多选式的不足而发展出的一种问题类型。它在一定程度上可以看成是多项单选式和多项多选式的一种结合。一方面，它要求被调查者在所给出的多个答案中，选择一个以上（但有限）的答案；另一方面，它又要求被调查者对他所选择的这些答案按某种标准进行排序。比如，下列例子：

例10　对下列情况比较而言，您心里难忍受的前三种情况依次是：__、__、__。

□①贫困　□②劳累　□③误解　□④欺负　□⑤被人瞧不起

□⑥无安全感　□⑦无朋友　□⑧挫折　□⑨其他

（6）矩阵式。矩阵式问题是指将同一类型的若干个问题集中在一起，构成一个问题的表达方式。

例11　根据您的实际情况，请您在相应的方框内打“√”

	知道（去过或参加过）	听说过，但不清楚	不知道
v1　杭州的西博会	□	□	□
v2　浙江（杭州）图书馆	□	□	□
v3　中华美食节	□	□	□
v4　肯德基或麦当劳	□	□	□
v5　儿童公园或少年宫	□	□	□

矩阵式问题的优点是节省问卷的篇幅，同时由于同类问题集中在一起，回答方式也相

同，因此也节省了回答者阅读和填写的时间。但要注意的是，矩阵形式（以及下面的表格形式）虽然具有简明、集中的优点，但它们却并不减少实际问题的数目。同时，在设计这样的问题时，一定要给出专门的填写说明或填答指导，以免有的回答者不会填写。

（7）表格式。表格式其实是矩阵式的一种变体，其特点和形式都与矩阵式十分相似。比如，与上述矩阵式问题对应的表格式问题就是：

例 12　结合自己读书时的情况请您在相应的方框内打“√”

	知道（去过或参加过）	听说过，但不清楚	不知道
v1　杭州的西博会			
v2　浙江（杭州）图书馆			
v3　中华美食节			
v4　肯德基或麦当劳			
v5　儿童公园或少年宫			

表格式的问题除了具有矩阵式的特点外，还显得更为整齐、醒目。但是应当注意的是，这两种形式虽然具有简单集中的优点，但也容易使人产生呆板、单调的感觉。在一份问卷中这两种形式的问题不宜用得太多。

（8）关联式问题。问卷中经常出现的一种情况是，某些问题明显地只适用于一部分被调查者，而不适用于其他被调查者。比如，我们问及“您的宝宝每个月吃奶粉大概要花费多少钱?”，那些没有结婚生子的人显然是不需要回答此类问题的。

当要针对一个议题准备一系列的问题，并知道该议题只与部分被调查者有关的时候，关联式问题就会发生。一系列相互衔接的问题被称为关联式问题。被调查者是否需要回答这一问题，常常要依据他对前面某一问题的回答结果而定，这样的问题被称为相倚问题，而前面的那个问题叫做筛选问题或过滤问题。一个回答者是否应该回答相倚问题，要看他对前面的筛选或过滤问题的回答结果而定。适当地使用关联式问题，可以帮助被调查者迅速地完成问卷，因为他们不需要回答和他们不相干的问题。

关联式问题的格式有很多种，例 13 和例 14 表述的大概是最清晰的。这种格式有两个要点：第一，关联问题通过方框和其他问题完全隔开；第二，用带有箭头的线条把答案和相关的子问题连接起来。在这个例子中，只有回答“是”的被调查者才需要回答子问题，其他人则不需要。

例 13　您的孩子在上学过程中，除了学杂费以外是否还交过其他费用？

□①交过　□②没有交过

↓

v121：这些费用每年大概需要 ______ 元。

v122：这些费用您是否有能力承担？

□①非常困难　□②比较困难　□③一般　□④比较轻松　□⑤非常轻松

例 14　您想生育孩子吗？

□想——→ □不想	您想生几个孩子？ □1 个　——→ □2 个 □3 个及以上	您想生男孩还是生女孩？ □男孩 □女孩

如果使用得当，即使是复杂的关联式问题，也能在使被调查者不感到困惑的情况下被组织起来。比如，有时候，一组关联式问题会长达数页，如果把长达数页的关联式问题放在同一个框子里会造成一定困扰。因此，合理的方法是在第一个问题的每一个答案后用括弧注释，指示被调查者接下来该跳过或回答哪些问题。例 15 表示的就是此类的一个例子。

例 15　您孩子读书期间有没有担任过班干部？

□①担任过（请回答 v11～v23 题）
□②没有（请跳过 v11～v23 题，直接回答第 6 页上的第 24 题。）

2. 问题的语言及提问方式

语言是问卷设计的基本材料，要设计出意思准确、简单易懂的问题，必须注意问题的语言甚至提问的方式。问题措辞的基本原则是简短、明确、通俗、易懂。在关于问卷设计的语言及提问方式方面，通常有以下方面需要注意：

（1）问题的语言要尽量简单。无论是设计问题还是设计答案，所用语言的第一标准应该是简单。要尽可能使用简单明了、通俗易懂的语言。问题中的词汇或用词，也应该是所有回答者都能明白的、日常生活中的词汇。

一方面，尽量避免使用复杂的、抽象的概念，如"冲突主义""社会制度"等。问卷设计中研究者必须先通过操作化过程，将所研究的抽象概念或变量转化为具体的、可以测量的指标，一些研究者正是这方面注意不够，因此在设计问卷时出现一些抽象概念，使得被调查觉得研究者不知所云。比如：

例 16　您认为目前我国的妇女的社会地位如何？

□①地位明显提高　□②一般　□③地位较低

上述例子中，"社会地位"是一个既抽象又笼统的概念，由于含义不具体、不明确，在不同被调查的理解里面，有的可能理解为经济层面的如收入，有的可能理解为家庭层面的，有的可能理解为教育层面的，有的也可能从整体上来考虑这一概念。实际上，我们知道，社会地位设计很多方面的内容，表现为政治地位、经济地位、法律地位、教育地位和家庭地位多个不同的维度。因此，这样的概念在问卷中直接询问被调查者，显然是不合适的。

另外，尽量不要使用专业术语，除非研究者调查的对象就是某一领域的专业人士。如"角色偏差""初级群体""社会越轨"等概念，研究者调查一般社会大众，被调查者很难理解这些专业词汇的含义或理解不准确、存在偏差，那么所填写的答案相应会存在问题。比如：

例 17　您是如何看待目前我国农村居民夫妻家庭权力的？

上述例子中，"夫妻家庭权力"一方面概念抽象，同时也是社会学领域的专业词汇，即使调查社会学专业领域的人士，有部分被调查者也尚有可能不能较好地理解问题的情形，如果直接询问一般的被调查者，则必然会有相当一部分人不明白其中的意思，从而给他们带来理解上的障碍，势必会影响到调查工作的顺利进行和调查资料的质量。

（2）问题的陈述尽可能简短。保持调查问题尽量简短有几个原因。一方面，问题的陈述越长，就越容易产生含糊不清的地方，回答者的反应任务将越困难，其理解就越有可能不一致，而问题越短小，产生这种含糊不清的可能性就越小。因此，简短的问题使得调查者和被调查者都更少出现错误，有的社会学家提出，短问题是最好的问题。我们在陈述问题时，最好不要用长句子，因为回答者往往不愿意花时间去阅读太长的问题。要使问题尽可能地清晰、简短，使回答者能很快看完，很容易看懂。那种啰嗦的、长的问题只会引起被调查者的反感，只会影响调查的顺利进行。因此，研究者必须牢记的一条原则是：短一些的问题总比长一些的问题要好，简单一些的问题总比复杂一些的问题要好。

（3）问题要避免带有双重或多重含义。双重（或多重）含义的问题就是在一个问题中，同时询问了两件（或几件）不同的事情。或者说，在一句问话中同时询问了两个（或几个）问题。应记住，每个问题只应涉及一种事实行为，要避免问题内容的多维性。

最常见的双重目的的问题可能既包括行动，又在同一项目中包括原因和动机。比如，“您是否经常服用维生素来避免生病？”

但是，这当然并不是双重目的问题的唯一形式，简单地一次询问两件事情也会产生双重目的的项目。比如：

例 18　您觉得现在您所在学校硬件设施和人文环境如何？

□①非常好　□②比较好　□③一般　□④不太好　□⑤很不好

例 18 实际上同时询问了“您学校的硬件设施如何？”和“您学校的人文环境如何？”两个问题。

还有一种情况是，看似问的一个问题，但是实际上对某一部分人而言，是问的两个问题。比如：

例 19　您的孩子现在哪里读书上学？

□①老家　　　　□②城市

↓（①老家）

不把孩子带到城市上学的原因是
□①户口限制，城市学校不接纳
□②学费太贵
□③转学手续麻烦
□④子女不愿意到城市上学
□⑤其他____

↓（②城市）

把孩子带到城市上学的原因是
□①便于自己对子女的教育和督促
□②城里能受到更好的教育
□③老家无人照看孩子
□④子女愿意到城市上学
□⑤其他____

这样的双重含义问题往往使得一部分回答者无法填答。比如，有些被调查者有两个孩子，一个孩子在农村读书，另一个孩子在城市读书，就无法回答这个问题。

（4）问题不能带有倾向性。人们对问题的回答在一定程度上受到问题措辞所表现出来的倾向性的影响。因此，问题的提法和语言不能带有倾向性，应保持中立、客观的提问方式，使用中性的语言。

一方面，不要在问题中引用或列举某些权威的话，或者在提问时附加一些修饰和说明的成分，形成对回答的诱导。比如：

例 20　你去过岳麓山吗？

例 21　岳麓山是长沙市的标志性景点，大部分长沙市的市民都去过很多次，请问你去过吗？

例 20 是一种普通的、正常的提问方式，问题的含义简单明了。而例 21 则对所询问的问题进行了一定的描述和修饰。尽管这些描述和修饰是客观的、真实的，但却无法改变它们会对回答者形成影响的事实。它对回答者有一种潜在的期待：是的，我也去过。

另一方面，要避免提问方式对回答者形成诱导，避免使回答者感到研究者提出这一问题是想得到某种特定的回答，或者说是在鼓励他、暗示他、期待他作出某种回答。当问题诱导回答者作出特定答案时，它们将会引起严重的偏差，并经常导致完全无效的数据。比如，同样是询问人们是否抽烟，一般我们问“你抽烟吗？”但如果问“你不抽烟，是吗？”就有所不同。类似的，在问题或答案上运用贬义或褒义的词语，也会使问题带有倾向性，也会对回答者形成诱导。各种形式的诱导性问题都隐含着假设和期望的结果，它们必然导致有偏向性的回答。

（5）不要用否定形式提问。在日常生活中，除了某些特殊情况外，人们往往习惯于肯定形式的提问，而不习惯于否定形式的提问。比如，人们往往习惯于“您是否赞成高校教师实施聘任制？”而不习惯于“您是否赞成高校教师不实施聘任制？”当以否定形式提出问题时，由于人们不习惯，因而许多人常常容易漏掉问题中的“不”字，并在这种理解的基础上来进行回答，这样就恰恰与他们的意愿相反了。即那些明明是赞成进行高校教师聘任制的人选择了“赞成”（高校教师不实施聘任制），而那些实际上不赞成高校教师聘任制的人却选择了“不赞成”（高校教师不实施聘任制）。而且这种实际态度和答案选择正好相反的情形，在问卷的回答结果中常常丝毫看不出来，研究者无法知道谁是真的赞成高校教师实施聘任制，而谁是误填的赞成。由于否定形式提问容易产生误解，所以问卷设计中要避免采用否定形式提问。

（6）不要询问超越回答者回答能力的问题。提问题不得超出回答者的能力，包括识别文字和理解问题的能力、知识范围和水平等，否则，回答者是很难作出回答的。也就是说，我们所问的问题都应该是被调查者能够回答的，或者，被调查者确实具有回答这些问题的知识能力。比如，研究者如果向一个城镇居民问：“您对目前我国农村合作医疗制度的实施政策如何评价？”那么，城市居民中的大部分人将无法回答。因为他们中很多人并不了解农村实施的新型合作医疗制度，他们可能不知道什么是农村新型合作医疗制度，也可能不清楚我国现行的农村新型合作医疗制度究竟是怎样的。人们对自己不知道、不了解、不熟悉的事物是没有办法作出客观评价的。如果一定要询问这样的问题，必须先提一个过滤性问题，比如，“您了解我国现行的农村新型合作医疗制度吗？”然后仅对那些回答“了解”的被调查者提出上面的问题。在实际调查中，被调查者可能对有些调查内容不了解，也可能对有些调查内容回忆不起来。因此，要防止出现被调查者无法回答的问题。

（7）不要直接询问敏感性或威胁性的问题。问卷调查并非总是对一般性问题的了解，有时则可能需要触动大家都比较敏感性的或被调查者认为有潜在威胁的问题。当问及这样一些问题时，人们往往具有一种本能的自我防卫心理。因此，如果直接提问，则将会引起很高的拒答率。此时就要求设计者掌握一定的技巧，消除回答者的尴尬，达到调查目的。所谓敏感性问题是指人们不愿意公开披露影响到个人利益、前途、声誉以及自尊的问题。如涉及隐私生活的性关系、非正式渠道的经济收入以及影响直接利益的对直接领导的评价、对国家方针政策的态度都属于敏感性问题。对这类问题的调查是比较困难的，所以被调查者或者不合作，或者按照社会上公认的正确口径来回答，以隐瞒自己的真实情况或想法。比如："你看过黄色录像吗?"等类的问题，就极难得到真实的回答。所以对这些问题最好采取某种间接询问的形式，并且语言要特别委婉。或采取投射的方式进行，即运用第三者技术，似乎问题所涉及的是其他人而不是被调查者本人。在文字的表述上要力求减轻问题的敏感程度和威胁程度，使回答者敢于坦率表达自己真实的想法，比如，用下面的几种方式来提问，情况会好些；或者在问题前面写一段消除疑虑的文字。如，"对同一问题有不同的看法，是一种正常的现象，每个人都应该有自己的观点，您认为当前大学生婚前同居是可以理解的这种观点对吗?"或者先用一个假言判断作为问题的前提，然后再询问被调查者的看法。如，"如果条件允许的话，那么您是否还愿意在原单位工作?"或者把直接回答问题的人转移到别人身上，然后再请被调查者对他人的回答作出评价。如，"对婚姻关系中的第三者，有些人认为不道德，有些人认为无所谓，您同意哪种看法?"通过以上几种方式，可以使问题的敏感程度减轻，消除调查者的顾虑，只有这样，才能比较客观地测量回答者的行为和态度。

3. 问题的数量和顺序

问题的数量和顺序也就是问卷的结构，不但影响到回答者能否顺利回答问题，影响到问题回答的结果，也影响到问卷的资料处理和分析。在安排问卷问题的数量和问题顺序过程中，一般有以下要求。

（1）问题的数量。一份问卷应该包含多少个问题，这要依据调查的内容、样本的性质、分析的方法、拥有的人力、财力、时间等因素而定，没有固定的标准。但一般来说，问题不宜太多，问卷不宜太长。通常以回答者在20分钟以内完成为宜，最好也不要超过30分钟。问卷太长往往引起回答者心理上的厌倦情绪或畏难情绪，影响填答的质量和回收率。当然，若是研究的经费和人员相当充足，则能够采取结构式访问的方式进行，并付给每一位调查对象一份报酬或赠送一点纪念品，问卷本身的质量又比较高，调查的内容又是调查者熟悉的、关心的、感兴趣的事物的话，问卷长一点也无妨；反之，如果调查的内容是调查对象不熟悉的、不感兴趣的事物，采用的是自填问卷的方式，研究者的经费又相当有限，除了两句感谢的话以外，不会给调查对象更多的东西，而只可能占用被调查者的休息和娱乐时间。那么，此时的问卷一定不能长，一定要尽可能简短。

（2）问题的顺序。问卷中问题的前后顺序及相互之间的联系，既会影响到被调查者对问题的回答结果，又会影响到调查的顺利进行。一般来说，安排问卷中问题的次序有以下准则需要注意：

①把简单易答的问题放在前面，把复杂难答的问题放在后面。问卷最开头的几个问题一定要相当简单，回答起来一定要非常容易。这样可以给回答者一种轻松的、方便的感觉，以便于他们继续填答下去。如果一开始填写，研究者就感到很费力、很难填写，那么就会影响到他们的情绪和积极性。

②把能引起调查对象兴趣的问题放在前面，把容易引起他们紧张和产生顾虑的问题放在后面。如果开头的一些问题能够吸引调查对象的注意力，引起他们对填答问卷的兴趣，那么调查便可能较顺利地进行。相反，如果开头部分的问题比较敏感，一开始就直接触及人们的心灵深处，触及有关伦理、道德、政治态度、个人私生活等方面的问题，那么，往往很容易导致调查对象很强烈的自我防卫心理。回答者的这种自我防卫心理将会引起他们对问卷调查的反感，有碍于他们对接受调查的合作，阻碍调查的顺利进行。

③把调查对象熟悉的问题放在前面，把他们感到生疏的问题放在后面。这是因为，任何人对自己熟悉的事物总能谈出一些看法，说出些所以然来；而对于自己不熟悉的事物往往难以开口，说不出什么来。如果以被调查者熟悉的内容开头，就不至于使调查一开始就卡住而无法进行。

④一般先问行为方面的问题，再问态度、看法、意见方面的问题。这是因为行为方面的问题涉及的只是客观的、具体的事实，因此往往容易回答。而态度、意见、看法方面的问题往往涉及的事回答者的主观因素，多为回答者思想上的东西，内心深处的东西，更不好在陌生人面前表露的东西。如果一开始就问这些问题，则常常会引起被调查者的戒备心理和反感情绪，引起较高的拒答率。

⑤开放式问题一般放在问卷的结尾。这是因为开放式问题要比回答封闭式问题需要更多的思考和书写。无论是把开放式问题放在问卷开头还是放在中间，都会影响回答者填完问卷的信心和情绪。而将它放在问卷的结尾处，由于仅剩下这一个问题了，绝大多数回答者是能够完完整整地填答它们的。退一步说，即使回答者不愿意填答开放式问题，放弃了回答，也不会影响到前面的问题和答案。

⑥按一定的逻辑顺序排列问题。从时间框架上来说，一般按照时间先后顺序提出问题。既不要颠倒，也不要打乱。即把询问同一方面事物的问题尽可能排在一起。否则会破坏回答者的思路和注意力。

二、答案的设计

由于社会调查中的大多数问卷主要由封闭式问题构成，而答案又是封闭式问题中非常重要的一半。如何设计答案，不仅关系到被调查者能否回答、是否容易回答，同时还关系到问卷调查所得资料的价值大小。因此，答案设计得好坏将直接影响到调查的成功。

1. 遵循穷尽性与互斥性原则

穷尽性是指问题的答案选项必须包括所有可能的情况，不能有遗漏。这就要求问卷设计者必须预测全面。因为对于任何一个被调查者来说，问题的答案中总有一个是符合他的情况的，或者说每个回答者都一定是有答案可选的。但是，如果有某个回答者的情况不包括在某个问题所列的答案中，那么这一问题的答案就一定不是穷尽的，或者说是有所遗漏的。比如，下列问题的答案就不是穷尽的。例如，你喜欢哪项体育运动？（请选一项）：①乒乓球；②篮球；③足球；④排球。以上四种答案不能概括所有的运动种类，那么倘若有喜欢游泳的回答者，问题就出现了。这种情况下，一般在答案中另设一个“其他”选项以穷尽问卷中未尽的答案。

互斥性是指答案互相之间不能交叉重叠，也不能相互包含，即对于填答者不存在两个或两个以上的答案可以同时选择。如果一个回答者可同时选择属于某一个问题的两个或更多的答案，那么这一问题的答案就一定不是互斥的。例如，你认为一位经理最应该具有哪三种能力？（请依次序排列）：①创新能力；②业务能力；③指挥协调能力；④谋略能力；⑤综合分析能力；⑥交往能力；⑦表达能力；⑧其他。在这一问题的答案中，经理的“业务能力”包括“指挥协调能力”和“谋略能力”等，各个选项并不在同一层次上，因此不能互相排斥，回答者很难作出选择。

2. 答案要与所提的问题相互呼应，内容上应协调一致

我们为每一个问题所提供的答案必须属于这一问题所涉及的特定的现象领域，要做到预先设计的“所答”，正是针对着问题的“所问”。在内容与形式上，都不要出现“答非所问”的情况，要针对问题涉及的内容和范围恰当地设计出答案。这就要求问卷的设计者对问题所涉及的内容范围有十分清楚的认识，并能很好地把握住这一范围中最基本、最主要、最有代表性的方面，恰当的构成问题的答案。

例 22　您是否有可能长期生活在城市？

□①不可能　□②比较困难　□③不太难　□④很困难

问题是“是否有可能长期生活在城市”，回答应为“有可能、没可能、有一定可能”，而不是问“是否生活在城市有困难”，后面三个答案明显属于“所答非所问”。保持答案与问题的一致性是答案设计的一项基本要求。

3. 要注意根据研究的需要来确定变量的测量层次

不同测量层次的变量具有不同的性质，高层次的变量可以转化为低层次的变量来使用。因此，我们在设计问题的答案时，先要看问题所测量的变量是哪个层次的变量，即看这个变量是定类层次的、定序层次的，还是定比层次的。然后再根据研究的要求和变量的层次来确定答案所应具备的特征，并根据这种特征来决定答案的形式。比如，我们要设计问题“您每月的工资收入是多少？”的答案。这是一个定比层次的变量，即最高层次的变量，因而它可以用于任何一种测量层次。如果我们希望准确了解每一个回答者相互之间的差别和比例关系时，就可以采用填空形式，即“您每月的工资收入是多少？ ______元”，以得到定比层次的测量结果。如果我们主要想了解的是调查总体中人们工资收入处于不同等级的分布情况，那么，我们就可以把这一变量转化为定序层次来进行测量。即“您每月的工资收入处在下列哪个范围中？”

如果研究者仅仅只想了解所调查总体中的人们月工资收入水平处于长沙市平均水平

（假定为 1200 元）之上和之下的比例，那么，他就可以把月工资收入转化为定类变量来测量。即“您的月工资收入属于下列哪一类?”□①1200 元及以下 □②2000 元以上

4. “其他”类答案的问题

在实际问卷设计中，设计者常常遇到这样的情况：有些问题的答案数目太多，如果要将它们全部列出，即使不是不可能的也是十分困难的。比如，“选择对象的条件”或者说“人们的择偶标准”的问题。现实生活中，人们选择对象的条件是多种多样的，要一个不漏地列出它们，一方面不太可能，另一方面也不合适。因为，即使有 100 种不同的条件，但绝大部分人的选择却往往会集中到若干个主要的条件上。选择其他条件的人虽有，但人数却不会很多，即人们的选择不会十分平均地分散到所有这 100 种条件上。在这种情况下，我们一般采取列出几个最主要的条件，然后加上一项“其他”的答案的方法。这一项“其他”虽然对研究者来说所提供的信息很少，但它却能起到使每个人都能有所答，都能归入一类的作用，即起到了“保证答案具有穷尽性”的作用。设计“其他”这种答案时，应该注意这样一种情况：即当问卷收回后，如果我们发现，选择“其他”这一类的回答者非常多，在总体中占的比例相当大，或者远远大于所列的另外几类，就说明我们对这一问题的整个答案设计有毛病，我们所列出的答案是不恰当的，有些比较重要的答案类别没有单独列出。我们所列举的那几类“主要的”答案还不恰当，有些更重要的类别没有单列出来，而是并入了“其他”这一类中。同时，一些相对不太重要的答案又单独列了出来。避免出现这种失误的方法，一是要在探索性工作中，广泛了解人们对这一问题的回答情况，并根据这种事先的了解来设计答案类型，而不能仅仅坐在屋里凭自己的主观判断去“想”出答案类型。二是要认真地进行问卷的试用。一般来说，只要有 20~30 个人的试用结果，这种明显的失误是可以及时发现和避免的。

5. 注意等级答案的明确性

在问卷中经常会有大量的等级答案，比如，“经常”“有时”“偶尔”“从不”；“很好”“比较好”“一般”“不太好”“很不好”；“十分赞同”“比较赞同”“不太赞同”“很不赞同”，等等。只要有可能，应该尽量将这些等级类型的答案明确化，以便反映被调查者的实际情况。

☞本章小结

问卷是用于测量人们的行为、态度和特征或收集其他信息的一种常用工具。它的形式是一份预先精心设计好的问题表格。大体来说，一份问卷通常包括以下几个部分：封面信、指导语、主体和结尾。

问题和答案是问卷的主体，它们是实际测量人们的特征、行为和态度的工具，是组成问卷的核心内容。从这些问题的提出方式来看，一般有开放式问题和封闭式问题两大类。问卷的编码，就是给问题和答案编上数码，用这些数码来代替问卷中的问题及其答案。编码分为预编码和后编码。

在问卷设计中，问卷设计要从被调查者的角度出发，要适应调查的目的，要适应调查

的内容，而且要适应调查对象。同时，在问卷设计时尽可能遵循以下四个步骤进行：在探索性工作阶段，研究者要熟悉和了解有关调查课题、调查对象等基本情况，以便对各种问题的提法和可能的回答有一个初步的认识；在设计问卷初稿阶段，研究者可采用卡片法和框图法两种方法来进行。在试调查阶段，研究者可采取客观检查法和主观评价法两种方式进行。

问卷中常见的问题形式有填空式、二项选择式、多项单选式、多项多选式、多项排序式、矩阵式、表格式等。问题的语言是问卷设计的基本材料，要设计出意思准确、简单易懂的问题，必须注意问题的语言甚至提问的方式。问题措辞的基本原则是简短、明确、通俗、易懂，即语言要尽量简单，陈述尽可能简短，避免带有双重或多重含义，不能带有倾向性，不要用否定形式提问，不要询问超越回答者回答能力的问题以及不要直接询问敏感性或威胁性的问题等。

在问题的顺序安排方面，一般把简单易答的问题放在前面，把复杂难答的问题放在后面；把能引起调查对象兴趣的问题放在前面，把容易引起他们紧张和产生顾虑的问题放在后面；把调查对象熟悉的问题放在前面，把他们感到生疏的问题放在后面；一般先问行为方面的问题，再问态度、看法、意见方面的问题；开放式问题一般放在问卷的结尾；按一定的逻辑顺序排列问题。

问卷答案的设计要注意的事项有：要遵循穷尽性与互斥性原则。答案要与所提的问题相互呼应，内容上应协调一致；要注意根据研究的需要来确定变量的测量层次；要注意等级答案的明确性等。

☞关键术语

问卷　　封面信　　指导语　　编码　　相倚问题　　穷尽性　　互斥性

☞复习思考题

1. 简要说明问卷的结构。
2. 请简述问卷封面信写作的注意事项。
3. 问题和答案的设计各有什么要求？
4. 找一份你接触到的调查问卷，分析其设计上是否存在问题？并进行修改。
5. 选择一个自己感兴趣的课题，并尝试设计一份调查问卷。

第五章

抽　样

☞**思考发现**

抽样类型及其作用的学习不仅仅是技术的传承，更是一种实事求是和严谨治学的科学作风的培养。社会调查者需要有对实际问题深入探讨的勇气，需要有一种对社会负责的态度，更需要始终保持严密的科学思维。在社会调查的征程中，实事求是和严谨治学的旗帜将引领我们持续前行，为揭示社会的奥秘贡献我们的智慧与力量。

☞**案例导入**

民意调查——我的意见代表了多少人？

案例一

《文学文摘》是一本1890—1938年在美国发行颇为流行的新闻杂志。在1920年、1924年、1928年、1932年的大选中，《文学文摘》做出了准确的预测。1936年，《文学文摘》进行了一次最具雄心的民意调查活动：选票寄给了从电话簿与车牌登记名单中挑选出来的1000万人。收到200万人以上的回应：结果显示，有57%的人支持共和党候选人阿尔夫·兰登，而当时在任的总统富兰克林·罗斯福的支持率为43%。两个星期之后，《文学文摘》的编辑们对民意调查的局限性比以往更清楚了：投票结果显示，罗斯福以历史上最大的优势，61%的得票率，获得第二届任期。相对于罗斯福的523张选票，兰登仅得到8张。《文学文摘》的编辑们对于这次失败深感困惑。①

案例二（表5-1）

① ［美］艾尔·巴比．社会研究方法（第八版）．华夏出版社，2000：275.

表 5-1　　**2008 年美国总统选举民意调查统计表**

调查机构	调查人数（人）	日　期	候选人支持率		
			奥巴马	麦凯恩	其他
美国有线电视新闻网	950	10. 30—11. 1	55%	42%	2%
福克斯新闻网/意见动态	971	11. 1—11. 2	50%	43%	7%
华盛顿邮报/ABC 新闻	2470	10. 30. 11. 2	54%	41%	5%
华尔街日报/NBC 新闻	1011	11. 1—11. 2	51%	43%	6%
今日美国/盖洛普 *	1201	10. 10—10. 12	51%	44%	6%
纽约时报/CBS 新闻	1308	10. 25—10. 29	50%	40%	10%
盖洛普民意调查	2824	10. 31—11. 2	53%	40%	7%
最终投票结果	128251213（选民）	11. 4	52. 75%	45. 90%	1. 35%

* 数据总和超过 100%是数据四舍五入所致。

资料来源：The New York Times：Presidential Polls Over Time，November 2，2008. http：//elections. nytimes. com/2008/president/whos-ahead/polling.

从表 5-1 中可以看出，虽然民意调查与实际投票结果出现了些偏差，但大多数的预测与实际得票率只有 6%的差异。那么，这些民意调查访问了多少人使其对 1 亿多选民的预测误差不超过六个百分点？——不超过 3000 位访民！这就是抽样的奇迹！

阅读提示：通过比较这两个案例，思考以下几个问题：（1）什么是抽样？（2）《文学文摘》民意调查中为什么会出现失误？（3）如何进行科学的抽样？

正如贝克尔（Howard Becker）在《交易的诡计》中所说："对于任何类型的研究者来说，抽样都是个问题。我们不能、也不应该祈求研究自己感兴趣的每一个个案。每个科学计划都试着通过研究少数例子，发现能够被应用于所有事物的东西，这种研究的结果，按照我们的通常说法，是'通则化的'。"① 经过长期探索，社会研究者通过借助在现代统计学和概率论基础上发展起来的抽样理论与方法，使得抽样问题得以解决。本章，我们就来讨论抽样问题。

第一节　抽样概述

一、抽样的基本概念

1. 元素（Element）

元素是搜集信息的单位和进行分析的基础，是构成与确定总体的基本单位。它是分析

① ［美］劳伦斯·纽曼．社会研究方法——定性和定量的取向．第五版．北京：中国人民大学出版社，2007：266.

范围或总体中的个案，也可以是任何一个将被测量的个人、团体、组织、书面文件或符号信息，甚至是社会行动。在社会研究中，最常见的元素就是个人了，例如对某市“90后”集体身份认同调查时，元素即是某市每一个“90后”个人。值得说明的是，在一个既定的研究当中，元素与分析单位有时是相同的，前者用于抽样，后者用于资料分析。

2. 总体（Population）

总体，理论上是指研究要素的特定集合体，可以分为研究总体与调查总体。所谓研究总体是指研究者指明将被抽样的单位、地理位置和总体在时间上的界限。例如关于妇女生育率的研究，如果未加限定，妇女只是个模糊的整体，只有经界定为“2010年年满15～49岁的中国妇女”后，才成为可用于调查的研究总体。研究者是从研究总体开始的，但必须对其提出更加精确的定义。调查总体是基于对现实的实际情况抽取样本，是研究总体的进一步界定，即对时间、范围等做更进一步规定。例如在上例中的调查总体可以进一步界定为，2010年1月1日零时某省15～49岁妇女，并且将住在医院、精神病院、劳教所中的妇女除外。

3. 样本（Sample）

在社会研究中，样本是从总体中按照一定方式抽取的一部分元素的集合，是用来得到整个总体的信息的一个子集。在这个意义上讲，样本是总体的模型。例如在对某市居民幸福感的调查中，按照某种方式从该市抽取1000位市民进行调查，这1000位市民就构成了该总体的一个样本。一个比较好的样本将会比较好地代表总体。一般来说，研究者的真正兴趣并不是样本，样本仅仅是他们用来了解总体的工具而已。

4. 抽样（Sampling）

抽样是一种选择调查对象的程序和方法。它是指从组成某个总体的所有元素的集合中，按照一定的方式选择或抽取一部分元素的过程。例如，从2000名大学生所构成的总体中，按一定方式抽取200名大学生的过程；从1000个社区所构成的总体中，按照一定方式抽取100个社区的过程，都是抽样。抽样不仅与研究的目的及研究内容密切相关，而且还直接关系到资料的收集、整理与分析、整个研究的费用、应用的范围等。

5. 抽样单位（Sampling unit）

抽样单位是指在抽样各个阶段中考虑选取的某个元素或者某组元素。抽样单位往往是多层次的。在一阶抽样中，抽样单位即可能是元素本身，也可能是分析单位。例如，单个学生既是构成某校学生这一总体的元素，又是从中一次抽取出500名学生的样本时所用的抽样单位。在复杂的抽样中，就要用不同层次的抽样单位。例如，农村调查中，可以先在一个县抽选若干乡，然后从选中乡中抽选某些村，最后选中村中抽出户的样本。这时抽样单位是乡、村、户三种，分别称为初级抽样单位、次级抽样单位以及终极抽样单位。

6. 抽样框（Sampling frame）

研究者对总体下操作性定义时，会发展一个相当近似总体中所有元素的特定名单，这个名单就是抽样框。抽样框又称抽样范畴，是指一次直接抽样时总体中所有抽样单位的名单，样本或某些阶段的样本从抽样框中选取。在一次抽样中，抽样框的数目与抽样单位的层次相对应，例如，上例中乡、村、户作为三个层次的抽样单位，与之相对应的抽样框有三个：全部乡的名单、乡样本中所有村组成的名单、村样本中所有户的名单。

7. 参数值（Parameter）与统计值（Statistic）

参数值是关于总体中某一变量的综合描述。例如全国农民的平均受教育水平，就是一个参数值。统计值则是关于调查样本中某一变量的综合描述。例如从一个样本中得到的农民平均受教育水平，就是一个统计值。对于大总体而言，绝对无法准确知道总体的参数，因此研究者必须根据样本来估计它。研究者用从样本获得的信息，即统计值来估计总体参数值，从而达到由部分认识总体的目的。

8. 抽样误差（Sampling error）

一般而言，在用样本的统计值去推算总体的参数值时总会出现偏差，这种偏差就是抽样误差。换言之，抽样误差是指样本在多大程度上偏离了其作为总体的代表的值。无论采取任何抽样方式，这种误差都是不可避免的。一般来说，抽样误差主要受样本规模、总体的差异性程度以及抽样方法的影响。这种误差的大小是可以在样本设计中事先进行控制。比如，选择合适的抽样方法；确定合理的样本规模；确保抽样调查工作的科学合理。需要指出的是，抽样中因误抄、计算错误等人为过失和其他一些因违反随机原则而产生的误差并不是这里所说的抽样误差。

9. 置信水平（Confidence level）与置信区间（Confidence interval）

置信水平又称为置信度，它指的是总体参数值落在样本统计值某一区间内的概率，或者说，是总体参数值落在样本统计值某一区间中的把握性程度。它反映的是抽样的可靠性程度。比如，置信水平为95%，指的是总体参数值落在样本统计值某一区间的概率为95%，或者说，我们有95%的把握认为样本统计值将落在总体参数值周围的某一区间内。这里所说的“某一区间”，就是指置信区间。它是指在一定的置信水平下，样本统计值与总体参数值之间的误差范围。置信区间反映的是抽样的精确性程度。

二、抽样类型

根据抽取样本的方法不同，可以将抽样分为不同的类型。一般来说，主要有两大类，一类是根据研究任务的要求和对调查对象的分析，主观地、有意识地在研究对象的总体中进行选择，它不考虑抽样中的等概率原则，因而往往产生较大的误差；另一类则是根据概率理论，按照随机的原则选择样本，不带调查者的主观色彩，因而能够避免抽样过程中的人为误差，保证样本的代表性。前者称为非概率抽样，后者称为概率抽样。非概率抽样与概率抽样还可以细分为若干不同的形式，详见图 5-1。

- 抽样方法
  - 非概率抽样
    - 偶遇抽样
    - 配额抽样
    - 立意抽样
    - 雪球抽样
    - 空间抽样
    - 其他非概率抽样方法
      - 异常个案抽样
      - 连续抽样
      - 理论抽样
  - 概率抽样
    - 简单随机抽样
    - 系统抽样
    - 分层抽样
    - 整群抽样
    - 多段抽样
    - 多期抽样
    - 其他概率抽样方法
      - 户内抽样
      - PPS 抽样
      - 地图法抽样

图 5-1　抽样方法分类图

三、概率抽样的原理与逻辑

1. 概率抽样的原理

概率抽样的一个重要的原则就是随机原则，“随机”一词在数学上具有其特殊的意义，它指的是产生一种数学上所谓随机结果的过程，这就是说，选择过程讲求的是真正随机的方法，而且研究者能够计算出结果出现的概率。在社会研究中，所谓随机抽取，就是保证总体中的每一个个体都有同等的机会入选样本。或者说，总体中的每一个成员被抽中的概率相等。而且，每一个个体的抽取都是相互独立的，是一种随机事件。我们生活中每次投掷硬币相当于一次抽样过程，于投掷硬币的结果来说，只有正面和反面两种可能。这种抽样是随机的（两种可能性都可能出现，且出现的机会均等）。

2. 概率抽样的逻辑

研究者运用抽样方法对调查对象进行调查时往往存在三个假设：即部分是含于整体之中的；部分与整体有同样的特征、现象、关系及过程；部分能够为研究者提供一个有关群体生活、群体态度、价值和意见的更为清晰的脉络。那么，设想如果总体中所有的个体同质性极强，乃至于在个体中任意选取一个样本就可以代表总体，包括态度、价值和意见等，这样的话就没有必要进行抽样了。众所周知，社会研究中是不存在这样同质性的总体的，构成总体的个体往往天然地在各方面存在差异。例如世界上存在着男人和女人等。就是说，如果对总体进行有用的描述，那么就要求从该总体中抽样出来的样本必须包含总体的各种差异特征。以下是概率抽样的逻辑模式：

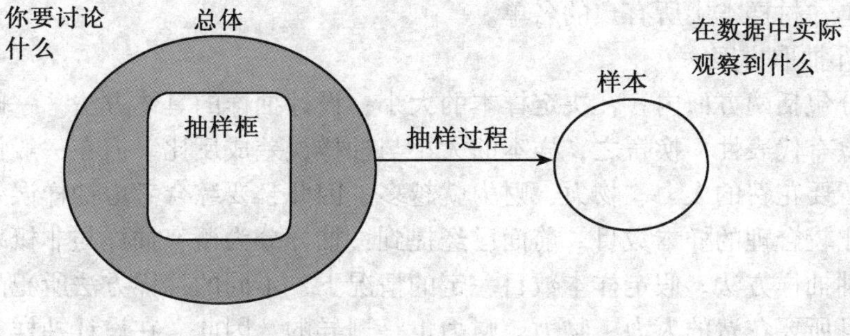

图 5-2 抽样逻辑模式图①

四、抽样设计

1. 抽样的一般程序

从总体中抽取一个样本时，必须尽可能减少抽样误差，使样本具有代表性。那么，如何才能够减少抽样误差，得到一个有代表性的样本呢？——这就需要依据以下几个抽样的一般程序：

（1）界定总体

即清楚地说明全部研究对象的范围，包括对研究总体与调查总体的界定。对研究总体的界定就是要对其基本构成单位，所包含的内容以及空间与时间的范围等做出规定。有时候研究总体与调查总体是一致的，但在某些情况下，调查总体仅仅是研究总体的一部分，在这种情况下，调查总体的结论是否适用于研究总体要进行必要的讨论，否则产生错误的结果。在这方面最著名的例子是 1936 年美国《文学文摘》对总统大选的民意调查的失败。因此，在进行抽样前，必须事先了解和掌握总体的结构及各方面的情况，并依据研究的目的明确地界定总体的范围。

（2）编制抽样框

在界定了总体之后，就要编制抽样框，将总体按照抽样单位划分为互不重叠且能合成整体的各部分，随后毫无遗漏地编号排列成表，每个抽样单位唯一地与表上的一个号码相对应。如果把界定总体范围比作确定一个商场经营商品的种类，则建立抽样框就是要把这些琳琅满目的商品按照一定的要求分门别类地排列起来，以供购买时挑选。抽样框是概率抽样的一个最基本的要求，它的质量关系着抽样的质量。例如，上面提到的 1936 年《文学文摘》对美国总统选举的错误预测，造成这种错误的最重要的因素就是它的抽样框并没有正确地代表所有选民，尽管该杂志抽取了数量相当多的民众。在实际的抽样时，得到

① ［美］劳伦斯·纽曼．社会研究方法——定性和定量的取向．第五版．北京：中国人民大学出版社，2007：275.

一个好的抽样框往往既困难又麻烦，需要具备一定的技巧并采取认真细致的态度。此外，在复杂的多段抽样中，相应的各个阶段要有多个抽样框。如前面举的一个例子：乡、村、户作为三个层次的抽样单位，与之相对应的抽样框有三个：全部乡的名单、乡样本中所有村组成的名单、村样本中所有户的名单。

（3）设计抽取方案

这个部分包括两方面内容：决定样本的大小；设计抽样的具体方法。一般来说，样本数目愈大便愈有代表性，换言之，样本的大小与抽样误差成反比。但在一般情况下，样本数目愈多，所要花费的人力、物力、财力就越多，因此，要综合考虑抽样误差与研究代价问题，决定比较合理的样本数目。前面已经提到，抽样分为概率抽样与非概率抽样，每种抽样又有多种抽样方法。假定样本数目一定的情况下，不同的抽样方法所犯的抽样误差是不同的，而且所要花费的人力、物力、财力也是迥异的。因此，在设计抽样方案时要选择比较合适的具体方法。

（4）实际抽取样本

实际抽取样本就是在以上几个步骤的基础上，严格按照所选定的抽样方法，从抽样框中抽取一个个抽样单位，构成样本。依据抽样方法的不同，以及抽样框是否可以事先得到等因素，实际的抽样工作既可能是在研究者到达实地之前就完成，也可能需要到达实地后才能完成。也就是说既可能先抽好样本，再下去直接按预先抽好的对象进行调查或研究，也可能一边抽取样本一边就开始调查或研究。例如在一个村子中抽取100个农户，当村子不大，而且比较容易获得所有农户的花名册时，就可以在调查前用该花名册为抽样框，进行抽样。如果村子的规模比较大，而且采用多段抽样的方式时，就可以边抽样边调查，即先抽取10个组中的5个，再到被抽中的组中索取农户的花名册，再进行下一步抽样。

（5）评估样本

对样本进行评估就是要初步检查样本对于总体的代表性，以去除偏差太大的样本。对样本的评估主要有两个标准：准确性与精确性。样本的准确性指的是样本没有偏差，这里指的偏差主要是指由于抽样程序中未能严格遵循随机原则以及无回答问题所带来的系统性误差。例如，有些个案无法找到；有些个案由于一些敏感性问题而拒绝配合；调查员含有某种偏见等，都会造成偏差，出现样本准确性危机。精确性主要是指抽样误差的大小，这主要体现在样本分布状况上。一般来说，抽样的总体分布大部分是正态的或者接近于正态的，或者是抽样样本均值的分布是正态的或者接近正态的，就认为符合抽样理论的要求，可以进行总体推断。简单来说，对样本精确性评估就是观察样本是否比较均匀在均值附近分布。样本评估目前在日益规范化的社会研究报告中已成为一项不可或缺的重要指标。

2. 抽样设计的原则

在抽样方案设计时，应遵循的基本原则是：（1）目的性原则；（2）可行性原则；（3）经济性原则；（4）可测性原则。①

目的性原则是指在进行抽样方案设计时，要以课题研究的总体方案和研究的目标为依

① 风笑天．社会学研究方法．第二版．北京：中国人民大学出版社，2005：128.

据。从研究的具体问题出发，从最有利于研究资料的获取以及最符合研究的目的等因素来考虑抽样方案和抽样方法的设计。

可行性原则是指研究者所设计的抽样方案必须在实践上切实可行。在充分考虑到影响具体抽样过程的主观以及客观因素的前提下，选取抽样方法、确定样本规模、预测抽样过程中可能遇到的问题，并提出相应的解决措施。

经济性原则主要指的是抽样方案的设计要与研究的可得资源相适应，研究者在设计抽样方案时应充分注意成本与效益的关系，考虑研究成本（人力、物力、财力以及时间）等因素，争取用比较少的成本投入取得比较好的抽样效果。

可测性原则指的是抽样设计能够从样本自身计算出有效的估计值或者抽样变动的近似值；在研究中通常用标准误来表示，这是统计推断必需的基础，是样本结果与未知的总体值之间客观、科学的桥梁。通常，只有概率样本在客观上才是可测的，即概率样本可以计算出有效的估计值或抽样变动的近似值。但是，概率抽样也并不自动保证可测性；比如，从一个具有周期性变化的总体中选出一个系统样本，就不能保证这种可测性。

一般来说，这四条原则中，目标性原则和可行性原则是首要的。而可行性原则是设计方案得以实现的前提和保证。研究者应该在优先考虑这两条标准的基础上，进一步增加方案的可测性同时减少方案所需的资源。

五、抽样的作用

社会研究中的抽样方法是时代的产物。社会科学中的抽样调查肇始于 1891 年挪威的人口调查。而社会学中最早采用抽样方法的调查，是艾尔·巴比于第一次世界大战前在英格兰和威尔士所做的五城镇调查。① 此后，特别是第二次世界大战后，随着电子计算机技术的迅速发展，抽样调查法得到迅速推广，它被越来越广泛地应用于社会的各个领域，目前它已经成为社会调查的主流。

抽样方法与普查方法相比较而言具有以下几个优点：调查费用比较低；速度比较快；应用范围广；可获得内容比较丰富的资料；准确度较高等。一般来说，当不可能进行或者没有必要进行整体调查时，就有必要运用抽样的方法，由部分认识总体；当对普查资料的正确性进行验证时，为了节省人力、财力、物力，就可以运用抽样的方法；当对研究总体进行更加深入、精密的调查时，就不可能像普查那样只是了解一些表面的情况。总之，通过对总体中抽取的样本进行调查研究，可以比较经济、迅速、准确、深入、广泛地认识总体的特性。接下来将有一个例子来说明抽样的神奇作用：

在 1996 年 11 月，克林顿以 49%的得票率当选为美国总统，与之相对的是，美国前参议员多尔的得票率为 41%，无党派的佩罗特得票率仅为 9%。在这次大选之前，已经有不少大选民意调查已经预测到了克林顿的胜利。以下是几个美国全国性的民意调查结果。

从表 5-2 中可以看出，虽然民意调查高估了克林顿的得票率，但大多数的预测与实际得票率仅仅只有 2%的差异。那么，这些民意调查访问了多少人使其对 9000 万选民的预测误差不超过两个百分点？——不超过 2000 位访民！这就是抽样调查的神奇魔法！

---

① ［美］艾尔·巴比．社会研究方法．第八版．北京：华夏出版社，2000：273.

表 5-2　　有关总统大选预测的民意调查结果①

主办机构	候选人百分比（%）			
	克林顿	多尔	佩罗特	其他
纽约时报	54	35	9	2
路透社	49	41	8	2
哈里斯民意调查	51	39	9	1
美国广播公司	52	39	7	2
国家广播公司/华尔街日报	51	38	9	2
有线电视新闻网/今日美国报	51	38	9	2
实际投票结果	49	41	9	1

资料来源：Robert. M. Worcester. "Reporting the Polls: You Can Do Better" . *The Public Perspective*, December-January 1997, P. 54

第二节　非概率抽样

在社会科学研究中，非概率抽样不是按照概率均等的原则，而是根据人们的主观经验或其他的条件来抽取样本。目前很多研究都使用非概率抽样，它对于帮助了解总体是有益的，加之它的操作方便、省钱省力，统计上也远比概率抽样简单。但应当指出的是，将非概率抽样的结论推论到总体时要极其慎重，否则容易造成以偏概全的错误。比较常用的非概率抽样有以下几种：偶遇抽样、配额抽样、立意抽样、雪球抽样以及空间抽样，除此以外，还有一些并不常用的非概率抽样方法：异常个案抽样、连续抽样以及理论抽样。

一、偶遇抽样（Accidental Sampling）

偶遇抽样又称随意抽样、方便抽样或自然抽样，是指研究者将在一定时间、一定环境里所能接触到或遇见到的人均选入样本的方法，或者仅仅是选择那些离得最近或最容易找到的人作为调查对象。例如，电视节目上进行的街头访问就是一个偶遇抽样的例子，电视访问员带着摄像机和麦克风，在大街上访问一些容易接受访问的人，这些进入电视镜头的人通常是被电视访问员认为是"正常"的人，他们尽力避免选择那些没有吸引力或者非常老、非常不善言辞的人。

一般来说，偶遇抽样的主要优点就是方便省力，缺点就是样本的代表性差，具有很大的偶然性与随意性。这种抽样方法与随机抽样相比，虽然表面上看似乎都排除了主观因素，依靠纯粹的客观机遇来选取调查对象，但是偶遇抽样其实往往会受到调查者主观偏见以及价值观等因素的影响，而且偶遇抽样并没有保证总体中的每一个成员具有同等被抽到的概率，正是这一点使我们不能依赖偶遇抽样得到的样本来推论总体。

二、配额抽样（Quota Sampling）

配额抽样又称作定额抽样法，是指根据某些标准将总体分组，然后用偶遇抽样等方法

① 袁方．社会研究方法教程．北京：北京大学出版社，1997：200.

由每组中选取样本个案。具体来说，就是按照调查对象的某种属性或特征将总体中所有个体分成若干类或层，然后在各层中进行偶遇抽样或者立意抽样，这样，样本中各层或各类所占比例与它们在总体中所占的比例是大体一致的。例如，2009 年全国人口 133474 万人，其中城镇人口 62186 万人，占 46.6%；乡村人口 71288 万人，占 53.4%。男性 68652 万人，占 51.4%；女性 64822 万人，占 48.6%。0~14 岁的有 24663 万人，占 18.5%；15~59 岁的人有 92097 万人，占 69%；60 岁及以上的人有 16714 万人，占 12.5%。① 现用定额抽样法依据性别、年龄、户口所在地等三个变量抽取一个规模为 1000 人的样本，如表 5-3。

表 5-3　**1000 人的定额样本分布表**

	城镇（466 人）						农村（534 人）					
	男性（240 人）			女性（226 人）			男性（274 人）			女性（260 人）		
年龄	0~14	15~59	60 及以上	0~14	15~59	60 及以上	0~14	15~59	60 及以上	0~14	15~59	60 及以上
人数	44	166	30	42	156	28	51	189	34	48	179	33

可以看出，配额抽样是对偶遇抽样的一种改进，它可以确保样本具有总体的某些差异。但这里有一个前提就是必须对总体的性质有充分的了解，如不同性别、年龄、受教育水平、收入状况等，然后再按比例进行抽样。换句话说，研究者如果对总体认识不清，就会导致配额样本的代表性出现差错。例如，盖洛普美国民意机构使用配额抽样正确地预测了 1936 年、1940 年和 1944 年的美国总统选举结果，但在 1948 年，盖洛普预测出了错误的候选人，造成这项错误预测的原因有许多，但其中一个最重要的原因是配额类别并没有正确地反映总体，没有正确地代表所有地理区域和所有实际去投票的选民。

那么，如果充分了解了总体情况，是否意味着能够从中抽取到具有代表性的样本了？答案往往是否定的。因为配额样本的被调查人是由调查员选择的，他们一般会找一些比较容易调查的或者更愿意配合的被调查者进行访问。斯图加特指出，配额样本可能会存在这样的问题："正如我们将要从这样一种调查员的自由所证明的那样，在群体抽样中，总是存在着发生选择的偏倚的问题，因为在这样一种抽样中，选择程序的定义并不是十分明确的。至今我们仍然没有可以用于估计这样的样本的标准误差的有效方法……配额抽样隐瞒了这样那样的无回答问题。"② 这里所说的"隐瞒了无回答问题"是因为每当调查员在遇到拒绝接受调查的被调查者，或者被调查者不在家的时候，他们便简单地选择另外一些人进行调查。这也是配额抽样的一个先天缺陷，造成了样本的代表性出现问题。

---

① 参见：2009 年国民经济与社会发展公报，http：//www.stats.gov.cn/tjgb/ndtjgb/qgndtjgb/t20100225_ 402622945.htm.

② ［美］劳伦斯·纽曼．社会研究方法．第五版．北京：中国人民大学出版社，2007：269.

三、立意抽样（Purposive Sampling）

又称为判断抽样或主观抽样，是指研究者依据主观判断选取可以代表总体的个体作为样本，或者研究者以心中特定的目的来选取个案。也就是说，样本的代表性取决于研究者对总体的了解程度和判断力。例如，调查者为了研究经济因素对大学生择业观的影响，可以找一些在经济方面差异比较大的大学生来调查。

由于立意抽样的过程中，研究者往往是不知道被选择的个案是否对总体具有代表性，因此，这种方法常常用于一些探索性研究或者实地调查中。具体来说，这种方法往往用于以下三种情况：其一，研究者用它来选择特别能够提供信息的独特个案，例如，要了解中国目前的经济状况，就可以从北京、武汉、西安等大中型东中西部城市中抽取样本；其二，研究者可以使用它来选取难以接近、特殊总体中的成员，例如，哈珀在 20 世纪 70 年代美国乞丐和游民的实地研究中，所得到的样本就是靠着与乞丐为友，与他们一起在火车上和贫民区中生活得来的；其三，当研究者想要确认特殊个案类型，以便进行深入探究，例如，霍克希尔德深入访问 28 位民众的信仰，她选择其中的某些人是因为他们收入较低，而选择另外一些人是因为他们有较高的收入。①

总之，运用立意抽样，尽管所得的样本的代表性难以判断，但它的优点在于可以充分发挥研究员的能动性。特别是当研究者对调查总体的情况比较熟悉、研究者的分析判断能力较强、研究方法与技术十分熟练、研究经验比较丰富时，采用这种方法往往收到比较好的效果。

四、雪球抽样（Snowball Sampling）

雪球抽样也称为网络、关系链或声望抽样，是一种辨识和抽取网络中个案的方法。主要是先从几个适合的调查对象开始，然后通过他们得到更多的调查对象，它建立在滚雪球的类比之上，正如纽曼所述的那样，雪球开始的时候很小，但是当它在潮湿的雪地上滚动而增加额外的雪片时就越变越大。例如社会学家巴比举的一个例子，“如果你们想了解一个社区组织长期以来招募人手的方式，你们就可以先访问新近招募来的人员，询问他们是由谁介绍进这个组织的，然后再访问被提到的那些人，询问他们是由谁介绍加入的。当你们研究一个组织中最有影响力的人。然后，再对这些人进行访问，询问他们认为谁是最有影响力的。在这个例子中，你们的样本会随着受访者不断提出别人的名字，而像‘雪球’一样越滚越大。”② 再如，美国社会学家 E. 古德于 1967 年春夏两季，先访问了二十几个大麻吸食者；访问每个人之后，请他或她提供几个其他吸毒者，从而扩大到 204 个吸毒者，通过对这些人的访问，研究了吸毒的社会环境等。③ 以下是雪球抽样的示意图：

雪球抽样常用于当无法界定总体时，如同性恋者，或者很难接近并获得他们同意进行调查的人群，如高级国家干部等。运用雪球抽样，可以得到越来越多的同质性群体成员。

---

① ［美］加里·T. 亨利．实用抽样方法．重庆：重庆大学出版社，2008：16.

② ［美］艾尔·巴比．社会研究方法. 第八版. 北京：华夏出版社，2000：279.

③ 宋林飞．社会调查研究方法．上海：上海人民出版社，1990：176.

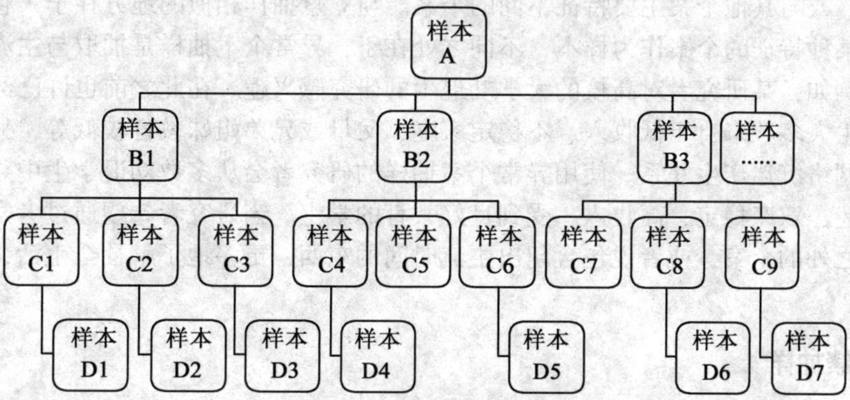

图 5-3　雪球抽样示意图

例如华中某市高校某学院组织的“大学生同性恋亚文化研究”，由于调查者在现实中认识同性恋朋友，再通过“滚雪球”的方式认识新的个案，完成对大学生同性恋群体的研究。但是，值得一提的是，这种雪球抽样最后仍有许多个体无法找到，还有些个体因某些原因被提供者故意漏掉不提，这些方面都会使抽样产生偏误。

五、空间抽样（Spatial Sampling）

空间抽样针对的是动态的总体，例如对正在游行的队伍等进行抽样。空间抽样最重要的是要在同一时间对整个总体进行抽样，以防止它的组成发生较大的变化。具体来讲就是同时派出若干名调查员，然后排成一排分布在群体的一边，每个调查者以他面对的这个人为其第一个调查对象，然后按一定的步数间隔穿过聚集的群体，每一间隔停顿下来时碰到的人为调查对象，对其进行调查。例如，美国卡尔·麦金太尔曾组织调查员，对 1970 年 10 月 3 日华盛顿“反越战”游行集会进行了空间抽样调查。下面是这种方法的纪实：

“在演讲台前，一排 15 个衣着保守、经过训练的访问者面对着听众。他们保持均匀的间距一直延伸到了高台的两头。当行进的队伍到来，讲演台前开始聚集群众时，访问者即开始访问距离他最近的人。从讲台移向远处，访问者每行 10 步就询问一个与他相近的右边或左边的人。如果有人拒绝回答，他将此人与讲台的距离记录下来，并对此人大约的年龄、种族和性别做出判断。然后接着访问与相近的右边或左边另一位人。接着，访问者再走 10 步，访问下一个人。当访问者到达人群尽头时，他就转向右边或左边走 4 步，然后朝着讲台方向返回，继续他的抽样与访问。”①

六、其他非概率抽样方法

1. 异常个案抽样

异常个案抽样法又称为极端个案抽样法，它常常用于当研究者想要调查与主导模式不

① ［美］林南．社会研究方法．北京：农村读物出版社，1987：186.

同的个案，或与其他个案主要特征不同的个案。与立意抽样相似的地方在于，它们都抽取一些具有某种特征的个案作为样本，不同之处在于，异常个案抽样是抽取与主流模式迥异的个案。例如，某研究者对高校的大学劝退生的研究感兴趣。在此之前也许已经有研究表明这些学生大多数来自于低收入、不稳定家庭、父母或兄弟姐妹教育较低等，另外这些学生大多与网络沉迷产生联系。使用异常个案抽样的研究者会从多数劝退学生中寻找那些没有网络沉迷、双亲稳定、高收入、受到良好教育的学生。当研究者希望通过考察那些落在一般模式之外的个案，或者说包含超出主流时间的东西，更多地了解社会生活，就可以用这种方法。

2. 连续抽样

在连续抽样中，研究者持续地搜集个案，直到满足对新的信息或个案差异性的要求，其原则是搜集个案直至达到饱和点。例如，研究者确定并计划对 70 位 60 岁以上的寡妇进行深度访谈，她们丧偶已经超过 10 年。从研究者的目的来看，搜集另外 30 位生活经历、社会背景和世界观与前 70 位不同的寡妇就不必要了。这样，研究者相比立意抽样来说，更能够节省时间、财力以及个人精力。

3. 理论抽样

当研究者发展出扎根理论时，他会采用理论抽样，仔细地选取样本。研究者会根据对个案特点新的理解来选取个案。例如，实地研究者也许会在周末观察某个地点的某群人，那么，在其他时间、情景的其他方面改变后，人们的行为是否是相同的。于是，研究者可能会在其他时间段进行抽样以获取更为丰富的关于群体的信息。

第三节 概率抽样

概率抽取的样本的特点是能使总体中的每一单位都有一个已知的、非零的被包含在样本中的概率。根据总体所有单位被选取的概率是否相同，可将概率抽样分为等概率抽样与非等概率抽样两类，对于前者，通过随机化的机械程序操作程序取得样本，故能够尽量避免抽样过程中的人为因素所造成的影响，保证样本的代表性。对于后者，可以采用某些加权的方法对不相等的概率做出调整。概率抽样的几种主要抽样方法是：简单随机抽样、系统抽样、分层抽样、整群抽样、多段抽样以及多期抽样。除此以外，随着科学与技术的发展，出现了许多新的抽样方法：户内抽样、PPS 抽样、地图法抽样。

一、简单随机抽样（Simple Random Sampling）

简单随机抽样又称为纯随机抽样，是最基本的概率抽样，最直观地体现了抽样的基本原理。它是以调查总体中的每一成员都有一个相等的被选取的概率这样一种方式选取样本。如果用“n”代表样本中的单位数，以“N”代表调查总体中的单位数，用“p”代表调查总体中每一个成员被选中的概率。那么，用数学公式表示简单随机样本的这一特性就是：$p = n/N$。

简单随机抽样可以分为重复抽样与不重复抽样两类，在重复抽样中，被选中的个体仍被放回到总体中；在不重复抽样中，被选为样本的个体不再放回总体。由此，根据抽样相关理论来看，重复抽样比较完善，因为个体在总体中被个体抽到的概率是相同的。不过，当总体足够大的时候，重复抽样与不重复抽样是相差很小的，因此，在比较大规模的社会调查时，通常是不重复抽样。

常用的标签法和随机数字表法都属于简单随机抽样。标签法具体的操作步骤是：首先，把总体中的每个元素进行编号，然后将号码写在纸条上，折叠好后放入一个容器内，直接从容器中任意抽取，直到抽完规定的样本数为止。例如，要从某年级 200 名学生中抽取 50 名学生进行调查。按照抽签法，首先将 200 名学生的姓名编上号码，分别将姓名与编号写在小纸条上，即作为抽样框，然后将这些纸条放入一容器内，搅拌后，从中依次抽取 50 张纸条，最后找到这些学生，即作为调查对象。当然，这种抽签的方法仅仅适用于总体规模不大的情况下，如果一个总体上千人，要抽取的样本数量上百人，虽然可以使用抽签法，但要消耗的时间和精力就太大了。那么在这种调查总体数量比较大情况下，如何才能够进行简单随机抽样呢？接下来介绍另一种更为常用的简单随机抽样方法——随机数字表法。

随机数字表是由数字 0～9 组成的，这些数值的排列是随机形成的，没有任何规律，故又称为乱数表。利用随机数字表进行抽样的具体方法如下：

①在界定总体的基础上，编制一个抽样框；

②给总体中的每一个元素编上一个号码；

③根据总体规模的位数，在随机数表中查对相同的位数；

④以总体的规模为标准，对随机数表中的数码逐一进行衡量并决定取舍，即只要小于或等于总体规模数的不重复数值就是样本号码；

⑤根据样本规模的要求选择出足够的数码个数；

⑥依据从随机数码表中选出的数码，到抽样框中去找出它所对应的元素，组成样本。

举例来说，要从 5000 人的总体中抽取 500 人作为样本进行调查。首先得到这 5000 人的名单并对其进行编号，由于总体是 5000 人，是四位数，因此在随机数表中选取四位数。具体来说，就是从随机数字表中的任意行和任意列的某一个四位数开始，按照从上到下，或者从左到右的顺序，对随机数字表中出现的每一个四位数字进行取舍：凡是大于 5000 的号码都舍去，凡是已经选出的号码都舍去。一直到选够 500 个号码为止，然后按照所选出的这些号码，在总体中找出相对应的 500 个人，这些人就构成的所要调查的样本。如表 5-4（取随机数的后四位数，并按从上往下的顺序选）。

如果取随机数的前四位数，仍然按从上往下的顺序选出号码，则从表中可以抽取出 3831、3669、3580 这三个号码，如果抽取中间的号码，则是：1131、3236、0834、2563 这四个号码。

运用简单随机抽样法进行抽样的优势在于其简单易行，并且用抽取到的样本去推论总体时，有比较健全的规则。但其缺点在于，当总体所包含的元素过多时，则采用这种方法会花费较多的时间和精力以及需要一定的资金支持。除此以外，当调查总体异质性不强时运用这种方法比较有效，但若总体异质性比较强的话，使用这种方法产生的抽样误差就比较大。

表 5-4 随机数字表抽样举例表

随机数字表中的号码	选出的号码	不选的原因
3831131165	1165	
6403236653		后四位大于 5000
3669736170		后四位大于 5000
6866574818	4818	
9055357548		后四位大于 5000
3580834282	4282	
5072563248	3248	

二、系统抽样（Systematic Sampling）

系统抽样又称为机械抽样或者等距抽样，是一种使用随机抽取捷径的简单随机抽样。它是将总体各单位元素按序编上号码后，计算抽样间距，然后从间距以内的任意一个数字开始，按这个间距抽取样本，直到抽满规定的样本为止。具体来说，主要步骤如下：

①编制出抽样框，并对总体的元素按序编号；

②计算抽样间距。抽样间距是由总体规模和样本规模决定的。假设总体规模为 N，样本规模为 n，样本间距为 K，那么：K（样本间距）$=\dfrac{N\text{（总体规模）}}{n\text{（样本规模）}}$；

③确定第一个样本的号码（假设为 F），这个号码一般按随机方法在抽样间距内获得，而且这个号码必须小于或等于抽样间距值，因为如果大于的话，最后一个样本号码就会超出总体数。

④在抽样框中，自 F 开始，每隔 K 个个体抽取一个个体，即所抽取个体的编号分别为 F，F+K，F+2K，…，F+（n−1）K；将这 n 个个体合起来，就构成了该总体的一个样本。

例如，表 5-5 所示，抽取号码 005，015，025，…，095。（F=005，K=10）

表 5-5 系统抽样举例表

001	011	021	031	…	091
002	012	022	032		092
003	013	023	033		093
004	014	024	034		094
005✓	015✓	025✓	035✓		095✓
006	016	026	……		096
007	017	027			097
008	018	028			098
009	019	029			099
010	020	030			100

值得一提的是，系统抽样是以总体的随机排列为前提的，如果总体的排列出现有规律的分布时，就会使系统抽样产生很大的误差，降低样本的代表性。因此，在编制抽样框时应当对以下两个问题进行讨论：

一是在对抽样框的名单编号时，是否是按照一定的标准编号？例如，上例中，在8000人的总体中，如果我们在编号时按照收入的高低由高到低进行编号。由于第一个抽取的号码要在抽样间距40中随机抽取，如果抽到处于极端为止的数值，如1或者40，按照系统抽样的方法，就会得到一个误差比较大的样本。具体来讲，若以1为第一个抽取的号码所组成的样本平均值会大大高于总体的平均值；反过来，以25为第一个抽取的号码所组成的样本平均值会大大低于总体的平均值。如果我们事先注意到这种情况，就可以打乱其原来的顺序，重新编制总体名单，或者改用其他的抽样方法。

二是在对抽样框的名单编号时，是否元素的排列与抽样间距以及第一个抽取的号码之间出现了某种对应性的周期性分布？例如，某调查者的抽样框是由已婚夫妻所组成的，并且丈夫排在妻子的前面。如表5-6，若运用系统抽样，当他的样本框式以成对儿配偶的方式组织的，偶数的抽样间距会产生出样本都是丈夫或都是妻子。所以，在制定抽样框时还应考虑名单是否呈周期性分布，若是这样，应打乱顺序，或使用其他的抽样方法，避免出现“周期性误差”。

表5-6　　**系统抽样方法产生的“周期性误差”举例　（抽样间距K=2）**

个案	性质	说明
1	丈夫	第一个被选中的个案
2	妻子	
3	丈夫	第二个被选中的个案
4	妻子	
5	丈夫	第三个被选中的个案
6	妻子	

不过，如果总体的排列是随机的，系统抽样与简单随机抽样相比还是有优越性的：它可以不必像简单随机抽样那样排列个体的号码，而且运用系统抽样抽取出的样本其在总体中的分布更加平均，故抽样误差要小于或至多等于简单随机抽样。值得一提的是，既然系统抽样作为简单随机抽样的一个变种，那么，与简单随机抽样相同的是它也仅仅适用于同质性比较高的群体，如果总体中元素的异质性较强，则运用这种方法抽取的样本的代表性就可能较差。

三、分层抽样（Stratified Sampling）

分层抽样又称为类型抽样。它是将总体中的所有元素或单位按照某种属性或特征，如性别、年龄、职业或受教育水平等，分为若干个层次或类型，然后在各层次或类型中按照随机原则抽取子样本，最后将这些子样本总和起来构成总样本。举例来说，在某高校抽取大学生样本调查时，可以按照年级来划分这一群体：大一学生、大二学生、大三学生、大四学生。然后采用简单随机抽样或系统抽样方法，分别从这四类群体中按一定比例抽取四个子样本。最后，将这四个子样本总和起来，构成某高校大学生的总样本。下图是分层抽样示意图：

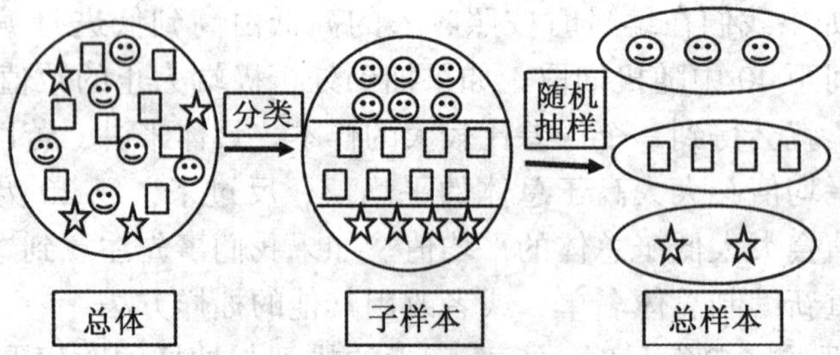

图 5-4　分层抽样示意图

分层抽样按照各层子样本容量的确定方式，可以分为按比例分层抽样和非按比例分层抽样两种。按比例分层抽样是以相同的抽样比例对每一层进行抽样，使得各层的子样本在总体的样本中所占的比例与本层在总体中所占比例相同。例如，将某高校大学生按照年级与性别分层，然后每层中随机抽取 5%（抽样比例）的个案，如表 5-7。

表 5-7　**以按比例分层抽样抽取某高校大学生**

年级	性别	个案数目	
		总体（人）	样本（人）
大四	男	4000	200
	女	3000	150
大三	男	4500	225
	女	3000	150
大二	男	4200	210
	女	4000	200
大一	男	4300	215
	女	3900	195
总数		30900	1545

非按比例分层抽样就是用不同的比例对每一层进行抽样，它能够有效地获得在总体中所占比例较低的某些特殊层次的样本资料。例如，戴维斯与史密斯的报告指出，1987 年综合社会调查就超额抽取非洲裔美国人。抽取一组美国人口的随机样本会得到 191 位黑人，戴维斯与史密斯抽取非洲裔美国人的单独样本，使得黑人的总数增加到 544 人。191 位黑人被访者约占随机样本的 13%，544 位黑人约占这个不等比例样本的 30%。在这个情

况下，使用544比使用191位被访者，可以使研究者对非洲裔美国人做出更精确的概括。① 举例子来说，如果大四学生、大三学生、大二学生、大一学生人数比是1：2：3：4，并且男女比例均为2：1，那么，如果对每个年级都抽取样本600人，且男女各抽300人，则抽样比例如表5-8所示。

表5-8 **以非按比例分层抽样抽取某高校大学生**

年级	性别	个案数目		抽样比例
		总体（人）	样本（人）	
大一	男	6000	300	5%
	女	3000	300	10%
大二	男	4500	300	7%
	女	2250	300	13%
大三	男	3000	300	10%
	女	1500	300	20%
大四	男	1500	300	20%
	女	750	300	40%
总数		22500	2400	11%

一般来说，在分层抽样中，不仅分层比例问题值得注意，分层标准问题也同样值得关注，即如何选择比较适合的标准进行分层。这个标准既要反映总体最主要的特征，也要与研究密切相关，而且又要能够比较方便的获得，最后要能够把总体分为若干的层次或类型。以下是选择分类标准时需要考虑的问题。

第一，这个分层标准是否与研究的欲测变量高度相关？也就是说如果选择的分层标准与研究的主要变量或相关变量相关度比较高的话，样本的精确度就会相应的高一些，反之则会使样本的精确度降低。例如，若要研究居民的消费状况和消费趋向，可以以居民家庭人均收入作为分层标准。当然，在考虑影响主要变量或相关变量的因素时，由于缺少详细的资料，往往是通过研究者在经验世界的主观观察与分析来判断哪些因素与欲测变量是高度相关的，这就要求研究者掌握相关的知识与信息。

第二，选择的分层标准既要能够保证层次内部具有较大的同质性，又要保证层次之间有强的异质性。例如，在高校中进行调查，可以将其按性别分类，也可以按年级分为大一、大二、大三、大四等。判断层次内部的同质性与层次之间的异质性，不能单纯地根据分层标准本身，还要考虑研究的具体目的。例如，抽样的目的是要研究大学生的择业观。我们认为不同的性别和不同的家庭背景（包括家庭居住地、家庭收入、父母职业等）的大学生，会有不同的择业观，换言之，同样性别与家庭背景的大学生则分别不大，在这样

① ［美］劳伦斯·纽曼．社会研究方法．第五版．北京：中国人民大学出版社，2007：283.

的考虑下，我们尽可能用性别与家庭背景的诸多因素作为分类的标准，这样可以保证能够抽取具有不同择业观的大学生，又能保证组内同质性比较强。

第三，选择那些已有明显层次区分的变量作为分层变量。常用的分层变量有：性别、年龄、受教育水平、职业、收入、地域、民族和宗教。例如，在对城市调查时常常将以上变量中的性别、年龄、受教育水平、职业、收入等作为分层标准；在农村调查时还会将家庭人口数、劳动力数量等作为分层标准。

第四，要综合考虑分层的数目与研究经费问题。一般来说，分层越细，样本越大，则样本的代表性就越好。但分层的数目越细则需要花费的经费就会越多，因此，应当综合考虑这两个因素，划分数目比较合理的层次数目。

分层抽样相比较简单随机抽样法，优点主要体现在以下几个方面：首先，当总体内部分层比较明显时，分层抽样可以从不同的层获得尽可能均衡的样本数，使样本与总体更加相似，从而使样本的代表性增强。其次，便于了解总体内不同层次的情况。最后，由于每一层可以看出一个小总体，因此，可以由专人进行管理。

四、整群抽样（Cluster Sampling）

整群抽样是将总体划分为若干子群体，把每一个子群体视为一个抽样单位对其进行抽样，再将子群体中的所有元素总和起来作为总体的样本进行调查。与前面几种抽样最大不同之处在于它的抽样单位不是单个个体，而是群体。整群抽样与之前提到的分层抽样不同之处在于，对于前者来说是群间异质性低、群内异质性高；后者是层间异质性高、层内异质性低。下图展示了整群抽样的过程：

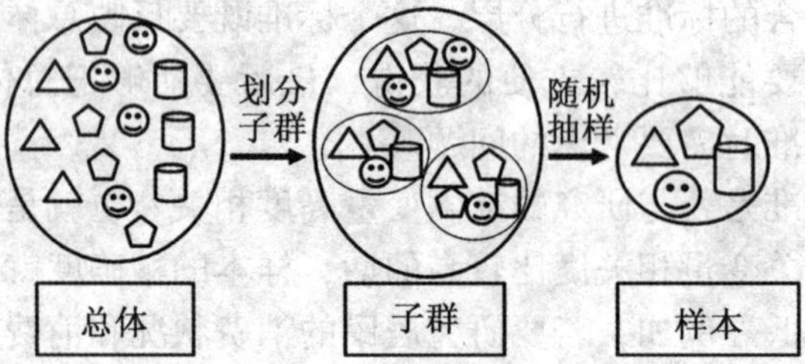

图 5-5　整群抽样示意图

举例来说，假设要对某高校 9000 名本科生中抽取 600 名进行调查，事先了解到该校共有 300 个班，每班 30 人。运用整群抽样法，就是要从这 300 个班中抽取 20 个班，然后由这 20 个班的全部学生（600 名）作为样本进行调查。

整群抽样按照子群体大小的不同可以分为等规模整群抽样和不等规模抽样两种。前者总体内所有的子群规模相等，后者总体内各子群体大小不等。例如，总体中有四个子群，人数均为 100 人，从中随机抽取两个群体，这种就是等规模整群抽样。再如，总体中有四个子群，人数分别为 100 人、200 人、300 人、400 人，从中随机抽取两个群体，这种就是不等规模整群抽样，在这种情况下，可能抽到的样本数目有 300 人、400 人、500 人、600 人、700 人这几种情况，所以，在不等规模整群抽样这种情况下样本规模是随机变动的。

整群抽样时除了要考虑子群体规模，还要考虑样本群数问题，即整群抽样时样本群数应该选择多少？如果总体含有的子群体数目较少，则所抽取的样本群数就必然比较少，这样会导致样本过于集中，从而可能降低样本的代表性。而如果扩大子群体数目，减少每个子群体中的元素数目，这样可以抽取较多的子群作为样本，但是，样本群数的增加，使样本分布范围扩大，导致整群抽样的成本上升。那么，应该选择多少样本群数呢？一般来说，样本群数占子群体数目总数的比例应与样本占总体数量的比例大体相当。例如，从某校 3000 名大学生中抽取 300 名进行调查，已知该校有 100 个班，则按照整群抽样需要从中抽取 10 个班，对这 10 个班的所有学生进行调查。

整群抽样与前面几种概率抽样方法比较有以下几个优点：首先，它可以通过转换抽样单位扩大抽样的应用范围。例如，如果对几百万的某城市市民进行调查，以个人为抽样单位进行抽样就需要一份囊括这些市民的抽样框，但经验告诉我们，这是难以办到的，在这种情况下，运用整群抽样就容易多了。可以按照居委会、街道等作为抽样单位，相比较获得一份市区内居民的抽样框来说，获取一份居委会作为抽样单位的抽样框要容易得多。其次，整群抽样可以节省人力、物力、财力以及时间。一般而言，抽样单位数目越多，付出的抽样代价就越多。上面的例子中，获得一份几百万人的抽样框的代价一般来说要比获得几百个居委会的抽样框，然后对抽取的居委会进行调查所花费的代价要高。

当然，整群抽样也有它的不足之处，就是样本分布不均匀，样本的代表性比较差。因为，前面提到的三种方法获得的样本是弥散于总体中的，而整群抽样获得的样本只是分布在总体内的几个点上，因此，为了尽可能地弥补这一缺陷，可以采用扩大样本规模的方法。而且，为了削减抽样误差，还需事先了解个案在群体内与群体间的差异情况，一般来说，群体内同质性强，群体与群体之间异质性强的话，整群抽样所犯的抽样误差就比较大；群体内同质性弱，群体间异质性弱的话，整群抽样所犯的抽样误差就比较小。

五、多段抽样（Multi-stage Sampling）

多段抽样又称为多级抽样或分段抽样，它是按抽样元素的隶属关系或层次关系，把抽样过程分为几个阶段进行，是多阶段的整群抽样，即从总体中抽取若干子群体，再从子群体中抽取更小的群体，这样一直抽下去，直到抽到最基本的元素为止。例如，全国城市调查一般抽样方式是①抽有关城市；②在所抽城市中抽区；③在所抽区中抽街道；④在所抽街道中抽居民委员会普查，或抽个别居民户调查。① 图 5-6 展示了一个简单的多段抽样过程。

由于多段抽样是将总体中的群体分成多个阶段进行抽取，最终抽取出样本，那么，如何才能确定每一阶段抽样的单位数目呢？主要应该考虑以下两个因素：首先，各个阶段中

① 宋林飞．社会调查研究方法．上海人民出版社，1990：161.

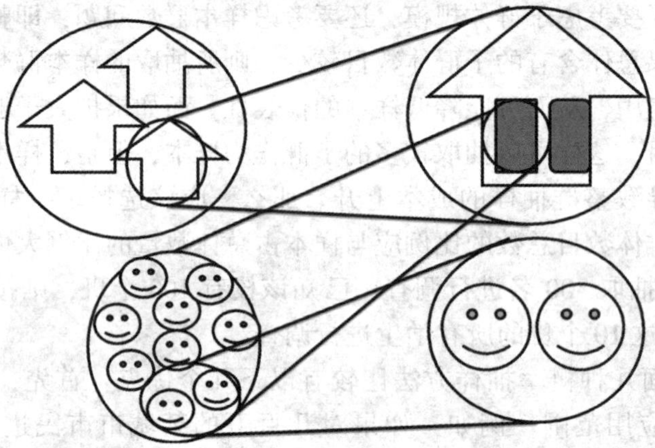

图 5-6　多段抽样示意图

抽取的子总体的同质性程度。一般来说，同质性程度愈高的子总体，所抽取的单位数目就相应小一些；相反，如果同质性程度比较低的话，抽取的规模就应当大一点。例如，调查某市大学生的择业观，（抽样过程如下）若市里大学与大学之间的差别比较大的话，就应当加大第一阶段抽样规模；如果市里的大学之间差别不大，而大学中学院之间的差别较大的话，就要增大第二阶段的抽样规模；依此类推。

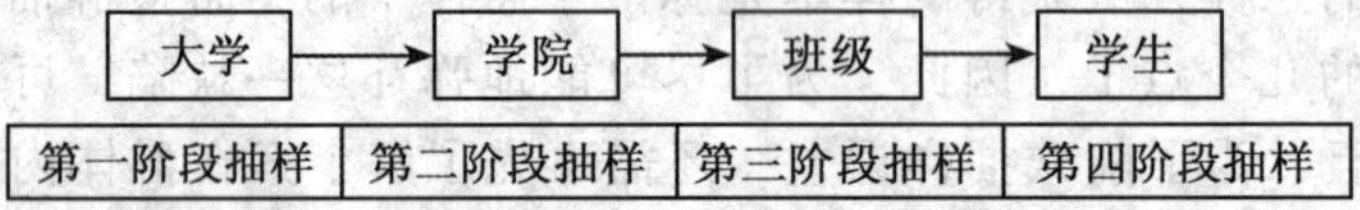

图 5-7　抽样过程举例示意图

其次，要考虑研究代价的问题，包括研究的经费以及人力、时间的花费。一般来说，抽取的子群体数目越多，同时也意味着收集资料时，调查员要奔波的范围越广、所需要的时间、经费越多。例如，上例中抽取的大学越多，学院越多，调查员所要花费的人力、财力以及时间等就越多。在这种情况下，“大的类别中相对较少，而每一类中抽取的个体相对较多”的做法效果较好。可是，相反，如果抽取的子群体数目比较少，样本的覆盖面就较小，得到的样本的代表性就越差。所以在这种情况下，“大的类别中抽取单元相对较多，而每一单元中抽取个体相对较少”的做法效果较好。①

讨论了每阶段的抽样单位数目后，对于分成几个阶段进行的多段抽样，由于每阶段都会产生抽样误差，那么，如何才能降低这种抽样误差呢？主要应当考虑以下几个因素：首先，为了保证样本能够在总体中得到比较广泛的分布，应当适当提高开始阶段

① 风笑天．社会学研究方法．第二版．北京：中国人民大学出版社，2005：138.

的抽样比例，降低最后阶段的抽样比例。其次，对于多段抽样的每一个阶段应当选择适当的抽样方法，以提高样本的代表性。然后，由于多段抽样每一个阶段都有一个比较明确的抽样框，因此，可以通过对每阶段的抽取子样本质量的评估达到提高总样本质量的目的。

固然多段抽样存在会产生比较大抽样误差的风险，它的优势也同样应该看到。对于大规模社会研究，特别是当子群数目或者子群中个体数目比较多、彼此间的差异不太大时，用多段抽样可以节省人力、物力、财力以及时间。而且，对于一些不容易得到抽样框的总体来说，多段抽样可以视为一种不错的选择。

六、多期抽样（Multi-phase Sampling）

多期抽样是一种从样本中抽取出子样本，分期积累和收集资料的方法。多用于在收集大量资料时，对于重要程度不同的样本资料，比较重要的放在前期进行抽取。例如，要调查某地区居民的生活状况，需要收集以下三种资料：个人的经济活动；个人的家庭生活；教育情况。重要程度依次如下：个人家庭生活状况；个人的经济活动；教育情况。那么，第一期的抽样是从总体中抽取样本，收集个人家庭生活状况的资料。第二期的抽样是从第一期抽取出的样本中抽取一个小样本，收集个人经济活动的资料。第三期的抽样是从第二期抽取出的样本中再抽一个小样本，收集教育情况的资料。这样的话，从第一期到第三期抽样，抽取的样本数目是逐渐减小的，一般来说，愈到后面个案就愈受研究者的影响，抽样误差也就越大，相应的样本的代表性也是逐渐降低的。所以，如果遇到要收集大量的资料的情况下，运用多期抽样时，就要把最重要的资料放在最前期进行抽样。

第四节 其他概率抽样方法

一、户内抽样（Within-household Sampling）

先举一个例子，假设要调查某城市居民的消费行为，拟从十万人口中抽取出 1000 人进行调查。按照多级抽样法，从由 10 个不同区组成的抽样框中抽取出 4 个区，再从这 4 个区中抽取出 200 个居委会，再从这 200 个居委会组成的抽样框中抽取出 1000 户，那么，只用从这 1000 户每户中抽取出一个人进行调查就可以了，可是，出现一个问题：在每一户中应该抽取谁作为调查对象？如果选取第一个开门的人或者户主等作为调查对象，那么就带进了潜在的误差来源。在这种情况下，为了使住户中的个人也是随机抽取出的，调查者往往会使用户内抽样。图 5-8 是中国零点调查公司户内抽样的一个模式图：

接下来介绍两种主要的户内调查法：Kish 法和生日法。

（1）Kish 法

Kish 法是根据事先设计好的抽样表到家庭随机选择一个符合调查要求的调查对象，具体的操作步骤如下：

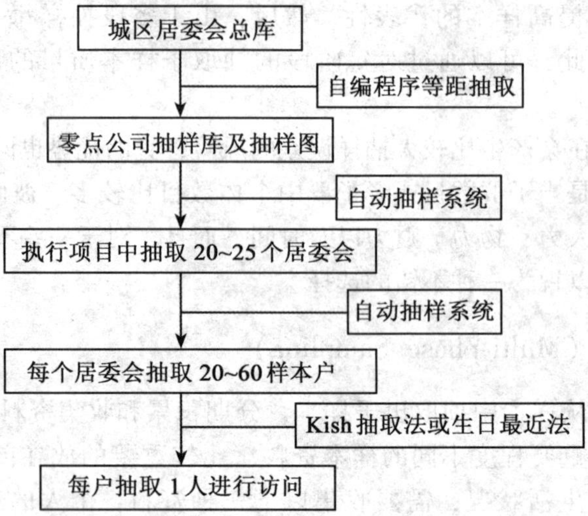

图 5-8　零点调查公司户内调查模式图

①研究之前，将下列 8 种类型的抽样表 A、B1、B2、C、D、E1、E2、F（表 5-9 至表 5-16）按照占问卷总数的 1/6、1/12、1/12、1/6、1/6、1/12、1/12、1/6 分配到问卷，并印制若干套（每套 8 种）抽样表发给调查员，每人一套；

表 5-9　**A 式抽样表**

≥18 岁家庭成员及序号	被调查对象编号
1	1
2	1
3	1
4	1
5	1
6	1

表 5-10　**B1 式抽样表**

≥18 岁家庭成员及序号	被调查对象编号
1	1
2	1
3	1
4	1
5	2
6	2

表 5-11　**B2 式抽样表**

≥18 岁家庭成员及序号	被调查对象编号
1	1
2	1
3	1
4	2
5	2
6	2

表 5-12　**C 式抽样表**

≥18 岁家庭成员及序号	被调查对象编号
1	1
2	1
3	2
4	2
5	3
6	3

表 5-13 **D 式抽样表**

≥18 岁家庭成员及序号	被调查对象编号
1	1
2	2
3	2
4	3
5	4
6	4

表 5-14 **E1 式抽样表**

≥18 岁家庭成员及序号	被调查对象编号
1	1
2	2
3	3
4	3
5	3
6	5

表 5-15 **E2 式抽样表**

≥18 岁家庭成员及序号	被调查对象编号
1	1
2	2
3	2
4	4
5	5
6	5

表 5-16 **F 式抽样表**

≥18 岁家庭成员及序号	被调查对象编号
1	1
2	2
3	3
4	4
5	5
6	6

②调查员进入家庭成员后，首先询问符合条件的家庭成员。并以性别、年龄为标准，将合乎条件的家庭成员记录下来。具体来说，排序的方法是男性在前，女性在后；年纪大的在前，年纪小的在后。

③根据排序后的最后一位家庭成员与表中左边相交的编号，查找右边的对应的家庭成员的序号，该序号所对应的家庭成员即为被调查对象。例如某家庭 18 岁以上的成年人共有五人：祖父（75）、父亲（50 岁）、母亲（48 岁）、儿子（20 岁）、女儿（22 岁），其排序则为：1. 祖父、2. 父亲、3. 儿子、4. 母亲、5. 女儿。若调查表为 A 式，则抽取祖父；若调查表为 B1 式或 B2 式，则抽取父亲；若调查表为 C 式或 E1 式，则抽取儿子；若调查表为 D 式时，则就抽取母亲；若调查表为 E2 式或 F 式，则抽取女儿。

按这种方法抽取调查对象的一个好处是，它不仅可以使研究者收集到样本家庭的资料，同时也可以收集到由这些被访者所构成的个人样本的资料。为了调查方便，可以把这 8 个表整合成一个（见表 5-17）：

表 5-17 **Kish 法综合表**

≥18 岁家庭成员及序号	被调查对象编号							
	A	B1	B2	C	D	E1	E2	F
1	1	1	1	1	1	1	1	1
2	1	1	1	1	2	2	2	2
3	1	1	1	2	2	3	2	3

续表

≥18 岁家庭成员及序号	被调查对象编号							
	A	B1	B2	C	D	E1	E2	F
4	1	1	2	2	3	3	4	4
5	1	2	2	3	4	3	5	5
6	1	2	2	3	4	5	5	6

（2）生日法

生日法是根据随机确定的一个具体时间与所调查的家庭成员生日时间的匹配程度来选择被调查对象。具体操作方法是：首先，随机确定一年中的某一天为标准日期，一般选取每个月的第一天作为这个参照日期。其次，了解家庭中 18 岁以上成员的生日的具体日期。然后，计算出每个人生日距离这个标准日期的天数。最后，选择差距天数最少的一个人作为调查对象。当遇到家庭成员中有数人的出生日期是完全一样的，或者与标准时间差距是一样的，可以采用抽签的方法确定调查对象。举例来说，一项调查确定的标准日期为 10 月 1 日，所抽中的某户家庭共有 4 口人，老年夫妇 2 人，青年夫妇 2 人。询问四人生日后得知老年夫妇的生日分别为 4 月 7 日、9 月 27 日、青年夫妇的生日分别为 7 月 10 日、5 月 19 日，依据生日法应该抽取那个生日为 9 月 27 日的人。可见，生日法与 Kish 法相比，更加方便、简单。

二、PPS 抽样（Sampling with Probability Proportional to Size）

假设要对某省的大学生进行调查，计划先从 1000 所高校中抽取出 100 所高校，然后再从 100 所高校中每所抽出 5 人，共抽取 500 人。在第一阶段抽样，如果用等概率抽样，抽样比例为 10%成立的条件是每所大学都有相同的学生人数，但往往每所学校的人数是不同的，因此，每一位学生被抽进样本的机会是不相同的。在第二阶段抽样，如果遇到两个规模悬殊的学校，比如，一个有 40000 学生，一个只有 400 学生，对于前者该校某个学生被抽取到的概率为 0. 0125%（5/40000），对于后者该校某个学生被抽取到的概率为 1. 25%（5/400）。经计算，来自人规模学校的学生被选出的总概率是 0. 125%（100 * 10% * 0. 0125%），而小规模学校的学生成为样本的概率是 12. 5%（100 * 10% * 1. 25%）。这样就违反了随机抽样的一个重要的原则：每个元素被选为样本的机会应该相同。这时候就要用不等概率方法，PPS 抽样（概率与元素的规模大小成比例的抽样）就是一种典型的不等概率抽样法。

PPS 抽样的具体操作步骤如下：

①确定的总体内，编制单位的抽样框，统计每个单位的人数，并给每个单位编号。例如，假设某市共有 10 所学校，统计好每所学校的学生人数，并给这 10 所学校编上号码。如表 5-18；

②将每个单位的人数累加起来，根据累加人数确定每个学校的号码范围。例如，03 号学校累加人数为：7000+11000＝18000。它的号码范围是：11000~18000；

③按照抽样元素的数量，根据号码范围，运用简单随机抽样或者系统抽样等方法抽取单位。例如，这十所学校共有学生六万人。如果样本数为 1000 名学生，假设一个抽样元素内含有调查对象 200 人，则一共有 5 个抽样元素。如表 5-18 显示，方案一选用的是随机数表抽样方式抽取五个元素。方案二选用的是系统抽样方法选取元素，其中，抽样间距为 12000（60000/5），第一个元素为 03541，第二个元素为 15541（03541+12000），依此类推；

④对被抽取到的元素进行第二次抽样，直至抽到样本所在的那一层次。

表 5-18　**PPS 抽样方法举例表**

学校编号	学生人数（人）	累加人数	号码范围	随机数表抽样		系统抽样	
				入选号码①	入选元素①	入选号码②	入选元素②
01	5000	5000	00001～05000	04805	元素 2	03541	元素 1
02	6000	11000	05000～11000	10805	元素 3		
03	7000	18000	11000～18000			15541	元素 2
04	5500	23500	18000～23500				
05	6500	30000	23500～30000			27541	元素 3
06	4000	34000	30000～34000	32533	元素 1		
07	8000	42000	34000～42000	40200	元素 5	39541	元素 4
08	7500	49500	42000～49500	45753	元素 4		
09	6500	56000	49500～56000			51541	元素 5
10	4000	60000	56000～60000				

在抽取单位规模不等的情况下，常常用到 PPS 抽样，这种不等概率是针对单位规模对概率的影响来说的，但由于单位规模较大被抽取的概率较大，在单位内部抽取样本时，概率较小；反之，对于单位规模较小被抽取到的概率比较小，样本在单位内部被抽取到的概率比较大。两项抵消，PPS 抽样仍然是等概率抽样。例如，在上例中，01 号学校被抽中的概率是：5×（5000/60000）≈0.417；01 号学校内部学生被抽中的概率：200/5000=0.04；01 号学校学生被抽中的概率：0.417×0.04=0.01668≈0.017。02 号学校被抽中的概率是：5×（6000/60000）=0.5；02 号学校内部学生被抽中的概率是：200/6000≈0.033；02 号学生被抽中的概率是：0.5×0.033=0.0165≈0.017。

三、地图法抽样

地图法抽样是将某一区域的地图通过网格进行分割，根据该区域内人口的数量的空间分布用大小相同的格子描绘出来，并将这些格子作为一个个抽样单元进行抽样。如图 5-9 所示。

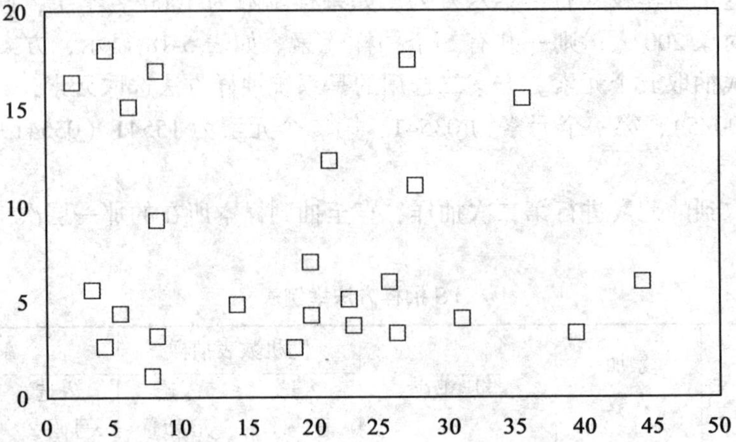

图 5-9　被抽中方格示意图

地图法主要用于对城市人口的抽样，它使得在样本框资料不完全或根本不能得到样本框资料的情况下抽样方法能得以使用。但是，当地图不够新或者不够准确时，抽样误差就比较大了。地图法抽样的运用有两个前提假设①：其一是城市人口的离散分布（即人口之间的空间不连续与人口密度的空间连续）；其二是城市人口密度的分布具有中心集中的趋势，一般而言，一个城市主要的中心只有一个，此外，可能会出现次中心。一般来说，每个方格内人口数量以及人口密度是不同的，按照随机抽样的要求，最小抽样单元被抽取到的概率应当是一致的，而最小抽样单元被抽到的概率在地图法抽样中可以用以下这个公式来表示。

最小抽样单元被抽到的概率=方格被抽中的概率×方格内每个个体被抽到的概率

可以有两种不同思路来进行地图法抽样。第一种思路是，按照 PPS 抽样方法进行抽样；第二种思路是，使每个方格被抽中的概率相等，放大或缩小应被抽中的个案数量。下面将具体说明这两种思路。

对于第一种思路来说，具体步骤如下：

①编制单位的抽样框，统计每个单位的人数，并给每个单位编号。例如，下图所示，长沙市共下辖五个区三个县一个市，总人口是 6138719 人，将这每一个区作为一个抽样单位，即上面所说的方格，并编上号；

②将每个单位的人数累积起来，根据累积人数确定每个区的号码范围。例如，05 号地区累加人数为：502388 + 1620485 = 2122873；06 号累加人数为：774707 + 2122873 = 2897580。它们的号码范围分别是：1620485—2122873；2122873—2897580；

③按照抽样元素的数量，根据号码范围，运用简单随机抽样或者系统抽样等方法抽取单位。例如，如果样本数为 5000 人，假设一个抽样元素内含有调查对象 1000 人，则一共

① 边燕杰，李路路，蔡禾．社会调查实践——中国经验及分析．牛津大学出版社，2004：72.

有 5 个抽样元素。如表 5-19 和表 5-20 显示，方案一选用的是随机数表抽样方式抽取 5 个元素。方案二选用的是系统抽样方法选取元素，其中，抽样间距为 1227744（6138719/5=1227744）；

④对被抽取到的元素进行第二次抽样，直至抽到样本所在的那一层次。

表 5-19 **长沙市人口普查表（2000）**

地区编号	地区名称	总人数	人口密度（人/平方公里）
01	芙蓉区	390074	9560. 637255
02	天心区	396827	3890. 460784
03	岳麓区	409939	2827. 165517
04	开福区	423645	2253. 430851
05	雨花区	502388	4361. 006944
06	长沙县	774707	387. 9354031
07	望城县	686349	655. 9020279
08	宁乡县	1247218	429. 1871989
09	浏阳市	1307572	261. 1487917
总数		6138719	531. 6095717

资料来源：中国第五次人口普查资料（2000）。

表 5-20 **地图法抽样举例（一）**

地区编号	人口数（人）	累加人数（人）	号码范围	随机数表抽样		系统抽样	
				入选号码①	入选元素①	入选号码②	入选元素②
01	390074	390074	0000001～0390074			0000010	元素 1
02	396827	786901	0390074～0786901				
03	409939	1196840	0786901～1196840	0799970	元素 4		
04	423645	1620485	1196840～1620485			1227754	元素 2
05	502388	2122873	1620485～2122873	1902529	元素 3		
06	774707	2897580	2122873～2897580	2268953	元素 2	2455498	元素 3
07	686349	3583929	2897580～3583929				
08	1247218	4831147	3583929～4831147	4204805	元素 1	3683242	元素 4
09	1307572	6138719	4831147～6138719	6010805	元素 5	4910986	元素 5

按照第二种思路，具体步骤如下：

①编制单位的抽样框，统计每个单位的人数以及内部的人口密度，并给每个单位编号；

②从抽样框中抽取出所需的元素（方格）个数，可以运用简单随机抽样或者随机抽样方法。如前所述。假设抽取到以下几个方格；

③根据方格内人口数量，计算出每个方格内被抽作样本的数量。一般来说，计算公式为：方格内个体被抽到的概率=（某个方格内人口数÷总人口数）×每个方格内样本数量/某个方格内人口数=每个方格内样本数量/总人口数。在这个例子中方格内个体被抽到的概率为0.0163%（1000/6138719=0.000163），如表5-21所示；

④分别在抽中的区内抽取相应的个案数目，或再制定抽样框，进行第二次抽样。

表5-21　　**地图法抽样举例（二）**

地区编号	地区名称	总人数（人）	人口密度（人/平方公里）	样本数量（人）
01	芙蓉区	390074	9560.637255	64
04	开福区	423645	2253.430851	69
06	长沙县	774707	387.9354031	126
08	宁乡县	1247218	429.1871989	203
09	浏阳市	1307572	261.1487917	213
长沙总人口		6138719	531.6095717	675

对于以上这两种地图法抽样的思路来说，后者相比较前者来说更加方便，但从效果上来看，后者的效果可能就不如前者了。因为，对于居住在同一地区的人来说，他们可能有比较高的同质性，也就是说，他们在被调查内容上表现出一定的相关性。

第五节　样本规模

一、样本规模的确定

样本规模又称为样本容量、样本大小，是指样本中所包含的个案总数。确定样本规模的大小是进行一项社会研究之前必须解决的问题之一。它的大小取决于研究者计划进行资料分析的类型、研究者的目标样本必须达到的精确度，以及总体的一些特性。如果样本包含的数目较少，就会影响调查的效果，出现比较大的误差；而样本包含的数量过多，会造成人力、物力以及时间等的浪费。

样本规模的大小问题可以从两方面加以讨论：一是经验法则：一种习惯上或通常接受的数量。一般来说，统计学中通常以30为界，把有30个个案及以上的样本称为大样本，将不足30个个案的样本称为小样本。之所以这样区分，是因为当样本规模大于或等于30时，其平均值的分布才能接近于正态分布，许多统计学的公式才可以运用，才能够用样本的资料对总体进行推论。而对于社会研究来说，30个个案的样本是远远不够的。根据一些社会研究学者的看法，社会研究中的样本规模至少不能少于100个个案。这是因为，在社会研究中，研究者不仅需要以样本整体为单位来计算平均数、标准差、相关系数等统计量，同时，他们更经常地需要将样本中的个案按不同的指标划分为不同的类别，进而分析不同类别之间的差别，以及分析不同变量之间的关系。因此，要保证所划分出的每个子类别中都有一定数量的个案，就必须扩大整个样本的规模。在一般的社会研究中，如果精确度要求不是很高的话，研究者一般是靠经验来确定样本规模的，如表 5-22 所示：

表 5-22　　**经验确定样本规模的范围表**

总体规模	样本占总体比重
100 人以下	50%以上
100—1000 人	50%—20%
1000—5000 人	30%—10%
5000—1 万人	15%—3%
1 万—10 万人	5%—1%
10 万人以上	1%以下

资料来源：袁方．社会研究方法教程．北京大学出版社，1997：228.

第二种方法是根据样本规模的统计公式，计算出所需的样本数。一般来说，对于样本规模的计算，不同的抽样方法，计算公式是不一样的，但它们的基本原理都是建立在简单随机抽样计算方法上的，这里仅简单介绍简单随机抽样公式的计算方法。

简单随机抽样中推论总体均值的样本规模计算公式为：

$$n=\frac{t^2\times s^2}{e^2}$$

其中，t 为置信度所对应的临界值；s 为总体的标准差；e 为抽样误差。由于总体标准差反映的是总体元素之间的差异程度，这往往是未知的或不容易得到的。所以这个公式可以改写为：

$$n=\frac{t^2\times p\ (1-p)}{e^2}$$

这个公式中，p 为总体的成数或百分比。t 可从标准正态分布表中查出，e 是研究者根据需要先确定的，但是总体的标准差、成数或百分比却往往是难以得到的。因此，在实际抽样过程中，研究者往往无法直接运用上述公式计算所需的样本规模，而只能采取某种变通的办法。在计算推论总体成数或百分比的样本规模时，可以发现，$p\ (1-p)$ 在 $p=0.5$ 时达到最大值。因此，即使我们对 p 一无所知，也可以采取比较保险的办法，取 $p=0.5$，这样，$p\ (1-p)=0.25=1/4$，上式可以简化为：

$$n=\frac{t^2}{4e^2}$$

所以，根据上面的公式，在 95%的置信度（t=1.96）的条件下的最小样本规模如表 5-23 所示：

表 5-23　　95%置信水平下不同抽样误差所要求的样本规模

允许的抽样误差 e（%）	样本规模 n	抽样误差 e（%）	样本规模 n
1.0	9604	6.0	267
1.5	4268	6.5	227
2.0	2401	7.0	196
2.5	1537	7.5	171
3.0	1067	8.0	150
3.5	784	8.5	133
4.0	600	9.0	119
4.5	474	9.5	106
5.0	384	10.0	96
5.5	317		

对于实际采用的复杂抽样，要达到同样的精度，需要乘上它的设计效应 Deff（Design Effect，被定义为任意抽样方式下的抽样方差除以简单随机抽样方式下抽样方差的商）。根据一些专家抽样经验，我国的 Deff 一般为 2.5。例如，表 5-23 中，5%的抽样误差所要求的样本规模是 384，乘以 2.5 后，实际样本规模就成了 384×2.5＝960。

二、影响样本规模的因素

一般来说，在社会研究中，影响样本规模的因素主要有以下几个：

（1）总体规模

一般来说，总体越大时，则样本也要越大。这样才能保证一定的精确度。但是，这种情况只在一定的程度上是正确的。当总体规模大到一定程度时，样本规模的增加与它并不保持同等的增长速度，即样本量的增加与总体规模的增加并不成正比。图 5-10 表明，当总体规模达到一定程度时，样本规模的改变量是很小的。

（2）总体差异性

总体的差异性是指总体元素之间的差异程度。一般来说，在其他条件不变的情况下，总体的差异性与样本规模呈正相关关系，即总体差异性越大，样本规模越大。因为，总体差异性越小，表明总体在各种变量上的分布越集中，波动性越小，同样规模的样本对总体的反映就越准确；而总体差异性越大，表明总体在各种变量上的分布越分散，波动性越大，同样规模的样本对总体的反映就会越差。与总体差异性有关的另一个因素是，当总体中的大部分成员对某个问题的回答或选择与小部分成员的回答或选样不同时，比如 80%的成员选样甲，20%的成员选样乙，则所需要的样本规模要小一些；而当选择两种不同回答的成员比例相差无几时，比如说选择甲、乙的比例都为 50%左右，则所需要的样本规模最大。表 5-24 反映了这种差异。

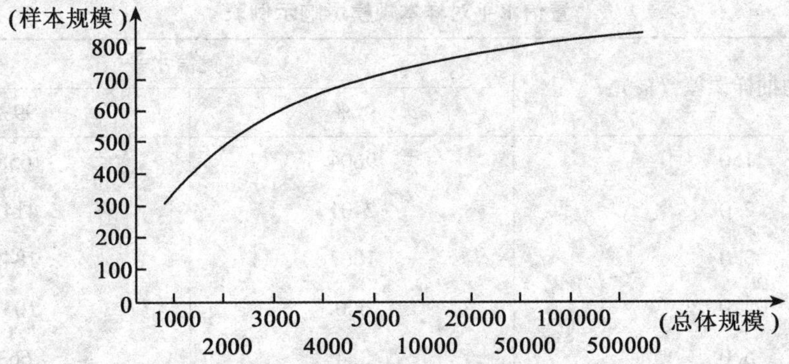

图 5-10　不同的总体规模所需要的样本量①

（注：相对于95%的置信度、±3%的置信区间和总体值以50%对50%的比例均分的假定而言）

表 5-24　　**在95%置信度、不同抽样误差和总体差异性条件下的样本规模②**

允许的抽样误差（%）	总体差异参数值					
	50/50	40/60	30/70	20/80	10/90	5/95
1.0	9604	9220	8067	6147	3457	1825
1.5	4268	4098	3585	2732	1537	811
2.0	2401	2305	2017	1537	864	456
2.5	1537	1475	1291	983	553	292
3.0	1067	1024	896	683	384	203
3.5	784	753	659	502	282	149
4.0	600	576	504	384	216	114
4.5	474	455	398	304	171	90
5.0	384	369	323	246	138	73

（3）研究的精确度要求

研究的目的是通过样本得到对总体的估计，而在估计之前，要对抽样的可靠性以及精确度做出规定。在社会研究中，我们用置信度与置信区间这两个概念来说明样本规模与抽样的可靠性及精确度之间的关系。置信度又称为置信水平，它指的是总体参数值落在样本统计值某一区间的概率，或者说，总体参数值落在样本统计值某一区间中的把握性程度，反映的是抽样的可靠性程度。一般来说，在其他条件一定的情况下，置信度越高，即推论的把握性越大，则所要求的样本规模就越大。如表 5-25 所示。

① ［美］林南．社会研究方法．北京：农村读物出版社，1987：182.

② 仇立平．社会研究方法．重庆：重庆大学出版社，2008：137.

表 5-25　　置信水平对样本规模影响示例表

允许的抽样误差（%）	置信水平	
	95%	99%
1. 0	9604	16589
2. 0	2401	4147
3. 0	1067	1849
4. 0	600	1037
5. 0	384	663

资料来源：袁方．社会研究方法教程．北京：北京大学出版社，1997：225.

置信区间是指在一定的置信度下，样本值与总体值之间的误差范围，反映的是抽样的精确性程度。一般而言，由于范围越大，精确性程度越低；范围越小，精确性程度越高，因此，在其他条件一定的情况下，置信区间越小，即样本值与总体值之间的误差范围越小，则所要求的样本规模就越大。例如，对一个总数为 2 万人的总体，置信度确定为 95% 时，若置信区间为±5%，则需要 377 人；若置信区间为±4%，则需要 583 人。

（4）抽样方法

在同样的精确度要求下，样本规模还因所选择的抽样方法不同而不同。因为在同等条件下，运用不同的抽样方法得到的样本的代表性程度是迥异的。一般来说，总体代表性程度最高的是分层抽样，其次是简单随机抽样和系统抽样方法，代表性程度最低的是整群抽样和多段抽样。因此，若选择了整群抽样或者多段抽样方法，就需要适当增加一定的样本数量。

（5）无回答情况

在调查过程中，由于调查对象拒绝访问或遇到调查对象无法找到等原因，实际上收集到的最终样本数与理论上确定的样本数是不同的。而且由于各个问题的回答率是不同的，因此，在不同项目上显示的样本规模也是不同的。在确定样本规模的时候，也应当把这种情况考虑进去，适当增加样本容量。

（6）经费、人力及时间

除了以上一些因素对样本规模的确定产生影响外，研究的经费、人力以及时间等客观因素也同样会对样本规模产生一定影响。一方面，从样本的代表性、抽样的精确性考虑，则样本规模当然是越大越好，但另一方面，抽样所得到的样本是要用来进行调查的，样本规模越大，同时也意味着所需要投入的人力、财力和时间越多。因此，从抽样的可行性、简便性考虑，样本规模又是越小越好。那么，就需要做出选择：是减少样本规模，但达不到所要求的精确度；还是增加调查成本，以保证样本的精确度；或是放弃这次调查。

总之，样本规模的确定受到上述六个主要因素的共同影响，因此，在进行社会研究前应综合考虑这些因素，具体问题具体分析，确定一个合适的样本规模。

☞本章小结

1. 抽样是从被调查的总体中抽取一部分单位作为样本进行观察，并以这部分样本的特征推算总体的特征值的一种方法。社会研究中的抽样方法是时代的产物。特别是第二次世界大战后，随着电子计算机技术的迅速发展，抽样调查法得到迅速推广，它被越来越广泛地应用于社会的各个领域，目前它已经成为社会调查的主流。

2. 抽样可以分为两种不同的类型：一类是根据研究任务的要求和对调查对象的分析，主观地、有意识地在研究对象的总体中进行选择，它不考虑抽样中的等概率原则，因而往往产生较大的误差；另一类则是根据概率理论，按照随机的原则选择样本，完全不带有调查者的主观色彩，因而能够避免抽样过程中的人为误差，保证样本的代表性。前者称为非概率抽样，后者称为概率抽样。

3. 抽样的一般程序归纳起来主要有：(1) 界定总体；(2) 编制抽样框；(3) 设计抽取方案；(4) 实际抽取样本；(5) 评估样本。

4. 在抽样方案设计时，应遵循以下一些基本原则：(1) 目的性原则；(2) 可行性原则；(3) 经济性原则；(4) 可测性原则。

5. 比较常用的非概率抽样有以下几种：偶遇抽样、配额抽样、立意抽样、雪球抽样以及空间抽样，除此以外，还有一些并不常用的抽样：异常个案抽样、连续抽样以及理论抽样。

6. 概率抽样的几种主要抽样方法是：简单随机抽样、系统抽样、分层抽样、整群抽样、多段抽样以及多期抽样。除此以外，随着科学与技术的发展，出现了许多新的抽样方法：户内抽样、PPS 抽样、地图法抽样。

确定样本规模的大小可以有两种方法：第一种方法是经验法则；第二种方法是根据样本规模的统计公式，计算出所需的样本数。

7. 一般来说，在社会研究中，影响样本规模的因素主要有以下几个：(1) 总体规模；(2) 总体差异性；(3) 研究的精确度要求；(4) 抽样方法；(5) 无回答情况；(6) 经费、人力及时间。

☞关键术语

抽样　总体　样本　抽样框　抽样单位　参数值　统计值　置信度
置信水平　置信区间　抽样误差　偶遇抽样　立意抽样　配额抽样
雪球抽样　空间抽样　异常个案抽样　理论抽样　连续抽样　简单随机抽样
系统抽样　分层抽样　整群抽样　多段抽样　多期抽样　户内抽样
PPS 抽样　地图法抽样　随机拨号法抽样　样本规模

☞复习思考题

1. 抽样设计的一般程序与基本原则是什么？
2. 如何制定比较合理的抽样框？
3. 配额抽样与分层抽样有何异同？
4. 什么时候研究者应该考虑使用 PPS 抽样法？

5. 在实际社会调查中，有哪些因素影响到研究者对样本规模的确定？
6. 试运用地图法抽样与户内抽样设计一个方案，抽取你所在市的居民。
7. 在社会科学期刊中选择几篇研究报告，分析并评估这些研究中所得到的样本质量。

第六章

定量资料收集

☞**思考发现**

在资料的收集中，我们不仅仅是记录者，更是倾听者，倾听着社会的心声。定量资料不仅仅是数字的堆砌，更是贴近人心的工具。让我们怀揣着科学的逻辑思维，基于调查对象的特点及自身需要，以更加敏感的心灵贴近群众，收集到有关社会奥秘的资料。

从大的方面来划分，社会研究的定量资料收集方法主要有两种基本类型：其一是自填问卷法；其二是结构访问法。在这两个大的类别中，又根据具体实施方法的不同，进一步划分出不同的子类型。比如，自填问卷中又可分为个别发送法、集中填答法和邮寄填答法；结构访问法中又可分为当面访问法和电话访问法等。每一种具体的资料收集方法在操作程序上互不相同，分别具有不同的特点，同时也适用于不同的调查对象和调查课题。一个调查研究人员应该对各种不同的资料收集方法都十分熟悉和了解，以便在进行一项具体的调查课题时，能根据实际情况灵活运用，达到好的调查效果。

第一节　自填问卷法

自填问卷法指的是调查者将调查问卷发送给（或者邮寄给）被调查者，由被调查者自己阅读和填答，然后再由调查者收回的方法。常见的自填问卷法有个别发送法、集中填答法和邮件填答法、报刊问卷法等几种类型。

一、个别发送法

个别发送法是自填问卷法中最常用的一种。个别发送法的具体做法是：研究者将问卷印制好以后，派调查员依据所抽取的样本，将问卷逐个发送到被调查者手中。同时讲明调查的意义和要求，请被调查者合作填答，并约定收取的时间、地点和方式。如约定三天后仍由调查员上门收取，或三天内填答者自行投入设在某处的回收箱（类似信箱、投票箱）内等。当然，在有些情况下，如当调查的内容不涉及敏感的问题或上下级关系时，也可以由某种行政组织系统代为发放和回收。

举例来说，假设研究者进行一项有关农村村民委员会选举方面的调查研究，如果采用个别发送法，就可以派调查员根据所抽取样本中被调查者的地址，逐一登门将问卷发送到符合要求的被调查者手中，请被调查者当场填答，并由调查员当场收回。又如，进行一场农民工城市生活满意度方面的调查研究，研究者可以派调查员到民工宿舍、建筑工地、餐馆、发廊等务工人员比较集中的地方，将问卷发送到调查样本中每一位务工人员手中，请他们当场填答后收回或采取别的方式收回。

个别发送法既不像邮寄填答法那样与被调查者完全不见面，又不像结构访谈法那样与每一个被调查者都交谈相当长的一段时间，而是介于两者之间，较好地处理了调查的质量和数量之间的关系。比如，个别发送法与邮寄填答法相比，可以保证比较高的回收率；调查者可以向被调查者进行解释和说明，减少被调查理解和阅读问卷的偏差；被调查者有比较充分的时间对问卷进行阅读和思考；还可以在方便的时候进行填答。与结构访谈法相比，比较节约时间、经费和人力；可以减少调查员所带来的某种偏差；调查具有一定的匿名性等。

当然，个别发送法同样存在一些不足，比如，调查的范围依然受到一定的限制，不如邮寄填答法那么广泛；问卷填答质量依然不能完全得到保证等。只是总的来说，个别发送法的优点相对多一些，而缺点相对少一些。因此，可以认为，个别发送法是一般的调查研究中最应该选用和推广的资料收集方法。

二、集中填答法

在条件允许的情况下，我们也可以采取集中填答法来收集调查资料。集中填答法的具体做法是：首先通过某种形式将被调查者集中起来，每人发一份问卷；接着由研究者统一讲解调查的主要目的、要求、问卷的填答方法等事项；然后请被调查者当场填答问卷；填答完毕后再统一将问卷收回。收回问卷的方式可以采用投入问卷回收箱的办法，以消除集中填答法所带来的某些心理顾虑。

例如，如果研究者以“大学生校园生活满意度研究”为题对长沙市大学生进行调查研究，研究者首先对长沙市高校进行分类，然后按照简单随机抽样选取了若干个高校，在每个被选取的高校里面对抽中的班级进行调查，研究者可以将所抽取的调查对象集中起来(或分批集中起来)，如集中在宿舍、校园广场、教室等既方便填答问卷，又可不受外界干扰的地方。最后将调查问卷发给每一个被调查者，在研究者对调查的目的、意义、要求等进行简单说明的基础上，由被调查者当场填答问卷。研究者可解答被调查者在填答问卷过程中所遇到的问题和疑问。被调查者填答完问卷后，自行将问卷投入事先放在会议室或教室门口的问卷箱中，也可将问卷放在桌上，由调查员统一收取。

集中填答法除了具备一些与个别发送法和邮寄填答法相似的优点以外，它在某些方面的优点似乎比上述两种方法还要明显和突出。

(1) 它比个别发送法更能节省调查时间、经费和人力。比如，同样是调查 50 名大学生，如果将他们集中起来，当场发放问卷，当场填答，当场回收。那么，只需要一名调查员、在一个单位时间内便可完成；其效率比起由调查员一个个地去发送，再一个个地去收回显然要高得多。

（2）它比邮寄填答法更能保证问卷填答的质量和回收率。由于有调查员在场进行解释和说明，并可以解答被调查者的疑问，因而被调查者错答或误答的现象将大大减少，而问卷的回收率也会比邮寄填答法更高。

集中填答法最主要的局限在于：许多调查研究的样本根本不可能集中，而一旦被调查者不能集中，这种方法的优点自然也就不复存在了。同时，将众多的被调查者集中在一起，有时会形成某种不利于个人表达特定看法的"团体压力"或"相互作用"，由此出现从众行为。这也是我们在运用集中填答法时需要注意的一个方面。

三、邮件填答法

邮件填答法是调查研究中比较特殊的一种资料收集方法。根据邮寄途径的不同，邮件填答法一般有邮政邮寄法和电子邮件邮寄法两种情况。

1. 邮政邮寄法

邮政邮寄法也常被称为邮寄填答法，其做法是研究者把印制好的问卷装入信封，通过邮局寄给被调查者，待被调查者填答后再将问卷寄回调查机构或调查者。这是一种较为传统的邮寄填答法。这种方法在西方国家使用比较普遍，目前在我国采用这种方法来收集调查资料的还比较少。邮寄填答法通常要注意以下几个方面的问题：

首先，调查问卷的封面信件要尽量详细。详细说明的内容应该包括：调查目的、调查的组织者、问卷应由什么人填写、调查的重要性、关于对调查资料保密性的保证和问卷寄回的具体时间等。

其次，邮寄式调查的问卷必须明白易懂，语言必须清楚、简洁，不可夸大其词，因为各种不同的被调查者对说明和问题的理解必须一致。如果被调查者不明白要做什么，或觉得很困难，太费时间，他们就可能无法或不愿意填写问卷，或虽然填写了，却填得不对。

再次，封面信应该提供一个电话号码，以便被调查者在对调查的合法性存在疑虑或对问题不太理解时和研究者联系。虽然经验告诉我们，尽管我们给被调查者提供了电话号码，即使调查的内容颇有争议或涉及个人的某些信息，但真正给我们打电话的人却不是很多。当被调查者对调查心存疑虑或有顾虑时，他们更可能采取的做法是不填写问卷或跳过那些不清楚的题目，而不是打电话询问。那些为提高回答率而精心设计的调查，都会给没有寄回问卷的被调查者寄去明信片表示感谢，然后再寄去一份封面信和一份问卷。如果还没有回音，则最后可能还会通过电话、邮递等方式进行"特别的联系"，而且，在最初的信件中采用物质和非物质的奖励有一定的效果。①

应该说，通过邮寄填答法的方式来收集调查资料，的确是一种新颖的思路，对广大的社会研究者来说，也的确具有很强的吸引力。研究者只需把问卷装进信封，就等着那一份

① 罗纳德·扎加，约翰尼·布莱尔．抽样调查设计导论．重庆：重庆大学出版社，2007：31.

份填好的问卷从邮局寄回了。它不光可以省掉一大笔访问员的报酬和差旅费，还可以不受空间距离的限制，几乎没有它调查不到的地方。可以说，邮寄填答法是调查研究中最方便、最便宜、代价最小的资料收集方法。邮寄式调查在收集敏感问题的数据时也比较成功，被调查者在回答那些羞于启齿的生理卫生方面的问题、因酒后驾驶获罪和其他令他们感到窘迫的问题时，邮寄式的问卷会让他们感到轻松一些。对于诸如这样一些类型的问题，数据收集方面的匿名程度越高，回答问题的比例就越高。

然而，应当清楚地认识到，如果邮寄填答法在实践中能充分达到它所具有的潜能，那么，毫无疑问，研究者将不会使用个别发送法或者结构访谈法了。然而，由于一些不难理解的原因，邮寄填答法的可行性以及它的实际效果往往很差。邮寄填答法在具有上述突出的优点和与自填法所共有的缺点的同时，还具有两个特别让人困惑的缺点：一是它需要有调查对象的地址甚至姓名。然而，对于许多调查研究来说，并不存在一份现成的和完整的问题成员的名单（一份包括所有调查对象的姓名、地址及邮政编码的名单），因此，邮寄填答法的样本往往难以抽取，问卷也不知道该往哪里寄。二是问卷的回收率难以保证。这也是邮寄填答法的一个致命弱点。有很多的主客观因素会导致被调查者放弃问卷调查的工作，会阻碍调查问卷寄回到研究者手中。据美国社会学家介绍，邮寄调查的回收率有时低到10%，达到50%的回收率就被认为是“足够的”（这种比例在一般调查中往往是较难接受的），而达到70%、80%的回收率就会被认为是相对好的了。表6-1是美国社会学家进行的一项邮寄填答调查的回收情况。①

表6-1　　美国社会学家进行的一项邮寄填答调查的回收情况

批　次	占发出问卷总数的比例/%
发出问卷后第一批寄回	46.2
发出第一封跟踪信后又寄回	12.2
发出第二封提醒信和问卷后又寄回	8.8
电话通话提醒后又寄回	10.1
总回答率	77.3

2. 电子邮件调查法

电子邮件是利用电子技术并通过计算机网络收发信息的通信方式。电子邮件调查法实际上就是社会调查者借助于电子邮件的通信方式，向被调查者发出提问，并请被调查者作答以搜集社会信息的方法。电子邮件调查法是信函调查和问卷调查的延伸，随着社会上电子邮件用户的增多，电子邮件调查法必将成为一种极为重要的现代社会调查方法。

电子邮件调查法比电话调查法出现得更晚，目前电子邮件调查法还处于初创阶段，许多问题还有待研究，但是人们已能利用电子邮件进行社会调查这一点是肯定的。在电子邮

① 贝利．现代社会研究方法．上海：上海人民出版社，1986：227.

件调查法的实施中，一般应把握以下几个要点：

(1) 要明确电子邮件调查的类型。电子邮件调查法常见的有两种类型：一是通过电子邮件在网上访谈；二是通过电子邮件进行网上问卷调查。如果是网上访谈，则必须安排专人进行访谈；如果是问卷调查，则必须先设计好电子邮件问卷，按问卷调查法一般规律来操作。

(2) 要制定适用于电子邮件调查的调查策略。电子邮件调查不同于一般的访谈调查和问卷调查，因此，必须编制不同的调查策略。例如，样本的选择策略、问卷设计策略、提问发送策略、信息接收策略、信息处理策略等，都应作出与一般访谈调查和问卷调查不同的考虑，以全面适应电子邮件本身的特点。

(3) 要注意保存问卷的备份文件。电子邮件调查就是通过网络，让计算机给被调查者发送问卷。如果一切正常，则所发出的问卷在几分钟甚至几秒钟就可为被调查者收到。但是，电子邮件有时并不十分安全，它也可能会出错，因此，调查者在进行电子邮件问卷调查时，要注意留好备份文件，以应对电子邮件出错的情况。

(4) 要时常关注被退回的调查问卷。调查问卷通过邮件发出后，通常都能为被调查者接收。但是，有时也可能出现调查问卷被退回的现象，从而导致某一具体调查不能实施。这主要有三种情况：一是弄错了被调查者的网址；二是网络本身造成的失误；三是被调查者方面的原因。调查者要时常关注被退回的调查问卷，并查清原因，依据情况作出再行发送或改变调查对象的处理。

(5) 要重视电子邮件调查中的安全问题。随着现代信息网络用户的增加，网络的安全受到威胁，电子欺骗、黑客攻击、传输垃圾信息，等等，这些都对网络或网络用户带来危害，当然也会给电子邮件调查带来危害。在电子邮件调查中，要特别注意的安全问题主要包括：一是黑客攻击问题；二是输入垃圾信息问题；三是制造虚假信息问题。社会调查者都要注意防备，尤其是要做好技术防备。

电子邮件调查法与访谈调查法、问卷调查法、电话调查法等相比，都有其自身的许多优势：第一，与访谈调查法相比，电子邮件调查法能实现高度超时空的网上“交谈”，并且省去了访谈调查法必需的记录程序，提高了调查的功效。第二，与问卷调查法相比，电子邮件调查法能实现高速地传递调查问卷，并且借由计算机的自动控制程序，能实现对填答问卷的质量、回复催促和回答信息的自动处理。第三，与电话调查相比，电子邮件调查克服了普通电话传递信息的先天缺陷。这主要是：首先，电话通信要求送话与受话双方都出现在电话机前，缺一不可，如果不能同步就导致通信失败，电子邮件则不然。其次，电话通信一般要求“一对一”进行，如果要把同一信息传给许多人，即“一对多”通信，传统电话很难解决，电子邮件可以解决这个问题。再次，传统电话没有存储功能或存储信息有限，边听边记会造成缺漏，并且事后难以查核，电子邮件调查法则可以解决这个问题。此外，电子邮件调查比电话调查更节省费用，电子邮件调查省去的不仅是面对面调查和电话调查的访谈费，而且还省去了邮寄式问卷的纸张、问卷复制、邮资和数据录入的费用。当然，电子邮件调查法也有自身的缺点。到目前为止，电子邮件调查的最大不足在于，相当一部分人并没有上网的途径。由于缺乏优质的抽样框，借助于电子邮件通信方式只能做有限的社会学课题的调查，并且其调查结论还很难推论总体。低回答率和由此导致的回答偏倚是电子邮件调查法的又一缺陷，有经验的研究者会发现，电子邮件调查的拒答率是非常高的。而且电子邮件调查还有产生特有的回答偏倚现象，尽管这方面的研究非常有限，但不可否认的事实是，那些文化程度较低、使用计算机经验较少和计算机设备比较陈旧以及使用比较落后的浏览器的人，比那些文化程度较高、有较多使用计算机经验、装备了比较先进的计算机设备和使用更先进的浏览器的人在线完成问卷调查的可能更小。

3. 如何提高邮寄填答法的回收率

不管是邮政填答法还是电子邮件填答法，访问调查比较省时、省钱，回卷者可以在他方便的时候作答，研究的匿名性比较好；方便调查较远的受访者。但邮寄也有缺点，缺乏弹性，无法追问你不清楚的问题，而且回卷率比较低。为了尽量提高邮寄填答法调查的回收率和资料的质量，研究者应该对以下一些方面有所注意：

第一，关于调查主办者身份的说明。邮寄填答法在说明或介绍调查主办者身份时要慎重考虑，尽可能采用比较正式的、非营利性的、给人以信任感和责任感的身份。通过这种身份的影响，使被调查者确信调查的合法性和价值，从而起到使被调查者愿意填答并寄回问卷的作用。

第二，关于调查问卷的封面信。邮寄填答问卷的封面信最好单独打印，并用一个小信封单独装封，再和问卷以及寄回用的空信封一并装入邮寄给被调查者的大信封内。封面信的语气应该是随和的，而不要用命令式的语气；信的内容应该简洁明了。

第三，关于问卷发送的时间。邮寄问卷对寄问卷的时间也应该有所考虑，一般而言，要尽量确保被调查者收到问卷后的一段时期（一周左右）内，应没有比较大的，或比较特殊的活动或事件对他们完成问卷和寄回问卷造成影响。如不要在大的节日，像春节、圣诞节、国庆等节日之前给被调查者寄问卷，也不要在学校复习考试阶段寄给被调查的学生一份调查问卷。

第四，关于追踪问卷。邮寄问卷法常常要用跟踪信或提醒电话帮助提高回答率。一些学者研究表明，没有跟踪，一般可望达到的回收率为50%~60%，而通过发跟踪信（提醒或催促），则可望达到70%~80%的回收率。因此，问卷寄出一段时间后，应该写个信去追问一下。过几天再打电话催问一下，这样可以提高回卷率。有人在研究时最多连续追踪了六次。追踪多少次没有一个常数，根据具体情况而定。有的人也可补充再复一份，以引起对方重视。

第五，关于其他细节。邮寄问卷法还有一些特别的细节需要注意，如在邮寄问卷时，研究者应将回邮的地址、信封邮票都寄给受访者，否则被调查者如果没有时间去买信封邮票，也会影响问卷的回收。信封、邮票、地址都准备好了，他可以随时请邮递员送出，尽量减少给被调查者带来的各种麻烦。

四、报刊问卷法

报刊问卷法是借助报刊的发行来发送问卷的方法，具体操作过程是：把问卷在报刊上刊登出来，随报刊的发行发送到读者手中，号召读者填答，并请求其按规定的时间将问卷寄回报刊编辑部。

报刊问卷法的优点是：以报刊为载体，传递渠道稳定；以读者为调查对象，调查分布面广；匿名性很强；节省人力、物力投入，比较经济；形式新颖，易激发被调查者的兴趣。其缺点是：仅限于调查读者，影响调查对象的代表性；对被调查者的控制较弱，常常出现弄虚作假现象；问卷的回收率很低。

五、自填问卷法的优缺点

自填问卷法并不适用于所有的社会研究课题。利用书面语言进行交谈是问卷调查的重要特征，这种特定的调查者与被调查者之间的间接交流形式，决定了问卷调查法的优点和不足，决定了它只适用于一定的调查目的、调查范围和调查对象。

1. 自填问卷法的优点

（1）可以节省时间、财力和人力。自填问卷法较之于参与观察以及访谈等实地研究方法更有效率。它不需大量的调查人员进行逐人逐户的专访，而是用一份问卷代替派人专访，在较短的时间内可以调查很多人，若采用邮寄的方法，还不用受地域的限制，这些都大大地节省了调查双方的时间。对于调查方而言，无须利用大量经费培训调查人员。对于被调查者本身而言，避免了他们因配合调查而造成经济损失的可能。

（2）具有很好的匿名性。对于某些社会现象，或者有关个人隐私、社会禁忌、伦理道德、政治态度敏感性等问题，被调查者往往难以同陌生人交谈。由于自填问卷调查一般不需要被调查者在问卷中署名，调研主体与被调查者不必要直接见面，填写问卷的地点一般由被调查者自己选择，不必在其他人在场的情况下当场填答，不受他人干扰和影响，故可以减轻回答者的心理压力，具有一定的保护性。这些都方便填答者无所顾忌地倾吐自己的真实情况和想法，进而收集到客观真实的资料。

（3）可以有效避免主观偏见因素的干扰。问卷调查使用统一设计好的问卷，问题的先后顺序、答案的类型都完全相同，既避免了调查人员对被调查者施加主观影响，也克服了因调查时间过长引起的调研滞后现象。而在直接调查的人际交往中，调查人员的工作方式或形象极可能使调查者产生偏见，调查人员也极易对不同的调查者抱以不同的态度。这些情况都会影响调查工作的顺利进行和调查结果的真实可靠。

（4）得到的调查结果有利于进行定量分析和研究。自填式问卷答案具有高度结构化和数据化的特点，容易进行编码处理，便于对答案进行定量处理和分析。在利用电子计算机进行统计分析的今天，问卷调查法不失为一种大规模、高效率的定量调查方法。

2. 自填问卷法的主要缺点

（1）问卷的回收率有时难以保障。由于自填问卷法十分依赖于被调查者的合作，因此，当被调查者对该项研究的兴趣不大、态度不积极、责任心不强，或者被调查者由于受时间、精力、能力等方面的限制而无法完成问卷的填答工作时，问卷的回收率常常受到影响。

（2）被调查者自身能力、条件的限制常给问卷调查法的实施造成客观性障碍。因为被调查者起码要能看懂问卷，能够理解问题及答案的含义，能够理解填答问卷的正确方式，才能按照要求填答问卷。自填式问卷要求填答者具有一定的文化知识水平，而在现实生活中，并不是所有的人都具备这种能力，都能够达到这种程度的，特别是对于一些文化程度较低的群体，就不宜采用自填问卷的方法。被调查者由于受到自身社会生活环境以及个人条件的影响，在填答中，常会产生阅读能力、理解能力、表达能力及记忆能力等障碍。这样一来，自填问卷法的使用就常常受到一些限制。

（3）调查资料的质量常常得不到保证，面临效度和信度问题的挑战。一方面，从理论与实践上，自填问卷法常常受到效度低的责难。首先，问卷调查法不同于一般的实地研究方法，它以问卷为媒介，调查者与被调查者之间是被问卷隔开的间接接触，调查者不能亲身感受被调查者的生活背景，这往往是造成问卷调查效度低的一个重要原因。其次，问卷工具要求高度的形式和程序的标准化安排，而这种对形式的过分注重，常常忽视了内容的真正意义。将问卷形式和内容有机地结合于问卷设计之中，使形式既能恰到好处地反映需要调查的问题，又能尽可能地测量到真实的社会现状，是调查者在使用问卷调查法过程中苦苦追求而又难以达到的目标。另一方面，与实地研究的调查方法相比，自填问卷法依靠答卷者的自我报告获得资料，从理论上来说其信度是应该较高的，但是由于采取自填法时，被调查者往往是在没有调查人员在场的情况下进行问卷的填答工作的。这也就是说，他们填答问卷的环境是调查人员无法控制的。对于理解不清楚的问题，他们无法及时向调查人员询问，各种错答、误答、缺答、乱答的情况时有发生。结果导致问卷调查资料的质量比较差，可信度也存在一定的质疑。

第二节　结构访问法

结构访问法又称标准化访问，是指调查者根据结构式的调查问卷，向被调查者逐一提出问题，并根据被调查者的回答在问卷上选择合适的答案的方法。它是一种对访问过程高度控制的访问方法。结构式访问的访问对象必须按照统一的标准和方法选取。访问的过程也是高度标准化的，即对所有被访问者提出的问题，提问的次序或方式，以及对被访者回答的记录方式等都是完全统一的。为使这种统一性得到保证，通常采用事先设计好的统一内容和统一格式的问卷进行访问。依据访问的媒介不同，结构式访问又常见于当面访问法和电话访问法两大类。

一、当面访问法

当面访问法的基本做法是：研究者先选择和培训一组访问员，由这组访问员携带着调查问卷分赴各个调查地点，按照调查方案和调查计划的要求，与所选择的被调查者进行访问和交谈，并按照问卷的格式和要求记录被调查者的各种回答。在访问中，调查员严格依据调查问卷提出问题，并严格按照问卷中问题的顺序来提问，调查员不能随意改变问题的顺序和提法，也不能随意对问题作出解释。答案的记录也完全按问卷的要求和规定进行。通过以上严格的操作，尽可能让访谈体现出标准化。

当面访问的方法与自填问卷法中的个别发送法最为接近，它们都要求调查员逐个找到被调查者。所不同的是，个别发送法中调查员只需向被调查者稍作解释，并将问卷送交给被调查者即可，至于问卷的填答工作，则完全是被调查者的事；而当面访问中，调查员则要亲自依据问卷向被调查者进行提问，并亲自记录被调查者的回答。

当面访问法是一种以口头语言为中介、调查者与被调查者面对面的交往和互动过程。调查者与被访者之间直接的相互作用和相互影响，贯穿资料收集过程的始终，相对于自填问卷法主要依靠问卷的特征，当面访问法则主要依靠访问员。正是由于这种差别，使得这种方法具有许多不同于自填问卷法的特点。在定量资料收集的诸多方法中，当面访谈法是最贵的一种，其费用明显高于只需花费邮资的邮寄式调查，或“让手指行走的”、在电话中“旅行”的电话调查，那么研究者为什么还是希望进行当面访谈呢？这种方法之所以是某些调查首选的收集数据的方法，乃是因为它不仅非常适合于某些形式的问卷题项，且能显著提高数据质量。尽管当面访谈是最贵的调查方法，然而费用过高的不足却可以被它的许多优点所弥补。

1. 当面访问法的主要优点

（1）调查的回答率较高。由于结构访问法通常是在调查者与被调查者当面接触、二者面对面交流的环境中进行的，因此，被调查者拒绝合作或者半途而废的情况比较少，调查的回答率和成功率普遍比自填问卷高。

（2）调查资料的质量较好。在访问过程中，由于调查员在场，因而既可以对访问的环境和被调查者的表情、态度进行观察，又可以对被调查者回答问题的质量加以控制，使得调查资料的真实性和准确性大大提高。这是因为，一方面，由于访问员当面提出问题，当面听取回答，因此可以减少被调查者由于对问题理解不清或误解所造成的误答；另一方面，由于访问员当面提问，被访者当场回答，避免了自填式问卷调查中常常出现的由他人代填或由几个人共同商量着填答的情况。同时，这种当面提问、当面回答的方式也在一定程度上降低了被调查者出现欺骗性回答的机会，提高了调查结果的真实性，也便于对调查资料的效度与信度进行评估。

（3）调查对象的适用范围广。由于当面访问法主要依赖于口头语言，因而对被调查对象的在书面语言的阅读、理解和表达能力上没有什么要求。因此，它适用的调查对象范围十分广泛，既可以用于文化水平比较高的调查对象，也可以用于文化水平比较低的调查对象。

（4）能获得自填问卷法中无法获得有关访问对象的许多非语言信息。例如，访问对象的穿戴有时候能反映个人生活水平或品位，其神态、姿势等身体语言能在一定程度上反映其心理状况等。访问员可以根据这些观察资料，辨别其回答的真实性，对答案的效度和信度进行评估，甚至还可以挖掘答案背后更深层次的信息，这些都是自填问卷法所不能实现的。

2. 当面访问法的主要弱点

（1）访问员与被访者之间的互动有时会影响到调查的结果。由于访问过程的双方都是有知觉、有感情、有思想、有反应的人，因此，双方在访问过程中往往难以做到完全客观，这样就会导致一些访问偏差，影响到访问资料的质量和效果。

（2）访问调查的匿名性比较差。因而，对于一些涉及人们的隐私（如个人婚姻、私生活）、社会的禁忌、人与人之间的利害关系等敏感性内容的调查研究来说，往往难以采用当面访问的方法来收集资料。因为有访问员在场，并且是当面提问、当面回答，这样，很多被调查者的思想压力就可能很大，顾虑就可能比较多。一般来说，数据收集方法越个别化，被调查者回答敏感性问题的可能性就越小。所有这些显然会直接影响到他们回答问题的态度和所提供的答案的真实性及可靠性。

（3）当面访问调查的费用高，时间长，代价大。由于当面访问法必须派出一批访问员，而访问员事先必须进行培训。访问员的培训费用、工作报酬，以及差旅费等，远比个别发送法、集中填答法、邮寄填答法所花的费用大；这样，它在客观上就限制了调查样本的规模和调查的空间范围，在它的具体运用上就造成了一定的局限性。同时，当面访问法所花费的时间也大大长于自填式问卷调查。由于自填问卷调查可以在很短的时间内对多个被调查者同时进行，而当面访问法则必须一个个地对被调查者进行访问，因此，它所需要的时间显然要多得多。

（4）访问法对调查员的要求更高。尽管自填问卷法也会用到调查员，但其作用相对较小。访问法则可以说完全离不开调查员，或者说完全依赖于调查员。调查员对调查资料的质量、对调查结果的质量影响更大。因此，调查员具有比较高的访问技巧和比较强的应变能力，是成功地完成访问调查的必不可少的条件。

（5）访问法易带来某些偏倚答案。被调查者在接受面对面访谈时更可能提供的社会所愿的答案。这一缺点在进行种族态度研究时表现得尤为明显，研究结果似乎明显受到被调查者和调查员的种族特征的影响。

二、电话访问法

电话调查法是在访谈调查法基础上的延伸，是信息技术和电信业务应用于社会调查领域的结果，是一种在电话得以广泛普及的情况下于20世纪80年代在国外盛行起来的电信调查方法。至20世纪90年代，由于我国电话普及率不断提高，采用电话进行社会调查的可能性得到不断增大，在这种情况下，我国电话调查法得以兴起并不断发展。目前，电话调查法已成为电信调查法中应用最为广泛的一种方法。

随着信息技术的进一步发展，电信业务的进一步开拓，在现代信息社会中，电话调查法必将在社会调查领域取得越来越重要的地位，发挥越来越重要的作用。在美国及其他西方发达国家中，电话访问也是一种可采用的资料收集方式。从我国的情况看，随着经济改革的发展，居民家庭中电话的普及率越来越高，尤其是在城市，电话的普及率正开始接近和达到发达国家的水平。可以预料，在不久的将来，在我国城市中采用电话访问的方式收集调查资料也将逐步成为现实。

1. 电话访问的一般做法

（1）根据调查目的要求设计并印制好电话访问的问卷表；这种问卷表与一般问卷表的较大不同是要特别便于迅速记录答案，而且这些问卷表已经录入专门用来配合电话调查的计算机。

(2) 挑选和培训一组访问员。虽然电话调查中调查员和被调查员并没有直接的接触，但是，如何在接通电话后的短时间内取得被调查者的配合，以及如何在调查过程中把问卷中的信息准确无误地传达给被调查者，访问员在此过程中扮演着关键的角色。

(3) 随机抽取一组电话号码作为调查样本；注意此时应留有一组预备号码，用以在正式抽中的被访者不在家或拒绝合作时替补。

(4) 在电话中，根据访问问卷的内容进行询问，同时记录下被访者的回答。目前，各个电话调查机构都采用了先进的计算机技术，直接在计算机上记录被调查对象的回答，并很便利地将这些回答结果转换成数据进行统计分析。

2. 电话调查法的实施要点

(1) 电话调查法的抽样方法。电话调查法的抽样方法有自己的特殊性。一般来讲，电话调查法的抽样方法有三类：一是电话号簿法；二是随机拨号法；三是综合法。

电话号簿法是借助于电话号簿抽样的方法。电话号簿法抽样最常用的是机械随机抽样，其程序是：第一，根据电话号簿的页数与样本规定，决定平均间隔多少页抽出一个样本，假设这个间隔为K；第二，在1~K之间确定一个随机数字a，然后以这个数字为第一个样本所在的页数，那么第二个就是K+a，第三个就是2K+a，余下类推；第三，在第a上随机抽取一栏，作为第一个样本所在的栏，则其余样本均在与第一个样本相同的栏；第四，在第一个样本所在栏随机抽取某一号码作为第一个样本，以后的每一页均把这一位置的号码抽作样本。采用这种抽样方法，如遇无号页、无号栏、无号位置，均需用下一页或下一栏或下一位置替换。

随机拨号法就是不按某种特殊规则抽样，而随机拨号抽样，被拨通的号码即为调查样本。这种拨号法能消除根据电话号簿抽样中由于某类人不公开电话号码，某类人电话号码变更给样本代表性的影响，使拥有电话的人都有同样被抽中的可能性。但它也存在着一些问题，这就是，由于住宅电话与非住宅电话混合在一起，或一个家庭拥有两部以上的电话，这就会使一个家庭具有更多的被抽取的概率。此外，随机拨号还会时常遇上空号。

综合法是兼用电话号簿法与随机拨号法而形成的抽样方法。常用的有“随机双数法”和“加一法”。随机双数法分两个步骤：首先，从电话号码簿上抽取若干号码，然后，随机改变已抽取号码的最后两位数字作为样本。加一法即每当从电话号簿中抽取一个号码，便在该号码后加上一，再将此数作为样本。

(2) 电话调查法选择受访者的方法。抽取一个样本户后，还要择定受访者。通常的择定方法有两种，即任意法和随机抽选受访者表法。

任意法即户内任意一个人均可作为受访者。使用任意法，大多数是第一个接话人，少数是由第一个接话人传呼来的第二个接话人。随机抽选受访者表法是根据帕斯勒的“随机选择受访者表”择定受访者的方法。这种方法选择样本有规则，但由于各种原因，如择定人不在家或无此人，而会导致接受询访率较低。

(3) 电话调查法访谈时间的限制。电话是一种适用于短时间交谈的通信工具，因此，在语言的组织、问题的数量以及调查的时间上都比较讲究技巧。首先，电话调查的问题必须简短，而且给被调查者宣读的，供他们选择的答案不仅不能太多，而且也必须简短，否则的话，被调查者就无法记住全部的信息。每一个句子最好在 20 个单词以下，语言要简单明了。每一个问题的答案类别以 4~5 个为宜。在问题的句子太长或答案的类别太多时，被调查者可能只能记住最前面或最后面的那些内容，我们将这种现象称为首位或近位效应。其次，电话调查的问题数量不宜太多，问题数量多意味着调查时间长，一是话费较多，二是容易使人厌烦。因此，电话访谈一般应控制在 20 分钟之内，最好控制在 15 分钟之内。再次，电话调查的实施时间最好在傍晚下班之后晚餐之前，或在晚上的新闻联播之后。无论怎样，电话调查的实施时间应充分考虑和尊重调查对象的作息时间与生活习惯，否则，调查者的调查电话是不会受欢迎的。

3. 电话调查法的优缺点

（1）电话调查法的优点。一共有以下五点：

第一，搜集信息速度快，简便易行，省时省力。电话调查由于可以异地访谈，省去了调查员登门调查的往返时间，使每次调查只需很少的时间，搜集信息的速度非常之快。特别是对于内容比较简单的调查，电话访问的效果更好。当被调查者是某些专业人员时，电话访问也往往更为合适。因为一般情况下，这些人常常不太愿意别人登门打扰，而对于一个 10 分钟的电话访问，也许会较好地合作。此外，从专门的电话调查工作室打电话还有一个很大的优点，这就是十分便于对调查员进行监督和控制，它使得电话访问的质量比当面访问更容易得到保证。

第二，调查费用比较低。短途电话调查花钱很少，即使是长途电话调查，费用也远比派员调查节省。此外，电话调查还可以减少访员，节省大量的人员工资和其他经费。

第三，有较好的匿名性。电话访谈是一种调查者与被调查者不直接见面的交谈，被调查者可以保持匿名，可以毫无顾虑地回答某些具有一定敏感性的问题和具有潜在威胁性的问题。

第四，范围广。电话调查的调查对象不必集中在一个地方区域，可以分散在整个国家乃至国际的区域内抽样，凡是有电话的地方，均可以抽为电话调查对象。也可能访问到不易接触的调查对象，如某些高收入或是地位特殊的阶层。

第五，干扰小。电话调查过程中，由于调查者与被调查者之间的沟通渠道是电话线，与外界相隔离，因而电话调查受外界的干扰很小。

（2）电话调查法的缺点。一共有以下三点：

第一，调查过程难以控制，调查效果难以把握。一方面，当面访问中，调查员不仅可以听取被访者的回答，还可以观察到被访者的表情、动作，以判断被访者所提供的资料的正确性和真实性。而在电话调查中，调查员则必须完全依靠自己的听力和交谈来判断这一切。因此，可以说，电话访问的访问员应具有更强的仅靠听觉来分辨事物和情况的能力。另一方面，电话调查由于受到电话中介的制约，如果被调查者对调查内容不感兴趣或产生厌倦情绪，随时可以挂断电话，调查者不能有效地劝其接受调查和完成访谈。因此，电话调查的重点不在于访问员如何敲门，如何进入访问，如何控制访问过程，而在于访问员如何应付“意外”情况，如何尽快地设法解决电话访问过程中可能出现的各种问题。

若有条件，则可用录音机、免提电话机和对讲机等设备配合训练。

第二，电话调查受电话普及率制约，因此在被访者的选取及代表性方面存在困难。从理论上说，电话访问的结果只能推论到有电话的对象这一总体。而在实践中，电话访问必然会遇到如何抽样的问题。如果总体中每一个成员都有一部电话，而且每部电话的号码都集中在一本电话号码簿上，那么抽样将是十分简单的。但现实情况是，一方面，电话号码簿上的号码并非正好构成我们所希望调查的总体；另一方面，有许多属于我们调查总体的号码又没有出现在号码簿上，这样我们就无法抽到他们。正是因为电话调查受到电话普及率的制约，样本的代表性往往不太充分，因而增加了推论总体的误差，对于电话普及率太低的地区，根本就无法进行电话抽样调查。因此，在运用电话访问的方法时，研究者一定要对研究的总体和样本的情况有清楚的认识，尽可能做到抽样的科学性和代表性。

第三，开放性问题在电话调查中得到的答案很有限。电话调查似乎能像当面访谈那样深究被调查者对问题的看法，并逐字逐句地对答案加以记录，但实际上被调查者给出的答案只是一句话或几句很简短的话。如果调查员试图进一步深究“其他的原因”，要求被调查者做进一步的解释或澄清，换来的常常是被调查者的沉默或“死时间”。正因为被调查者不愿意说得更多，他们便会对追问感到不安和焦躁。有关研究表明，电话调查得到的长而详细的答案远不如当面访谈那么常见。①

第三节　定量资料收集的实施要领

资料收集是社会调查中实践性、操作性很强的一个阶段，无论是自填式问卷调查还是结构访问调查，在具体的操作过程中，都有一些值得特别注意的细节。

一、了解和熟悉定量资料收集的基本技巧

我们知道，社会调查是一种需要被调查者积极合作才能完成的社会研究方式。定量资料收集过程中，研究者需要对一些基本技巧熟悉和掌握，才能顺利与陌生的被调查者进行沟通，取得被调查者的合作。这些环节主要包括：

（1）研究者要理解被调查者的心理。在调查资料收集的过程中，研究者应对被调查者的心理和想法有所认识和理解。调查中，被调查者要付出代价，他们希望调查者对他们所付出的代价有所补偿，这是非常正常的心理状态，这一点研究者应当有清醒的认识。因为，对于任何一个具体的调查对象来说，他并没有以牺牲个人的工作、学习、休息和娱乐时间来接受研究者的调查、向研究者提供各种情况的义务；每一位研究者或调查人员也没有为自己工作的需要而占用别人休息或娱乐时间的权利。如果研究者不明白这一点，不在资料收集过程中有针对性地给予被调查者某种形式的补偿，往往会在实际中碰壁。在实际调查过程中，研究者可以通过多种途径使被调查者在接受调查的同时获得相应的补偿。比如，用几元或十几元的物品（如毛巾、牙刷、肥皂、洗衣粉、工具箱之类的日用品）这样小的代价来调动被调查者的积极性往往会收到较好的效果。在调查经费许可，同时调查

① 罗纳德·扎加，约翰尼·布莱尔．抽样调查设计导论．重庆：重庆大学出版社，2007：42.

需要花费被调查者更多的时间或精力的情况下，赠予被调查者的物品的价值应当相应地提高。当然，不同的对象对这种回报的含义和理解有所不同。比如，信任也是一种回报，研究者可以在开场白中通过向被调查者说明“您的参与是重要的”“您是这方面最有发言权的人”“我们很需要您的协助”“您的参与是对我们莫大的帮助”，等等，来调动被调查者的积极性。从我们的调查经验来看，双重的回报即物质的赠与及精神的赞许，更容易获得被调查者的接受与配合。

（2）给被调查者树立良好的第一印象。社会调查的一个显著特点是要同被调查者接触，要和人打交道。并且，由于调查员通常都是作为“陌生人”出现在被调查者面前，第一印象的好坏在一定程度上决定了被调查者是否愿意接受调查，是否愿意耐心而细致地对调查进行回答，因此，同被调查者见面时的第一印象非常重要。一般来说，研究者树立良好的第一印象有几个标准：首先，要体现出正式性，也就是调查员看起来具有某种合理的、合法的和正规的身份，这种正式性往往可以部分消除被调查的猜疑；其次，要体现出普通性，也就是调查员的外表和打扮看起来和平常人一样，没有大的区别，这种普通性则可以帮助消除被调查者的顾虑，调查者切记不能打扮得花里胡哨，尤其是到农村作调查，不能矫揉造作、前卫另类，否则与被调查者容易产生距离；再次，要体现出调查员的友善和礼貌，常言道“良言一句三冬暖，恶语伤人六月寒”，对调查员而言更是如此，这是对调查员态度的基本要求，它可以使调查员的形象易于被所调查的对象接受。

（3）把握好进门和开场白的技巧。在社会调查中，能够顺利地进门，调查就完成了一半，“调查进门难”。因此，调查员应对如何进门给予高度重视，在进门时，调查员最好向被调查者出示相关证件，如工作证、学生证等，这些证件如能配合身份证一并出示，更能获得被调查者的信任；同时，调查员要向被调查者诚恳、谦虚地表达出对被调查者打扰的歉意。除了歉意的表示外，开场白一定要说好。开场白的内容与自填问卷中的封面信相似，主要是解释调查员或访问员是什么人、想干什么、为什么进行调查，并解释怎么抽选到该调查对象的，等等，然后要清楚明白、通俗易懂地告诉被访者，你希望他谈些什么方面的问题。开场白是要消除被访者的各种疑虑和戒备心理；调动回答者配合调查的动机；帮助其做好回答问题的心理准备；建立起轻松、融洽的访谈关系。从我们的调查经验来看，不论是何种形式的开场白，有一个内容是开场白中所必不可少的，调查员必须明确地告诉被访者，你所做的调查除了占用其一定的宝贵时间外，不会给其带来任何其他负担。开场白中的这一内容十分重要，我们对此应当重视。

（4）接触被调查者之前的准备。进行调查访问前，要对调查对象的选取方式、基本特征、调查访问的程序要求、调查问卷的内容，等等，有尽可能明确的认识。特别是要对被调查者总体的有关情况和特征有一个基本的了解，熟悉被调查者的一些基本情况，所谓“十里不同俗，百里不同音”，对于民风民俗差异较大的地方，应当尽可能熟悉当地的习俗；如果是在少数民族地区进行调查，调查员更应当详尽地了解当地的生活习俗、文化禁忌。一方面，便于研究者根据实际情况采取适当的角色姿态，尽可能缩小研究者和被调查者之间的心理距离，增加二者之间的共同语言，以建立起融洽轻松的调查关系；另一方面，可以使得调查者对被调查者在访问过程中所谈到的情况有一个更为准确、更为客观的理解。除了准备好调查所用的问卷及纪念品外，调查员应随身携带证明个人身份的有关证件和标志。这些有助于减少调查对象的疑虑，增加调查的正式性和对调查员的信任感。有的时候还需要携带一些设备材料，比如录音笔、照相机等便于完整收集相关信息的设备。

(5) 把握好与被调查者沟通过程中的技巧。调查中，沟通是必不可少的，调查是靠沟通来完成的。同时，调查中的沟通与一般的沟通有很大的不同。一方面，调查员与被调查者之间基本上是陌生的，彼此并不认识，被调查者在心理上难以迅速地接纳调查员；另一方面，沟通的内容基本上是特定的，围绕着调查问题而展开。站在公共关系学的角度来看，沟通是一门重要的社交艺术，而与陌生的被调查者交流、沟通并取得其合作更是难度颇高的艺术。调查中的沟通，核心是提问。在提问时，一要做到语言简洁，不暗示答案；二要内容清晰、不产生歧义；三要做到轻松愉快，气氛融洽。因此，在进入正题之前，访谈员可以先谈谈访谈对象身边较熟悉的事情，以消除拘束感，比如其家庭、子女、个人嗜好等，但不能跑题，研究者一定记住逐步把话题引向访谈的内容；开始提出的问题除在内容上应比较简单外，提问速度也应相对慢一点，如果访谈员与被调查者之间语言差异甚大，语速更应当放慢，同时可借助相应的肢体语言甚至文字的表达，从而使访谈员与被访者之间逐步相互适应，在顺畅地沟通中愉快地完成调查。在访谈过程中访谈员要专心倾听，应给被访者一种正式感、受尊重感和谈话有价值感。

二、保证调查资料的回收率和回答率

问卷调查中，信度与效度是我们必须高度重视的两个指标。信度反映我们调查结果的稳定性和一致性；效度则反映我们调查本身的有效性。为最大限度地保证问卷调查的信度与效度，在调查实施过程中必须努力提高问卷的回收率和问卷的填答质量。

首先，提高问卷回收率应注意的问题。影响问卷回收率的主要因素有：调查组织者的社会地位；调查对象的自身状况；调查课题本身的内容；调查过程的组织严密化程度；问卷调查实施方式等。因此，在实施调查的过程中应对以下方面注意，以保证问卷的高回收率。一方面，要争取社会权威组织的支持。权威组织拥有一定的威信和知名度，人们对于权威组织具有普遍的认同感。这一因素会影响到回答者是否信任，是否愿意回答问卷。如果调查者能够与权威机构合作实施问卷调查，则一般能保证较高的回收率。更通俗地讲，此处的权威组织包括各级政府及其相关职能部门，各种行业协会，群众自治组织等。另一方面，要加强调查组织工作的严密管理，提高调查人员的负责精神，不能让调查人员马虎应对调查，或者单纯追求完成调查任务；这也需要我们尽可能挑选认真而专业的调查员，并对调查员进行调查专业知识和职业道德的相关培训。

其次，保证问卷填答质量应注意的问题。一方面，问卷发放千万不可走捷径。有的调查人员为了方便或为了加快调查速度，把问卷发放给自己的同学、同事、朋友或亲戚，并由他们发放给自己的熟人，进行滚雪球调查，看似速度很可观，但由于调查人员自身接触范围的限制，这种方法很难保证调查资料的全面性。如果遇情况特殊，确有需要委托同学、同事、朋友或者亲戚发放调查问卷，则必须对他们就有关的调查事项进行细致的说明，如调查的目的、回答问题的具体方式等，以保证其他调查对象能尽可能有效填答调查问卷。另一方面，合理防止和处理无回答情况。问卷调查过程中，常会发现问卷中有被调查者不知怎么回答或不愿回答的问题。为了保证问卷的填答质量，调查人员应采取一定的办法减少该种情况发生的可能。对于送发问卷中当场填写回收的问卷，调查人员应当场粗略的检查填写的情况，看是否有空填、漏填和明显的错误存在。如果发现，则要查找原因，并及时纠正。对于访问问卷来讲，如果调查对象暂时无时间而不能回答，则可以与其另约时间，改期再访。如果拒绝回答，则应设法与其沟通或通过其他途径了解原因，打消其顾虑，尽可能说服其作答。对于邮寄问卷，可以在回寄信封上编号，根据编号判断无回答的具体对象，并进行原因研究。

三、调查员的挑选和培训

在定量资料收集的过程中，并不是每个人都能胜任资料收集的工作，也不是每个人都愿意做访谈员，因此，在挑选访谈员时，应该注意访谈员应具备的一些条件。一般来说，访谈员必须具备的基本条件有：（1）举止自然、谦虚礼貌。举止自然文雅、谦虚礼貌，容易获得别人的好感、信任和尊重以及对调查的支持。（2）吃苦耐劳、不怕困难。访谈工作是很辛苦的，如在某些农村问题的调查中，访谈员可能在一段时间内必须吃住在农村，故访谈员必须能吃苦耐劳，要用热情和毅力换取别人的理解与支持，克服各种各样的困难。（3）知识丰富、善于发问。访谈员要了解被访问者的各种情况，同时要掌握与访谈内容有关的知识。访谈员主要的能力是善于提问的能力。他要根据被访问者的性格、情绪、文化程度等具体情况，灵活地提出问题，并且能顺利地得到回答。（4）诚实认真、客观公正。访谈员进行访谈时，必须肯动脑筋，灵活处理各种问题。但是绝对不能弄虚作假，凭空编造情况或数据。访谈员必须保证访谈资料的客观性。同时注意不要让自己的主观意见影响了访谈的客观公正进行。以上是访谈员应该具备的基本条件。由于各种访谈的具体情况不同，有的访谈还需要访谈员具备一些特殊条件。如访问少数民族，就需要访谈员会说该少数民族的语言，甚至最好是与被访问者属于同一民族。而且，选择访谈员要把握相近原则。就是说，要尽量使访谈员与被访问者在社会地位、生活方式、职业、性格等个人情况以及他们所处的地域等环境情况相近或者相同。比如，要访问一个年老的学者，就最好让年龄相仿，并且有相近文化程度的访谈员去进行访谈。这样才能使被访问者感到受重视，使访谈双方能更好地进行交流，使访谈广泛深入地进行。反之，让一个青年学生去访问一个阅历丰富的老者往往是不合适的，年龄的差距悬殊，使他们很少有共同语言，这就妨碍了访谈的顺利进行。根据相近原则，选择访谈员一般优先考虑当地人。由于当地人熟悉本地的风俗习惯、方言俚语，与群众接触时轻松自如，也能减少被访问者的疑虑，所得的材料比较可靠。因此，我们在挑选访谈员时，应尽可能根据被访问者的生活方式、职业、地域、语言等因素，选择情况相近的访谈员。

访谈员的条件要求很高，因此访谈员的训练非常重要。访谈调查的负责单位或个人，要选择一些训练有素、智能互补的调查研究人员，组成调研小组或工作团，以搞好访谈员的训练和培养，使其能够独立完成访谈工作。只有通过严格的训练，才能培养出合格的访谈员。访谈员的训练对访谈结果有直接的影响。访谈员的训练愈成熟，访谈效果愈好。一般的培训包括以下几个方面：（1）安排几天正式课程，讲授调查方法和技巧，介绍有关的知识如人类学、社会学中有关的内容，介绍本研究的目的意义、研究方法、研究的对象范围和研究步骤等；根据这些内容可以编写一本《访谈员手册》或至少是一份《访谈说明》，然后发给每个访谈员人手一份。可以发给访谈员关于访谈的教材或手册让他们自学，或者采取指导人员授课的方式进行。（2）讨论研究大纲或者问卷，研究讨论、熟悉本研究大纲及调查问卷，要求调查员或访问员对问卷或访谈提纲中的内容可能产生的疑义展开讨论。（3）组织模拟访问或实习访问，一种方式是访问员之间互相访问，以熟悉内容和技巧，由研究人员和训练有素的访谈员观看，并进行评价和指导。另一种方式是到一个社区或找小部分适合的人进行实际操作。在访谈的实战演习中，受训的访谈员能进一步了解并掌握访谈的一般过程和技巧。访谈实习能使受训的访谈员迅速地成为合格的访谈员。（4）沟通技巧训练，针对调查中可能遇到的沟通问题，可以进行模拟训练，从而便于访谈员在遇到类似情况时，能灵活处理，使访谈得以顺利进行。（5）职业道德培训，调查是为了获取第一手真实的资料，调查中必须绝对避免弄虚作假的行为。调查中，访问员或调查员必须尊重每一位被调查者，不论其是否愿意配合你的访谈或调查。这些相关的调查职业道德是应当让每一位访谈员或调查员所牢记的。因此，对于访谈员或调查员的培训中，职业道德的培训是必不可少的，但也是我们所最易忽略的，必须加以重视。

☞本章小结

调查研究中的资料收集方法主要有两种基本类型：一是自填问卷法；二是结构访问法。

自填问卷法指的是调查者将调查问卷发送给（或者邮寄给）被调查者，由被调查者自己阅读和填答，然后再由调查者收回的方法。常见的自填问卷法有个别发送法、集中填答法和邮寄填答法、报刊问卷法几种类型。自填问卷法的优点是节约时间、经费和人力，具有很好的匿名性，可避免人为因素的影响；其主要缺点是问卷的回收率有时难以保障，对被调查者的知识文化水平有一定要求，调查资料的质量常常得不到保证等。

结构访问法又称标准化访问，是指调查者根据结构式的调查问卷，向被调查者逐一地提出问题，并根据被调查者的回答在问卷上选择合适的答案的方法。它是一种对访问过程高度控制的访问方法。依据访问的媒介不同，结构式访问又常见于当面访问法和电话访问法两大类。

当面访问法的主要优点是调查的回答率较高，调查资料的质量较高，调查对象的适用范围广。当面访问法的主要弱点是访问员与被访者之间的互动有时会影响到调查的结果，访问调查的匿名性比较差，当面访问调查的费用高、时间长、代价大，访问法对调查员的要求更高。

电话调查法的抽样方法有三类：一是电话号簿法；二是随机拨号法；三是综合法。电话调查法的优点是搜集信息速度快，简便易行，省时省力；调查费用比较低；有较好的匿名性；范围广；干扰小。电话调查法的缺点是调查过程难以控制，调查效果难以把握；电话调查受电话普及率制约，因此在被访者的选取及代表性方面存在困难；开放性问题在电话调查中得到的答案很有限。

影响问卷回收率的主要因素有：调查组织者的社会地位；调查对象的自身状况；调查课题本身的内容；调查过程的组织严密化程度；问卷调查实施方式等。提高问卷回收率的主要途径包括：要争取社会权威组织的支持；慎重选择调查对象；加强调查组织工作的严密管理，提高调查人员的负责精神等。在保证问卷填答质量时应注意的问题有：问卷发放不可走捷径；合理防止和处理无回答情况等。在挑选访谈员时，应该注意访谈员应具备的一些条件。

☞关键术语

自填问卷法　结构访问法　个别发送法　集中填答法　邮寄填答法　当面访问法　电话调查法

☞复习思考题

1. 自填问卷法有哪些常用的类型？各自有什么特点？
2. 结构访问法有哪些常用的类型？各自有什么特点？
3. 比较个别发送法和集中填答法的优缺点。
4. 邮寄填答法有哪些注意事项？
5. 定量资料收集过程中有哪些注意事项？
6. 请尝试在实践中运用几种定量收集方法，并加以比较。

第七章

定量资料的处理

☞思考发现

在这个定量资料的探索之旅中，我们如同科学的航海者，航行在数据的海洋中，寻找着现象的规律，追逐着社会的脉搏。每一个数据点都是一个社会中普通人的声音，他们的期望、矛盾、需求都在这些数字中得以体现。定量资料的数据处理的最高境界是对社会真实的尊重，是对科学严谨的追求，更是对社会责任感的担当。

☞案例导入

如何进行数据分析①

数据来自2003年7月在全国范围内展开的“劳动与社会保障问题”抽样调查，该调查由中南财经政法大学社会保障研究所组织，按照经济发展水平在浙江、江苏、广东、福建、湖北、广西、河北、河南、四川、陕西、安徽11个省份抽取38个行政村，然后在每个村抽取30户左右进行入户问卷调查，共发放问卷1112份，收回有效问卷1106份，有效回收率99.5%。试图从两个角度来考察农民的养老保险参与意向：（1）当前农民的社会养老保险制度参加意愿，分析目标为“根据农村社会养老保险制度的内容及您自己的经济条件，您是否愿意参加”。（2）对社会养老保险的水平选择，分析目标为“根据农村社会养老保险制度的内容及您自己的经济条件，您会选择怎样的投保标准”。这两个指标将作为本文分析的因变量（见表7-1）。

① 乐章．现行制度安排下农民的社会养老保险参与意向．中国人口科学，2004（5）．

表 7-1　　　　被解释变量的频数分布

参与意愿与选择标准	频　数	百分数	有效百分数
愿意参加（=1）			
每年 60 元以下	288	26.0	27.4
每年 120 元左右	313	28.3	29.7
每年 240 元左右	124	11.2	11.8
每年 480 元左右	120	10.8	11.4
更高水平	29	2.6	2.8
合计	874	79.0	83.0
无钱或不愿参加（=0）	179	16.2	17.0
合计	1053	95.2	100.0
缺失值	53	4.8	
总计	1106	100.0	

自变量选择了个体情况、家庭情况、社区条件、养老观念与期望和对养老保险制度的了解 5 个类型共 17 个变量（见表 7-2）。

表 7-2　　　　自变量的选择及相应处理、赋值

变量名称	变量尺度	变量的处理与赋值方式
个人层面因素		
性别	虚拟变量	0=女，1=男
年龄	定距变量	
文化程度	定距变量 *	1=没上过学，2=小学，3=初中，4=高中或中专及以上
健康状况	定距变量 *	1=很好，2=较好，3=一般，4=不太好，5=很不好
社区身份	虚拟变量	0=没有担任，1=担任村干部、民办老师、组长、村信贷、水电等管理工作
家庭层面因素		
家庭人口数	定距变量	
去年家庭人均收入	定距变量 *	0=无收入，1=500 元以下，2=501~1000 元，3=1001~1500 元，4=1501~2000 元，5=2001~3000 元，6=3001~5000 元，7=5000 元以上
家庭人均土地面积	定比变量	包括水田、旱地、林地、水面等
社区层面因素		
社区地理情况	虚拟变量	0=山地、丘陵等其他地区，1=平原地区
社区经济状况	定距变量 *	1=非常贫穷，2=比较贫穷，3=一般，4=比较富裕，5=很富裕
社区互助关系	定距变量 *	1=很差，2=比较差，3=一般，4=比较好，5=很好
养老意识与观念		
养老风险意识	定距变量 *	1=一点也不担心，2=不很担心，3=无所谓，4=比较担心，5=非常担心

续表

变量名称	变量尺度	变量的处理与赋值方式
“养儿防老”观念	定距变量＊	1＝非常同意，2＝比较同意，3＝没意见，4＝不太同意，5＝不同意
国家解决养老期望	定距变量＊	1＝不抱期望，2＝较低文化，3＝较高期待，4＝很高期待
信息掌握及渠道		
知道保险经办机构	虚拟变量	0＝完全不知道，1＝知道或部分知道
知道保险计息方式	虚拟变量	0＝完全不知道，1＝知道或部分知道
养老保险信息渠道	虚拟变量	0＝其他途径或不了解，1＝主要通过村干部及养老保险部门的宣传

注：带“＊”的定距变量原来均是定序变量，但为统计方便而将其近似看做定距变量。

阅读提示：对本案例收集到的数据应该如何进行定量分析？针对大量的数据资料，如何进行统计、汇总，如何进行分析，计算机提供了支持和帮助，那么这里就有一些问题值得我们思考：（1）如何对收集到的信息进行审核，选取有效数据？（2）如何将收集到的大量信息输入计算机系统？（3）数据输入计算机之后怎样进行数据的清理，为统计分析做好准备？

在社会调查过程中，资料的整理就是对通过问卷调查或访谈收集到的各种资料进行检查、分类，使其系统化、条理化，并通过计算机的辅助，完成资料的统计分析的整个过程。资料整理是资料收集的继续，也是资料分析的前提，是社会调查过程中不可缺少的一个环节。资料处理的基本程序见图 7-1。

图 7-1　资料分析的基本程序

本章将对调查资料的审核与整理、资料编码、数据录入、数据清理等进行简要介绍。

第一节　调查资料的审核

数据资料的审核是资料处理的第一步工作。它指研究者对调查所回收的原始资料（主要是问卷）进行初步的审查和核实，校正错填、误填，剔除乱填、空白和严重缺答的废卷，使原始资料具有较好的准确性、完整性和真实性，从而为后续资料整理录入与统计分析工作打下较好的基础。①

① 风笑天．社会学研究方法．北京：中国人民大学出版社，2005：273.

一、资料审核的内容

对原始资料审核主要针对的是资料的完整性、准确性和真实性的审核。

1. 资料的完整性审核

对问卷资料的完整性审核，主要是检查应该进行调查的单位或个体是否都进行了调查；检查问卷是否填写完整以及数据质量是否符合要求；检查所有的调查项目或指标是否填写齐全，是否出现错填、误填、乱填的情况。当发现错填、误填问卷时，及时向被调查者核实；剔除那些乱填、空白和严重缺答的问卷，作废卷处理。

2. 资料的准确性审核

资料的准确性审查，主要是检查那些含混不清的、不具体的以及相互矛盾的资料。问卷调查中的笔误，被调查者的记忆误差等在调查的过程中时有发生，在整理时应对这类资料作认真审查与核实。

数据准确性审核，采取以下方法：一是逻辑检查，审核数据是否符合逻辑，内容是否合理，各项目或数字之间有无相互矛盾的现象，这种审核主要用于分类和顺序变量的审核。二是计算检查，检查调查问卷中的各项数据在计算结果和计算方法上有无错误或矛盾，这种审核方法主要用于对数值型数据的审核。

3. 资料的真实性审核

资料的真实性审核主要包括两个方面：一是调查资料来源的客观性，也就是调查资料确实是调查者通过实地调查获得的资料，而不是调查者主观杜撰的东西。二是调查资料本身的真实性问题。由于种种复杂的原因，即使是调查者实地调查获得的资料也往往存在一些虚假信息，调查者必须根据自己已有的知识和经验，辨别资料的真伪，把那些明显违背常理的、前后矛盾的资料舍去。

除了研究者自己进行社会调查之外，在社会研究过程中，有时候也会采用已有的他人的调查结果，也就是我们通常所说的二手资料。对于二手数据，审核的内容主要包括三个方面：一是适用性审核，主要是弄清楚数据的来源、数据的研究内容以及有关的背景材料等基本的信息，确定数据是否符合自己分析研究的需要；二是时效性审核，现有的二手资料很多，研究者再进行选择时，应尽可能选择使用最新的调查数据；三是确认是否有必要做进一步的加工整理。毕竟二手资料是别人调查的数据结果，并不是所有的内容都适合研究者的要求，因此，研究者在使用二手资料时，需要对其进行进一步的加工整理，选择适合自己研究内容的数据进行分析。

二、资料审核的方式

资料审核的主要目的是通过检查调查问卷资料中的问题，及时地对发现的问题向被调查者核实，确定问卷资料的有效性。资料的审核工作有两种：一种是实地审核；另一种是集中审核或称系统审核。

1. 实地审核

实地审核是在收集资料的过程中进行的，即边收集边审核。在问卷调查的过程中，一旦发现填答错误，漏填、误填，或一些有疑问的情况，就及时向被调查者进行询问核实。因此，当资料收集工作结束时，资料的审核工作也就完成了。

实地审核一般分成两个阶段：

第一阶段，调查员在访问即将结束时，或者调查员回收被调查者自己填答的问卷时，要对整个问卷进行检查，看是否无漏记、漏填或有逻辑错误的情况。如被调查者往往会认为调查员看到自己，知道自己的性别，而在填答问卷时，对“您的性别？”的问题不作答，调查员在检查问卷时，不管多么简单的问题都要认真审核，以免丢失信息。另外，还要检查一下被调查者交上的问卷有没有明显的资料错误和逻辑错误，如年龄只有16岁的被调查者，填答的婚姻状况是“已婚”，则可能是有错误的。遇到这样的问题时，调查员应该再找被调查对象核实。

第二阶段，调查组织者对调查员交回的问卷当面进行审核，对有疏漏的记录、有错误的记录以及模糊不清的笔迹等向调查员核实，或由调查员再找到被调查者进行核实。

实地审核的优点是资料的审核及时、准确，但对于调查员和监督员处理各种情况的能力要求较高，要有及时发现和处理问题的能力。

2. 集中审核

集中审核是先将资料全部收回，然后集中时间进行审核。这种审核主要是由调查的组织者进行审核。集中审核的优点是资料的收集工作便于统一组织安排和管理，审核工作可以统一在研究者的指导下进行；与实地审核相比，审核的标准比较一致，检查的质量相对好些；但是审核工作的周期会因此相对拉长，使得一些需要重新询问的核实工作因时间相隔较长或空间相距太远而无法实行。因此，在调查的过程中应尽可能在每天调查工作结束后，对当天收集的资料进行初步的整理，对问卷中出现的问题及时补充或核实。

3. 审核结果的处理

对于审核中发现的问题如何进行处理呢？

审核结果的处理通常有两种方式：一种是问卷的回访，研究者在回收调查资料后，由其他人对所调查的样本中的一部分个案进行第二次调查，以检查和核实第一次调查的质量。对于出现的错误，及时进行更正或设法进行补充调查；另一种是对于审核的结果进行筛选和剔除。当数据中的错误不能予以纠正，或者有些数据不符合调查的要求而又无法弥补时，将某些不符合要求的数据或有明显错误的数据予以剔除。

第二节　调查问卷的编码

编码就是给每个问题及答案一个数字作为它的代码，将问卷中的文字转化成数字的过程。定量调查的数据一般要输入计算机，用计算机进行整理和分析，数字代码为计算机的输入和分析提供了方便。编码也是数据整理汇总阶段重要而基本的环节。编码的目的是用一组变量来表示各项调查问题，用每一个变量的不同取值表示对这一问题的不同回答。比如，调查对象是不是党员，可用“1”表示“党员”，用“2”表示“非党员”。需要注意的是，在定类和定序变量的编码中，数字仅起到一种代表的作用，并不说明任何数量上的意义。

一、编码的方式

编码的方式主要有三种：前编码、边缘编码和后编码。

所谓前编码，指的是研究者在问卷设计时事先为每一个题目的答案设置一个代码，编码时只要逐一记录被调查者回答的选项代码即可，这种编码的方式与问卷设计是同步进行的。前编码又称预编码。封闭式问题通常采用就是前编码的形式。

所谓边缘编码是为了提高录入和查错时的工作效率，在问卷上预留编码的位置，这些预留的编码通常在问卷的最右边，并用竖线与问题部分隔开，因此称为边缘编码。边缘编码是编码的一种表示形式，一般在数据录入之前编码的表示形式都是边缘编码，也就是将编码值写在相应调查指标对应的位置，然后根据编码录入数据。

研究者在访问结束后，对问卷进行的编码被称为后编码。开放式问题和封闭式问题中的“其他”选项的编码，通常是采用后编码的形式。因为这些问题往往很难预计，只能在调查问卷回收之后，根据具体的答案设定编码的形式。

这里要说明的是，究竟是采用前编码还是后编码的形式并没有固定的顺序和要求，研究者可根据自己的研究需要与进度而定。

二、答案代码的确定

答案代码的确定是编码的重要内容。编码一般分为两步①：第一步是对问题的回答选项进行分类；第二步是建立回答类别与变量数值间的对应关系。

对问题的回答选项进行分类，指的是在设计问卷时，每一个指标或变量设置几个选项的问题。简单的变量，如“性别”，答案只有“男性”和“女性”，比较好确定类别和答案代码。而对于一些复杂的指标或变量，如“收入”，答案可能是十几种甚至几十种，如1500元，2100元，2500元，3000元，等等，就需要将其编为几十个数字；也可以将其划分为1500元以下，1500~3000元，3000~5000元，5000元以上几类，编几个数字；或者只划分为高收入和低收入两类，设置两个数字。到底采用哪一种形式，根据研究的需要而定，因为答案形式的不同，也决定答案代码设置时的差异。问卷中封闭性的问题，一般在问卷设计时已对问题进行分类，并确定了答案代码，见表7-3。这种问卷的编码，只要将被调查者在问卷中所选择的项目代号或数字填入相应的编码栏中即可。

---

① 袁方．社会研究方法教程．北京：北京大学出版社，1997：434.

表 7-3　　　　　　　　　　**调 查 问 卷**

A1. 您的性别：①男　②女	___
A2. 您的婚姻状况： ①未婚　②已婚　③离异　④丧偶	___
A3. 您是哪一年到该市打工的？___ 年	___
A4. 您现在的工作是：___	___

表 7-3 中，问题的代码分别是 A1、A2、A3、A4，问题中每个答案的数字就是答案代码，如 A1 中，“1” 表示 “男”，“2” 表示 “女”；A2 中 “1” 表示 “未婚”，“2” 表示 “已婚”，“3” 表示 “离异”，“4” 表示 “丧偶”，这样就把原来的文字转换成了数字。编码时直接将被调查者选择答案的代码写在右边的编码栏中即可。而像 A3 题的答案是具体的数字，可直接在____上填答数字，就直接用被调查者填答的数字作为其回答的代码值。如果被调查者在横线上填答了 “2008”，则可以直接将这一数字作为答案的代码。

对于开放性的问题，因事先不能预料答案的情况，不能进行事前编码，这时编码就要从第一步对问题回答的分类开始。具体的做法是，可以先从回收的问卷中随机抽取一些问卷，将这些问卷的答案记录下来，然后根据其不同的特征或内容进行分类，并赋予每一个类型或答案一个数字代码。如表 7-3 中，A4 的答案，经过对多份问卷的整理之后，可以用 “1” 表示 “教师”，用 “2” 表示工人，等等。那么在对问卷进行编码时，凡是看到 “教师” 的就用 “1” 表示。对于分类的数量，如果不加任何限制，不想造成任何误解，类别数目可能会与答案数目一样多，类别过多，就会给分析造成困难；类别过少，则可能会使类别不明确。一般来说，开始分类时可以分细一些，在具体应用过程中，可根据需要进行适当合并。

在编码时，除了对指标或变量的答案进行编码外，问卷编号、访问员编号等信息一般也要进行编码，输入数据库。

三、编码的具体方法

在问卷设计中，我们知道问卷中指标或问题的设置有不同的方式，如单项选择题目、不定项选择题目、多项选择题目等，这就决定了在进行问卷编码时，也要根据具体的题目类型和要求采用不同的编码方法。

1. 单项选择题的编码

给出的答案至少有两个，回答者根据自己的情况选择一个答案作为回答的单项选择题目，通常直接使用问卷设计时赋予每一个答案的数值作为其代码值，如表 7-3 中，A1、A2 题每个答案前面的数字就是其代码值，编码时直接将这些数字填写在编码栏即可，如表 7-4 中题目的编码。通俗地讲，即是 “单选题，选什么编什么”。这些代码值都是数字，但只是各种不同答案类别的一个代号或一个记号，不能进行加减乘除运算。

表 7-4 单选题的编码

问题	编码
A1. 您的性别：①男　√②女	2
A2. 您的婚姻状况： ①未婚　②已婚　√③离异　④丧偶	3

2. 多项选择题的编码

多项选择题指的是一个问题可选择的答案不止一个，而是有多个，又包括不定项选择题和多项限选题。

（1）不确定选择个数的多项选择题。不确定选择个数的多选题指的是在调查时不设定回答者对某一问题的选择答案个数的题目。如表 7-5 中的 A5 题，被调查者可以选择 1 个、2 个、3 个、5 个或者 10 个答案。对于这类问题的编码，因为不确定答案的个数，很难确定预留几个编码为合适，并且考虑到统计时变量的类型特征，结合统计分析中虚拟变量的用法，一般采用“0，1”编码的形式，如果选择了，则标记为“1”，没有选择，则标记为“0”。通俗地讲，即是“任选题，有多少个选项就有多少个变量，每个变量用‘0，1’编码”。如果一个被调查者选择了 2、5、6、8、9 项，那么，A5 题的编码则如表 7-5 编码栏所示。每一个答案都有一个相应的栏码相对应。

表 7-5 不定项选择题的编码形式

问题	编码
A5. 在选择工作时，人们会考虑很多因素，你认为最重要的是：（有几个选几个） 1. 收入　2. 个人发展机会　3. 公司声誉　4. 单位类型 5. 地理位置　6. 个人学习机会　7. 兴趣爱好　8. 专业对口 9. 人际关系　10. 其他（请写明）______	0100 1101 10

（2）确定选择个数的限选题。因为选择的个数太多，有时难以进行统计，因此，多项选择题有时候也会对其限制选择的个数，如表 7-5 中的 A5 题，如果选择的要求不是“有几个选几个”，而是设定“请选择最重要的三项”，那么又该如何进行编码呢？

①采用“0，1”编码。即使是设定了选择的个数，也可以“0，1”编码的形式进行编码，这时还是有几个答案就设置几个编码的位置，将其视做任选题，只是选择“1”的答案是确定的，不能超过三个，当然有些人没有那么多的选择，可能只有 1～2 个答案，也是可以接受的。

②用答案前的数字作为代码。因为答案选择的个数确定，最多选择三项，所以在编码时也可以设定三个编码，以答案前的数字作为代码。通俗地讲，即是“限选题，限选几项就有几个变量，每个变量选什么编什么”。上面 A5 的编码就变成了下面的形式（见表 7-6）：

表 7-6　　不定项选择题的编码形式

A5. 在选择工作时，人们会考虑很多因素，你认为最重要的三项是：<u>　2　</u> <u>　5　</u> <u>　6　</u> 1. 收入　2. 个人发展机会　3. 公司声誉　4. 单位类型　5. 地理位置 6. 个人学习机会　7. 兴趣爱好　8. 专业对口　9. 人际关系　10. 其他____

对于问卷中的那些跳答/不适用的题目一般用 9，99，999 等固定的代码。应该填答而没有填答的题目用 0 或空格来表示，在录入的过程中，可直接空过去，以免与其他有意义的数字代码相混淆。

3. 开放性问题的编码

对于开放型题目，如果针对的是定距或定比变量，可以直接用填答的数字进行编码，如“您每月的收入是____元?”，编码时直接采用填写的数字。

而对于非数值型的题目，则先制作编码本，为其中的每一个选项设计一个代码，再进行编码，如“您的专业是____?”调查完成之后，可以根据随机抽取的一些样本的情况设定代码，如“1＝社会学，2＝经济学，3＝教育学……”进行编码，并录入。

4. 编码常用的一些规则

编码涉及的情况很多，需要具体问题具体处理，但在长期的编码过程中，人们也总结出了一些常用的规则。

(1) 使用统一的编码表和编码手册。

(2) 对答案完整的有问题的编码，可以根据编码表直接进行编码。

(3) 对选择答案，有笔误和错别字，但不影响内容的判别时，也根据编码表直接编码。

(4) 对答案不明确，或者回答者答非所问，不合逻辑的答案，一般不要进行编码，而是记录下问卷编号、题号等，告知负责人统一处理。不确定的信息需进行查证；在确认的情况下需进行修正；对于一些关键性问题无法查证到时需要作废。

(5) 当一个意见在编码表上找不到合适的编码时，编码员不得私自加新码，应向编码督导询问处理办法。编码负责人根据实际情况统一进行处理。

(6) 在编码时还经常会遇到半开放型题目“其他”选项中的答案的处理，这是需要确认写在“其他”位置的内容是否已出现在问卷所列出的选项中，若已有，则用答案中已有的代码进行编码，若没有，才按其他选项另作处理。

5. 答案栏编码的确定

编码的目的是为了将文字的资料通过设定一定的代码，使其转化到计算机可以识别的数据时更为简便、快捷，在计算机录入数据的过程中，特别是一些专门的数据处理软件，如Foxpro软件，除了考虑答案的数字代码外，还要考虑每一个题目答案的宽度和栏码数，在数据库编写时进行相应的设置，为数据的录入提供方便。每个问题答案代码的位数通常称为编码的宽度。栏码则是在数据转录到登记表上或者录入数据库时每个变量所处的位置，它是根据每个指标或问题答案代码的位数，确定该项目或问题所占的宽度，再根据前后顺序来确定其在整个数据排列中所处的位置，从前依次往后排列。

答案的栏码数一般在设计问卷时就直接印在问卷中，如表7-3中右侧的编码栏，每一个问题对应编码的横线个数表示这一问题编码的宽度，如性别的两个取值“1=男；2=女”，那么，这一题目对应的栏码数是1；到城市工作的时间是哪一年，如2005，那么它对应的位数应该是4位，所以在设定编码栏时设定4位栏码。如表7-3中各问题的栏码分配表则如表7-7所示：

表7-7 **栏码分配表**

指标或问题	宽度	栏码
问卷编号	4	1~4
A1. 您的性别 ①男 ②女	1	5
A2. 您的婚姻状况？①未婚 ②已婚 ③离异 ④丧偶	1	6
A3. 您是哪一年到该市打工的？____年	4	7~10
A4. 您现在的工作是____	2	11~12

四、编制编码手册

因为社会调查中涉及的调查问卷和问卷中调查的问题往往较多，问卷的编码大多数情况下一个人很难完成，需要较多的人一起进行编码和数据录入，因此，制定统一的编码表或编码手册，就可以要求编码者按照统一的编码要求完成问卷资料的转换。

在编码手册中，研究者要将需要编码的项目和问题一一列出，逐一规定它们的代码、宽度、栏码、简要名称、答案赋值方式及其他特殊情况的说明等。整个编码手册要规范统一，指示要明确，并且容易理解，便于操作。

表7-8就是一份调查问卷的编码手册的节选。“指标或变量”是问卷中进行调查的各指标或变量。“变量名”是调查问卷中实际测量的每一个变量在录入计算机时对应的名字，通常用与问卷中题目相对应的字母和数字表示，这样可以较为方便地根据问卷查找相关的数据。“变量含义”则简要地说明该变量所反映的主要内容。“答案赋值”即各问题答案所对应代码的说明，非常重要，需要详细地标明每一种答案的赋值结果和赋值方法。“宽度”和“栏码”是数据库建立和数据录入的时候需要用到的重要内容。“备注”一般是对其他需要说明的内容进行说明，特别是对缺省值、跳答等内容的说明。

表 7-8　　**编码手册（节选）**

指标或变量	变量名	变量含义	答案赋值	宽度	栏码	备注
问卷编号	wjbh	问卷编号		4	1~4	
A1	A1	性别	1=男，2=女	1	5	缺失值为系统缺省
A2	A2	年龄	按实际填答年龄填写	2	6~7	同上
A3	A3	婚姻状况	1=未婚，2=已婚 3=离异，4=丧偶	1	8	同上
⋮	⋮	⋮	⋮	⋮	⋮	⋮
A8	A8	个人月收入	根据实际数字填写	4	16~19	同上
A9	A9	全家月收入	根据实际数字填写	5	20~24	同上
⋮	⋮	⋮	⋮	⋮	⋮	⋮

有了编码手册，不同的调查员（或专门的编码、输入人员）就可以按照同样的标准和方法对收回的问卷进行编码。同样，资料分析员也可以方便地认识、理解数据资料中所包含的各个变量的信息。

第三节　数据输入

问卷资料进行编码之后，问卷中的大多数信息都转化成数字代码，接下来就是要把这些数据输入计算机进行统计分析。数据输入就是将问卷资料所对应的代码通过扫描或用键盘逐步输入计算机，建立数据文件的过程。目前，数据输入的方式主要有三种：人工输入数据、计算机辅助系统转换和光电输入。目前，社会学研究中常用的是人工输入和计算机辅助系统转换两种数据输入的方式。

一、人工输入数据

人工数据输入是目前最常用的数据输入的方式。人工输入就是输入人员通过键盘，将问卷或登录在数据表上的数据逐一输入计算机的过程。人工输入的过程中涉及数据输入的两种方式：一种是直接从问卷上将编好码的数据输入计算机；另一种是先将问卷上编好码的数据转录到专门的登录表上，然后再从登录表上将数据输入计算机。

直接将数据从问卷输入计算机可以避免再次转录中可能出现的错误，但是因为在输入数据时需要不断翻动问卷，输入的速度会受到影响。如果将问卷上的数据先登入到登录表上，再输入计算机虽然可以弥补直接输入的一些不足，但是数据从问卷转录到登录表上可能会出现错误，从登录表再输入计算机又可能出现错误，与直接输入计算机相比多了一次出错的机会，因此，在实际的数据输入过程中，一般都是直接将数据输入计算机。

在对调查资料进行统计时，目前用得最多的统计软件有 SPSS、SAS、Excel 等，近年来，SPSS 软件在社会学的研究中得到了广泛应用，下面就对 SPSS 软件数据输入的方式进行介绍。

1. SPSS 软件简介

SPSS（Statistical Product and Service Solutions）现为“统计产品与服务解决方案”软件，最初软件全称为“社会科学统计软件包”。20 世纪 60 年代末，美国斯坦福大学的三位研究生研制开发了最早的统计分析软件 SPSS 软件，同时成立了 SPSS 公司，并于 1975 年在芝加哥组建了 SPSS 总部。20 世纪 80 年代以前，SPSS 统计软件主要应用于企事业单位。1984 年 SPSS 总部首先推出了世界第一个统计分析软件微机版本 SPSS/PC+，开创了 SPSS 微机系列产品的开发方向，从而确立了个人用户市场第一的地位。同时，SPSS 公司推行本土化策略，目前已推出多语种版本。SPSS/PC+的推出，极大地扩充了它的应用范围，使其能很快地应用于自然科学、技术科学、社会科学的各个领域。SPSS 软件使用 Windows 的窗口方式展示各种管理和分析数据方法的功能，使用对话框展示出各种功能选择项，只要掌握一定的 Windows 操作技能，粗通统计分析原理，就可以使用该软件为特定的科研工作服务了。

SPSS for Windows 是一个组合式软件包，它集数据整理、分析功能于一身。用户可以根据实际需要和计算机的功能选择模块，降低对系统硬盘容量的要求，有利于该软件的推广应用。SPSS 软件的基本功能包括数据管理、统计分析、图表分析、输出管理，等等。

SPSS for Windows 的分析结果清晰、直观、易学易用，而且可以直接读取 EXCEL 及 DBF 数据文件，现已推广到各种操作系统的计算机上，它和 SAS、BMDP 并称为国际上最有影响的三大统计软件。

目前最新 SPSS 版本是 19.0 版，SPSS 自 10 版以来有了很大的改进：（1）增强的数据管理功能；（2）更完善的结果报告功能；（3）为复合体样品模块增加统计建模功能；（4）新增分类树模块；（5）更好的 SPSS 系列产品兼容性。

SPSS 软件的操作简单，双击 SPSS 图标，进入 SPSS 数据编辑器（SPSS Data Editor）窗口。SPSS 软件具有菜单功能和窗口功能，包括①File（文件）；②Edit（编辑）；③View（视图）；④Data（数据）；⑤Transform（转换）；⑥Analyze（统计分析）；⑦Graphs（图形）；⑧Utilities（工具）；⑨ Windows（窗口转换）和⑩ Help（帮助）十项菜单功能。

此外，还有快捷工具栏，表示常用操作，如打开、存盘等。数据输入栏是一个二维数据表（每列为一个变量；每行为一个案例）。此外，还有“Data View 数据视图”与“Variables View 变量视图”转换按钮。通过按钮转化可以很快地了解各个变量的信息和对应的数据结果。下面的图 7-2 是 SPSS 软件的基本窗口。

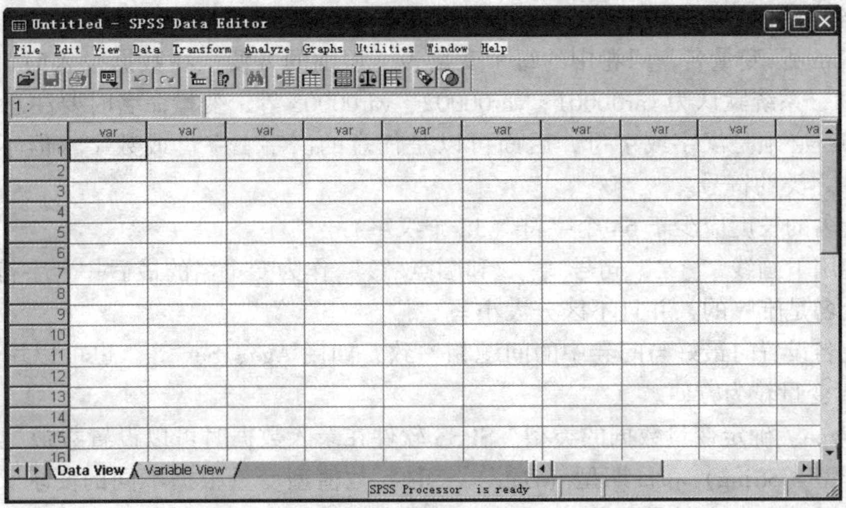

图 7-2　SPSS 软件的基本窗口

2. 数据输入

在 SPSS 软件中输入数据时，打开 SPSS 软件，显示的就是数据输入窗口，其形式就是一张行×列的表格，每一列（纵栏）表示一个变量（var 表示），每一行代表一个个案，也就是一个被调查对象的信息。

在数据输入之前，首先需要对变量进行定义，点击“Variable View”切换到变量窗口（见图 7-3），左边纵栏的序号 1、2、3……表示问卷中的每一个变量，而横行表示的是每一个变量的特征。包括变量名、变量类型、变量宽度、小数点的位数、变量标签、变量取值、缺失值等，将问卷中的每一个变量根据其特征进行定义。

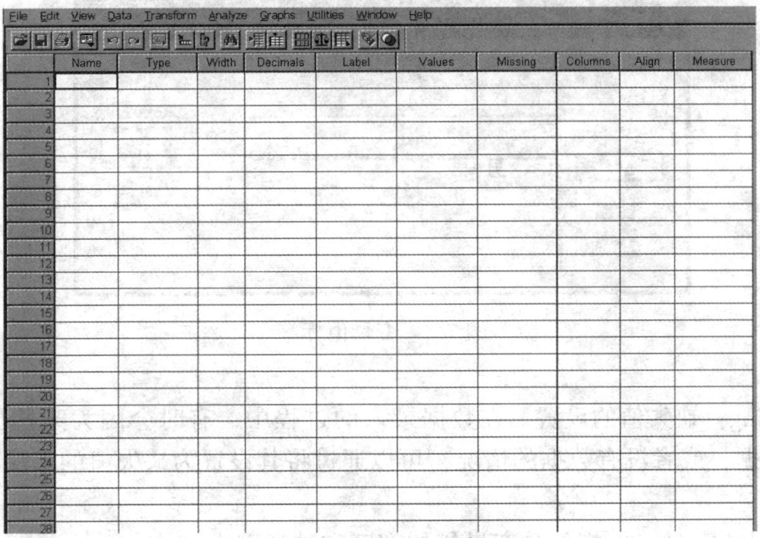

图 7-3　变量定义窗口

其中各项的内容分别是：

（1）Name：变量名，问卷中的每个变量为了识别的方便，在数据录入时都确定一个名称，否则，系统默认为 var00001、var00002、var00003 等，变量命名时要注意以下几点：

●首字符必须是汉字或字母，后面可以是任意的汉字、字母或数字，但不能用“！”“?”“ * ”之类的符号。

●变量名的长度应少于 64 个字符（32 个汉字）。

●不能用下画线“ _ ”，句号“。”和圆点“.”作为变量名的最后一个字符。

●变量名是唯一的，并且不区分大小写。

●变量名设置时最好与问卷中的问题相一致，如用 Age、Sex 等，也可以用 a1、a2 等表示，查找变量较为方便。

（2）Type：确定变量数据的类型。SPSS 软件在录入数据时可以设置数值型（Numerical）、字符型（String）和日期型（Date）三种，数值型变量根据不同的要求又可设置为标准型（Numerical）、逗号型（Comma）、句号型（Dot）、科学计数型（Scientific notation）、美元型（Dollar）和自定义货币型（Custom currency），系统默认的为标准数值型（Numerical）。

（3）Width：变量宽度，指的是变量名的宽度，默认是 8 位，可以根据需要进行调整。

（4）Decimals：小数点位数，如果输入的数据有小数，则要设置小数点的位数，默认为 2 位的小数。

（5）Label：变量名标签，是对变量名含义的进一步解释和说明。

（6）Values：变量值标签，是对变量取值进一步的解释和说明，特别是用数值表示非数值型变量时，如性别变量的取值“1=男，2=女”。定义变量值标签时，点击 Values 相应变量名对应的...，弹出如图 7-4 的窗口，进行定义即可。

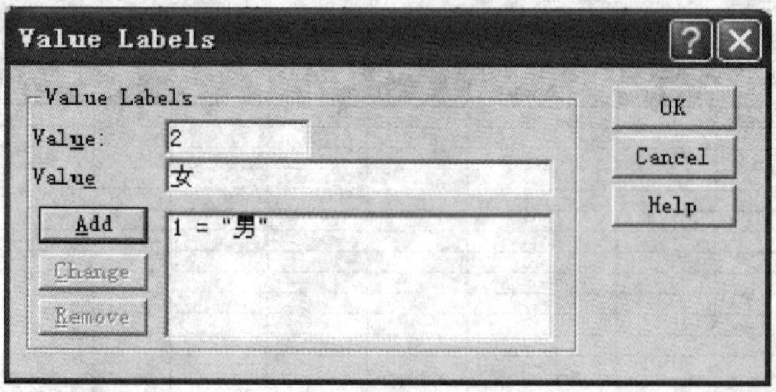

图 7-4　变量值标签

（7）Missing：缺失值的设置。在数据录入的过程中，有时会因为某些原因产生错误的、失真的数据，或者没有数据的情况，可以通过将其设置为缺失值的方法来定义缺失数据。

（8）Columns，Align：指的是变量值的宽度和排列方式。

（9）Measure：指的是变量的类型是定类变量、定序变量还是定距变量。

定义完变量名之后，回到 Data View 窗口下，数据窗口中纵栏的“var”就变成研究者定义的变量名，如 A1、A2 等。然后，就可以根据问卷的内容，直接将每一个个案的数据逐一输入到每一个方格中（见图 7-5）。数据输入完之后存盘，就形成了一个完整的数据，可以随时调用并进行分析了。

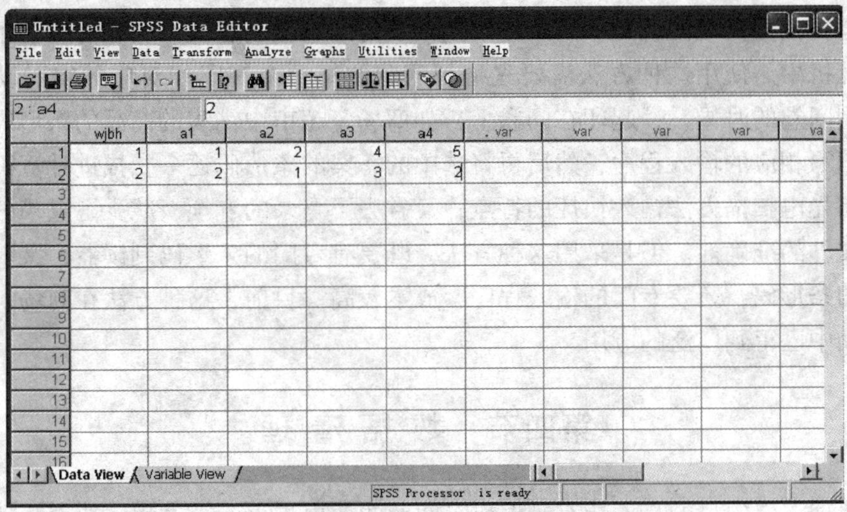

图 7-5　SPSS 数据输入举例说明

二、其他输入方式

调查中的数据除了采用人工输入的方法外，还有其他的输入方式，比如，计算机辅助系统转换和光电输入法等。

1. 计算机辅助数据输入

计算机辅助系统转换主要用在电话访问中，也就是采用“计算机辅助电话调查系统”（CATI 或 PAPI）搜集资料时，通过计算机和转换软件可以直接将调查员在电话访问过程中输入电脑中的数据转换为数据文件。这种方法可以节省输入和整理的时间，提高数据整理的速度，节省了人工成本，并且可以避免数据多次转换可能出现的误差。但是这种数据输入的方法主要以电话调查的资料为主，在电话调查中，访谈问卷的使用和管理，整个抽样的过程都是在计算机上完成的，因此需要专门的电话访谈软件和设备，但这些设备较为昂贵，因此这种数据输入方法的成本较高。目前有些学校已经建立了电话调查实验室。

2. 光电输入①

光电输入包括光电扫描和条形码判读两种方式。光电扫描是指将登录到专门的光电扫

① 郝大海．社会调查研究方法．北京：中国人民大学出版社，2005：207.

描纸上的编好码的数据，用扫描仪器扫描到计算机中。这种方法的优点：一是比人工输入方法准确；二是输入速度较快。而其缺点则在于将数据登录到扫描纸上的过程既麻烦，又容易出错，而且扫描仪对扫描纸上的要求较高，不仅纸质要好，不能折叠，而且对记录笔也有较高的要求（如要求2B硬度的铅笔），否则扫描时容易出错。这种方法主要用在考试过程中，如英语四、六级考试的答题卡上的答案进行统计就是采用这种形式。

与光电扫描相类似的就是利用条形码判读器将问卷上与答案编码相对应的条形码直接扫描到计算机中。使用这种方法需要先将与问题的每一个答案相对应的编码设置成条形码，在印刷问卷的时候，一起印在问卷上，如商场、超市中销售的商品的条形码。输入数据时，先编写相应的输入程序，然后再将选中的答案的条形码逐一扫描进计算机即可。这种方法既有光电扫描方法输入快捷的特点，又省去了登录的麻烦，减少了登录的误差，提高了数据文件的准确性。但是采用这种方法，既要有专门的条形码判读器，又要在问卷上印刷特定的条形码，还要专门的输入程序，成本较高。目前，这种方法在商场、超市等商品销售活动中已得到广泛的应用。

第四节　数据清理

数据清理工作的目的是不让有错误或有问题的数据进入运算过程。数据清理工作一般在计算机的帮助下完成。在录入的过程中，无论组织安排得多么仔细，工作多么认真，还是会或多或少出现一些差错，如原始数据本身存在问题、编码过程中出现差错、录入人员的疏忽所犯的错误。数据的清理通常包括对数据有效范围的清理、数据逻辑一致性的清理和数据质量的抽查。

1. 数据有效范围清理

有效范围清理的逻辑是：问卷中任何一个变量，其有效编码值往往都有某种范围，而当数据中的数字超出这一范围时，可以肯定这个数字一定是错误的。比如，在数据文件的“性别”这一变量栏中，出现了数字5、7或者9等，我们马上可以判断这是错误的编码值。因为根据编码手册中的规定，“性别”这一变量赋值是“1=男，2=女，0=无回答”。凡是超出这三者范围的编码值，肯定都是错误的。

产生这种错误的原因，主要是因为：

第一，原始问卷中的答案出现了问题。被调查者在填答问卷时因为笔误填写错误。

第二，错误发生在编码员的编码上。比如，某个调查者的年龄是24岁，编码员在编码的时候由于粗心，编写成42岁，超出了我们实际调查对象的年龄限制。这一超出有效范围的奇异值就来自于编码员。

第三，错误发生在计算机输入人员输入数据的过程中。输入人员在数据输入的过程中，往往都是眼睛看着编码栏，手在计算机键盘上敲打0~9这10个数字，但是因为键盘上数字之间的距离太近，比较容易输入错误，如将“2”输成了“5”。

对于这一类错误的清理，可以通过在 SPSS 软件中执行对各变量频数分布（frequency）的命令，当我们发现频数分布表中变量的取值超出了编码手册所规定的赋值范围，可通过计算机将这些个案查找出来，将这些问卷找出同原始问卷核对和修改。如果一份问卷中错答、乱答的问题不止一两处，则可以将这个个案的全部数据取消，作为废卷处理。

2. 逻辑一致性清理

除了数据输入的奇异值之外，还有一种较为复杂的，需要做的就是逻辑一致性清理。逻辑一致性清理其基本思路是：依据问卷中的问题相互之间存在的某种逻辑联系，来检查前后数据之间的合理性。它比有效范围清理要复杂一些，主要针对的是相依性问题。比如，前面问到“性别”属于“男性”，后面出现“怀孕时间”的答案数字；编码为“独生子女”的个案数据中，出现了“哥哥、姐姐的个数与年龄”的答案数字，等等。

要查找和清理逻辑一致性问题的个案，可以在 SPSS 软件中，执行条件选择个案命令（Select Cases）中的 If 命令来找出个案进行修改，或者直接用重新设置变量值命令（Record）进行变量取值的转换。

如果用 Select Cases 命令时，先用 If 命令将所有不符合要求的个案挑出来，再按前述有效范围清理的方法，找到原始问卷进行核对，对其作相应的处理。

逻辑一致性清理还可以采取 SPSS 中变量值转换的命令（即 Record 命令）来进行。可以采用 Record into same Variables 命令对变量的取值进行转换。用 Record 命令的好处在于可以把需要修改的变量一次性修改完毕，所以这就要求研究者在运用这一命令时，确定符合条件的变量都是需要修改的，在输入的时候不是因为前面的过滤性问题而产生的错误。

逻辑一致性清理根据问卷调查中各问题的逻辑关系和情况不同，研究者要具体问题具体分析，不能一概而论，根据其内在的逻辑关系进行清理。

3. 数据质量抽查

在上述两种方法对数据进行清理后，仍可能有一些错误没有清理出来，假设某个案的数据在“性别”这一变量上输错了，问卷上填答的答案是 1（男性），编码值也是 1，但数据录入时却错敲成了 2（女性）。因为 2 这个答案在正常有效的编码值范围中，因此，有效范围的清理检查不出这一错误，也不可能通过逻辑一致性进行清理，更不可能拿着问卷一份份地核对，这时人们通常采用的方式是数据质量的抽查。

数据质量抽查，是从样本的全部个案中，抽取一部分个案，对这些个案参照原始问卷逐一进行校对。用这一部分个案校对的结果，来估计和评价全部数据的质量。根据样本中个案数目的多少，以及每份问卷中变量数和总数据的多少，研究者往往抽取 2%～5%的个案进行校对。如一项调查样本的规模为 1000 个个案，一份问卷的数据个数为 100，研究者从中随机抽取了 3%的个案，也即 30 份问卷进行核查，结果发现有 1 个数据输入错误。这样，1÷（100×30）≈0.033%，这就说明数据的错误率在 0.033%左右，在总共 10 万个数据中，大约有 33 个错误。虽然我们不能将其找出对其进行修改，但可以知道错误数据所占的比例，对调查结果有多大的影响，了解数据的质量。

第五节　数据转化与调整

数据转化与调整就是在统计分析之前或统计分析中对数据进行加工处理，如根据统计分析的要求对数据进行分组、合并、加权、筛选等。SPSS 软件中 Data 和 Transform 等菜单提供了对数据进行转化与调整的分析模块，下面对数据转化与整理过程中常用的几个命令进行简单介绍。

一、记录排序：Sort Cases 过程

通过 Sort Cases 过程将记录按 ID 变量排序，有利于对数据的查找和修改。通过将某个变量按升序或降序排列，可以非常容易地发现输入错误的数据，因为它们往往是最大值或最小值，而缺失值在排序中会排在最小值的前面，因此，在数据清理时可以通过排序的方法很快发现那些有问题的或缺失的数据。

操作过程：选 Data 菜单的 Sort Cases 命令项，弹出 Sort Cases 对话框（见图 7-6），在变量名列框中选 1 个需要按其数值大小排序的变量（用户也可选多个变量，系统将按变量选择的先后逐级依次排序），点击▶按钮使之进入 Sort by 框，然后在 Sort Order 框中确定是按升序（Ascending，从小到大）或降序（Descending，从大到小）进行排序，点击 OK 按钮即可，就可以看到排序的变量按要求进行了升序或降序的排列。

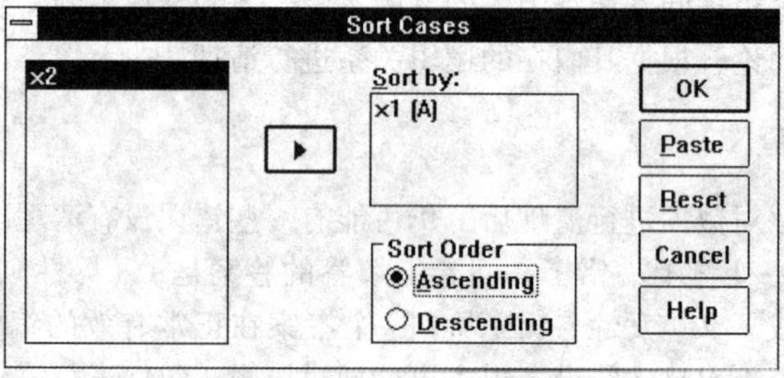

图 7-6　Sort Cases 对话框

二、行列转置：Transpose

这个过程用于对数据进行行列转置，即原来的一条记录转成一个变量，而变量则转成一个记录。可以在原数据文件中制定一个变量用于给转置后的变量命名。原变量名则自动保存在系统产生的名为 case_lbl 的变量中。如果使用得当，两次 Transpose 过程后数据集就会恢复原样。但是要注意，如果是字符型变量，转置后就消失了。图 7-7 和图 7-8 分别是转置前和转置后数据的情况。

	place	row	number
1	in	4.00	674.00
2	out	7.00	947.00

图 7-7　转置前

	case_lbl	place	row	number
1	VAR001	.	4.00	674.00
2	VAR002	.	7.00	947.00

图 7-8　转置后

Transpose 过程的对话框中，左侧为候选变量框，右侧上方为 Variable 框，用于选入需要转置的变量，一般应选入除名称变量外的所有其他变量，如果有变量未选入，则转置时会被自动放弃；右侧下方为 Name Variable 框，用于指定原数据文件中记录转置后变量名的字符变量，但不是必需的，此时系统会将新变量自动按 var001、var002……的顺序命名。

三、数据格式转变：Restructure

如果需要根据分析要求改变数据的排列格式时，如在重复测量模型中将同一个个体的多次测量并排在一行上，或者将在一排上的几次测量结果分开，就需要 Restructure 过程。选择 Restructure 后，系统会弹出数据重排向导，在向导中提供了三种数据重排功能：将宽型数据重排成长型格式；将长型数据重排成宽型格式；数据转置，选中该项便结束向导，直接调用 Transpose 过程。图 7-9 即是 Restructure 过程对话框。

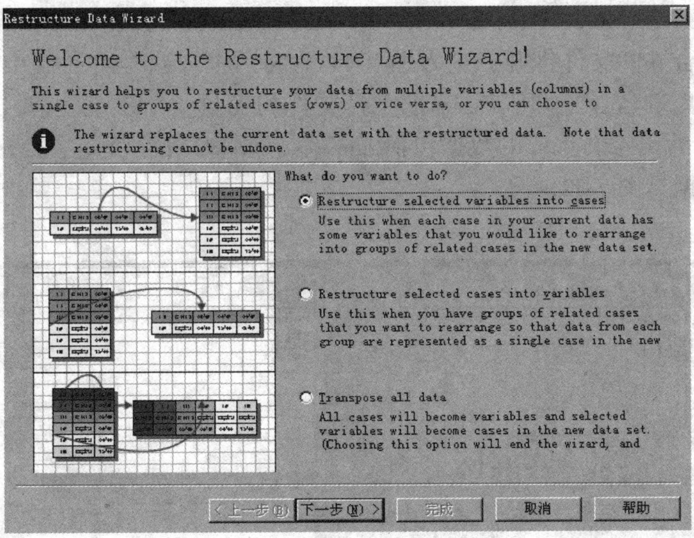

图 7-9　Restructure 过程对话框

四、文件合并：Merge Files

社会调查中的问卷往往较多，要输入电脑的数据较多，绝大多数情况下，不可能由一个人单独完成，数据录入往往需要多个人的共同合作，但是分析的数据，不是一个个单独的数据，而是一个总的数据。那么多个人录入的数据怎么合并成一个数据呢？Merge Files提供了两种合并的方式：合并个案（Add Cases）和合并变量（Add Variables）。

（1）合并个案（Add Cases），也称纵向合并，是将外部数据文件中的记录增加到当前数据文件，在变量类型一致的情况下，操作比较简单。需要注意的是，如果要合并的两个数据是相同的变量，最好变量名相同，相同变量名的数据可以直接合并，不相同的会在当前数据文件变量后以新的变量形式出现。

操作过程：利用数据连接功能可以将两个或两个以上的具有相同变量格式的数据文件连在一起。打开其中一个需要合并的数据，如本例有两个数据文件：data1. sav 和 data3. sav（见图 7-10）。

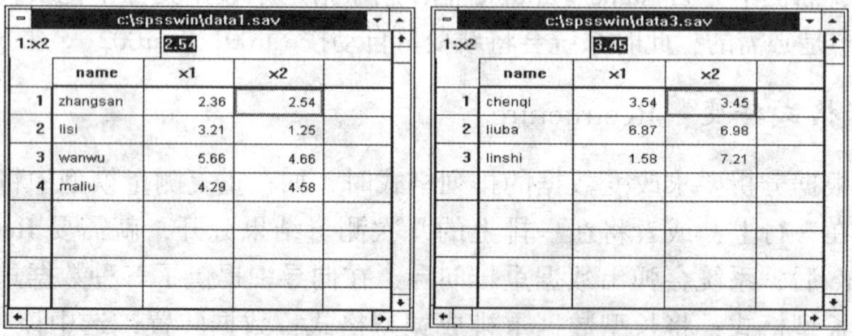

图 7-10　待合并的数据

点击 Data 菜单的 Merge Files 命令项，选 Add Cases 项，弹出 Add Cases：Read File 对话框，找到需要合并的文件打开，进入图 7-11 的对话框。这个对话框中分别列出了两个要合并文件中的变量名，“＊”表示当前工作文件的变量，“+”表示要合并文件的变量，从图 7-11 中可以看出，新生成的数据包括 name、x1 和 x2 三个变量，点击 OK 按钮进行合并。合并后的数据见图 7-12。

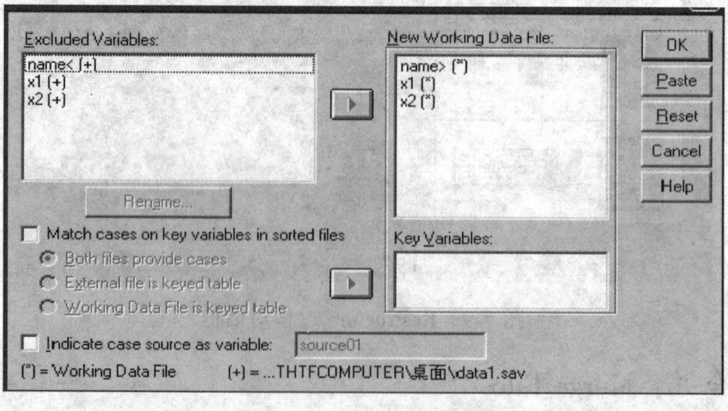

图 7-11　合并个案对话框

Newdata

1:x2　2.54

	name	x1	x2
1	zhangsan	2.36	2.54
2	lisi	3.21	1.25
3	wanwu	5.66	4.66
4	maliu	4.29	4.58
5	chenqi	3.54	3.45
6	liuba	6.87	6.98
7	linshi	1.58	7.21

图 7-12　合并后的数据图

（2）合并变量（Add Variables）：默认是按照记录顺序对应起来合并，由于在许多情况下是需要按照某个 ID 变量取值相同的原则进行对应和合并，此时就存在是否正确对应的问题，需要加以注意。因此在合并变量时，要求要合并的数据文件中要有一个相同的变量名，一般来说是问卷的编号，以防合并的数据张冠李戴。

操作过程：利用数据连接功能还可以将两个或两个以上的具有相同观察单位的数据文件连在一起，如本例有两个数据文件：data1. sav 和 data2. sav（见图 7-13）。

c:\spsswin\data1.sav

1:x2　2.54

	name	x1	x2
1	zhangsan	2.36	2.54
2	lisi	3.21	1.25
3	wanwu	5.66	4.66
4	maliu	4.29	4.58

c:\spsswin\data2.sav

1:x4　6.55

	name	x3	x4
1	zhangsan	9.87	6.55
2	lisi	12.31	25.34
3	wanwu	15.44	15.47
4	maliu	8.74	20.02

图 7-13　待合并的数据

点击 Data 菜单的 Merge Files 命令项，选 Add Variables 项，弹出 Add Variables：Read File，点击要合并的文件，出现如图 7-14 的对话框。这个对话框中分别列出了两个要合并文件中的变量名，“ * ” 表示当前工作文件的变量，从图 7-14 中可以看出，新生成的数据文件包括 name、x1、x2、x3、x4 五个变量，点击 OK 按钮进行合并。合并后的数据见图 7-15。

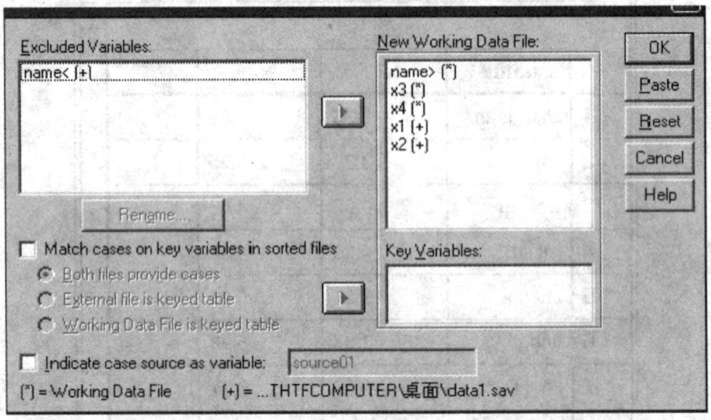

图 7-14　合并变量对话框

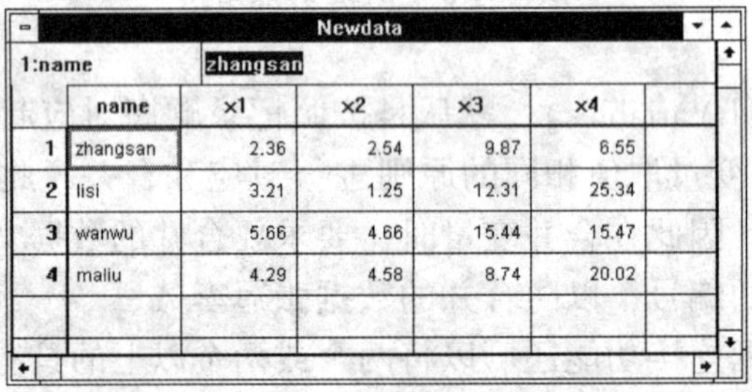
Newdata

1:name　zhangsan

	name	x1	x2	x3	x4
1	zhangsan	2.36	2.54	9.87	6.55
2	lisi	3.21	1.25	12.31	25.34
3	wanwu	5.66	4.66	15.44	15.47
4	maliu	4.29	4.58	8.74	20.02

图 7-15　合并后的数据

五、数据汇总：Aggregate 过程

当需要将原数据文件分类汇总为一个新的汇总数据文件时，可以采用 Aggregate 命令。如果只是希望进行汇总描述，则有相应的统计分析功能可以完成，不需要使用本过程。

操作过程：首先，要指定分类变量（Break Variable）和汇总变量（Aggregate Variable）；然后，SPSS 自动根据分类变量的取值将记录数据分成若干类，并对每类记录分别计算汇总变量的描述统计变量；最后，将分类汇总的计算结果保存到一个 SPSS 数据文件中。

如要对图 7-16 中的数据按变量 group 的大小，把变量 x1 作平均值汇总，把变量 x2 作求和汇总。

可以先选 Data 菜单的 Aggregate 命令项，弹出 Aggregate Data 对话框，在变量名列框中选 group 变量，点击▶按钮使之进入 Break Variable 框，选 x1 变量进入 Aggregate Variable 框。因 x1 欲作平均值汇总，故点击 Function 按钮，弹出 Aggregate Data：Aggregate Function 对话框，选 Mean of values 项后，点击 Continue 按钮返回（见图 7-17）；选 x2 变量进入 Aggregate Variable 框，因 x2 变量欲作求和汇总，故点击 Function 按钮，选择 Sum of values 项，点击 Continue 按钮返回（见图 7-18）。再点击 OK 按钮即可得到图 7-19 的结果。

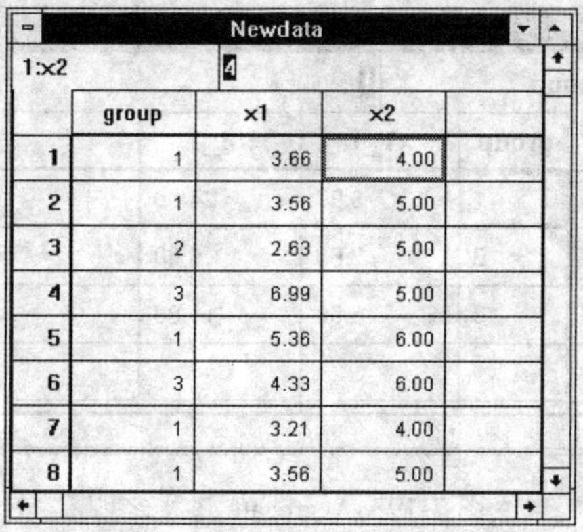

Newdata

1:x2　4

	group	x1	x2
1	1	3.66	4.00
2	1	3.56	5.00
3	2	2.63	5.00
4	3	6.99	5.00
5	1	5.36	6.00
6	3	4.33	6.00
7	1	3.21	4.00
8	1	3.56	5.00

图 7-16　Aggregate 过程之一

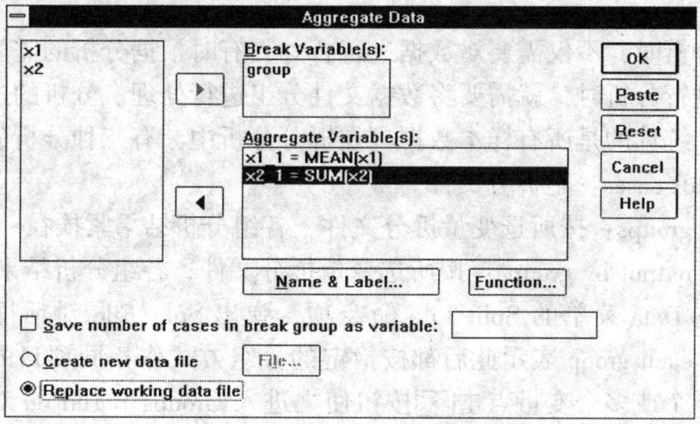

图 7-17　Aggregate 过程之二

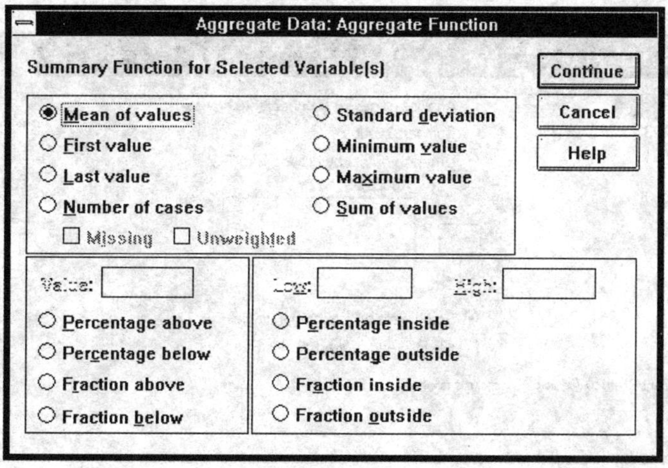

图 7-18　Aggregate 过程之三

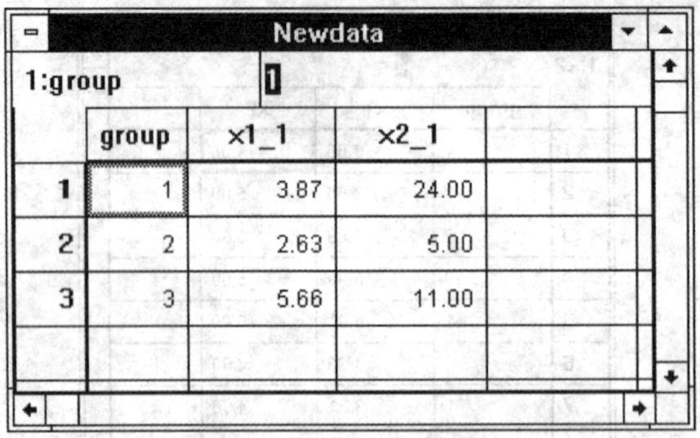

图 7-19 Aggregate 过程之四

六、记录拆分：Split File 过程

在进行统计分析时，不仅需要对数据进行合并，有时根据分析的需要，特别是对具有不同特征的数据进行分析时，就需要将数据文件分组进行处理。分析的过程中默认的是不对数据进行拆分，统计的是所有样本数据。在拆分分析中，有三种分析的形式：

（1）Analyze all cases：不拆分文件。

（2）Compare groups：按所选变量拆分文件，各组分析结果紧挨在一起便于比较。

（3）Organize output by groups：按所选变量拆分文件、各组分析结果单独放置。

操作过程：选 Data 菜单的 Split File 命令项，弹出 Split File 对话框，见图 7-20，选 Repeat analysis for each group 表示此后都按指定的分组方式作相同项目的分析，用户可从变量名列框中选 1 个或多个变量点击▶按钮使之进入 Groups Based on 对话框，以此变量作为分组依据。统计分析的结果将根据分组变量分组进行分析。若在数据分割之后要取消这种分组，可选 Analyze all cases 项，则系统恢复如初。

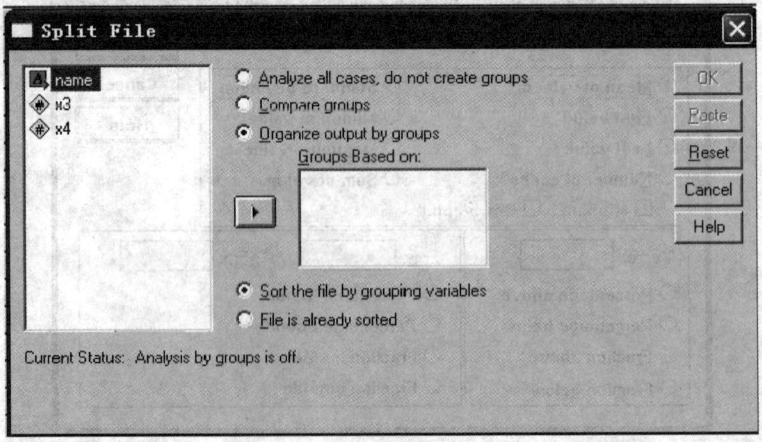

图 7-20 Split File 窗口

七、记录筛选：Select Cases 过程

在数据分析的过程中，有时需要对符合要求的一部分数据进行统计分析，这时就需要从众多的数据中选择出符合要求的数据，所用的是 Select Cases 过程。

操作过程：选 Data 菜单的 Select Cases 命令项，弹出 Select Cases 对话框，见图 7-21。

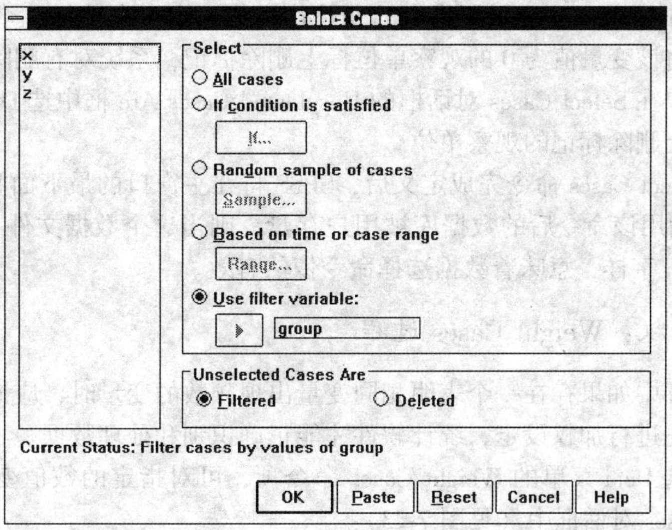

图 7-21　Select Cases 对话框

其中，(1) All cases：表示所有的个案数都被选择，这是系统默认选项。

(2) If condition is satisfied：表示按指定条件选择，点击 If 按钮，弹出 Select Cases：If 对话框，见图 7-22，先选择变量，然后定义条件。

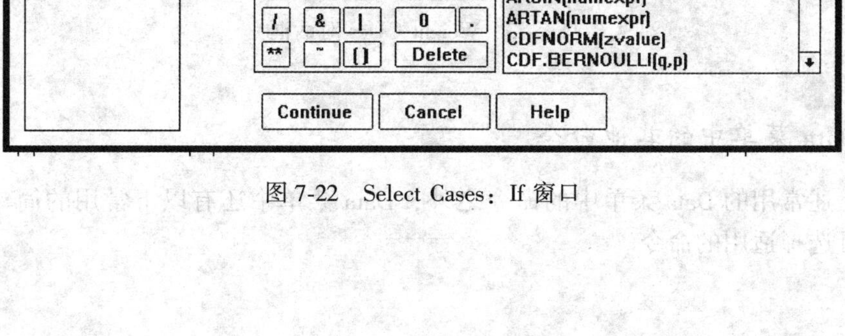

图 7-22　Select Cases：If 窗口

（3）Random sample of cases：表示对观察单位进行随机抽样，点击 Sample 按钮，弹出 Select Cases：Random Sample 对话框，有两种选择分式：一种是大概抽样（Approximately）即键入抽样比例后由系统按比例随机抽取，另一种是精确抽样（Exactly）即要求从第几个观察值起抽取多少个。

（4）Based on time or case range：表示顺序抽样，点击 Range 按钮，弹出 Select Cases：Range 对话框，用户定义从第几个观察值抽到第几个观察值。

（5）Use filter variable：表示用指定的变量作过滤，用户先选择 1 个变量，系统自动在数据管理器中将该变量值为 0 的观察单位标上删除标记，系统对有删除标记的观察单位不作分析。若用户在 Select Cases 对话框的 Unselected Cases Are 框中选 Deleted 项，则系统将删除所有被标上删除标记的观察单位。

（6）调用 Select Cases 命令完成定义后，SPSS 将在主窗口的最下面状态行中显示 Filter On 字样；若调用该命令后的数据库被用户存盘，则当这个数据文件再次打开使用时，仍会显示 Filter On 字样，意味着数据选择命令依然有效。

八、记录加权：Weight Cases 过程

当在数据文件中如果存在一个表明相同变量出现频数的变量时，应该定义该变量为权重变量。也只有先进行加权设定，统计软件才能正确识别和处理数据。

操作过程：选 Data 菜单的 Weight Cases 命令项，可对指定的数值变量进行加权。在弹出的 Weight Cases 对话框中（见图 7-23）：

（1）Do not weight cases：表示不做加权，也可用于对做过加权的变量取消加权。

（2）Weight cases by：根据选择的变量进行加权，图 7-23 中表示选择 1 个变量做加权。

在加权操作中，系统只对数值变量进行有效加权，即大于 0 的数按变量的实际值加权，0、负数和缺失值加权为 0。

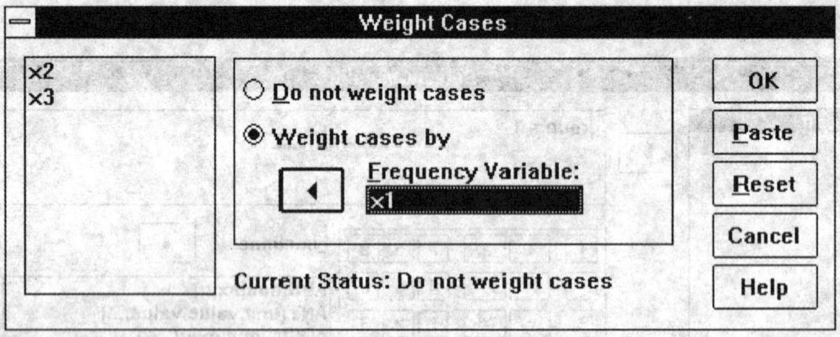

图 7-23　Weight Cases 对话框

九、Data 菜单中的其他命令

除了上述常用的 Data 菜单中的命令之外，Data 菜单中还有以下常用的简单命令，在数据处理可选择适用的命令。

（1）Define Dates：用于自动生成时间变量，主要用于时间序列模型。

（2）Insert Variable：在当前列自动插入新变量。

（3）Insert Cases：在当前行自动插入新记录。

（4）Goto Cases：到达指定记录号的记录，在奇异值的查找中，也可以采用这一命令。点击要查找的数据所在的变量，将需要查找的数据结果输入对话框（见图 7-24），系统会自动地找到要查找的结果，将其进行修改。该命令在记录数极多时（1000 条以上）非常有用。

图 7-24　查找对话框

十、生成新变量：Compute

除了 Data 菜单中的对数据进行转换和整理的功能外，Transform 菜单下的 Compute 命令（生成新变量）和 Record（变量值的重新编码）也是常用的数据整理的命令。

Compute 是根据现在的变量生成一个新的变量。具体的操作过程如下：选 Transform 菜单的 Compute 命令项，弹出 Compute Variables 对话框，见图 7-25。将要生成的变量名写在 Target Variables 窗口，根据计算的条件将其放入 Numeric Expression 窗口，点击 OK 按钮，即在数据的最后生成一个新的变量。

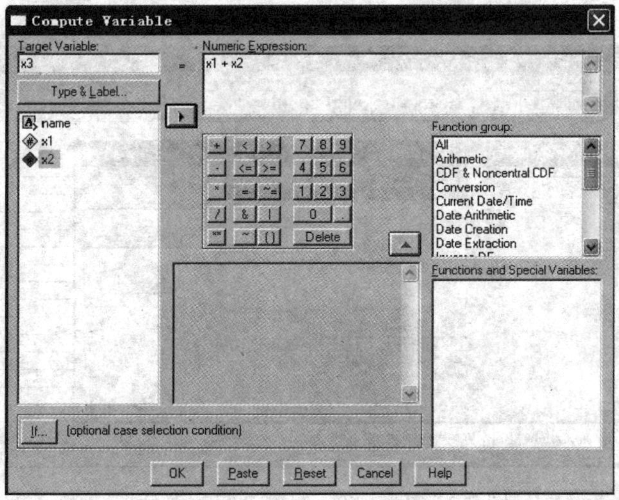

图 7-25　Compute 对话框

十一、对变量值重新编码：Record

在统计分析时，除了对变量进行转化外，有时也需要对变量的取值进行重新转化，也就是重新编码，如将原来的收入数据分成几组，形成顺序变量，这时变量的取值也从原来的具体收入数值变成了每一组的代码，如“1、2、3、4”等。Record 命令提供了对变量进行重新编码的过程。

具体的操作过程如下：选 Transform 菜单的 Record 命令项，包括两种变量值重新编码的形式：

（1）Into same variables：覆盖掉原来的变量。

（2）Into different variables：重新生成新的变量。

点击 Into same variables 和 Into different variables，分别生成如图 7-26 和图 7-27 的对话框。

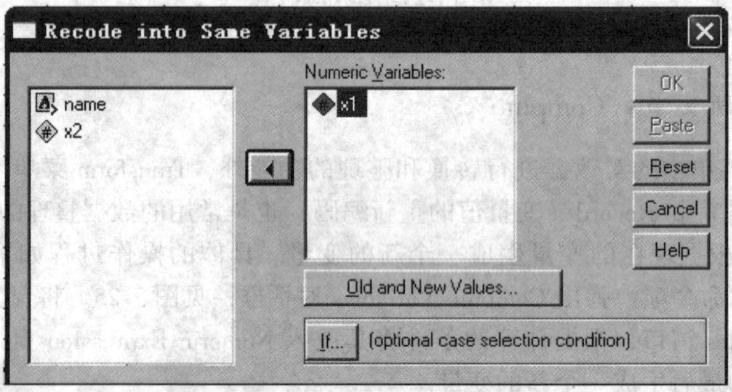

图 7-26　Into same variables 对话框

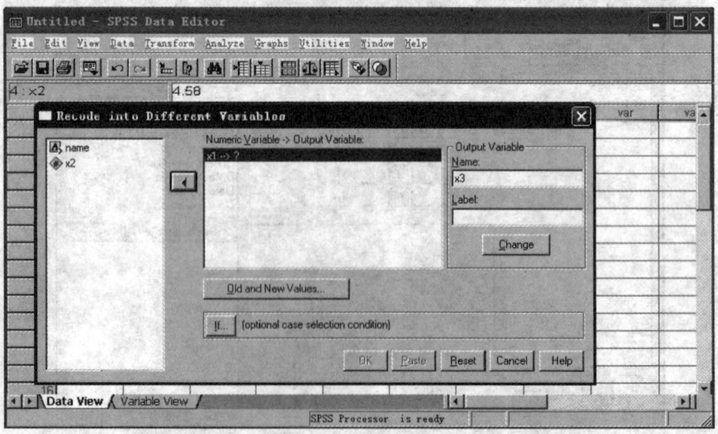

图 7-27　Into different variables 对话框

点击 Old and New Values 对变量取值进行重新设置，见图 7-28。左侧 Old Value 表示的是变量原来的取值，New Value 指的是变量要重新设置的代码。系统默认是对所有的数值都进行变量取值的转化，如果只想对其中一部分数据进行转化，可以点击图 7-26 和图 7-27 中的 If 按钮进行设置，设置方式同 Select Cases 中的 If condition is satisfied 选项。

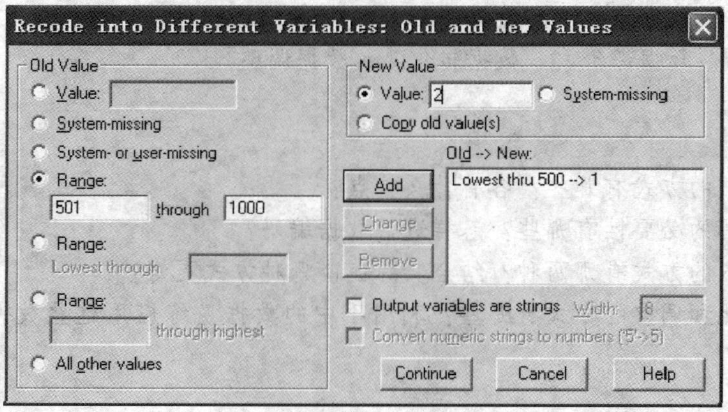

图 7-28　变量值转化对话框

☞本 章 小 结

当运用各种方法收集到一批数据资料后，接下来就是对这些资料进行量化处理，以便于统计分析。

资料的审核是资料处理的第一步工作，它指研究者对调查所回收的原始资料（主要是问卷）进行初步的审查和核实，校正错填、误填，剔除乱填、空白和严重缺答的废卷，使资料具有较好的准确性、完整性和真实性。

资料审核之后就需要对数据进行编码，编码就是给每个问题及答案一个数字作为它的代码，将问卷中的文字转化成数字的过程。编码也是数据整理汇总阶段重要而基本的环节。

当然，当问卷审核完毕，编码完成之后，需要由相应的专业统计软件来进行统计，社会学研究中常用的是 SPSS 软件。SPSS for Windows 是一个组合式软件包，它集数据整理、分析功能于一身。SPSS 软件的基本功能包括数据管理、统计分析、图表分析、输出管理，等等。打开 SPSS 软件后，需要对已编码的数据进行录入。数据录入的方式有两种：一种是直接从问卷上将编好码的数据录入计算机；另一种是先将问卷上编好码的数据转录到登录表上，然后再从登录表上将数据输入计算机。不管怎样，在录入数据前都需要建立数据库。

在进行正式的统计工作之前还有一步重要的工作，就是数据的清理。数据清理工作其目的是不让有错误的数据进入运算过程。数据清理工作一般在计算机的帮助下完成。数据的清理主要是数据有效范围清理和逻辑一致性清理，但有些数据无法通过数据有效范围清理和逻辑一致性清理出来，因此还需要对数据的质量进行抽查，对数据进行评价。

数据转化与调整就是在统计分析之前或统计分析中对数据进行加工处理，如根据统计分析的要求对数据进行分组、合并、加权、筛选等。SPSS 软件中 Data 和 Transform 等菜单提供了对数据进行转化与调整的分析模块，通过转化和调整使数据更有利于统计分析。

☞关键术语

量化处理　数据审核　数据编码　SPSS 统计软件　数据录入
数据清理　数据评价　数据转化　数据调整

☞复习思考题

1. 数据审核的方式有哪些？各有什么特点？
2. 数据编码的必要性有哪些？怎样进行数据编码？
3. 数据录入的方式有哪两种？结合实际谈谈哪种方式更好？
4. 数据转化和调整的方式有哪些？利用手中的数据熟练应用这些数据转化与调整的方式。

第八章

定性资料收集与分析

☞**思考发现**

行之力则知愈进，知之深则行愈达。作为社会调查中的一员，我们应深入实地，深入基层，深入群众，待人以诚，以开放的心态倾听基层群众的声音，与群众打成一片，从他人角度思考问题，知微见著，深切理解他们的喜怒哀乐。

☞**案例导入**

怀特的街角社会研究①

1936年，美国著名社会学家W.F.怀特获得了哈佛大学的一笔奖学金，他可以用这笔钱在三年的时间里进行一项他所感兴趣的研究。由于他当时对社会改革很感兴趣，所以，他决定用这笔钱去研究波士顿的一个贫民区。他选择了一个叫做“科纳威里”的意大利贫民区，因为这个地区与他头脑中的贫民区的印象最为接近。

为了进入这个地区开展研究，他曾经有过几次失败的尝试。最后，他终于得到诺顿大街福利委员会一位社会工作者的帮助。这位社会工作者安排他与当地青年帮伙中一个叫多克的头头会面。经过坦率的交谈，多克同意为怀特在这个意大利社区中做保证人——即让怀特作为“多克的朋友”去参与和观察社区中的各种活动和人们之间的各种关系。

怀特经常同帮伙的青年人聚在一起，玩滚木球的游戏，打棒球，玩纸牌，也经常同他们一起谈论赌博、赛马、性以及其他的事情。他在科纳威里生活了三年半，其中有一年半的时间是同一个意大利家庭住在一起，并学会了说意大利语。在长期的观察中，怀特收集了丰富生动的资料，写成了《街角社会》一书，得出了有关群体结构与个体表现之间关系的一系列结论。

---

① 怀特．街角社会．北京：商务印书馆，2005：377-397.

阅读提示：阅读上面的文字，从中可以清晰地看出怀特对科纳威里展开研究的过程。同时，请思考以下几个问题：(1) 怀特所采用的是一种怎样的研究方式。(2) 从材料中可以看出，在此研究方式中，怀特采用了一些什么研究方法。(3) 试评价该研究方式的优缺点。

在社会研究的四种研究方式中，实地研究是唯一一种具有定性特征的研究方式，它最初为人类学家采用，英国著名人类学家 B. K. 马林诺夫斯基曾于 1914—1921 年在太平洋美拉尼西亚特罗布里恩德群岛与土著居民共同生活，研究他们的文化和生活方式，写下了著名的《西太平洋的航海者》(1922)。此后，社会学家也较普遍地采用实地研究方法从事社区研究和群体研究等。在本章中，以实地研究作为代表来讲解定性资料的收集和分析。

第一节　实地研究

一、实地研究的概念

实地研究是一种定性研究方式。实地研究是一种深入到研究现象的生活背景中，以参与观察和非结构访谈的方式收集资料，并通过对这些资料的定性分析来理解和解释现象的社会研究方式。按照不同的标准，它常常被区分为参与观察、个案研究等。“参与观察”首先强调“参与”，即研究者必须深入其中，深入到他所研究的对象所处的真实社会生活中。“观察”也并非只是狭义的“用眼睛看”，而是指广义的“了解”，它包括看、听、问、想，甚至还有体验、感受、理解等。“个案研究”强调的则是“个案”，即只对一个对象进行研究。当然这种研究往往也要求研究者有相当长一段时间生活于这一对象的环境中。实地研究中用来收集资料的主要方式有观察和访谈两种。它们包括非正式的、随生活环境和事件自然进行的各种观察、旁听和闲谈，也包括正式的采访、座谈和参观等。

这种来源于人类学，并被人类学家用于研究非本族文化和相对原始的部落群体的实地研究方式，已被社会学家们用来研究本族文化和现代社会。早期的实地研究大多被西方社会学家用于研究城市下层阶级居住区的生活，或用于研究城市的流浪汉、贫民、黑人等下层群体。现在研究者们则采用这种方式研究社会中的各种个人、群体、组织或社区。例如，对一个特殊的群体、一个村庄、一个小镇，或一个企业的研究，等等。国内也已有学者采用实地研究的方法去研究个体户，研究一个村庄的发展变迁，也有的学者采用这种方法研究北京这样的大都市里由外来农民所形成的“特殊的村庄”。

实地研究是一种定性研究方式，也是一种理论建构型的研究方式。实地研究方式的基本特征是强调“实地”，即研究者一定要深入到所研究对象的社会生活环境，且要在其中生活相当长一段时间，靠观察、询问、感受和领悟，去理解所研究的现象。其基本的逻辑结构是：研究者在确定了所要研究的问题或现象后，不带任何假设进入到现象或对象所生活的背景中，通过参与观察，收集各种定性资料，在对资料进行初步的分析和归纳后，又开始进一步观察和进一步归纳。通过多次循环，逐步达到对现象和过程的理论概括和解释。

二、个案研究和社区研究

如前所述，实地研究可以说是参与观察与个案研究的合称。从研究背景和对象范围上看，个案研究是其特征；而从研究方式和资料收集方法上看，参与观察则是其突出的特点。由于后面将对参与观察作更为详细的介绍，这里只对个案研究的方式略作探讨。

个案研究（case study）即对一个个人、一件事件、一个社会集团，或一个社区所进行的深入全面的研究。它的特点是焦点特别集中，对现象的了解特别深入、详细。个案研究通过对事物进行深入的洞察，能够获得非常丰富、生动、具体、详细的资料，能够较好地反映出事物或事件发生、发展及变化的过程，而且能为后来较大的总体研究提供理论假设。因此，这种方法在社会科学的发展中也发挥着重要的作用。

个案研究的方式对于深入实地研究一个特定的单位，或者是为着比较的目的而研究几个单位来讲特别有用。这种特定的单位既可以是一个个人、一户家庭、一个小群体、一个工厂、一所学校，也可以是一个社区、一件社会事件。当然，当个案的单位不同时，它所采取的具体方法会有所不同。比如，对一个个人的研究，除了一般的观察、访谈外，还经常采用个人生活史的方法；同样地，对一户家庭的研究与对一所学校的研究，或对一个小镇的研究所采用的方法也不会完全一样。

当研究的个案是一个社区时，通常又称为社区研究。社区是人们在社会中赖以生存的一种重要形式，同时社区也是构建整个社会的一个重要单位。它与人们的社会生活以及整个社会的发展都有着密不可分的关系。因而，社区研究也越来越成为社会研究中的一个热点。社区研究的方式也为众多的社会研究者所熟悉和采用。社区研究中，研究者通常采用参与观察、访谈，以及收集当地现有文献等方法来收集资料。而且，研究者通常要在该社区中生活一段时间（少则几个月，多则几年），参与当地人的社会生活。西方社会学早期研究中，采用社区研究方式的一个典型例子就是林德夫妇在美国印第安纳州曼西所作的《中镇》研究。我国著名社会学家费孝通先生所作的“江村研究”，则是采用社区研究方式的另一个典范。

个案研究以及社区研究所具有的深入、全面的特点是其明显的长处。而其最大的不足，或者最困难的一个方面，是如何发掘个案研究所具有的概括意义。一般来说，研究者很难将个案研究中所得到的结果进行推广，除了对所研究的对象进行详细全面的描述外，研究者更多的是努力从所研究的具体个案中抽取一些有价值的命题，或提出一些具有更深理论意义的研究题目，为后继的研究提供一些有启发性的思路和有价值的方向。

三、实地研究的过程

从实施的程序上看，实地研究通常可分为以下几个主要的阶段：（1）选择研究背景；（2）获准进入及取得信任和建立友善关系；（3）收集资料（观察或访谈）；（4）整理和分析资料；（5）报告研究结果。

（1）选择研究背景。实地研究必须深入实地。因此，“实地”的选择是进行实地研究的第一步。在客观条件许可时，我们应尽量选择那些既与所研究的问题或现象密切相关，又容易进入、容易观察的背景。但是，在实际的研究中，符合这样条件的地点是很难找到的，现实的研究往往是在各种条件中采取折中的办法来进行。

在研究背景的选择方面，有一个与研究者熟悉程度有关的问题。研究者应该选择自己熟悉的地区吗？或是应该选择他不熟悉的地区？不同的研究者对此看法不同。持赞成观点的人认为，研究者对其所研究的地区越熟悉，做研究越方便，就越有利于他接近、理解和分析所研究的现象；而持相反观点的人则认为，如果选择研究者所熟悉的背景，特别是研究者具有某种直接经历的背景时，则他将会在克服自己对现实所具有的特定看法和特定感情方面遭遇到难以克服的困难。研究者要做到像看待一种新的、他所不熟悉的背景那样来看待自己早已熟悉的背景，并且能够从中发现许多值得探讨和研究的现象与问题，以及不带有某种个人的偏见，这并不是一件十分容易的事情。

（2）获准进入及取得信任和建立友善关系。尽管调查研究中也要接触被访谈对象，也有使自己合法化的问题以及一定的实际联系工作。但是，与实地研究中的进入相比，那些就显得相对简单。可以说，获准进入在实地研究中才具有其真正的含义，它是实地研究中非常重要，同时也十分关键的一个环节。正式的、合法的身份以及单位或组织的介绍信，并不是保证能获准进入的充分条件，而只是一种必要条件。研究者要能参与研究对象的实际社会生活，还常常需要某些“关键人物”或“中间人”的帮助。这些关键人物或中间人就生活在研究对象所生活的社区，或者就工作在研究对象所工作的单位，他们既认识研究者（是研究者的朋友、亲戚更好），同时又认识研究者所希望研究的那些研究对象。总之，他们能够十分便利地将研究者“带入”到研究对象的生活世界中。

获准进入在一定意义上只是完成了进入实地的表面程序，或者说只是获得了在所研究的群体或社区中的“公开身份”，它离真正进入社区的生活，进入所研究的群体还有相当的距离。

因此，尽快取得当地人的信任，尽快与他们建立友善的关系，是进入实地后研究者面临的首要任务。要经过一段时间的共同生活，人们才会慢慢习惯你的出现，习惯你的参与，慢慢从心理上接受你。在这种参与生活的过程中，常常会出现一些自然的契机，这些契机将成为一种转折点，使得研究者逐渐从当地人的“他群体”中，进入到他们的“我群体”里。折晓叶在她进行实地研究的过程中，由于在“春茗会”上被抽中了一等奖，被当地人称为“有大运气的人”，从而使当地人接受了她①。

（3）收集资料。研究者获准进入之后，就需要开展收集资料的过程。收集资料的方式主要有访谈和观察两大类。在研究过程中，研究者需要随时保持一种紧张感，注意身边的事情，做到多听多想多记录。收集资料时，要求尽可能地客观、详细、具体。

（4）整理并分析资料。在研究者收集资料的过程中，随着研究的开展，需要对资料进行整理，并分析所收集到的资料，这是一项研究中至为关键的过程。一项研究报告的写作，依据就在于对资料的整理与分析。

（5）撰写研究报告。在完成了资料的收集与分析工作之后，需要对所研究的问题进行阐述，这一阐述工作一般由撰写研究报告来体现。关于研究报告的撰写，详见第十二章。

---

① 折晓叶．村庄的再造：一个超级村庄的社会变迁．北京：社会科学文献出版社，1998：24-25.

通过上文的介绍，我们已经对实地研究有了一个大概的认识，接下来就谈谈实地研究的特点。

四、实地研究的特点

1. 实地研究的主要优点

（1）适合在自然条件下观察和研究人们的态度和行为。实地研究者所寻求的是一种更具有情感性的和人文主义类型的资料，他们与研究对象之间的关系也更是人与人之间的关系。

（2）研究的效度较高。实地研究深入观察，设身处地地感受、理解，具有很高的效度——研究者测量的的确是他所希望测量的概念或现象。与调查研究中常见的简单定义相对应的是，实地研究中研究者常常列举出生动、详细的实例来说明某一个概念的含义。

（3）方式比较灵活，弹性较大。相对于实验研究和调查研究，实地研究的操作程序不是那样严格，只需要较少的准备工作。在研究进行的过程中，可以随时修正研究的目标和设计。对于不同的研究背景或不同的研究对象，实地研究中的具体操作也比较灵活。

（4）适合研究现象发展变化的过程及其特征。由于实地研究不仅要深入实地，而且要在实地生活相当长一段时间，因此，对于研究社会现象的发展变化过程来说，是一种较好的方式。尤其是在对个人或小群体的研究中，这种优点更为明显。

2. 实地研究的主要缺点

（1）概括性较差。由于实地研究所得到的基本上是定性资料，且在很多情况下都是以某个个案为对象，因而其资料既难以进行定量分析，也无法概括大的总体。这样，其所得结论也难以推广到更大的范围。这是实地研究方式比较大的缺陷之一。

（2）信度较低。实地研究中研究者主要以参与观察和无结构访谈的方式收集资料，所处的是一种被动的地位，对观察场景也往往缺乏控制，因而其所得的资料比较琐碎、零乱、不易系统化。同时，由于实地研究强调研究者的主观作用，强调对所观察的对象进行移情理解，因此难以检验其信度。

（3）对研究对象的影响。实地研究者的观察并非像照相机或显微镜那样处于所观察的对象之外，实际上，观察者是他正在观察的对象的一部分。无论是参与观察还是实地访谈，研究者的参与本身对其所研究的对象都会造成影响。

（4）所需时间较长。由于参与生活的需要，实地研究方式的周期一般都比较长。通常短则几个月，长则好几年。这种长时间的要求，不仅对于研究者来说是一种困难，有时对于所研究的对象来说也是一种困难。

（5）伦理问题。这一问题主要是针对参与观察中隐藏研究者身份的做法提出的。它所包含的实际问题是：①研究者有没有为了研究的目的而欺骗研究对象的权利？②研究者作为社会的成员，应不应该为了研究而采取欺骗研究对象的做法？

第二节 观 察 法

观察是人们在日常生活中经常采用的一种用来了解事物的方式，在科学研究中也是如此。可以说，观察法是一切科学研究的基本方法。在科学研究中，观察法（observation）指的是带着明确的目的，用观察者的感觉器官或者辅助工具去直接或间接地了解研究对象。观察的过程一般分为三个阶段：准备阶段、实施阶段和资料处理阶段。通常，科学的观察具备以下几个特征：①有一定的研究目的或研究方向；②预先有一定的理论准备和较系统的观察计划；③有较系统的观察或测量记录；④观测结果可以被重复检验；⑤观察者受过一定的专业训练。①

一、观察的分类

在科学研究中，许多的科研人员都采用观察法收集资料。但是，由于不同的研究目的，采用的观察类型也不一样。一般来说，按照不同的形式与方式，可以将观察法划分为以下几种类型。我们也可以根据观察地点的不同将观察分为实验室观察和实地观察，还可以根据观察方式的结构程度将其区分为结构式观察和无结构观察。同样地，按照观察中研究者所处的位置或所采取的角色，我们可以将观察区分为局外观察和参与观察。按照观察的角度不同，观察法可以分为直接观察和间接观察。

1. 实验室观察与实地观察

实验室观察就是在备有各种观察设施的实验室内，对研究对象进行的观察。这种观察方式在心理学研究中经常使用。在社会学研究中，由于受到研究对象的限制，多半局限于对儿童进行的观察研究。如对儿童的交往、模仿等互动行为的测量，等等。在实验室中，研究者一般是借助一种单面镜来进行观察。镜子里面的人看到的是一块不透明的黑板，而镜子外面的人看到的则是一块普通的透明的玻璃。里面的人看不到外面，而外面的人却可以看到里面。这样就使得被观察者意识不到有人在观察他，而观察者却可以看得一清二楚。同时，实验室的各个不同方向都装有隐蔽的摄像头，研究者可以根据需要摄下室内的各种活动内容。由于实验室观察有一定的条件要求，且观察的范围和对象又受到一定的局限，所以社会研究很少采用此法。

实地观察是指在现实生活场景中所进行的观察。实地研究者在研究中采用的主要是这种类型的观察。实地观察与实验室观察的不同之处除了地点或场景的不同外，还体现在它通常是一种直接的、不借助其他工具或仪器的观察。从实际情况看，大部分的实地观察还是一种无结构的观察，尽管它也可以是结构式的。

2. 结构观察与无结构观察

结构观察指的是按照一定的程序、采用明确的观察提纲或观察记录表格对现象进行的

① 袁方．社会研究方法教程．北京：北京大学出版社，1997：334.

观察。它与结构访谈的形式有点相似。通常，结构观察多采取局外观察的方式进行。其观察的内容是固定的，观察记录表也类似于结构式问卷，观察者根据统一的要求，对每一个观察对象进行统一的观察和记录。因而其结果可以用来进行定量分析。下面是一份对书店的人们进行结构观察所用的观察记录表（见表 8-1）。有人通过对多个对象的观察发现，女性顾客比男性顾客在书店行为中更具有目的性。

而无结构观察则指的是没有任何统一的、固定不变的观察内容和观察表格，完全依据现象发生、发展和变化的过程所进行的自然观察。它与无结构访谈的特征相类似。并且，无结构观察多采用参与观察的方式进行，其观察的结果也不具有统一的形式，观察所得资料通常只能进行定性的分析。这种无结构的观察是实地研究中最主要的观察方式。

表 8-1　　**书店观察表**

1）观察开始时间：____时____分　　观察结束时间：____时____分

2）个人细节：男□　女□

已婚□　未婚□　不知道□

3）年龄估计：10 多岁□　20 多岁□

30 多岁□　40 多岁□

50 多岁□　60 岁以上□

4）职业或身份：____　　不知道□

5）单独一人□　同____个同伴　　同谁____

6）买了几本书____本　　一本也没买□

7）进书店时的最初行为____

8）同售货员的接触情况____　　一个也没接触□

9）同其他顾客交谈情况____　　一个也没交谈□

10）翻阅书籍情况：翻阅了几本____

共看了多长时间____　　没有翻阅□

11）其他情况描述____

12）根据上述观察判断对象的目的性程度，并在下列线段的适当地方标出。

−3　−2　−1　0　1　2　3

有目的的　　　　随便浏览的

3. 局外观察和参与观察

所谓局外观察也称为非参与观察，即观察者处在被观察的群体或现象之外，完全不参与其活动，尽可能地不对群体或环境产生影响。最理想的局外观察是观察者隐蔽起来观察，使被观察者一点也意识不到有研究者在场正在观察他们。这种观察方法常用来研究儿童的行为，或用于研究公共场合及公众闲暇活动中人们的行为。如对剧院、书店、图书馆、体育场等处人们的活动进行的观察。

参与观察就是研究者深入到所研究对象的生活背景中，在实际参与研究对象日常社会生活的过程中所进行的观察。它是一种非结构性的观察。这种方法是人类学家研究原始的非本族文化时最常用的一种方法。在参与观察过程中观察者可以扮演两种不同的角色，一种角色是研究者的身份对于所研究的群体来说是公开的，同时，研究者又被这一群体接受，允许参与他们的成员关系和群体活动，使研究者能够进行观察和研究。这种方式的典型例子是美国社会学家怀特所作的“街角社会”的研究。在这个研究中，他成了当地一个青少年帮派的朋友，但同时又没失掉他研究者的身份，即那个青少年帮派的成员知道他是一个研究人员，但仍然接纳他从事观察和研究。许多研究原始部落的社会人类学家经常同这些部落的成员共同生活一段时间，他们所扮演的往往也是这种角色。另一种角色是隐蔽观察者，即研究者将自己的真实身份隐藏起来，而以所观察社区或群体中一个真实成员的身份参与其中并进行观察。这是一种要求研究者采取虚伪角色的形式。像罗森汉教授假装病人混入精神病院对医患关系的研究即是这方面的例子①。

4. 按照观察的角度不同，观察法可以分为直接观察和间接观察

直接观察指的是研究者对正在发生的事物所进行的观察。而间接观察则指的是研究者对已发生事件所留下的痕迹进行观察，并进而推测所发生的事件的方法。

二、参与观察

1. 参与观察法的来源

参与观察（participant observation）来源于人类学，是人类学研究中最常用的研究方法。人类学在发展早期，研究对象多为原始民族或特殊的亚文化群体，由此，参与观察发展出来的主要内容有：（1）调查者住在调查地区要有一定的时间长度，一般是一年，使他有机会看到当地人们一年内因季节而异的生产活动、宗教仪式和节庆事件。（2）学习当地语言。（3）调查者要像当地社会成员一样生活，深入人们的生活之中，才能真正了解他们的文化。这种参与式观察的目的是要全面、深入地描述某一特定的文化现象。

2. 参与观察的类型

根据研究者在实际的参与观察中所呈现的角色，可以将参与观察分为两种类型。

（1）研究者“作为观察者参与其中”（participant as observer）类型。在这种研究方式中，研究者的身份是被研究和观察的人们所知道的，他是以这种公开的身份参与到被研究者群体或社区中进行观察的。

（2）研究者“作为参与者而观察”（observer as participant）类型。在这种研究方式中，研究者将自己的真实身份隐藏起来，而以所观察的社区或群体中一员的身份去参与其中并进行观察。这种方法的最大问题是伦理道德问题，即研究者有没有为了研究的目的而欺骗研究对象的权利？

---

① ［美］亨特．社会研究方法新论．武汉：华中理工大学出版社，1989：1-13.

3. 参与观察法的特点

（1）参与观察法的优点。与其他研究技术相比，参与观察导致研究者把他自己的看法和观点强加于他试图理解的那个社会世界的可能性最小，它常常是在“没有先入之见”的情况下进行这种探讨的。因此，它为获得社会现实的真实图像提供了最好的方法。而采用调查研究的方法（无论是结构式访谈还是自填式问卷），都要求研究者事先决定好一组要求被访者回答的问题，这样做就有可能使研究者把他自己关于所研究现象或行为的特定猜想、判断、看法和观点，强加给社会；在这种特定的注意力和特定的分析框架的指导下得出的很可能是所研究的现象的变形的和曲解的图像。正因为如此，利博特别担心他所希望观察的现实遭到歪曲。他说，从一开始进行研究，他就“特意不在一些有关的问题中作出明确的假设”，他只是尽量地听和看。当观察者深入实地、完全参与到被观察者的实际生活中，边同他们一起生活，边进行自己的观察时，他往往能够直接地、真切地感受被观察者的思想感情和行为动机，特别有利于研究者“设身处地”地“理解”被观察者。

（2）参与观察法的缺点。参与观察法的缺点就像其批评者所概括的：其所得到的资料往往缺乏信度（即缺乏可靠性）；作为一种研究方法，它的程序是不明确的，它的观察是无系统的，它的资料是难以用数量表示的，它的研究结果也是无法重复的。同时，参与观察在很大的程度上依赖于观察者的敏感性、领悟能力和解释技巧。在参与观察的整个过程中，主观因素的作用和影响很大，而很难有比较客观的评价标准。特别是，当研究者在参与观察中参与得越深，体验得越深，其主观情感、看问题的角度、思考的模式等方面受到的影响也就越大；他在看待、分析和解释人们的行为时丧失客观性、中立性的可能性也就越大，程度也就越深。这样就出现了一种新的危险：观察者因陷得太深而失去其观察的超然性和敏锐性，并变得过于地想当然。这是研究者在参与观察过程中所应注意的一个问题。

4. 参与观察法的应用

首先，采用参与观察方式进行的研究，通常不是要验证某种理论或假设，其目的是对现象发生的过程提供直接的和详细的资料，以便对其有比较深入的理解。因而参与观察不用事先准备特定的假设，其研究的过程也无特别的限制，常常会观察到原先并未期望得到的资料，得到意外的收获。但另外，由于参与观察的方法要求研究者参与到自然的、不经过人工的控制或改变的环境中来进行研究，因而其在可靠性、观察偏差以及结果推论上都存在着一定的局限，所以，在使用上应注意一定要有比较长的时间来从事观察，以便于研究者对某一现象或群体作全面的和综合的了解。

其次，参与观察之初，研究者都需要为自己作为一个陌生人的出现进行某种方式的解释。他的参与观察能否成功也在很大程度上取决于他能否被其所研究的群体所接纳。因此，能否得到所研究的群体中关键人物的支持和帮助，就常常成为研究者获得成功的关键环节。

再次，由于参与观察特定方式的要求，参与观察者往往要经历一个“先融进去”，“再跳出来”的过程。或者说，参与观察过程中有一个角色转换的问题。在参与和观察之初，研究者要尽快“进入角色”——将自己作为研究者的角色转换为观察对象群体中一员的角色，从语言、行为举止到生活方式，都尽量“同化于”被观察对象及其社区，以达到“移情理解”的目的。而当要对观察到的现象和行为进行判断、分析和解释时，研究者又要能随时“跳出角色”——恢复到研究者客观的、中立的立场上来，从局外人的角度，重新审视被观察对象的行为表现，发掘其所具有的客观含义，以达到“超脱理解”的目的。

第三节　无结构访谈法

在实际研究中，访谈是与观察同样重要的资料收集方法。实地研究中的访谈与我们在调查研究中介绍的结构访谈的方法有较大的差别。实地研究中的访谈通常是一种无结构访谈，有时甚至只是一般的、随意的闲聊。

一、无结构访谈的含义和形式

无结构访谈又称做深度访谈或者自由访谈，它与结构式访谈相反，并不依据事先设计的问卷和固定的程序，而是只有一个访谈的主题或范围，由访谈员与被访者围绕这个主题或范围进行比较自由的交谈。无结构访谈适合于，并主要应用于实地研究。它的主要作用在于通过深入细致的访谈，获得丰富生动的定性资料，并通过研究者主观的、洞察性的分析，从中归纳和概括出某种结论。应该说，无结构访谈与结构访谈相互补充，分别适用于不同的情况，都是社会研究中的有用工具。

结构访谈要求在访谈过程、访谈内容、访谈方式等方面都尽可能统一，做到标准化。这样做一方面是为了避免访谈中各种个人因素，特别是个人主观因素影响访谈过程，从而增加访谈过程的客观性和资料的可信度；另一方面也是为了使得访谈资料便于进行统计处理和定量分析。但结构访谈因为缺乏弹性，缺乏灵活性，因而无法了解更加具体、更加详细的资料，也无法对所访谈的问题进行更为深入的讨论。与此相反，无结构访谈的最大长处就是弹性大，灵活性强，它有利于充分发挥访谈双方的主动性和创造性。与结构访谈相比，无结构访谈的最大特点是深入、细致。但是，这种访谈方法对访谈员的要求比结构访谈的要求更高；这种访谈方法所得的资料难以进行统计处理和定量分析；而且特别耗费时间，使得访谈的规模受到较大的限制。这些都是无结构访谈所存在的缺陷，我们在运用时应该有所注意。

在实地研究中根据访谈的性质，可以将实地研究中的无结构访谈细分为正式访谈与非正式访谈两种。正式访谈指的是研究者事先有计划、有准备、有安排、有预约的访谈。而非正式访谈则指的是研究者在实地参与研究对象社会生活的过程中，随时碰上的、无事先准备的、更接近一般闲聊的交谈。比如，在左邻右舍、街头巷尾、集贸市场、餐馆商店等日常生活地点与偶然碰上的当地人所进行的交谈，就属于这种非正式的访谈。这种非正式的访谈无法事先预料和计划，交谈的进程不能由研究者严格控制，交谈内容也不能完全按研究者的研究目标进行选择，只能视具体的谈话情景、谈话对象而定。所以一般情况下研究者只能因势利导，见机行事。正式的访谈则通常需要按事先拟好的提纲进行，这种提纲中列出了一些根据研究文献和研究者个人经验认为应该了解的各个方面的问题。但提纲通常只起到某种提示作用，访谈的实际进程仍有相当大的灵活性和变化性。

二、无结构访谈的类型

无结构访谈虽然没有固定的程序，但由于实施的方式不同，无结构访谈可以分成以下几种类型：

1. 集中访谈

集中访谈，又称重点访谈，指的是对某一经验或者事件及其影响的集中访问。它的具体做法是：先把研究对象安排到选择好的某一情境之中；然后对研究对象进行访问，询问他们在情景当中的主观经验。研究者通过以上步骤，得到相关资料，并对问题进行分析和解释。

集中访谈在实地研究中并不常用，但是常常被社会心理学家用来研究大众传媒的效果。

2. 深度访谈

深度访谈，指的是为了搜集个案的资料所进行的访谈，它要求访谈员针对个案的各个方面开展全面的调查，尽可能多地收集相关资料，借以分析所研究的问题。在实地研究中，具有代表性的深度访谈是个人生活史研究。

3. 客观陈述法

客观陈述法是一种非引导式访谈法，由访谈对象自己将自己的信仰、价值观念、行为以及他的生活状况客观地描述出来。在这种访问法中，访谈员基本上保持一个完全的听众角色，偶尔插一些中立性的话语，如“为什么”“怎么样”，等等。

客观陈述法是一种让访谈对象发表意见的方法，是一种能够使访问者直接接受被访者的信念、价值观等抽象概念的方法。

4. 集体访谈法

集体访谈法也叫座谈会，是一种无结构式集体访谈，它是将若干被访者集中起来，对有关问题共同讨论的方法。集体访谈法是实地研究中经常用到的方法，将在后面重点介绍。

三、进行无结构访谈的注意点

对于实地研究中的正式访谈来说，应该注意以下几个方面：

（1）访谈前，要对访谈的主要目标和所要了解的主要内容有一个明确的认识。只有在访谈前做到心中有数，才能在访谈中主动地掌握和引导好整个访谈的进程。一种可取的方法是，事先精心准备好一组“主题标题”或“内容提示”，以保证每次具体的访谈都能覆盖访谈的主要内容。这组“主题标题”或“内容提示”一般采用简练明确的词语或短小的句子的形式，抄写在一张卡片上，或者写在笔记本上，用以作为在访谈过程中指导提问和检查遗漏的依据。当然，这组“主题标题”不是一成不变、不可更改的，相反，它通常需要根据实际访谈过程中所认识到的问题或方面，对原先考虑不足的内容进行适当的增删。

(2) 访谈前最好能对被访者的各方面情况和特征，比如，年龄、性别、职业、文化程度、家庭背景、兴趣爱好，等等，尽可能详细地进行了解。这样做的好处是，一方面，便于访谈员根据实际情况采取适当的角色姿态，尽可能缩小访谈员与被访者之间的心理距离，尽可能增加两者之间的共同语言，以建立起轻松融洽的访谈关系；另一方面，可以使访谈员对被访者在访谈过程中所谈的各种情况，有一个更为准确、更为客观的理解。特别是在对一些不易交谈、不易表达的内容和一些不善表达的被访者进行理解时，这种事前的了解就更具有明显的作用。

(3) 访谈的时间和地点的确定应该以被访者方便为主要原则。在访谈前，访谈员应该事先与被访者进行联系，向被访者说明访谈目的和内容，并和被访者就访谈次数、时间长短及保密原则达成协议。见面时，一定要向被访者表示某种歉意。比如，“对不起，打扰了您的工作”或者“对不起，影响了您的休息”，等等。而不要以为有了正式的介绍信，或者事先已通过了被访者的上级机关和领导，被访者接受访谈就是理所当然的。因为，对于任何一个具体的访谈对象来说，他并没有以牺牲个人的工作、学习、休息和娱乐时间来接受你的访谈，并向你提供各种情况的义务；对于每一个访谈人员来说，他也没有为自己工作的需要而占用别人工作或休息时间的权利。因此，在一开始与被访者接触时，切不可忘记向被访者十分诚恳地表达出对这种打扰的歉意。

(4) 访谈时，开场白一定要说好。其标准是：简明扼要、意图明确、重点突出。主要解释你是什么人，你想干什么，为什么要进行这次访谈，等等。其目的是消除被访者在陌生人面前所自然产生的各种疑虑和戒备心理。接着，就要清楚明白、通俗易懂地告诉被访者，你希望他谈些什么方面的问题。需要注意的是，一开始不能把你所想了解的全部问题都一一列举出来，而只能给出一个总的内容范围和一两个十分容易交谈的话题。因为即使你把全部问题都列举出来，被访者也不可能全部记住；即使他可以把问题全部记住，也不可能有条有理地、一个接一个地从头谈到尾。这一阶段的主要目的是：调动回答者产生回答问题的动机；帮助他们做好回答问题的心理准备；建立起轻松、融洽的访谈关系；引导被访者开始回答第一批问题。

(5) 开始访谈是一种真正的艺术，全部资料的可靠性在很大程度上取决于访谈员在这方面的表现。为了创造有利于访谈的气氛，除了对访谈对象表示礼貌外，在进入正题之前，可以先谈谈访谈对象身边的、较熟悉的事情，以消除拘束感，比如，他的住房、家庭、子女、个人嗜好等。然后逐步地把话题引向访谈的内容。开始提出的问题除了在内容上应该是比较简单的以外，访谈员提问的速度也应相对慢一点，使被访者有一个逐步适应的过程。

(6) 在被访者回答问题的过程中，访谈员要专心听，并认真记笔记。这样做可以给被访者一种正式感、受尊重感和谈话有价值感。在这一过程中最关键的因素是：访谈员的目光要恰当地同被访者保持接触。所谓恰当，指的是既不能埋头记笔记，而忽视了通过目光同被访者进行交流；又不能长时间把目光停留在被访者脸上，因为这样往往会造成被访者的紧张感、不自在感，影响到他的谈话。要使自己的目光在笔记本和被访者这两者之间自然地往来，随时让被访者感到你在十分认真、十分注意地听取他的谈话、他的意见和看法。

（7）掌握正确的记录方法。访谈的目的是收集某类现象的资料，访谈记录则是关系到访谈资料的客观性、准确性和全面性程度的重要因素。在实践中通常采用两种方式进行无结构访谈的记录工作。一种叫当场记录；另一种叫事后记录。事后记录是在访谈结束后，靠回忆进行追记的方法。它的优点是既不会影响访谈时访谈员与被访者之间的互动，又有较好的消除被访者心理压力和紧张感的作用。但其缺点是所追记的资料往往很不全面，遗漏之处很多，且所记内容也不确切。当场记录即边访谈边记录，它是访谈员采用得较多的一种形式。在当场记录中，要想把被访者说的每一句话、每一个字都记下来，不仅是不可能的，而且也是不必要的。因此，应该有重点、有选择地进行记录。主要做法是：对被访者讲述的事件、列举的实例，特别是事件或实例中的时间、地点、人物、状况、性质，等等，要尽量完整地记录；对被访者关于某一问题所表示的观点，对某一现象的主要态度、主要见解，等等，要准确地记录，并且最好能记下他的原话，而不要用自己的话去“概括”或“归纳”被访者的话；对于被访者在回答中的一些过渡性语言、承接性语言、重复性语言、口头语，等等，则不要记。记录时，对不同问题的回答，以及对不同的事件、不同的方面、不同的内容，等等的回答，都要在形式上明显地分开，各自形成单独的一段，而且要分层次、分段落、不留空隙地从头记到尾。当场记录的最理想方法当然是进行访谈现场录音，但这一定要事先征得被访者的同意。

四、访谈控制的方法

访谈的控制是访谈过程中最重要、最难掌握的工作任务，也是整个访谈过程中最关键的环节之一。一般来说，提问控制和表情动作控制是两项主要的控制手段。

提问控制包括以下几个方面：首先是对内容转换的控制。即当访谈的内容从一个方面转到另一个方面时，访谈员要有意识地帮助被访者进行这种转变，而不能在被访者没有任何心理准备的情况下突然地转换话题。转换控制的方法是先顺着被访者所谈内容进行简要归纳，让被访者在这一方面的思路画上句号，然后再提出新的问题。其次是对问题的重述和追问。当感觉到被访者对问题含义不理解、不清楚，或有误解时，可通过重复问题来帮助他们理解；当你对被访者的回答有疑问时，也可通过复述其回答和追问来确证；当感到被访者回答不全时，可通过停顿不语或追问来诱导被访者继续谈下去。再次是掌握好发问和插话的时机。通过适时的插话和提问来巧妙地掌握和控制访谈的进程。由于访谈对象是互不相同、各有特点的，因此，对于同样的问题，他们的反应会不同，回答会不同，表达的方式也会不同。有的也许能较好地领会访谈员的要求，而有的则可能会形成一些误解；有的也许能较好地按访谈员的要求叙述，而有的则往往会跑题。为了使每一种情况下的访谈都取得成功，访谈员必须牢牢掌握和控制交谈的方向、范围和进展情况。而且，这一切都不能过于明显地表露出来，只能以某种被访者不易察觉的方式自然地进行。在被访者叙述的过程中，除了十分重要的细节外，一般不要发问，插话也不要过多，以免打断被访者的思路。

表情与动作控制即是指访谈员通过自己的各种表情与动作，来表达一定的思想、感情，从而达到对访谈过程的控制。比较重要的几个方面是：(1) 用动作中断被访者的谈话。如通过送水或点烟的动作打断被访者扯远的话题。(2) 要表现出礼貌、虚心、诚恳、耐心的表情。(3) 要对被访者的谈话表示关注，即使当被访者说走了题，或者语言表达效果较差时也应如此。(4) 访谈员的表情要适合被访者回答的内容。要对被访者回答的喜怒哀乐表示出同感。(5) 要恰当地用眼，专心地用耳。既不能只顾低头记笔记，忽视被访者的存在，也不能一直盯着被访者。眼睛要在这两者中找一个适当的位置。听被访者回答时，一定要专心，以免影响被访者谈话的情绪。

五、集体访谈

集体访谈也称为座谈会，它是将若干个访谈对象集中起来，同时进行访谈的方法。集体访谈的最大特点是，访谈中不仅存在着访谈员与被访者之间的社会互动，同时还存在着不同的被访者相互之间的社会互动。整个访谈过程不仅是访谈员与被访者社会互动的过程，而且也是被访者相互之间的社会互动过程。集体访谈所收集的资料将受到这两种社会互动的影响。因此，要成功地组织好集体访谈，要开好座谈会，访谈员就不仅要掌握好与被访者之间的互动，而且要组织和引导好被访者之间的互动。这就要求访谈员有更熟练的访谈技巧及组织会议的能力，正确地面对多个被访者。可以说，在一定意义上，集体访谈是较个别访谈层次更高、难度更大的访谈方法。

参加集体访谈的人数是进行集体访谈首先必须解决的问题。若人数多了，则集体访谈难以掌握和进行；若人数少了，则又达不到集体访谈的效果。根据长期实践的经验，一次集体访谈的参加人数通常以 5~7 人为宜，最多不超过 10 人。同时，应该注意参加集体访谈的被访者的选择。总的来说，参加集体访谈的人员应根据访谈目的的不同而有所不同。一般的原则是：(1) 要有代表性。(2) 要十分了解情况。(3) 要敢于发言。(4) 相互之间应有共同语言。

集体访谈具有一些不同于个别访谈的特点。首先，由于集体访谈是访谈员与被访者之间、被访者之间的多层次互动与交流，因此，它所获得的信息往往比个别访谈方式所获得的信息更为广泛、更为全面；而且，由于能够互相启发、互相补充、互相核对、互相修正，所以，集体访谈所获得的资料往往也更为完整、更为准确；其次，由于集体访谈能够同时访谈若干个不同的访谈对象，因而可以大大地节约时间、人力，相对较快地获得有关社会现象的情况。但是，集体访谈存在着一个十分突出的问题，这就是容易产生和形成某种“团体压力”和“从众行为”。它往往使得参加集体访谈的访谈对象在其他访谈对象面前有意无意地隐瞒真实情况和想法，使自己的回答和看法顺从、接近或符合多数人的意见，而不愿或不敢表示不同的意见。因此，访谈员应该对集体访谈中所得资料的真实性和客观性，有一个比较清楚的认识。由于同样的原因，对于某些敏感的问题的访谈，也不适于采用集体访谈的方法。

第四节　定性资料分析

在上文中，我们已经介绍了定性资料的获得与整理，在这里，将说明定性资料的分析。

一、定性资料及其特点

定性资料指的是以文字、文章等符号做记录的资料，它不仅包括描述或表达社会生活中的人物及其行为、态度的资料，还包括记述社会生活事件的资料。在实地研究中，可以将研究者在调查中收集到的各种以文字、符号表示的记录、笔记都视为定性资料。

由于定性资料都来源于实地研究，而实地研究所得到的材料包括各种观察记录、访谈笔记、情感体悟，因此，定性资料具有自己的一些特点。

1. 来源的多样性

定性资料既有来自观察得到的资料，又有访谈得到的笔记，还有一些随笔式的、感想式的情感体悟，甚至还包括一些从当地媒体、出版物上所得的摘要。可以说，来源的多样性成为定性资料最显著的特征。同时，这种多样性的特征也使得定性资料不论在形式上，还是在构成上都显得比较复杂。

2. 形式的多样性

定性资料来源的多样性，注定了它在形式上难以统一，往往呈现一种零散的、杂乱的、无固定的结构形式，导致定性资料形式多样性。正是这种形式多样性，使得定性资料更难把握，需要研究者敏锐的洞察力，对研究者的要求更高。

3. 分析路径的多样性

由于定性资料的来源、形式都具有多样性的特征，使得对定性资料的分析有了更大的自由。不同的分析者，从不同角度的分析，面对同样的资料，可以得出不同的结论。这也是定性资料常让人诟病的一个原因。但是，正是这种分析路径的多样性使得定性资料更加显得丰富多彩。

二、定性资料分析的过程

定性资料分析的过程指的是一个对定性资料进行分类、整理、综合、归纳的过程。它的逻辑是一个归纳逻辑，即从具体的、个别的实例出发，总结概括出一般概念、理论的过程。我们一般将整个定性资料分析的过程大致分为资料判别、阅读编码和归纳抽象三个阶段。

1. 资料判别阶段

资料判别指的是研究者对收集到的资料进行检查、分类和简化，使之条理化、系统化，并为进一步分析提供条件的过程。可以说，资料判别既是资料收集工作的继续，又是资料分析的开端，它是二者之间的中间环节。

我们经过实地调查得到的资料也需要去伪存真，不仅在理论上需要我们对实地研究资料进行判别，而且在实地研究实践中需要我们对许多影响资料可靠性的因素有清醒的认识①。

第一，从理论上分析，实地研究的资料判别是符合反思社会学要求的体现，也是实地研究的理论基础发展脉络的要求，同时反映出社会研究者应具有的方法意识和方法素养，也反映了研究者所应具备的学术道德规范。

第二，从实践上看，实地研究的资料会受到一些因素的影响，而这些因素需要研究者对其充分估计并自觉反思，才能保证研究资料的可靠性。

对于实地研究的资料判别，研究者至少需要从方法意识到实施调研、资料收集，再到资料分析与呈现四个方面作出努力。

首先，在方法意识上，研究者应对影响资料可靠性的因素要有清醒认识。

保持调研中的反思性是必须具有的一种态度。笔者认为，面对涉入"事件"中的调研对象提供的信息，实地研究者对资料的判别应特别注意实践中可能影响到资料可靠性的因素。实地研究者不仅要是法官，而且还要是内部人。我们知道，法官其辨别力是强，但有些内幕，法官永远也不可能知道。而内部人却可以"关起门来"分享此等秘密。因此，研究者既要做台前的法官，也要做幕后的"自己人"，必须具有清醒的判断力，否则就可能被蒙骗或误导。

保持反思性的关键是需要从权力关系与利益立场来考虑。福柯在一系列著作中，特别是在《惩罚与监禁》的讨论中提出了一个关于知识产生的、激烈的后现代命题——知识是权力的产物。苏力曾经从权力的关系角度对法律社会学调查进行了探讨②。结合笔者实地研究的实践，笔者认为除了将权力关系迁移进来考察外，利益立场也是资料判别的一个很好视角。

实地研究收集的资料有一个显著特点就是利益嵌入性。研究者往往带有一定的利益立场，而研究对象更是有着利益立场。而实地研究的研究对象的抽样一般是采取目的性抽样，又称"理论型抽样"（theoretical sampling），即抽取能够为研究问题提供最大信息量的人、地点和事件，而抽取的人、地点与事件对于实地研究来说，都是嵌入利益的。因此，对于实地研究的资料判别需要考虑到利益立场问题。

其次，在实施调研的过程中，调研者应注意观众效应。

实地调研者对于调研对象本身有着一种潜在的观众效应，这一点往往被调研者所忽视。调研者的入场就如观众进场一样会给人一种社会刺激的效力。实地调研者进入实地过问有关事件，是对调研对象很大的心理支持，有时甚至会激发他们的行为。所以对于调研者来说，应该对此保持一种清醒的认识。

再次，在资料收集上，调研者应多方求证资料。

---

① 董海军．论实地研究中的资料判别．华中师范大学学报（社科版），2008（2）．

② 苏力．法律社会学调查中的权力资源——一个社会学调查过程的反思．社会学研究，1998（6）．

由于不同调研对象的不同利益立场及实地研究中存在不同的权力关系，要提高研究资料的可靠性，就应该全面加强研究资料的横向和纵向的印证，通过多种情境确认研究资料的可靠性，在不同利益立场的信息提供者之间更接近真实。调研资料的真实性既是理论问题，更是实践问题。从根本上说，是研究者的主观世界是否与客观世界相吻合的问题。深入调研、多方求证、求真务实、实事求是的实地研究是资料可靠性的一种保证。

最后，在资料分析与呈现上应规范化。

资料收集了以后需要进行分析。正式开始分析之前，需要认真阅读原始资料，经过“投降”和“怀疑”两个过程，以保证自己熟悉资料的全部内容。在阅读资料时，需要采取一种“投降”的态度，即放弃自己原有的“假设”和“偏见”，尽量将自己完全沉浸在资料所浮现的意义中，并反思自己的即兴反应，同时又抱一种怀疑的态度来审视所收集的资料。

在资料的呈现中，如果不能判别，那么就应该标明陈述者，由读者去理解，而不应该以作者的语言来转述，而应在介绍陈述者的利益立场的基础上以采用引述的形式来呈现研究资料，而且实地研究的论文也应有专门的资料判别介绍。

一般而言，资料判别包括资料审查、资料分类和资料汇编三个阶段。第一，资料审查。资料审查的目的是消除原始资料中的虚假、差错、短缺、拖沓等无效资料，以保证资料的真实、完整、有效，为下一步的整理分析打下基础。对定性资料的审查主要集中在真实性、准确性和适用性上。第二，资料分类。资料分类有两种方法：一种是前分类，指的是在收集资料之前定下分类标准，然后按分类指标收集和整理资料；另一种是后分类，指的是在资料收集完成后，再根据资料的性质、内容和特征分类。定量资料通常采用前分类，而定性资料则一般采用后分类。第三，资料汇编。资料分类之后，就要开始将资料按一定的逻辑结构进行汇总和编辑，即资料汇编。

2. 阅读编码阶段①

在阅读编码阶段，研究者要重新开始逐段逐行地仔细阅读每一段实地记录，分析每一段笔记的内容，并且在阅读中进行资料的各种编码工作。通常，研究者边阅读边根据具体内容做记号，以标签的形式表明各种具体事例、行为、观点的核心内容或实质，并将其归入所属的各种不同主题或概念备忘录中，形成了整理后的，具有更为清晰的内容框架的资料。

3. 归纳抽象阶段

在归纳抽象阶段，要根据不同的标准或从不同的角度，仔细审阅和思考资料中所做的各种记号，思考和比较各种不同的主题，看看哪些东西反复出现，看看哪些资料中存在突出差异，并从中归纳或抽象出解释、说明现象和社会生活过程的主要变量、关系和模式。在定性资料的分析阶段，一个十分关键的环节是，我们必须从大量的经验材料中识别那些构成更大的社会结构的社会互动和社会关系。我们不能把在实地观察中所得到的这些互动

---

① 其中一些编码技术可参见问卷编码。

和关系仅仅看做具体的、特别的行为，同时也要把它们看做更为抽象、更为一般的概念在具体社会生活中的例子。我们必须理解这些行为和关系是如何相互联系并形成社会结构的一种特定类型的。当然，这也是定性资料分析中最为困难的一项工作。

实地研究所得到的材料是丰富的、生动的和具体的，研究者必须从中进行选择和组织，利用它们来展示更带有普遍意义的社会行为模式，更为一般的社会结构和社会过程。可以说，现实生活为研究者提供了材料，而研究者则要对这些材料提供自己的分析。

三、定性资料分析的方法

由于定性资料具有的“三多”特征，使得对定性资料分析的方法难以统一。有的学者认为，定性资料分析主要有两条途径：一是寻找资料中的相似性；二是寻找资料中的相异性。这与下文将要介绍的比较分析法有些相似。也有的学者认为，定性资料分析方法可以划分为类别分析和叙述分析两种。类别分析是将具有相同属性的材料归入同一类别，材料的属性可以从事物的要素、结构、功能、原因等各个层面进行分类。叙述分析是将材料放置于自然情景之中，生动逼真地对事件和人物进行描述和分析。两者可以结合起来使用：前者可以为后者补充血肉，后者可以帮助前者分清层次和结构。①

实际上，前面的这些学者关注的是一个方法论的问题，对具体的操作方法未作介绍。由于定性资料的方法较多，这里对常用的四种分析方法作一个介绍。这四种方法是：连续接近法、举例说明法、比较分析法、流程图法。②③

1. 连续接近法

连续接近法（successive approximation）指通过不断地反复和循环的步骤，使得研究者从开始时一个比较含糊的观念以及杂乱、具体的资料细节，到达一个具有概括性的综合分析的结果。在连续接近法中，研究者常常得以形成新的概念，创造新的理论。

2. 举例说明法

举例说明法（illustrative method）就是一种用经验资料来说明某一理论的方法。这种方法是在定性资料分析中运用得最为普遍的一种方法。举例说明法有两种方式：一种是举例子来证明理论的来源与脉络，即通过个案来说明理论；另一种是平行说明式，即通过平行列举多个案例，来说明这种理论模型可以应用于不同的案例。举例说明法的缺陷在于论证模式说服力不强，因为一个反例就可以攻破理论成功的堡垒。

3. 比较分析法

比较分析法（analytic comparison）是在社会科学研究中应用较广的方法。根据具体的比较方式的不同，定性资料分析中的比较分析法可以分成两种类型：

---

① 陈向明．社会科学中的定性研究方法．中国社会科学，1996（6）.

② ［美］肯尼斯·D. 贝利．现代社会研究方法．上海：上海人民出版社，1986：356.

③ 风笑天．社会学研究方法．北京：中国人民大学出版社，2001：319-323.

(1) 一致性比较法 (method of agreement)。这种比较法是将注意力集中于各个不同个案中所具有的共同特征上，并通过运用一种排除的过程来进行。其基本思想是：研究者先找出不同个案所具有的某种共同的作为结果的特征，然后再比较各种可能的作为原因的特征。如果某种被看做原因的特征不为所有具有共同结果的个案所有，那么，研究者就将这种特征从原因中排除掉，而所剩下的那种为所有个案共有的特征则为可能的原因。

(2) 差异性比较法 (method of difference)。差异性比较法的基本思路是：研究者先找出一些在许多方面都十分相同，但是在少数方面不同的个案群；然后从中找出使得这些个案具有相同结果的原因特征组，同时找出一组在结果上与此不同的个案；接下来，研究者可以对比两组个案，查找那些在结果上不同的个案所没有出现的原因特征；这种没有出现的原因特征就是结果的原因。

4. 流程图方法

流程图方法主要指的是以历史和现时发展过程为标准，对定性资料进行描述。这种方式最大的好处是能够很好地展示事物发展变化的过程。流程图方法使得描述的内容显得清晰、明了，使读者看过之后一目了然。

定性研究是一种理论建构型的研究方式，而对定性资料的分析过程则是一个开放式的结构。在分析的过程中，研究者可以根据研究的目的，对原始资料进行不同的取舍。但是，不管怎样，研究者在建构相关理论时，都应该建立在原始资料上，而不是凭空杜撰。

☞本 章 小 结

实地研究是一种定性研究方式。实地研究是一种深入到研究现象的生活背景中，以参与观察和非结构访谈的方式收集资料，并通过对这些资料的定性分析来理解和解释现象的社会研究方式，包括个案研究和社区研究。

从实施的程序上看，实地研究通常可分为以下几个主要的阶段：(1) 选择研究背景。(2) 获准进入及取得信任和建立友善关系。(3) 收集资料（观察或访谈）。(4) 整理和分析资料。(5) 报告研究结果。

实地研究的主要优点包括：(1) 适合在自然条件下观察和研究人们的态度和行为。(2) 研究的效度较高。(3) 方式比较灵活，弹性较大。(4) 适合研究现象发展变化的过程及其特征。实地研究的主要缺点包括：(1) 概括性较差。(2) 信度较低。(3) 对研究对象的影响。(4) 所需时间较长。(5) 伦理问题。

观察法指的是带着明确的目的，用观察者的感觉器官或者辅助工具去直接或间接地了解研究对象。观察的过程一般分为三个阶段：准备阶段、实施阶段和资料处理阶段。

按照观察中研究者所处的位置或所扮演的角色，我们可以将观察区分为局外观察和参与观察。按照观察的角度不同，观察法可以分为直接观察和间接观察。同样地，我们也可以根据观察地点的不同将观察分为实验室观察和实地观察，还可以根据观察方式的结构程度将其区分为结构式观察和无结构观察。

参与观察的特点。(1) 参与观察法的优点：为获得社会现实的真实图像提供了最好的方法，有利于研究者“设身处地”地“理解”被观察者。(2) 参与观察法的缺点：所得到的资料往往缺乏信度（即缺乏可靠性）；作为一种研究方法，它的程序是不明确的，它的观察是无系统的，它的资料是难以用数量表示的，它的研究结果也是无法重复的。同时，参与观察在很大程度上依赖于观察者的敏感性、领悟能力和解释技巧。在参与观察的整个过程中，主观因素的作用和影响很大，因而很难有比较客观的评价标准。

无结构访谈又称做深度访谈或者自由访谈，它与结构式访谈相反，并不依据事先设计的问卷和固定的程序，而是只有一个访谈的主题或范围，由访谈员与被访者围绕这个主题或范围进行比较自由的交谈。无结构访谈适合于并主要应用于实地研究。根据访谈的性质，可以将实地研究中的无结构访谈细分为正式访谈与非正式访谈两种。

无结构访谈的要点。(1) 访谈前，要对访谈的主要目标和所要了解的主要内容有一个明确的认识。(2) 访谈前最好能对被访者的各方面情况和特征尽可能详细地进行了解。(3) 访谈的时间和地点的确定应该以被访者方便为主要原则。(4) 访谈时，开场白一定要说好，其标准是：简明扼要、意图明确、重点突出。(5) 开始访谈是一种真正的艺术，全部资料的可靠性在很大程度上取决于访谈员在这方面的表现能否创造有利于访谈的气氛。(6) 在被访者回答问题的过程中，访谈员要专心听，并认真记笔记。(7) 掌握正确的记录方法。提问控制和表情动作控制是访谈控制的两项主要的控制手段。

集体访谈也称为座谈会，它是将若干个访谈对象集中起来，同时进行访谈的方法。

定性资料指的是以文字、文章等符号做记录的资料，它不仅包括描述或表达社会生活中的人物及其行为、态度的资料，还包括记述社会生活事件的资料。其具有来源的多样性、形式的多样性和分析路径的多样性的特点。

定性资料分析的过程指的是一个对定性资料进行分类、整理、综合、归纳的过程。它的逻辑是一个归纳逻辑，即从具体的、个别的实例出发，总结概括出一般概念、理论的过程。我们一般将整个定性资料分析的过程大致分为资料判别阶段、归纳抽象阶段、阅读编码阶段等三个阶段。

由于定性资料具有的“三多”特征，使得对定性资料分析的方法难以统一。四种具体操作方法是：连续接近法、举例说明法、比较分析法、流程图方法。

☞关键术语

实地研究　　观察　　个案研究　　参与观察　　实地观察　　无结构访谈
资料判别　　连续接近法　　举例说明法　　流程图方法　　比较分析法

☞复习思考题

1. 实地研究中有哪几个主要的阶段？实地研究有何优缺点？为什么取得信任和建立友善关系特别重要？

2. 观察有哪几种类型？各种不同类型的观察具有什么特点？

3. 实地研究中这种无结构访谈的主要优点是什么？相比之下，哪种访谈对研究者的要求更高？为什么？

4. 参与观察与其他观察法有何不同？在实地研究中为什么一般选择参与观察？

5. 在实地研究中，选择研究背景时，研究者应该选择自己熟悉的地区吗？或是应该选择不熟悉的地区？

6. 无结构式访谈的类型有哪些？在进行无结构式访谈时要注意什么？

7. 资料判别的过程分哪几个阶段？

8. 定性资料的分析方法有哪些？找一篇定性研究的文章，看看其中运用了什么分析方法。

第九章

统计基础知识

☞思考发现

单变量需要从集中趋势与分散趋势两方面来进行分析，启示我们要善于从正反两方面来描述事物。统计并非冰冷的数字堆砌，而是引导我们深刻理解社会、批判性思考的基础，其为我们理解社会现象、推动社会科学发展提供了强大的分析工具。

☞案例导入

一、生个女儿该多好

一则有趣的报道，标题为“生子不是福”。报道摘录如下：“芬兰图尔库大学的萨姆利·赫利在最近一期的《科学》杂志上发表文章指出，根据他与同事对1640年到1870年间375名妇女教堂记录的分析结果，在前工业化时代，生育儿子会显著缩短妇女寿命，而生育女儿则会对妇女的长寿起到积极的作用。为了保证分析结果的准确性和确定生男生女的长期效果，研究人员把考察对象限定于年过五旬的妇女。结果表明生育子女的数目不会影响妇女寿命，但每生一个儿子，却会平均将其缩短34周。”如果你是一名女性，而且又尚未做母亲，读完这则报道之后，你会有怎样的想法呢？也许你的第一反应会同标题一样——生个女儿该有多好，毕竟34周（将近一年）的生命是十分珍贵的。但是，报道的内容是否值得信赖？支撑报道的分析方法又是否恰当呢？

二、神奇的药物疗效

几年前，十几个调查人员分别独立地发表了关于抗组织胺药物的数据。所有的数据都表明，在经过抗组织胺药物治疗后相当大比例的感冒能够治愈。这引起了传媒的大肆渲染，至少在广告中是如此，并兴起了药物生产的热潮，这正是因为人们在长期以来对药物具有强烈的需求。但奇怪的是，人们拒绝利用统计去注意一个显而易见的事实：正如一位幽默的非医学权威人士亨利·G. 菲尔森（Henry G. Felsen）所指出的那样，服用上述药物的确能在一个星期内治愈感冒，但人们却忽略另外一个事实——即使不服用上述药物，一般而言，感冒也能在7天内痊愈①。

阅读提示： 在信息爆炸的年代，我们将随时随地地成为信息的接收者，散布在报纸、杂志、电视、广播中的信息，良莠并存、真伪同在。我们拿到一份分析报告，需要弄清楚一些基本的问题：（1）这份报告是如何做的？这份报告是否存在遗漏的数据？（2）这份报告的概念是否与其他通常的一致？资料结论是否有意义？（3）面对着形形色色、鱼龙混杂的信息，我们该选择什么样的分析方法来得出科学客观的结论？

社会调查的基本过程就是收集资料与分析资料的过程。调查阶段搜集得来的大量、零星而分散的资料在进行了审核和整理之后，就形成了有系统、有条理的数据资料。这时候必须借助统计学的方法对数据资料进行分析，从量的方面研究社会调查获得的数据资料，并作出有效的定量判断，同时为理论分析提供数据支持。

社会调查中的统计分析，就是运用统计学方法，对调查得到的数据进行资料整理、综合、计算与分析，以揭示社会现象的内在的数量规律，从而达到认识社会现象本质的方法，即通过对社会现象的量的规定性的分析来把握社会现象质的规定性。

统计分析的基本内容主要包括两个方面：描述统计与推论统计。描述统计是对已经初步整理的数据资料加工概括，并用统计量对资料进行叙述的一种方法。它主要包括相对数的计算、集中趋势、离散程度的测量以及相关关系的测量。推论统计是在随机抽样调查的基础上，根据样本资料推论总体的一种方法。它主要包括参数估计和假设检验。②

第一节　单变量描述分析

一、集中趋势分析（位置分析）

在社会调查中，我们总希望能找到一个统计指标来代表一系列数据，表示现象的一般水平。这种以一个统计指标或代表值来反映一组数据在具体条件下的一般水平的分析方法就是集中趋势分析法。而这个统计指标或代表值就叫集中趋势统计量或集中量数。常见的集中趋势统计量有平均数、中位数、众数、分位数等。

1. 平均数（Mean）

平均数也称算术平均数、均数、均值，它是人们最熟悉，使用最频繁的一个集中量数，是衡量数据的中心位置的重要指标，常用字母 M 或$\bar{x}$表示。计算平均数的条件是，所有的数据必须是定距或定比测量层次的数据。

---

① 达莱尔·哈夫．统计陷阱．廖颖林．译．上海：上海财经大学出版社，2002.

② 周德民，廖益光，曾岗．社会调查原理与方法．长沙：中南大学出版社，2006：293-394.

● 简单算术平均数

在统计原始资料时，当资料是未分组资料时，计算简单算术平均数，其公式为：

$$\bar{x} = \frac{x_1 + x_2 + \cdots + x_n}{n} = \frac{1}{n}\sum_{i=1}^{n} x_i \tag{9-1}$$

其中，x_i 为各观测的结果，即观测值或实际调查数据，n 为观测的次数。

例 1 调查 10 个人的年龄分别是 25 岁、31 岁、33 岁、33 岁、39 岁、41 岁、43 岁、47 岁、51 岁、51 岁，求他们的平均年龄。

因为是未分组资料，运用公式得：

$$\bar{x} = \frac{x_1 + x_2 + \cdots + x_n}{n} = \frac{25 + 31 + 33 + 33 + 39 + 41 + \cdots + 51}{10} = 39.4(\text{岁})$$

●加权算术平均数

研究者出于对分析的需要，常常将数据分成若干个组或者若干个类。这时数据是以次数分布表的形式出现的，当资料以单值表为分组时，一般地，其平均数的计算公式为：

$$\bar{x} = \frac{\sum f \cdot x}{\sum f} = \frac{\sum f \cdot x}{n} \tag{9-2}$$

其中：公式中的 f 为各组的次数，$\sum f = n$。

例 2 表 9-1 是一个关于家庭人口的小型调查结果，求户均人口数。

表 9-1　　**家庭人口的统计表**

家庭人数 x（人）	户数 f（户）	$f \cdot x$（人）
1	5	5
2	20	40
3	55	165
4	12	48
5	8	40
合　计	$\sum f = 100$	$\sum f \cdot x = 298$

根据上述公式可得：

$$\bar{x} = \frac{\sum f \cdot x}{\sum f} = \frac{\sum f \cdot x}{n} = \frac{298}{100} = 2.98(\text{人/户})$$

当资料以组距为分组时，一般地，其平均数的计算公式为：

$$\bar{x} = \frac{\sum f \cdot x_c}{\sum f} = \frac{\sum f \cdot x_c}{n} \tag{9-3}$$

其中：x_c 为各组的组中值（组中上限与组中下限的平均值）。

例 3 表 9-2 是某单位收入的调查结果，请计算平均收入。

表 9-2 **收入的调查结果表**

收入 x（元）	人数 f（人）	组中值 x_c（元）	$f \cdot x_c$（元）
4000~5000	2	4500	9000
3000~4000	5	3500	17500
2000~3000	9	2500	22500
1000~2000	10	1500	15000
0~1000	4	500	2000
合　　计	$\sum f = 30$		$\sum f \cdot x_c = 66000$

根据分组资料计算平均数公式可得：

$$\bar{x} = \frac{\sum f \cdot x_c}{\sum f} = \frac{\sum f \cdot x_c}{n} = \frac{66000}{30} = 2200(\text{元}/\text{人})$$

在具体计算平均数过程中，其本质上都是全部“数值”之和除以全部“次数”之和。

2. 中位数（Median）

中位数又称中数、中点数，它是指一组数据在按大小顺序排列的情况下，位于中间位置上的那个数值，常用 M_d 表示。中位数的概念表明，它把观测总数一分为二，在其两边各有一半相同个数的数值，其中一半具有比它小的变量值，另一半具有比它大的变量值。当观测总数为奇数时，中位数是按顺序排列的位于正中间的数值。当观测数为偶数时，则中位数是最中间的两个数值的平均值。计算中位数的条件是，只有定序、定距、定比数据才能求中位数，定类数据则无中位数可言。

●对原始资料求中位数

中位数的计算方法：一般地，当观测数有 n 个时，首先对数据进行排序，由小到大，最小的数据的序号为 1，最大的数据序号为 n。

当 n 为奇数时，中位数序号为$\frac{n+1}{2}$的数值。即：

$$M_d = x_{(n+1)/2} \tag{9-4}$$

当 n 为偶数时，中位数序号为$\frac{n}{2}$和$\frac{n}{2}+1$ 这两个数值的平均值。即：

$$M_d = \frac{x_{n/2} + x_{(n/2+1)}}{2} \tag{9-5}$$

例 4　求 72，81，86，69，57，62 这组数的中位数。

先将这些数字由小到大进行排列：57，62，69，72，81，86。由于观测数 $n=6$ 为偶数，所以选取第 3 号位置和第 4 号位置的两个数字：69 和 72，则中位数为：（69+72）/2 =70. 5

从上面的例子可以看出，中位数仅与数据的排列位置有关，某些数据的变动对它的中位数没有影响。

●对分组资料求中位数

对于分组资料求中位数，首先按排序的方法找出中位数组，再按公式（9-6）近似求得中位数：

$$M_d = L + \frac{\frac{N}{2} - F_{m-1}}{f_m} \times h \tag{9-6}$$

其中：L 代表中位数组的下限；

N 代表总体单位数；

F_{m-1} 代表低于中位数组下限的累积频数；

f_m 代表中位数组的频数；

h 代表中位数组的组距。

例 5 求表 9-2 中收入的中位数。

因为是分组的数据资料，可以得到中位数组为：2000~3000，中位数组下限 $L=2000$，总体单位数 $N=30$，低于中位数组下限的累积频数 F_{m-1} 是 0~1000 和 1000~2000 的累积频数，为 14 即 4+10，中位数组的频数 $f_m=9$，中位数组的组距 $h=1000$ 即 3000-2000。运用公式得：

$$M_d = L + \frac{\frac{N}{2} - F_{m-1}}{f_m} \times h = 2000 + \frac{\frac{30}{2} - 14}{9} \times 1000 = 2111(\text{元})$$

当然，若按次序由大到小，则计算的方向恰好相反，计算结果完全一样，其计算公式为：

$$M_d = U - \frac{\frac{N}{2} - F_{m+1}}{f_m} \times h \tag{9-7}$$

式中的 U 代表中位数组上限，F_{m+1} 代表高于中位数组上限的累积频数，其余与上述公式一致。读者可以自己验证。

3. 众数（Mode）

众数又称范数、密集数、通常数等，是一组观测值中出现次数最多或出现频率最高的那个数据值，常用符号 M_o 表示。众数也是一个比较常用的集中趋势统计量。它只与数据值出现的次数有关，因而它可以用于定距资料，也可以用于定类、定序资料。在某些特殊情况下，众数有时不存在，有时可能出现多个。

●对原始资料求众数

对原始资料求众数，一般情况下只需要观察数据出现次数的分布情况即可。

例 6 求 72、81、56、81、92、86、57、81 的众数。

按照众数的定义，很容易知道众数为 81。

●对分组资料求众数

对分组资料求众数的方法，是先根据数据出现的最高频数找出众分组，再按公式（9-8）近似求得众数：

$$M_o = L_0 + \frac{\Delta_1}{\Delta_1 + \Delta_2} \times h_0 \tag{9-8}$$

其中：L_0 为众分组的下限，

Δ_1 为众分组频数与前一组频数之差，

Δ_2 为众分组频数与后一组频数之差，

h_0 为众分组的组距。

例 7　求表 9-2 中收入的众数。

由观察可知：最高频数的组为 1000~2000，因此此组为众分组，且众分组的下限 $L_0=1000$。众分组频数与前一组频数之差 $\Delta_1=10-4=6$，众分组频数与后一组频数之差 $\Delta_2=10-9=1$，众分组的组距 $h_0=1000$，根据公式可以求得：

$$M_o = L_0 + \frac{\Delta_1}{\Delta_1 + \Delta_2} \times h_0 = 1000 + \frac{6}{6+1} \times 1000 = 1857(\text{元})$$

4. 分位数（Quartiles）

分位数对于详细研究总体时用处较大，包括百分位数，十分位数，四分位数，是中位数的推广。将一组数据从小到大按顺序排列起来，并计算相应的累计百分位，某一百分位所对应的数据值定义为这组数据的某一百分位数，最小值 $x_{(1)}$ 是第 0 百分位数，最大值 $x_{(n)}$ 是第 100 百分位数，中位数是第 50 百分位数。第 25 百分位数又称为四分位数（下四分位数），第 75 百分位数也称为四分位数（上四分位数）。很明显，下四分位数是中位数以下数值的中位数，上四分位数是中位数以上数值的中位数。

5. 平均数、中位数、众数的比较

平均数、中位数和众数三值设计的目的是共同的，都是希望通过一个数值来描述整体数据资料特征，以便简化资料。它们都反映了变量的集中趋势。一般来说，众数：适用于定类、定序和定距变量；中位数：适用于定序和定距变量；平均数适用于定距变量。三者在反映变量的集中趋势时，各有优点，同时也存在一定的缺陷。

平均数对数据的利用率最高，它可以从无序的数据中直接求出；全部数据参与计算，因而具有高度的数学灵敏性和充分的代表性；其计算可由数学方程式加以确定，运算的结果可以成为其他统计运算的基础，可供进一步统计分析用。其主要缺点是由于每个数据都加入运算，容易受极端数值的影响，使平均数反映整体集中趋势变得面目全非。例如，某街道有 20 户居民，其中 19 户年平均收入为 2 万元，另一户为私营企业主，年收入达 2000 万元，由于这个极端数据的影响，街道每户年平均收入变成了 101. 9 万元。很明显，该平均数所反映的集中趋势极不准确，这种影响在整体数据较少的情况下表现得比较明显。

中位数不受数据中极端数值的影响，因而，当一组数据中有特别大或特别小的数据，影响平均数的代表性时，选用中位数作代表比较合适。而且，在两极端数值不明确的情况下，仍可求出中位数，因为中位数需要知道的是正中间那个数据的值，其余的数据只是占据位置。但是中位数对数据的利用率极低，数学敏感性差，不便于作进一步的代数运算。

众数与中位数相似，不受极端值的影响，在偏态分布的情况下最能体现现象的集中趋势；众数还能在算术平均数和中位数都无法计算的定类测量尺度中运用，一组数据中不同类别的次数如果相差悬殊，众数则可以成为反映这组数据的较好的指标。缺点是受次数和分组的影响，稳定性差，在数据分布出现双峰时没有意义，且无法进行代数运算。①

二、离中趋势分析（变异分析）

集中趋势统计量以一个数代表一个组，反映数据整体的平均水平和典型情况，但是，仅凭借集中趋势分析是很难准确地描述一组数据或者数据整体的。假设图 9-1 是某公司研发部和销售部的员工收入情况。

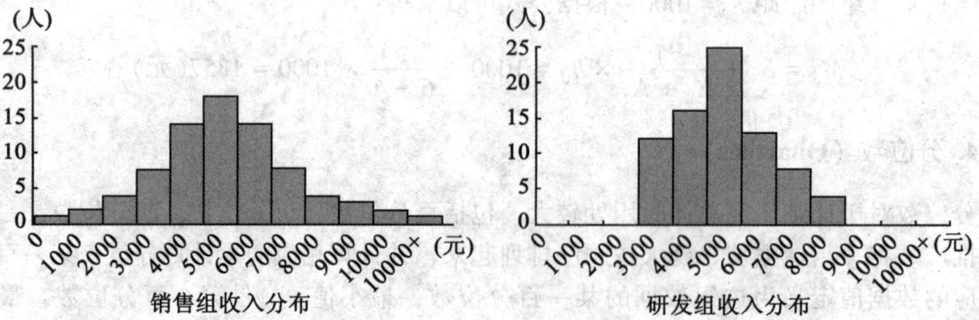

图 9-1　某公司的销售部和研发部收入分布图

如果仅用集中趋势统计量来分析两个部门的工资收入水平，似乎两个部门的工资水平是相等的，但是两个部门的员工收入分布情况显然有很大的差别。研发部员工收入都差不多，在 5000 元上下波动，但是数据波动不大，销售部的平均收入虽然也是 5000 元，但是相差悬殊较大，数据非常分散。可见，仅用集中趋势来分析资料是不够的，还需要考虑资料的分散特征，即离中趋势。

所谓离中趋势，是指各数据之间的差距和离散程度，用离中趋势统计量来描述。离中趋势统计量，也叫离散量数、差异量数，就是表示一组数据变异程度或分散程度的量数。离中趋势统计量越大，说明数据分布越分散，那么该组数据的集中趋势统计量的代表性也越差；反之，离中趋势统计量越小，说明数据分布越集中，那么该组数据的集中趋势统计量的代表性也越好。集中趋势统计量指量尺上的一点，离中趋势统计量指量尺上的一段距离。我们只有把两者相结合才能更加清晰地了解一组数据的特点。

常用的离中趋势统计量主要有方差、标准差、变异系数、全距、异众比率、四分位间距等。

① 周德民，廖益光，曾岗．社会调查原理与方法．长沙：中南大学出版社，2006：304-305.

1. 方差（Variance）与标准差（Standard Deviation）

方差是用来描述一组数据的波动大小，反映数据离中趋势的一个很重要的统计指标。方差是实际值与期望值之差的平方的平均值，它的计算方法是，把一组数据中每个数据与该组的平均数相减，将其差进行平方后相加，再除以数据的个数。其总体方差计算公式为：

$$\sigma^2 = \frac{1}{N}\sum (X_i - \mu)^2 \tag{9-9}$$

其中 N 表示总体容量，μ 表示总体平均数。

在实际操作过程中，如果总体数目太大，则一般使用样本方差的计算公式，即：

$$s^2 = \frac{1}{n}\sum_{i=1}^{n}(x_i - \bar{x})^2 = \frac{\sum x^2 - \frac{\left(\sum x\right)^2}{n}}{n} \tag{9-10}$$

标准差其实质是方差的平方根，由于计算方差时，每个数据与平均数的差有正有负，所以要平方使之都变成正数后才不至于相互抵消。把数据与平均数之差，即（$x_i - \bar{x}$）平方后，数据的单位也被平方了，为了使离中趋势统计量的单位与原始数据相一致，又需要开平方，这就产生了标准差。① 总体标准差用 σ 表示，样本标准差用 s 表示。

总体标准差的计算公式为：

$$\sigma = \sqrt{\sigma^2} = \sqrt{\frac{1}{N}\sum (X_i - \mu)^2} \tag{9-11}$$

样本标准差的计算公式为：

$$s = \sqrt{s^2} = \sqrt{\frac{1}{n}\sum_{i=1}^{n}(x_i - \bar{x})^2} = \sqrt{\frac{\sum x^2 - \frac{\left(\sum x\right)^2}{n}}{n}} \tag{9-12}$$

●对原始资料求标准差

对原始资料求标准差，直接按照上面的公式（9-11）、（9-12）即可求得。

例 8　某校大一男生的入校外语成绩，在调查资料中随机拿出 5 个数据：72、81、86、69、57（见表 9-3）。求这组数据的标准差。

首先我们可以计算平均数：$\bar{x} = \frac{\sum x}{n} = \frac{365}{5} = 73.0(分)$

表 9-3　**原始资料数据求标准差的计算表**

变量（x）	$x_i - \bar{x}$	$(x_i - \bar{x})^2$	x_i^2
72	−1	1	5184
81	8	64	6561
86	13	169	7396

① 水廷凯，等．社会调查教程．北京：中国人民大学出版社，2007：315.

续表

变量（x）	$x_i-\bar{x}$	$(x_i-\bar{x})^2$	x_i^2
69	−4	16	4761
57	−16	256	3249
$\sum=365$	$\sum=0$	$\sum=506$	$\sum=27151$

$$s=\sqrt{\frac{1}{n}\sum_{i=1}^{n}(x_i-\bar{x})^2}=\sqrt{\frac{506}{5}}=\sqrt{101.2}=10.06\text{（分）}$$

如果按照公式的另外一种形式：

$$S=\sqrt{\frac{\sum x^2-\frac{\left(\sum x\right)^2}{n}}{n}}=\sqrt{\frac{27151-\frac{365^2}{5}}{5}}=\sqrt{\frac{27151-26645}{5}}=10.06\text{(分)}$$

●对分组资料求标准差

对于分组资料，处理方法与前面的类似，其计算公式为：

$$s=\sqrt{\frac{1}{n}\sum f\cdot(x_i-\bar{x})^2} \tag{9-13}$$

其中 x_i 为分组资料的组中值，$\sum f=n$。

例 9 某校大一男生的身高情况如表 9-4 所示，求他们的身高的标准差。

表 9-4 **分组资料数据求标准差的计算表**

身高组（厘米）	人数（f）（人）	组中值（x_i）（厘米）	$x_i-\bar{x}$	$(x_i-\bar{x})^2$	$f\cdot(x_i-\bar{x})^2$
150~154	1	152	−16.5	272.25	272.25
154~158	2	156	−12.5	156.25	312.5
158~162	7	160	−8.5	72.25	505.75
162~166	10	164	−4.5	20.25	202.5
166~170	16	168	−0.5	0.25	4
170~174	12	172	3.5	12.25	147
174~178	7	176	7.5	56.25	393.75
178~182	5	180	11.5	132.25	661.25
合计	$\sum=60$	-	$\sum=0$	-	$\sum=2499$

注：已知平均身高 $\bar{x}=168.5$

$$s=\sqrt{\frac{1}{n}\sum f\cdot(x_i-\bar{x})^2}=\sqrt{\frac{2499}{60}}=6.5\text{(厘米)}$$

2. 离散系数（Coefficient of Variance）

离散系数，也叫变异系数，是以相对数的形式表示的变异指标。为了对比分析不同水平的观测值之间的变异程度，就必须消除水平高低的影响，这时就要计算变异系数，它是标准差与平均数的百分比值，用 CV 表示，其计算公式为：

$$CV = \frac{s}{\bar{x}} \times 100\% \tag{9-14}$$

其中：CV 表示离散系数，s 表示样本标准差，$\bar{x}$ 表示样本平均数。

例 10　求例 8 中数据的离散系数。

已知 $\bar{x}=73.0$，$s=10.06$，则 $CV=\frac{s}{\bar{x}}\times100\%=\frac{10.06}{73.0}=0.1378$

离散系数是一个相对值，没有单位，其大小同时受平均数与标准差的影响，在衡量两个或多个样本组的变异程度时，离散系数不受数据绝对值大小的限制，即如果将样本中的观测值同乘以一个常数，则样本的离散系数保持不变。离散系数越大，波动程度越大。

3. 全距（Range）

全距也叫极差，样本全距是样本中的最大值和最小值之间的差值，是表示资料中各观测值变异程度大小最简便的统计量。全距只利用了资料中的最大值和最小值，并不能准确表达资料中各观测值的变异程度，比较粗略。当资料很多而又需要迅速对资料的变异程度作出判断时，可以利用全距这个统计量。其计算公式为：

$$Range = x_{\max} - x_{\min} \tag{9-15}$$

4. 异众比率（Variation Ratio）

异众比率是非众数的频数与全部个案的比值，用 VR 表示，其含义是指众数所不能代表的其他数据（即非众数数据）在总数据中的比重。它可以用于定距资料，也可以用于定类、定序资料。其计算公式为：

$$VR = \frac{n - f_{mo}}{n} \tag{9-16}$$

其中：VR 表示异众比率，n 表示样本数量，f_{mo} 表示众数的样本个数。

例 11　求例 6 数据的异众比率。

由于该组数据共有 8 个，所以 $n=8$，众数 Mo 为 81，其次数 $f_{mo}=3$。

$$VR=\frac{n-f_{mo}}{n}=\frac{8-3}{8}=0.625$$

由此可以知道非众数占总数的一半以上。

VR 值越大，表示非众数的个案所占总数据的比例越大，也就是众数的代表性越小；反之 VR 值越小，则表示众数的代表性越大。可见，异众比率这个离散趋势统计量是从反面检验众数的一项指标。

5. 四分位差（Inter-Quartile Range）

四分位差也叫四分互差，或四分位间距，是指舍去一组数据的极端数据，而采用对数据的中央部分求全距的方法来测定离散程度的一种离散趋势统计量。样本四分位差即样本中的上四分位数（第三个四分位数）与下四分位数（第一个四分位数）之差，通常用字母 *IQR* 表示。四分位差主要适应于对定序及定序以上变量的分析，它的优点是可以克服全距中，极值对资料分散程度度量的干扰。其计算公式为：

$$IQR = Q_3 - Q_1 \tag{9-17}$$

其数据排列如图 9-2 所示。

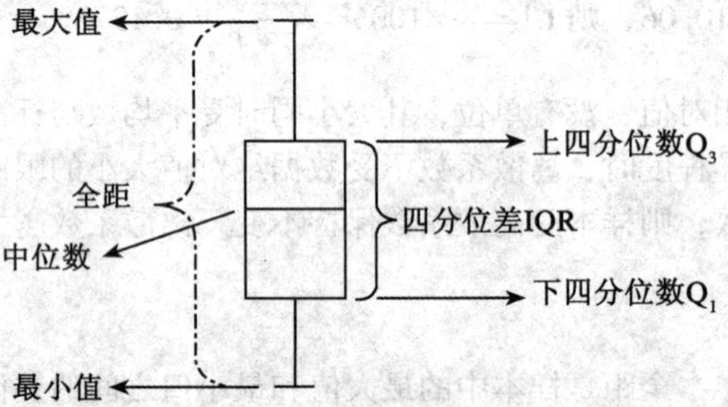

图 9-2　数据排列箱形图

三、形状分析

在统计分析中，通常需要假设样本的分布属于正态分布，因此要用偏度和峰度两个指标来检查样本是否符合正态分布。

偏度（Skewness）：主要考察数据的对称性。右偏态，又称正偏态：其偏态值大于 0；左偏态，又称负偏态：其偏态值小于 0。

峰度（Kurtosis）：主要考察数据的分布尾部的拉长趋势。很多人认为是度量数据分布的陡峭性，其实这个说法不是很恰当。

偏度和峰度其实是用来衡量数据的总体分布与正态分布的偏离情况。理论上的正态分布偏度和峰度均为 0。当两者太大时，需要作进一步检验和分析。此两个统计指标仅在对大样本分析时有效。考虑到本书的要求，这里没有给出其计算公式，有兴趣的读者可以参考其他统计学的书籍①。

以上单变量描述统计都可以利用 SPSS 的分析（Analyze）菜单下的描述性统计（Descriptive-Statistics）中的（Frequencies）过程或者（Descriptives）过程完成，读者无需手工计算，只需将数据读入 SPSS 中，通过软件完成即可。

① 高惠璇 . SAS 系统 BASE 使用手册 . 第 1 版 . 北京：中国统计出版社，1997，4：342.

第二节　多变量描述分析

单变量统计分析忽视了另外因素的影响。对于有多个变量客观存在而又相互影响的资料，采用简单的单变量统计分析是不合理的。多变量统计分析起源于医学和心理学。20世纪30年代它在理论上发展很快，但由于计算复杂，实际应用很少。20世纪70年代以来由于计算机的蓬勃发展和普及，多变量统计分析已渗入到几乎所有的学科。到20世纪80年代后期，由于计算机软件包（如SAS，SPSS，S-PLUS，Stata等）的普遍使用，多变量统计分析变得方便了，因此也更为普及了。多变量统计分析的内容很多，在本章中，只对常用的多变量描述分析：列联表和相关分析作详细介绍，同时对方差分析及回归分析做一些简要介绍。

一、列联表

列联表又称交互分类表，是指同时依据两个变量的值，将所研究的个案分类。列联表的目的是将两个变量分组，然后比较各组的分布状况，以寻找变量间的关系。

这里举一个著名的例子：选用1976—1977年美国佛罗里达州29个地区中，发生凶杀案中被告人判死刑的情况，白人参与凶杀案中被判死刑的比例要比黑人参与凶杀案中被判死刑的比例要高，那是不是在美国社会就不存在凶杀案判罚上的种族问题呢？只要我们稍微仔细地考虑一下，就会发现在凶杀案的判罚上，不仅仅要看被告人的肤色，还要看被害人的肤色。我们把情况分为四种情况：分别为白人杀害黑人，黑人杀害黑人，白人杀害白人，黑人杀害白人，一般来说，后两种情况被告人被判死刑的概率要比前两种情况大得多，这是美国社会的种族歧视在其中所起的作用。在被害人为白人的214起凶杀案中，判死刑的30人，不判死刑的184人；而在被害人为黑人的112起凶杀案中，判死刑的6人，不判死刑的106人。那么被害人的肤色的不同对死刑的判罚有没有影响呢？表9-5是依据变量死刑的判罚与变量被害人的肤色交互分类而成的列联表，用列联表独立性检验可得出被害人的肤色不同对死刑判罚有影响，也正是符合了美国社会的实际情况。

表9-5　　**被害人的肤色与死刑判罚的列联表**

		被害人的肤色		Total
		白人	黑人	
死刑的判罚	判死刑	30	6	36
	不判死刑	184	106	290
Total		214	112	326

从表9-5中我们可以看出，在被害人的肤色条件下，死刑判罚的情况，因此，这样的

表又叫条件次数表。表的最下一行和最右一列分别是被害人肤色和死刑判罚的总次数，称为边缘次数，其分布比例称为边缘分布。其余四方格的次数称为条件次数。每个条件下的分布比例称为条件分布。

条件次数表中的数字是绝对数字，由于各个类别的基数不同，相互间无法进行比较，因而不能看出两变量之间的关系。为了使各个类别可比，我们将表中的绝对数字转换为相对数字——百分数，这样制成的表成为列联百分表。于是，表 9-5 可以转化为表 9-6。

表 9-6　　被害人的肤色与死刑判罚的列联百分表

		被害人的肤色		Total
		白人	黑人	
死刑的判罚	判死刑	14.02%	5.36%	11.04%
	不判死刑	85.98%	94.64%	88.96%
Total		214	112	326

将百分比表中的各列百分比进行比较，就可以得到被害人肤色对死刑判罚的影响，从而可以看出，美国社会实际上存在凶杀案判罚上的种族问题。

在社会科学中，常常采用列联表来记录我们所获得的资料，列联表的资料看起来只是一个一个的资料，但这些由两个或两个以上的类别交叉组合得出的格子，通过运用统计检验方法，能够帮助我们更清晰地分析社会现象。

这里我们引入列联强度这一概念，进一步来衡量列联表中的两个变量紧密程度。

针对 2×2 表，有两个系数来衡量变量间的紧密程度，其分别为：ϕ 系数和 Q 系数。

①ϕ 系数（*Phi* 系数）

$$\phi = \frac{ad - bc}{\sqrt{(a+b)(c+d)(a+c)(b+d)}} \tag{9-18}$$

②Q 系数

$$Q = \frac{ad - bc}{ad + bc} \tag{9-19}$$

例 12　求表 9-5 的 ϕ 系数和 Q 系数。

已知 $a=30$，$b=6$，$c=184$，$d=106$，代入上述公式可得：

$$\phi = \frac{2076}{250225920} = 0.1312$$

$$Q = \frac{2076}{4284} = 0.4846$$

针对 $r \times c$ 表，有三个系数来衡量变量间的紧密程度，其分别为：ϕ 系数、C 系数和 V 系数。

计算 $r \times c$ 表列联强度，需要计算一个重要数值，即 χ^2 值。

$$\chi^2 = \frac{\sum_{i=1}^{r}\sum_{j=1}^{c}(n_{ij} - E_{ij})^2}{E_{ij}} \tag{9-20}$$

其中 n_{ij} 为实际频数，E_{ij} 为理论频数或者期望频数，其计算公式为 $E_{ij}=\frac{n_{i\cdot}\times n_{\cdot j}}{n}$，其中 $n_{i\cdot}$，$n_{\cdot j}$ 为边缘次数。χ^2 值不仅是计算下列 $r\times c$ 表列联强度的基础，而且也是对变量相关性进行 χ^2 检验的一个统计量。

①ϕ 系数（*Phi* 系数）

$$\phi = \sqrt{\frac{\chi^2}{n}} \tag{9-21}$$

这里介绍的 ϕ 系数，与 2×2 表中计算的 ϕ 系数是一致的，即当 $r=2$，$c=2$ 时，此公式计算的 ϕ 系数与 2×2 表 ϕ 系数是一样的。所以 2×2 表 ϕ 系数是 $r\times c$ 表 ϕ 系数的特例。

②*C* 系数

针对上面的 ϕ 系数无上限的缺点，Karl Pearson 在 χ^2 值的基础上创建了 *C* 系数，其计算公式（9-22）如下：

$$C = \sqrt{\frac{\chi^2}{\chi^2 + n}} \tag{9-22}$$

③ *V* 系数（Cramer's *V*）

V 系数又称 Cramer's *V* 系数，克服了 *C* 系数永远达不到 1 的缺陷，其计算公式（9-23）如下：

$$V = \sqrt{\frac{\chi^2}{n \times \min(r-1,\ c-1)}} \tag{9-23}$$

当 $r=2$，$c=2$ 时，*V* 系数与 ϕ 系数是一致的，而 $r\times c$ 表 ϕ 系数与 2×2 表 ϕ 系数是一致的，所以当 $r=2$，$c=2$ 时，这三个系数本质上是同一的。

例 13　计算表 9-5 的 χ^2 值，及其三个列联强度系数。

$E_{11}=\frac{n_{1\cdot}\times n_{\cdot 1}}{n}=\frac{36\times 214}{326}=23.63$，同理可得其他的 $E_{21}=190.37$，

$E_{12}=12.37$，$E_{22}=99.63$，$\chi^2=\sum_{i=1}^{2}\sum_{j=1}^{2}\frac{(n_{ij}-E_{ij})^2}{E_{ij}}=\frac{(30-23.63)^2}{23.63}+\frac{(6-12.37)^2}{12.37}+\frac{(184-190.37)^2}{190.37}+\frac{(106-99.63)^2}{99.63}=5.611$

依据得到的 χ^2 值可得三个列联强度系数。

列联表可以通过 SPSS 软件中的分析（Analyze）菜单下的描述性统计（Descriptive-Statistics）中的交叉表（Crosstabs）子菜单完成，并可以进行列联强度的计算，同时可以进行列联表独立性检验。列联表独立性检验是卡方拟合优度检验（χ^2 检验）的一个特例，读者可以查阅相关的统计书籍。

二、相关分析

相关分析是对两个变量之间的不确定、不规则的变化关系进行研究，了解两者之间的依存关系和相关程度的方法。根据相关的形式不同，相关关系分为线性相关与非线性相关。如果变量之间的关系近似地表现为一条直线，则称为线性相关；如果变量之间的关系近似地表现为一条曲线，则称为非线性相关或曲线相关。在介绍相关关系之前，我们要先介绍消减误差比例这个概念。

1. 消减误差比例

消减误差比例，是指当两个变量具有相关关系时，若用其中一个变量 x 的数据去预测另一个变量 y 的数据，应该比不利用 x 的数据分布，直接用 y 的分布去预测 y 能够减少更多的预测误差，即预测结果会更准确一些。简单地说，如果两个变量之间存在相关，那么，就可以根据一个变量去预测或估计另一个变量。估计的准确程度可以作为两个变量之间相关程度的指标。消减误差比例（PRE）的公式：

$$PRE = \frac{E_1 - E_2}{E_1} \quad (9\text{-}24)$$①

E_1：全部误差，即不利用 y 与 x 的关系，y 的全部误差；

E_2：相关误差，即利用 y 与 x 的关系，用 x 去预测或解释 y 后，y 的剩余全部误差；

E_1-E_2：用 x 预测或解释 y 时，y 所减少的误差；

$\frac{E_1-E_2}{E_1}$：当用 x 的变化预测或解释 y 的变化时，能减少 y 多少比例的误差。

PRE 越大，表示 x 预测或解释 y 时所减少的误差越多，即 x 与 y 的关系越强。PRE 的取值区间为［0，1］，当 $E_2=0$ 时，$PRE=1$，说明 x 与 y 完全相关，x 能百分之百解释 y 的变化；若 $E_2=E_1$，则 $PRE=0$，说明 x 与 y 之间没有相关关系，x 对 y 无解释力。

定类变量之间或定类与定序变量之间的相关计算公式，直接建立在消减误差比例之上。同时，消减误差比例也是人们解释相关的主要依据。

2. 相关系数

用来描述两个变量之间相互变化方向及密切程度的数字特征量称为相关系数。一般用 r 表示。它的数值范围是 $-1 \leqslant r \leqslant 1$。根据变量相关方向的不同，相关关系分为正相关与负相关。正相关（$r>0$）是指两个变量之间的变化方向一致，都是增长或下降趋势，如居民收入增加，居民消费额随之增加，故它们是正相关；负相关（$r<0$）是指两个变量变化趋势方向相反，如产品单位成本降低，利润随之增加，故它们是负相关。当 $|r| \geqslant 0.8$ 时，视为高度相关；当 $0.5 \leqslant |r| < 0.8$ 时，视为中度相关；当 $0.3 \leqslant |r| < 0.5$ 时，视为低度相关；当 $|r| < 0.3$ 时，说明两个变量之间相关程度极弱，可视为不相关。注意：此处的

① 翁定军．社会统计．上海：上海大学出版社，2006：43.

r 相关强度的概念一般是针对皮尔逊（Pearson）相关系数而言的，对于同样的数据，不同的计算公式得到的相关系数有可能存在较大的差异，请读者一定要具体问题具体分析。

（1）定类——定类变量、定类——定序变量分析。

用于测量定类——定类变量、定类——定序变量相关关系的系数主要有 λ 和 $Tau\text{-}y$ 两种。

①λ 系数

λ 相关系数分为对称形式和非对称形式两种。其取值在 0~1 之间，具有消减误差比例的含义。λ 相关系数的对称形式用 λ 表示，即用于测量的两个变量之间的关系是对等的，即无自变量和因变量之分；其计算公式为：

$$\lambda = \frac{E_1 - E_2}{E_1} = \frac{\sum m_x + \sum m_y - (M_x + M_y)}{2N - (M_x + M_y)} \tag{9-25}$$

其中：m_x 表示变量 y 的每个取值之下变量 x 的众数值；m_y 表示变量 x 的每个取值之下变量 y 的众数值；M_x 表示变量 x 的众数值；M_y 表示变量 y 的众数值；N 表示全部数据或个案的数目（本小节暂用 N 代替样本容量）。

λ 相关系数的非对称形式，用 λ_y 表示，即所测量的两个变量间有自变量与因变量之分，x 为自变量，y 为因变量，其计算公式（9-26）为：

$$\lambda_y = \frac{\sum m_y - M_y}{N - M_y} \tag{9-26}$$

其字符意义与上述公式中字符意义相同。

②τ_y 系数（$Tau\text{-}y$ 系数）

$Tau\text{-}y$ 系数简称 τ_y 系数，它是测量变量间非对称关系的，其中 y 为因变量，x 为自变量。针对 $r\times c$ 的列联表，其计算公式（9-27）为：

$$\tau_y = \frac{E_1 - E_2}{E_1} = \frac{\sum_{j=1}^{r}\sum_{i=1}^{c}\frac{f_{ij}^2}{F_i} - \frac{\sum_{j=1}^{r}F_j^2}{N}}{N - \frac{\sum_{j=1}^{r}F_j^2}{N}} \tag{9-27}$$

其中：F_j（$j=1，2，\cdots，r$）表示 y_j 的边缘分布次数；F_i 表示 x_i（$i=1，2，\cdots，c$）的边缘分布次数；f_{ij}表示同属于 x_i 和 y_i 的个案总数，r 表示 y 的变量类别数；c 表示 x 变量类别数；N 表示全部数据或个案的数目。

（2）定序——定序变量分析。

用于测量两个定序变量的相关关系的系数有很多，包括 G，d_y，τ_a，τ_b，τ_c，r_s 等系数，我们在这里对这些系数作一个简单的介绍。

①G 系数（Gamma 系数）

G 系数，又称 Gamma 系数，适用于分析两个定序变量间的对等关系，即两个变量无所谓自变量与因变量之分。其取值在-1~1 之间，具有消减误差比例的含义。G 系数的计算公式（9-28）为：

$$G=\frac{E_1-E_2}{E_1}=\frac{N_s-N_d}{N_s+N_d} \tag{9-28}$$

其中：N_s 表示同序对数；N_d 表示异序对数。同序对数是指两个数据或个案在两个变量上的相对等级相同的对数，不同的便称为异序对数。

②d 系数（Somer's d 系数）

d 系数为 Somer 所创，所以又称 Somer's d 系数。分析两个定序变量间的不对等关系，在 G 系数作了修正，增加了同分对数。当因变量为 y 时，其计算公式(9-29)如下：

$$d_y=\frac{N_s-N_d}{N_s+N_d+N_y} \tag{9-29}$$

其中：N_s，N_d，N_y 与 G 系数的公式意义相同，

N_y 表示仅在 y 方向的同分对。

③肯氏 τ_a 系数（Kendall's tau-a 系数）

肯氏 τ_a 系数适用于分析两个定序变量间的对等关系，与 G 系数相类似，只是对分母作了修正，以样本容量 N 所形成的总对数 $C_N^2=\frac{1}{2}N\ (N-1)$ 为分母，其计算公式为：

$$\tau_a=\frac{N_s-N_d}{\frac{1}{2}N(N-1)} \tag{9-30}$$

④肯氏 τ_b 系数（Kendall's tau-b 系数）

肯氏 τ_b 系数对 τ_a 系数作了修正，增加同分对，分母作如下修正，其计算公式为：

$$\tau_b=\frac{N_s-N_d}{\sqrt{\frac{1}{2}N(N-1)-T_x}\sqrt{\frac{1}{2}N(N-1)-T_y}} \tag{9-31}$$

其中：

N_s，N_d，N 与 τ_a 系数的说明相同，

T_x 表示 x 方向的全部同分对数，

T_y 表示 y 方向的全部同分对数。

⑤肯氏 τ_c 系数（Kendall's tau-c 系数）

当同分对很多的时候，可以利用肯氏 τ_c 公式，其计算公式（9-32）如下：

$$\tau_c=\frac{N_s-N_d}{\frac{1}{2}N^2(m-1)/m} \quad 其中\ m=\min(r,\ c) \tag{9-32}$$

其中：N_s，N_d，N 与 τ_a 系数的说明相同，

$m=\min$（r，c）（m 为 $r\times c$ 等级列联表中 r 和 c 值较小者）。

⑥斯皮尔曼（Speaman）等级相关系数 r_s

斯皮尔曼（Speaman）相关，是皮尔逊相关的非参数检验的演变，其计算是基于数据的顺序（秩），而非针对数据本身的实际值，对定序变量和数据不满足正态性要求是有效

的。其计算公式（9-33）如下：

$$r_s = 1 - \frac{6\sum D_i^2}{N(N^2 - 1)} \tag{9-33}$$

其中：D_i 表示第 i 个调查对象在两个变量上的等级差异，即为第 i 个调查对象在 x 变量上的秩与在 y 变量上的秩的差。

（3）定类——定距变量分析。

在两个变量中，当自变量为定类变量，因变量为定距变量时，采用相关比率来测量二者间的相关程度。相关比率，又称 *eta* 平方系数，简写为 E^2，计算公式（9-34）为：

$$E^2 = \frac{E_1 - E_2}{E_1} = \frac{\sum (y - \bar{y})^2 - \sum (y - \bar{y}_i)^2}{\sum (y - \bar{y})^2} = \frac{\sum n_i \bar{y}_i^2 - n\bar{y}^2}{\sum y^2 - n\bar{y}^2} \tag{9-34}$$

其中：$\bar{y}$表示因变量 y 的平均数，$\bar{y}_i$是每个自变量 x_i 上因变量 y 的平均数，n 为全部样本量数，n_i 是每个自变量 x_i 上的样本量数。

（4）定距——定距变量分析。

相关系数 r，又称皮尔逊相关系数，适用于计算定距变量间的相关分析，是直线相关的最基本方法，一般要求样本 $N \geqslant 50$，而且两个变量的分布应近似于正态分布。其计算公式（9-35）为：

$$r_{xy} = \frac{\sum (x - \bar{x})(y - \bar{y})}{\sqrt{\sum (x - \bar{x})^2}\sqrt{\sum (y - \bar{y})^2}} \tag{9-35}$$

其中：$\bar{x}$表示变量 x 的算术平均数，

$\bar{y}$表示变量 y 的算术平均数。

以上介绍的相关系数大多可以通过 SPSS 统计工具的分析（Analyze）菜单下的描绘性统计（Descriptive Statistics）中的交叉表（Crosstabs）的子菜单中，以及分析（Analyze）菜单下相关（Correlate）中的双变量相关分析（Bivariate Correlations）子菜单完成。有兴趣的读者可以去查阅以后的章节，以查看具体的 SPSS 操作方法。

三、方差分析（ANOVA）

方差分析（Analysis of Variance，ANOVA）由英国统计学家 R. A. Fisher 首先提出，以 F 命名其统计量，故方差分析又称 F 检验。其目的是推断两组或多组资料中，它们的均数是否相同，或者检验两个或多个样本均数的差异是否有统计学意义，是关于一个或多个定类变量（因数，称为自变量）和一个或者多个定距变量（称为因变量）的分析。如果处理的是一个定类变量（因数），就叫做单因数方差分析；如果处理的是两个或者两个以上定类变量（因数），叫做多因数方差分析。如果涉及一个定距变量，叫一元方差分析（ANOVA）；如果涉及多个定距变量，叫做多元方差分析（MANOVA）。

一个因数按类别来分，可有多个水平。根据表 9-7，如果将性别作为一个因数，那么这个因数有两个水平，分别为男和女，如果将职称作为一个因数，那么这个因数就有多个水平，分别为教授、副教授、讲师、助教，等等。以职称（视作定类变量）为自变量，以工资（定距变量）为因变量，作方差分析为例，就是推断在职称这个因数下的各个水平（教授、副教授、讲师、助教等）的平均工资是否相同的一种分析方法，即推断各个组（教授、副教授、讲师、助教等）的平均工资是否相同的分析。依据上述说明，不难理解，其方差分析是分析和检验各个水平下的均值是否相同，而不是方差是否相同。但这种分析方法和手段则是通过方差来实现的，所以称为方差分析。

表 9-7　　**某高校随机抽取 100 名职工记录表**

职工编号	性　别	工资（元）	津贴（元）	职　称
1	男	1667	1147	讲师
2	女	2000	1253	教授
3	男	1233	1013	助教
4	女	1867	1467	副教授
…	…	…	…	…
100	女	1780	1373	副教授

以单因素方差分析为例，其分析方法的基本思想为：把全部数据关于总体均数的总离差平方和①$TSS=\sum_i\sum_j(y_{ij}-\bar{y})^2$，分解成两个部分，第一部分为：组内离差平方和$RSS=\sum_i\sum_j(y_{ij}-\bar{y}_i)^2$，表示各观测值与本组平均数的离差平方和的和，它是由于其他随机因素而引起的。第二部分为：组间离差平方和$BBS=\sum_i n_i(\bar{y}_i-\bar{y})^2$，表示各组平均数与总体平均数的离差平方和，是由于自变量或者因素水平而引起的。再依据 F 检验作出统计推断，从而确认或否认这个因数对于因变量的重要性。

无论是进行 ANOVA，还是 MANOVA，严格地说，都要求资料满足样本独立，正态性和方差齐性，如果不满足此条件，则我们需要将变量加工，尽量满足条件。而且方差分析的结果只提供了各组均数间差别的总信息，尚未提供各组间差别的具体信息，即尚未指出哪几个组均数间的差别具有或不具有统计学意义。为了得到进一步的信息，可进行多个样本组间的两两比较。

方差分析是比较复杂的，这里只给出一些简单的说明，希望能起到抛砖引玉的作用，方差分析不是本章的重点内容，如需继续了解，则请看后面的章节，或者参阅有关书籍②③，不过有一点可以肯定，如果你深刻透彻地了解方差分析，那么你的数据分析水平将会得到极大的提高。

① 其中 y 表示因变量，i 表示自变量的水平个数，j 表示在某个水平下的观测数，有 $TSS=RSS+BSS$。

② 张文彤．SPSS11.0 统计分析教程（高级篇）．北京：希望电子出版社，2002.

③ 高惠璇．SAS 系统 STAT 使用手册．第 1 版．北京：中国统计出版社，1997：4.

方差分析可以通过 SPSS 软件中的分析（Analyze）菜单下的一般线性模型（General Linear Model）中的前两个子菜单完成。其中 Univariate 是用来作一元方差分析，Multivariate是用来作多元方差分析的。

四、回归分析

回归分析最早是在 19 世纪末期由高尔顿（Sir Francis Galton）发展的。高尔顿是生物统计学派的奠基人，他的表哥达尔文的巨著《物种起源》问世以后，触动他用统计方法研究智力遗传进化问题，统计学上的“相关”和“回归”的概念也是高尔顿第一次使用的。他是怎样提出这些概念的呢？1870 年，高尔顿在研究人类身长的遗传时，发现下列关系：高个子父母的子女，其身高有低于其父母身高的趋势，而矮个子父母的子女，其身高有高于其父母的趋势，即有“回归”到平均数去的趋势，这就是统计学上最初出现“回归”时的含义，也即今日回归模型的前身。

回归分析是一种运用十分广泛的统计分析方法。回归分析按照涉及的自变量的多少，可分为一元回归分析和多元回归分析；按照自变量和因变量之间的关系类型，可分为线性回归分析和非线性回归分析。如果在回归分析中，只包括一个自变量（X）和一个因变量（Y），且二者的关系可用一条直线近似表示，则这种回归分析称为一元线性回归分析。其模型为：

$$Y = a + bX \tag{9-36}$$

其中 a，b 为待估参数，在一元回归分析中，利用最小二乘法可以得到

$$a = \bar{y} - b\bar{x},$$

$$b = \frac{\sum (x_i - \bar{x})(y_i - \bar{y})}{\sum (x_i - \bar{x})^2}$$

如果回归分析中包括两个或两个以上的自变量（X_1，X_2，…，X_n），且因变量（Y）和自变量之间是线性关系，则称为多元线性回归分析。其回归方程的模型为：

$$Y' = a + b_1X_1 + b_2 + X_2 + \cdots + b_1X_1 \tag{9-37}$$

其中 a 是常数项，b_1，b_2，…，b_i 为 X_1，X_2，…，X_i 对应的偏回归系数。
回归分析的主要内容为：

（1）从一组数据出发确定某些变量之间的定量关系式，即建立数学模型并估计其中的未知参数。估计参数的常用方法是最小二乘法。

（2）对这些关系式的可信程度进行检验。

（3）在许多自变量共同影响着一个因变量的关系中，判断哪个（或哪些）自变量的影响是显著的，哪些自变量的影响是不显著的，将影响显著的自变量选入模型中，而剔除影响不显著的变量，通常用逐步回归、向前回归和向后回归等方法。

（4）利用所求的关系式对某一社会过程和现象进行预测或控制。

一般地，对于社会学专业的学生，对其中的数学原理的了解相对较低，关键是对其运算操作过程和结果分析的掌握。回归分析的应用是非常广泛的，统计软件包（SPSS、SAS、EXCEL 等）使得各种回归方法计算十分方便。

在 SPSS 中，我们可以通过 SPSS 软件中的分析（Analyze）菜单下的回归（Regression）中的子菜单完成。子菜单 Linear Regression 解决多元线性回归，Curve Estimation 解决曲线回归，Nonlinear Regression 解决非线性回归，等等。

第三节　参数估计

一、参数估计的基本概念

我们在第五章抽样那一章学习掌握了总体、样本、统计量、参数等概念，了解了抽样调查的目的就是通过统计量来估计参数，这就是参数估计。

在我们对总体进行随机抽样后，我们可以通过对样本的一些变量计算，得到许多关于样本的统计量，如样本均值、样本方差等，但是这些样本均值、样本方差就可以代表总体均值、总体方差吗？显然是不一定的。例如，当我们对总体进行重复抽样（多次抽样）时，每次抽样所得到各个样本平均数不一定相等，也不一定与总体平均数一致，但是我们可以相信一点：我们得到的样本平均数总是围绕总体平均数上下波动的。我们根据样本提供的信息对总体的某些特征（就是参数）进行估计或推断，就是参数估计。

参数估计主要分为点估计和区间估计两类：参数的点估计就是用样本计算出来的一个数值来估计未知参数，即用样本计算出来某一数值作为总体参数的近似值，由于它是一个点值，所以叫参数的点估计。区间估计是通过样本计算出来的一个范围对未知参数进行估计，即在要求的概率范围内，指出总体参数所在的区间。在符号方面，一般也作了区分。习惯上用$\bar{x}$，s，$\hat{p}$等表示样本统计量，而μ，σ，p等表示相应的总体参数。不过，对此并不存在严格的规定。

二、参数的点估计与区间估计

参数的点估计即用某一数值作为参数的近似值，如利用：

样本均值$\bar{x}=\frac{1}{n}\sum_{i=1}^{n}x_i$直接作为总体均值$\mu$的估计值；

用样本比例$\hat{p}=\frac{m}{n}$直接作为总体比例p的估计值；

用样本方差$s^2=\frac{1}{n}\sum_{i=1}^{n}(x_i-\bar{x})^2$直接作为总体方差$\sigma^2$的估计值，由于这个样本方差的点估计存在偏差，所以一般采用修正的样本方差$s^2=\frac{1}{n-1}\sum_{i=1}^{n}(x_i-\bar{x})^2$来估计总体方差。

假定我们要估计一个班学生的平均身高，根据一个抽出的随机样本计算的平均身高为 166 厘米，我们就用 166 厘米作为全班学生平均身高的一个估计值，这就是点估计。比如，我们估计一个大型公司的男女比例，根据抽样的结果为男性占 60%，将 60%直接作为这个公司的性别比例的估计值。这也是一个点估计的例子。

点估计有使用方便、直观等优点，但并没有提供关于估计精度的任何信息。比如，估计的把握程度以及误差是多少，等等。为此，统计学上提出了区间估计法。区间估计就是在样本点估计的基础上，以一定可靠程度推断总体参数（θ）所在的区间范围。对于服从正态总体或者近似正态总体的参数作区间估计，其参数所在区间都可以写成如下公式（9-38）：

$$P(\hat{\theta} - Z_{\alpha/2} \cdot SE < \theta < \hat{\theta} + Z_{\alpha/2} \cdot SE) = 1 - \alpha \tag{9-38}$$

$\hat{\theta}-Z_{\alpha/2} \cdot SE$，$\hat{\theta}+Z_{\alpha/2} \cdot SE$ 分别称为置信下限和置信上限，通称为置信限。

α 为显著性水平，$1-\alpha$ 则称为置信度或可信度。

从上面公式可以看出，$\hat{\theta}$为参数的点估计，所以对参数作区间估计的关键在于标准误差 SE，知道标准误差，我们可以按照上述格式，立即按置信度写出参数的区间估计的公式。

一般地，在一定的置信度前提下，总体参数（θ）所在的范围称为置信区间或者可信区间。置信区间反映了估计的精确性，区间范围越小说明估计越是精确，在样本容量一定的情况下，置信度越高，即可靠性越大，但是置信区间越宽，表示精度越低；反之，置信度越低，即可靠性越小，但置信区间却越窄，表示精度越高。使区间估计既可靠又精确的有效方法是增加样本容量。见表 9-8。

表 9-8　**$1-\alpha$，α 与 $Z_{\alpha/2}$ 对应关系表**

$1-\alpha$	68.26%	80%	90%	95%	95.45%	99%	99.73%
α	31.74%	20.00%	10.00%	5.00%	4.55%	1.00%	0.27%
$Z_{\alpha/2}$	1	1.28	1.645	1.96	2	2.58	3

1. 总体平均数 μ 的区间估计

对总体平均数 μ 作区间估计时，样本均值$\bar{x}$的抽样分布服从正态分布。当置信度为 $1-\alpha$ 时，总体均值 μ 所在区间为：$\left(\bar{x}-Z_{\alpha/2} \cdot \frac{\sigma}{\sqrt{n}},\ \bar{x}+Z_{\alpha/2} \cdot \frac{\sigma}{\sqrt{n}}\right)$，这一区间称为总体平均数 μ 在置信度 $1-\alpha$ 的置信区间或者可信区间。但是在实际的社会调查中，我们是一般无法计算出总体方差 σ，因此常用样本标准差 S 代替总体标准差 σ，这个时候，统计量$\bar{x}$不再服从正态分布，而是服从 T 分布。不过，对于大样本，由于 n 较大，T 分布就非常接近正态分布，因此，可用样本标准差 S 直接代替总体标准差 σ，产生的误差可以忽略不计。

因此我们把公式（9-38）的标准误差 SE 规定为：$SE=\frac{S}{\sqrt{n}}$，所以总体均值 μ 的区间估计：

$$\text{总体均值}\mu：\left(\bar{x} - Z_{\alpha/2} \cdot \frac{S}{\sqrt{n}},\ \bar{x} + Z_{\alpha/2} \cdot \frac{S}{\sqrt{n}}\right) \tag{9-39}$$

其中：$\bar{x}$为样本均值，S 为样本标准差，n 为样本容量。

例 14 某大学从该校学生中随机抽取 100 人，调查到他们平均每天参加体育锻炼的时间为 26 分钟，样本方差为 36。试以 95%的置信水平估计该大学全体学生平均每天参加体育锻炼的时间。

解：已知$\bar{x}=26$，$S=6$，$n=100$，$1-\alpha=0.95$，$Z_{\alpha/2}=1.96$

$$\left(\bar{x}-Z_{\alpha/2}\cdot\frac{S}{\sqrt{n}},\ \bar{x}+Z_{\alpha/2}\cdot\frac{S}{\sqrt{n}}\right)=\left(26-1.96\frac{6}{\sqrt{100}},\ 26+1.96\frac{6}{\sqrt{100}}\right)$$
$$=(24.824,\ 27.176)$$

结论：我们可以 95%的概率保证学生平均每天参加锻炼的时间在24.824~27.176 分钟之间，犯错的概率为 5%。

同样地，如果我要以 99%的置信水平估计该大学全体学生平均每天参加体育锻炼的时间。

则：$1-\alpha=0.99$，$Z_{\alpha/2}=2.58$

$$\left(\bar{x}-Z_{\alpha/2}\cdot\frac{S}{\sqrt{n}},\ \bar{x}+Z_{\alpha/2}\cdot\frac{S}{\sqrt{n}}\right)=\left(26-2.58\frac{6}{\sqrt{100}},\ 26+2.58\frac{6}{\sqrt{100}}\right)$$
$$=(24.452,\ 27.548)$$

可见在样本量一定的情况下，置信水平越高，可靠性越大，但相应的置信区间却越宽，估计越不精确。如果我们想使区间估计既可靠又精确，有效的方法则是增加样本容量，即增大上述公式的样本量 n 。

2. 总体比例的区间估计

在社会学的研究中，有许多结果数据只能以比例或百分比表示。对于比例或百分比，同样存在区间估计的问题。我们把公式（9-38）的标准误差 SE 规定为：$SE=\frac{\sqrt{\hat{p}(1-\hat{p})}}{\sqrt{n}}$，那么总体比例的区间估计为：

$$p:\left(\hat{p}\pm Z_{\alpha/2}\cdot\frac{\sqrt{\hat{p}(1-\hat{p})}}{\sqrt{n}}\right) \tag{9-40}$$

其中：$\hat{p}$为样本比例，n 为样本量。

例 15 某企业在一项关于职工流失原因的研究中，从该企业职工的流失职工总体中随机选取了 200 人组成一个样本。在对其进行访问时，有 140 人说他们离开该企业是由于同管理人员不能融洽相处。试对由于这种原因而离开该企业的人员的真正比例构造 95%的置信区间。

已知 $n=200$ ，$\hat{p}=0.7$ ，$1-\alpha=0.95$，$Z_{\alpha/2}=1.96$

$$\hat{p}\pm Z_{\alpha/2}\frac{\sqrt{\hat{p}(1-\hat{p})}}{\sqrt{n}}=0.7\pm1.96\sqrt{\frac{0.7(1-0.7)}{200}}=(0.636,\ 0.764)$$

结论：我们可以95%的概率保证该企业职工由于同管理人员不能融洽相处而离开的比例在63.6%~76.4%。

3. 相关系数的区间估计

用样本相关系数 r 对总体相关系数 ρ 作区间估计，同样我们需要知道相关系数 r 的标准误差。计算标准误差的数学过程比较复杂，在这里我们只介绍社会统计上常用的计算方法。

费舍（Fisher）提出了一个统计量 Z，以及 z 与 r 的转换（Fisher-z 转换），其分为三个步骤：

第一步：根据下面的公式，将样本相关系数 r 转换成相对应的 z_r。

$$z_r=\frac{1}{2}\cdot \ln\left(\frac{1+r}{1-r}\right)$$

或者

$$z_r=1.151\cdot g\left(\frac{1+r}{1-r}\right)$$

也可以通过查表求得。

第二步：$\hat{Z}$的抽样分布中的标准误差，我们把公式（9-38）的标准误差 SE 规定为：

$$SE=\frac{1}{\sqrt{n-3}}$$

其中：n 为样本容量。

在置信度为 $1-\alpha$，z_ρ的区间估计为：

$$z_\rho:\left(z_r\pm Z_{\alpha/2}\cdot\frac{1}{\sqrt{n-3}}\right)$$

即：$z_r-Z_{\alpha/2}\sqrt{1/\ (n-3)}<z_\rho<Z_r+Z_{\alpha/2}\sqrt{1/\ (n-3)}$

第三步：通过查表，我们可以求得 z_ρ 的相对应的 ρ，即可得到总体相关系数 ρ 的区间估计。或者可以利用下面的计算公式（9-41）：

$$\rho=\frac{\exp(2z_\rho)-1}{\exp(2z_\rho)+1} \tag{9-41}$$

例 16　某中级学校有1万名学生，我们随机抽取120名学生的成绩，发现其数学和语文成绩的相关系数为 $r=0.24$，问在可信度为 $1-\alpha=95\%$ 的水平，总体的数学和语文成绩的相关系数大致在什么范围内？

已知 $r=0.24$，则

$$z_r=1.151\cdot \lg\left(\frac{1+r}{1-r}\right)=1.151\cdot \lg\left(\frac{1+0.24}{1-0.24}\right)=0.245$$

由于 $n=120$，$SE=\dfrac{1}{\sqrt{n-3}}=\dfrac{1}{\sqrt{120-3}}=0.092$

所以我们可以写出 z_ρ 的区间估计：

$$z_\rho:\left(z_r\pm Z_{\alpha/2}\cdot\frac{1}{\sqrt{n-3}}\right)=\left(0.245\pm1.96\cdot\frac{1}{\sqrt{120-3}}\right)=(0.245\pm1.96\cdot 0.092)$$

即 $0.245-1.96 \cdot 0.092<z_{\rho}<0.245+1.96 \cdot 0.092$

$$0.065<z_{\rho}<0.425$$

通过查表，或者利用换算公式将 z_{ρ} 换算成总体相关系数 ρ 可得：

$$0.065<\rho<0.4$$

总结：通过对上面内容的学习，我们可以发现，参数的估计区间的大小与置信水平和样本量是紧密相关的。如果我们对置信水平要求越高，则估计的区间就越大，它们之间呈正相关关系；若我们的样本量越多，则估计的区间就越小，估计就越精确，它们呈负相关关系。

上面介绍了在社会统计过程中比较常用的集中参数的估计，这几种参数估计方法一般适合大样本量（$n \geqslant 100$）的参数估计。针对小样本量的参数估计，则需要查阅更加详细的资料。

参数估计一般也可以在 SPSS 统计软件中操作完成。总体平均数的参数估计，可以通过在 SPSS 统计软件中的分析（Analyze）菜单下的比较均值（Compare Means）中的子菜单中的单样本 T 检验（One-Samples T Test）中完成。① 对于总体比例的参数估计的操作，作者尚未在 SPSS 统计软件中找到，不过在 S-PLUS 统计软件中的工具条上选择 Statistics → Compare Samples → Counts and Proportions → Binomial Test。在这个菜单中可以完成对总体比例的参数估计。相关系数的估计，可在 SPSS 统计软件中的分析（Analyze）菜单下的相关（Correlate）中的双变量相关分析（Bivariate Correlations）子菜单完成。注意，这些工具都只给出它们的检验结果，而未给出它们的置信区间。

第四节　详析模式与统计控制

一、详析模式

1. 详析模式的起源

详析模式（有时也称详析模型）起源于科学研究在实践中的应用。在第二次世界大战期间，塞缪·斯托（Samuel Stouffer）对影响美国军队的士气因素进入了深入的研究，他的这个研究首先检验了一些公认的模式，例如，

（1）由于军阶的升迁会影响士气，所以升迁率高的部门，其士气会相对较高。

（2）由于美国南部存在种族隔离和种族歧视，所以北部的黑人士兵比南部的黑人士兵的士气相对要高。

（3）教育程度越高的人越不愿意当兵。

令人惊奇的事情，经过仔细研究，其结果表明，这些公认的模式都是错误的。首先，军事警察在军队中是升迁率最低的部门，而空军是在军队中升迁率最高的部门，可是前者比后者中抱怨升迁太慢的人要少。其次，黑人士兵的士气并不因在南部或在北部而不同。最

① 由于总体标准差未知，用样本标准差代替，所以这里采用 T 检验，与前面的公式稍有不同。

后，教育程度越低的人，其当兵的意愿越弱①。

社会现象是复杂的，一种现象往往不止是一种原因引起的；或一种社会现象往往同时扮演因和果的角色；或作为因的各种现象之间又存在着某种联系；或在确认现象间的相关或因果联系时，往往还需要通过引入其他变量，才可加以确认。

2. 详析模式的分析方法

详析模式是通过引入第三个变量作为控制变量（或检验因素）来考察所研究的两个变量间原有关系的真实含义，即澄清和确定两变量真实关系的类型，说明这一关系的存在、加强或减弱的条件，探讨这一关系的内在原因。同时，它还通过不断引入控制变量来发现各处变量间的具体联系，从而深化对社会现象的认识。

在详析过程中主要运用的方法是"分表法"，但一般只能对于定类或定序变量采用"分表法"。对两变量间关系进行描述的最基本方法是"交互分类"法。采用分表法，即将样本按引入的第三变量分组，形成一个三变量交互分类表，被检验的两变量在这些组中的关系称为部分关系，然后比较两变量的部分关系与整个样本的原关系。

分表法的具体做法是：

(1) 以交互分类表的形式考察两个变量之间的原有相关。

(2) 引入某个第三变量，根据第三个变量的类别，作交互分类"分表"，如果第三个变量有 k 个类别，则要作 k 个分表。

(3) 考察原有的相关关系在各个分表中是否发生变化，从而对原有相关关系的真假作出判断。

例如，对原有变量 x 和 y 作交叉分类表 9-9。

表 9-9　　**对原有变量 x 和 y 作交叉分类表**

y / x	y_1	y_2
x_1		
x_2		

先分析变量 x 和 y 的相互关系。再按照控制变量 z 的不同取值：$z=z_1$，$z=z_2$，…最后作分类表 9-10 和表 9-11：

表 9-10　　**$z=z_1$ 的分类表**

y / x	y_1	y_2
x_1		
x_2		

① 巴比．社会研究方法．邱泽奇．译．北京：华夏出版社，2002：317.

表 9-11　　　　$z=z_2$ 的分类表

x \ y	y_1	y_2
x_1		
x_2		

分别考察分表中变量 x 和 y 的部分关系，再与原来的变量 x 和 y 的相互关系作比较。这里只涉及控制变量为 1 个的情况，当存在多个控制变量时，读者可以分层次作分表。

3. 详析模式的类型

在详析模式当中，根据所引入的控制变量与所研究的两个变量的位置关系，检验又可分为三种类型：

（1）控制变量位于自变量与因变量之前，即如果控制变量 z 位于变量 x 和 y 之前，则称 z 为前置变量（见图 9-3）。

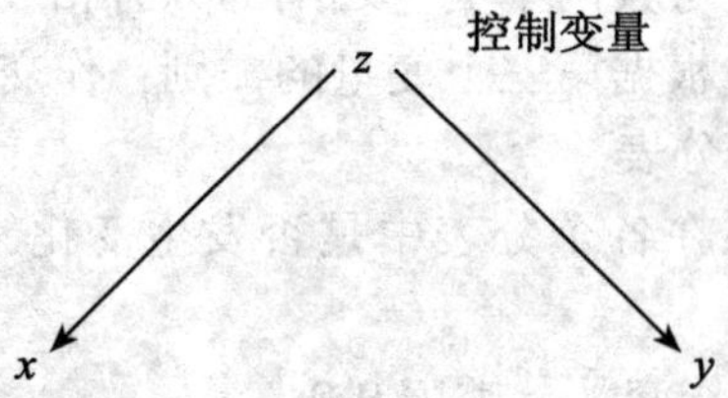

图 9-3　控制变量 z 位于变量 x 和 y 之前

例如，根据统计，婚龄长的人，患病率高些。初看起来，似乎变量婚龄与变量患病率之间存在着正相关关系。但如果引入变量年龄 z，则发现这样一个事实：年龄大，同时也是婚龄长和患病率高的原因。实际婚龄和患病率之间并非存在真正的因果关系。可见，为了探讨婚龄和患病率之间是否确有关系，必须引入年龄 z 才有可能得出正确结论。

（2）控制变量位于自变量与因变量之间，即如果控制变量 z 位于变量 x 和 y 之间，则称 z 为中介变量（见图 9-4）。

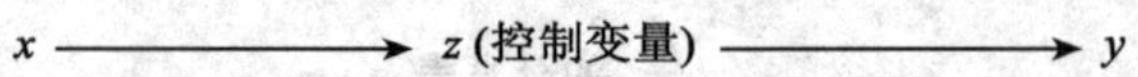

图 9-4　控制变量 z 位于变量 x 和 y 之间

例如，我们以年纪相近的妇女为研究对象，发现教育水平越高，子女的数目越少，但这个是为什么呢？我们如果以晚婚来解释这一现象，引入结婚年龄这个变量，并加以控制，则发现在晚婚群体、早婚群体以及总体中，教育水平和子女个数相关性，没有多大差异。所以，晚婚的说法，不能阐明教育水平与子女数目的反比关系。

现在我们用重男轻女的思想来解释这个现象。我们可以利用数据发现，教育水平越低的妇女，越是重男轻女，结果会生较多的孩子。控制重男轻女这一变量以后，发现在各个分表中，教育水平和子女个数相关性都比原表的相关性有大的消减，说明教育水平影响了人的思想，教育水平越高的妇女，重男轻女的思想越不严重，其子女的数目就偏少。

（3）条件分析，这种分析主要讨论在引入第三变量以后，两变量 x 与 y 间的原有关系在不同条件下的变化情况，不同条件下，变量之间的关系是有所加强或者有所减弱，或者消失。其主要分析目的是：在控制不同的条件下，两变量 x 与 y 的相关性如何。例如，在城市和农村这两个不同条件下，住户拥挤对夫妻冲突的影响？还是不同的民族有所分别呢？条件分析，简单明了，在社会研究中应用十分广泛①。

一般地，当我们引入控制变量以后，可能会出现三种结果：

①各分表中的相关关系消失；

②各分表的相关关系与原表相关关系相同；

③各个分表相关关系虽没有消失，但比原表的相关性弱。

当然还会存在一些极端的情况，我们需要进一步分析。

详析模式分析也可以通过在 SPSS 统计软件操作完成。详析模式其实质是控制了某个变量以后的交互分类表，其操作方法同交互分类表一样，只是增加了控制变量的选项。在打开交叉表（Crosstab …）菜单，将两个交互变量分别送入［Row（s）］和［Column（s）］后，还要将控制变量送入［Layer 1 of］中，然后点击 OK 按钮即可得出分类表。

二、偏相关分析

相关分析是计算两个变量间的相关关系，通过相关系数大小来衡量两个变量之间相关的强弱程度。但是由于第三个变量的作用，相关系数有时候并不能真正反映出两个变量之间的相关程度。例如，在身高、体重与肺活量三者之间的关系中，假设我们使用皮尔逊线性相关来计算它们之间的相关程度，可以得出肺活量与身高和体重均存在较强的线性关系。单纯从数据上看的确如此。但实际上，我们控制体重这一变量，即对体重相同的人，分析其身高和肺活量的关系，发现这二者的关系是非常弱的。为什么会出现这一情况呢？其原因在于身高与体重有线性关系，而体重与肺活量也存在线性关系，因此得出身高和肺活量之间存在着较强的线性关系的这一错误结论，所以在分析身高与肺活量之间的相关性，我们需要控制体重这个变量对身高和肺活量相关分析中的影响。在实际社会调查分析过程中，存在着许多这样的现象，在估计工资收入与受教育程度之间的相关关系，需要控制工龄或者工作经验等变量的影响；在研究销售量与广告费用之间的相关关系时，需要控制经济指标等变量的影响。

偏相关分析的任务就是在研究两个变量之间的线性相关关系时控制其他可能对其产生影响的变量。

在偏相关中，根据控制变量数目的多少，可分为零阶偏相关、一阶偏相关……（$p-1$）阶偏相关。零阶偏相关就是简单相关。比如，变量为 y，x，控制变量为 t，则变量 y 与变量 x 之间的一阶偏相关系数为：

---

① 李沛良．社会研究的统计应用．北京：社会科学文化出版社，2002.

$$r_{xy'l} = \frac{r_{xy} - r_{xt} \cdot r_{yt}}{\sqrt{1 - r_{xt}^2}\sqrt{1 - r_{yt}^2}} \tag{9-42}$$

这个一阶偏相关系数是剔除了 t 变量影响之后，y 与 x 之间的偏相关程度的度量；r_{xy}，r_{xt}，r_{yt}分别是 y，x，t 两两之间的简单相关系数。

设增加控制变量 w，则变量 y 与 x 的二阶偏相关系数为：

$$r_{xy'tw} = \frac{r_{xy't} - r_{xw't} \cdot r_{yw't}}{\sqrt{1 - r_{xw't}^2}\sqrt{1 - r_{yw't}^2}} \tag{9-43}$$

一般地，考察控制 p 个变量 t，w，…，s 时，计算 Y 与 X 的 p 阶偏相关系数：

$$r_{xy'tw\cdots s} = \frac{r_{xy'tw\cdots} - r_{xs'tw\cdots} \cdot r_{ys'tw\cdots}}{\sqrt{1 - r_{xs'tw\cdots}^2}\sqrt{1 - r_{ys'tw\cdots}^2}} \tag{9-44}$$

通过 SPSS 统计软件来作相关分析，其功能集中在 Statistics 菜单的 Correlate 子菜单中，其中 Partial 过程主要用来作偏相关分析，如果需要进行相关分析的两个变量的取值均受到其他变量的影响，则可以利用偏相关分析对其他变量进行控制，输出控制其他变量影响后的相关系数，这种分析方法和下面的协方差分析非常类似。【Variables 框】用于选入需要进行偏相关分析的变量，至少需要选入两个变量。【Controlling for 框】用于选择需要在偏相关分析时进行控制的变量，如果不选入，则进行的就是普通的相关分析。

三、协方差分析

协方差分析是把方差分析与回归分析结合起来的一种统计分析方法。方差分析用于比较因变量 Y 在因素 X 的不同水平上的差异，但 Y 在受这个因素影响的同时，还受到另一个变量 Z 的影响，而且 Z 变量难以人为控制，不能作为方差分析中的一个因素处理。我们称这个 Z 变量为协变量。

例如，我们要分析表 9-7 中男女的工资水平是否存在着显著性的差异，但工资水平与他们工龄有紧密关系，所以我们有必要控制工龄这一协变量 Z，才能正确分析出男女工资水平是否存在显著性差异。关于协方差分析，其数学原理比较复杂，有兴趣的读者可以查阅统计学的有关书籍①。

关于协方差分析，我们可以通过 SPSS 统计软件中的分析（Analyze）菜单下的一般线性模型（General Linear Model）中的子菜单（Univariate）完成。选中此菜单后，在 Dependent Variable 中选择因变量，一般在 Fixed Factor（s）中选择自变量，即分组变量，在 Covariate（s）中选择协变量，即可完成协方差分析的 SPSS 操作过程。

☞本 章 小 结

统计学是收集、处理、分析、解释数据并从数据中得出结论的科学。统计分析数据的方法包括描述统计和推断统计。描述性统计是研究利用取得的数据，用图表的形式对数据进行处理和总结，进而通过综合、概括和分析，得出反映研究现象的一般特征。推断统计

① 张文彤. SPSS11.0 统计分析教程（高级篇）. 北京：希望电子出版社，2002：27.

是研究如何利用样本数据来推断总体特征的一个统计分支。

在本章的前两节着重点在于介绍单变量和多变量的描述统计分析，单变量描述分析又分为：集中趋势分析，离中趋势分析，形状分析；在集中趋势分析中，介绍了均值，众数和中位数。均值是集中趋势的最常用指标，缺点是易受极端值影响。在离中趋势分析中，介绍了方差或标准差、离散系数、异众比率、四分位差、全距等。其中方差是衡量一组数据的离散程度的最常用的值，与均值一样，适用于数值型的数据，不能用于分类数据和顺序数据。众数和异众比率则适合分类数据，对于顺序数据一般采用中位数和四分位差。多变量分析包括：列联表、相关系数。都是描述和测量变量间关系强度的统计方法，可以借助散点图观察和判断变量间的关系形态，而利用列联系数或者相关系数测量变量间的关系强度。同时补充了两个重要的内容：方差分析和回归分析。有兴趣的读者可以查找更多的资料。这里涉及的公式较多，不要求读者背下来，能大致理解公式含义，并上机操作得到结果即可。

本章的第三节主要是讲解推断统计中的参数估计。参数估计方法包括点估计和区间估计，涉及的有均值、比例、相关系数这三个统计量。点估计很简单，用样本估计量直接作为总体参数的估计值，区间估计则是在点估计基础上，在一定的置信水平下给出总体参数的一个置信区间。在实际运用中，我们主要是作区间估计。

本章的最后一节主要讲解关于统计控制的一些方法，包括详析模式、偏相关系数、协方差分析。现实生活中的现象是比较复杂的，数据往往表现的并不是真正的事实。这就需要一定的控制手段，甄别出我们需要的，上面三个方法都是利用控制某一变量，得到其余两个变量的关系，但这三个方法考察的对象是不同的。详析模式是控制第三变量，考察另外两个定类变量或者定序变量的列联表，并分析列联表的关系强弱问题。偏相关系数是剔除控制变量的影响，衡量其余两个变量关系强度。协方差分析是控制协变量的影响，考虑一个分类变量和一个定距变量的方差分析（实质是均值比较）。

☞关键术语

描述统计　　相关分析　　参数估计　　详析模式　　统计控制

☞复习思考题

1. 调查某高校某班学生，学习社会统计学的40位学生成绩如下：

93	84	92	89	79	82	75	87	67	76
91	80	78	88	82	81	74	96	92	76
74	83	76	74	78	79	81	82	87	79
77	80	82	81	89	94	68	86	90	87

请用相关的统计软件，计算该班学生成绩的平均值，中位数，众数，上四分位数，下四分位数，方差，标准差，四分位差，偏度，峰度。

2. 调查少年犯的性别和社区背景之间的关系，经过统计汇总，得到如下交互分类表：

	城市	农村	行合计
男	150	210	360
女	90	30	120
列合计	240	240	480

请计算关于此表的 ϕ 系数和 Q 系数，及其 χ^2 值，并根据 χ^2 值计算列联强度 ϕ 系数，C 系数和 V 系数。

3. 调查某市职工的工资情况，随机抽取 600 名职工作为样本，得到他们的平均工资为 810 元，标准差为 187 元。求置信度为 95%的情况下，该市职工月平均工资的置信区间是多少？

4. 某地区调查下岗工人中女性的比例，随机抽取了 36 个下岗工人，其中 20 人为女性。要求估计：

(1) 下岗工人中女性比例的点估计。

(2) 以 95%的置信系数估计该地区下岗工人中女性比例的置信区间。

(3) 能否得出下岗工人中女性超过男性的结论。

第十章

单变量和双变量统计分析

☞**思考发现**

统计分析工具能够事半功倍，帮助我们快速从繁杂的数据资料中发现事物特征。统计分析为我们提供了一个透视社会、解读现象的独特窗口，它让我们体会到每一个数据点都承载着社会的呼吸，每一次分析都是对社会规律的一次解读。

☞**案例导入**

2005年中国居民“幸福感”调查①

中国社会调查所从1995年开始，每年进行一次常规民意调查，旨在了解公众对现状的满意程度和幸福程度。调查包括六项综合指标：职业声望、幸福感、家庭生活、安全感、社会保障和社会参与。2005年常规民意调查从11月开始，范围覆盖内地17个省市区的2000名公众。中国社会调查所2005年常规民意调查报告显示，被调查公众的总体幸福感较2004年有所提高，但对家庭生活的综合满意度降低。有47.6%的被访者在“幸福感”综合指标中感到“非常满意”或者“满意”，较2003年提升了8.7个百分点。在幸福感指标下，大多数指数的满意度均有不同程度的提高。其中公众对国家国际地位的满意度由2003年的66.7%上升至74.4%，为所有指数满意度之最。

公众对幸福感指标下的“健康状况”“物质生活水平”“精神生活水平”和“受教育程度”的满意度分别为48.5%、44.8%、39%和39%，均高于相应的不满意度。满意度较2003年分别上升了3.1、12.8、7.4和8.8个百分点。

---

① http://news.sina.com.cn/o/2006-01-01/09407872158s.shtml；http://survey.idea360.net/news/N-ODEx.html.

2005 年常规民调的组织者在幸福感指标下特别增加了“社会和谐度”指数。结果公众的满意度为 39.9%，不满意度为 24%，其余的 36.1%选择了“一般”。然而，公众对“家庭生活”指标的综合满意度由 2003 年的 40.6%下降为 33.7%（见图 10-1）。

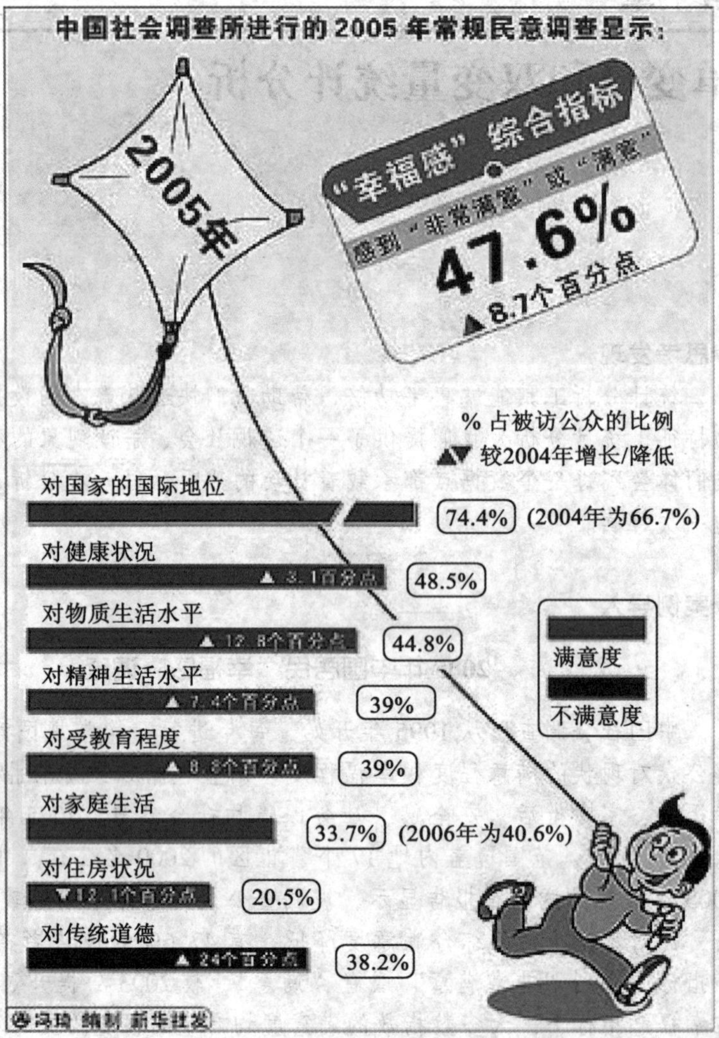

图 10-1　中国社会 2005 年常规民意调查

阅读提示：通过本案例可以看到，社会调查和统计与我们的生活密切相关，社会调查的结果不仅可以通过文字，还可以通过图表形象地表述出来；不仅可以对一次调查的结果进行统计，还可以对调查结果进行比较。那么，在针对大规模的调查样本时，怎么可以既快又准确地统计出结果呢？

信息化时代，大量的数据和信息充斥着人们生活的各个方面，要在信息社会获得有科学价值的信息，不仅需要社会调查，更需要对社会调查收集回来的资料进行存储、整理和统计分析，作出科学的评估和决策，SPSS 软件正是为此而设计的统计分析软件。

SPSS（Statistical Product and Services Solutions）是世界著名的统计分析软件之一。SPSS 软件的操作简便快捷，直接用鼠标操作就能完成大部分功能，并且兼容多种格式文件，可以直接在电子表格中输入数据，也可以从文本文件或数据库文件中导入数据，并可对数据进行聚合、拆分、选取、转换等编辑工作。

SPSS 软件提供了常见的统计分析功能，如探索性分析、描述性统计分析、交叉表分析、均值比较与检验、方差分析、相关分析、回归分析和因子分析等。对统计结果用图和表进行描述，具有很强的可读性，结果容易导出，易于保存。SPSS 软件因为其强大的功能得到了广泛应用，下面以 SPSS13. 0 软件为基础，分两章对前面介绍的单变量的统计分析、双变量和多变量统计方法进行说明。这一章主要介绍单变量的描述统计和双变量的相关分析。

第一节　单变量的统计分析

对统计量的简单处理和描述是数据分析的基本功能，也是进行复杂分析的基础。SPSS 软件提供的基本统计量可以分为三类：描述样本分布情况的统计量，描述集中趋势的统计量及描述离散程度的统计量。通过计算样本的频数、百分比、均值、标准差等统计量，辅助于 SPSS 软件提供的图形，把数据的基本特征和整体分布情况呈现出来。基本统计量的统计分析主要集中在 Analyze 下的 Descriptive Statistics 分析模块中（见图 10-2）。

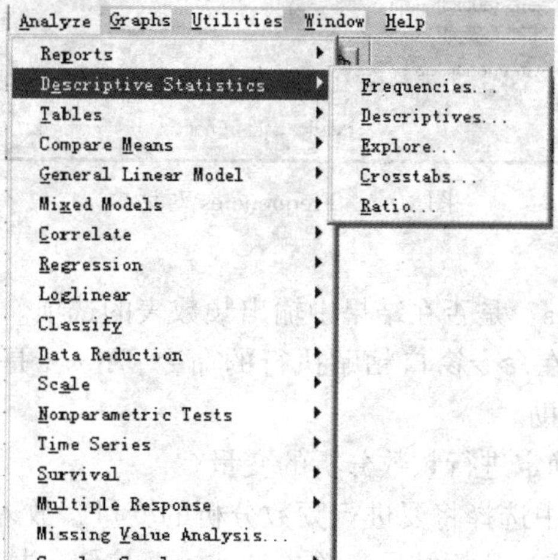

图 10-2　Analyze 对话框

Descriptive Statistics 包括的基本统计功能有以下几个方面，其中有些功能大致相同。

（1）Frequencies：频数分析。

（2）Descriptives：描述统计量分析。

（3）Explore：探索分析。

（4）Crosstabs：交叉表（交互分类表）分析。

（5）Ratio：比率分析。

一、频数分析（Frequencies）

频数分析是统计分析中最常用的功能之一，用以描述变量的分布特征，主要适用于离散型数据，即定类变量和定序变量的测量，定距以上层次的变量因取值较多，会使得频数分析表较为庞大，可现对其取值进行分组，再进行频数分析。频数分析结果通过频数分布表呈现出来。

1. 频数分析的过程

频数分析的基本过程如下：

（1）打开数据文件，点击 Analyze→Descriptive Statistics→Frequencies，打开如图 10-3 的对话框。左侧源变量窗口列出的是该文件的全部变量。

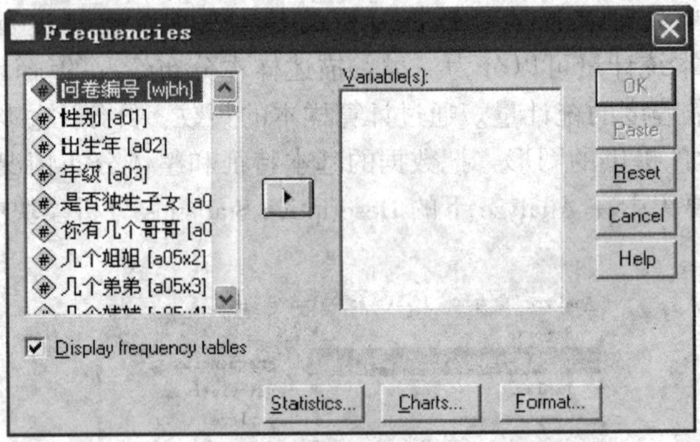

图 10-3 Frequencies 对话框

Display frequency tables：是否在结果中输出频数表的选项。系统默认是输出频数表。

OK 是运行，Paste 是在命令窗口粘贴执行的命令，Reset 是重新设置，Cancel 是取消统计分析，Help 是提供帮助。

（2）Variable（s）：确定进行频数分析的变量。

从左侧的源变量窗口中选择将要进行频数分析的变量，放入 Variable（s）窗口。

（3）Statistics：选择统计分析结果。单击 Statistics 按钮，打开如图 10-4 的对话框。

该对话框中包括四个选项栏。每个选项栏中包括若干个可选项。可选项被选中后，将在输出结果窗口输出对应的统计结果。

① Percentile Values：百分位数选项栏。

●Quartiles：四分位数，包括上四分位和下四分位；

●Cut points for equal groups：每隔指定的百分位间距输出一个百分位数；

●Percentile（s）：指定输出的百分位数，如指定输出位于 5%和 95%的变量的取值。

②Central Tendency：集中趋势测量选项栏。

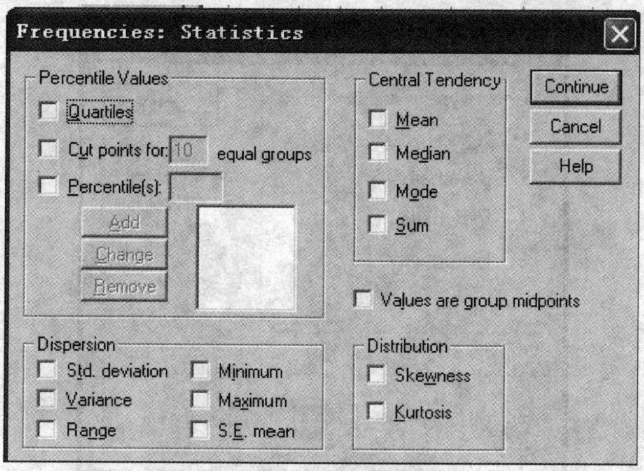

图 10-4　统计量选择对话框

●Mean：平均数；

●Median：中位数；

●Mode：众数；

●Sum：总和。

③Dispersion：离散趋势测量选项栏。

●Std. deviation：标准差；

●Variance：方差；

●Range：全距；

●Minimum：最小值；

●Maximum：最大值；

●S. E. mean：标准误。

④Distribution：分布特征选项栏。

●Skewness：偏度系数；

●Kurtosis：峰度系数。

系统默认状态是不输出任何选项，只输出统计变量的频数分布表，可根据需要在上面的对话框中选择。选择完之后，单击 Continue 按钮，返回频数分析主对话框。

（4）Charts：选择输出图形。单击“Charts”按钮，打开绘图对话框，见图 10-5 。

该对话框中的两个选项栏分别是：

① Chart Type：统计图类型选项栏。

●None：不生成图，这是系统默认选项；

●Bar chart：绘制条形图；

●Pie chart：绘制饼形图。

② Histogram：绘制直方图。对于直方图还可以选择是否加上正态曲线（With normal curve）。选择了 Histogram 选项，可激活 With normal curve 选项。

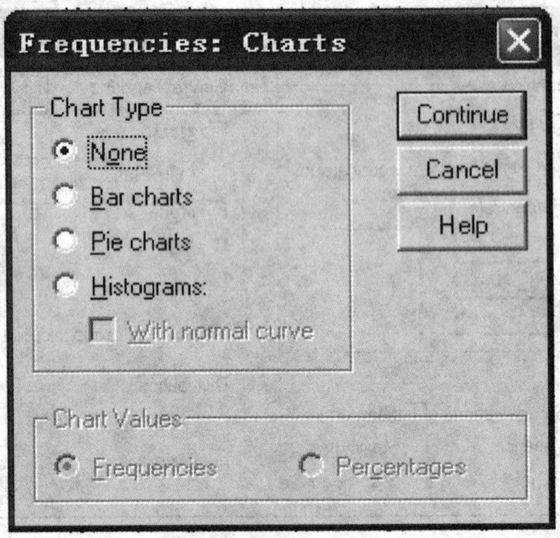

图 10-5　选择输出图形对话框

③ Chart Values：作图数据的选项栏。选择了 Bar chart 或 Pie chart，便激活了 Chart Values 选项栏。

●Frequencies：按频数作图；

●Percentages：按百分比作图。

单击 Continue 按钮返回频数分析主对话框。

（5）Format：确定输出格式。单击 Format 按钮打开格式对话框，见图10-6。通过该对话框可以对输出频数表的格式进行选择。

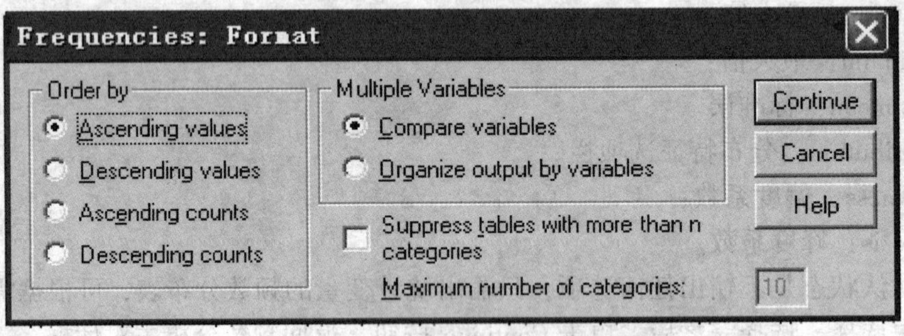

图 10-6　格式对话框

① Order by：定义频数表的排列次序。

●Ascending values：按变量值的升序从小到大排列，这是系统默认选项；

●Descending values：按变量值的降序从大到小排列；

●Ascending counts：按频数的升序从小到大排列；

●Descending counts：按频数的降序从大到小排列。

② Multiple Variables：多变量选项栏。该栏中的选项适用于两个以上变量作频数表。

●Compare variables：比较变量，如果选择了两个以上变量作频数表，则选择此项，可以将它们的结果在同一个频数表中输出；

●Organize output by variables：按各变量单独输出。结果会在不同的表中显示；

●Suppress tables with more than n categories：表格分成 n 栏。激活 than 后面的窗口。输入的数字 n 是频数表分组数的最大设定。当频数表的分组数大于设定的 n 值时，禁止它在结果中输出，以避免产生巨型表格。单击 Continue 按钮返回频数分析主对话框。

（6）单击 OK 按钮，提交运行。在输出结果窗口中看到输出的频数分布表。

2. 实例分析

例 1　对 data10. 1. 1 中“文化程度”进行频数分析，并输出直方图。

打开数据，执行以下操作：

（1）点击 Analyze→Descriptive Statistics→Frequencies，打开 Frequencies 对话框。

（2）把“文化程度”变量放入 Variance（s）窗口。

（3）单击 Statistics 按钮，选择 Mode，然后单击 Continue。

（4）单击 Charts 按钮，选择 Histograms，点 With normal curve，然后单击 Continue。

（5）单击 OK 按钮，提交运行。在输出结果窗口看到表 10-1、表 10-2 和图 10-7 的结果。

表 10-1　　**统 计 概 要**

Statistics

文化程度

N	Valid	300
	Missing	0
Mode		6

上表是统计概要，说明分析的有效样本数是 300，缺失值是 0，众数是 6，即本科毕业。

表 10-2　　**频数分布表**

文化程度

		Frequency	Percent	Valid Percent	Cumulative Percent
Valid	初中	31	10. 3	10. 3	10. 3
	高中或中专	54	18. 0	18. 0	28. 3
	大专在读	24	8. 0	8. 0	36. 3
	大专毕业	53	17. 7	17. 7	54. 0
	本科在读	15	5. 0	5. 0	59. 0
	本科毕业	114	38. 0	38. 0	97. 0
	研究生在读或毕业	9	3. 0	3. 0	100. 00
	Total	300	100. 0	100. 0	

表 10-2 是频数分布表，是社会统计分析中最常用的样本资料的呈现形式。频数分布表通过对原始资料的初步简化，可以简洁明了地反映原始数据的情况。统计分析表的形式多种多样，但统计表的基本要求是一样的，一般由四个主要部分组成：表头、行标题、列标题和数字资料。另外，根据需要还可在统计表下方注明附加信息。其中，Frequency 是频数，Percent 是百分比，Valid Percent 是有效百分比，Cumulative Percent 是累积百分比。结果输出了各文化程度的人数，所占的百分比，有效百分比和累计百分比。

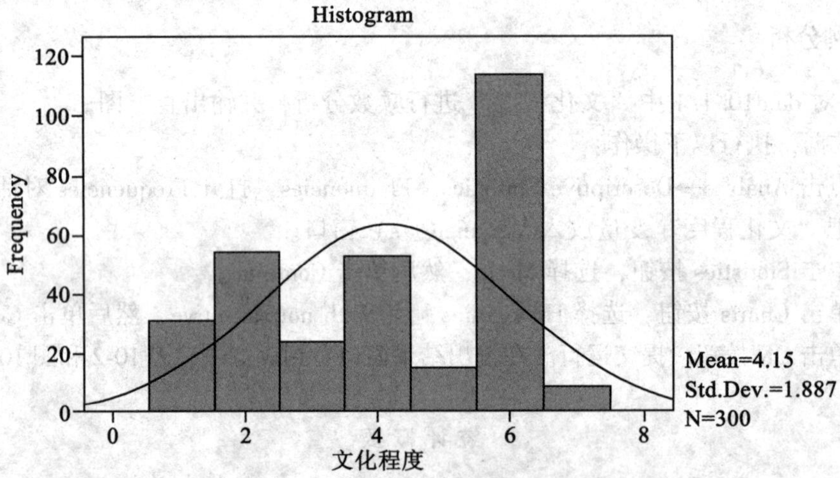

图 10-7 文化程度的频数直方图

例 2 对 data10. 1. 1 中“月收入”进行频数分析。

打开数据，执行以下操作：

（1）点击 Analyze→Descriptive Statistics→Frequencies，打开 Frequencies 对话框。

（2）把“月收入”变量放入 Variance（s）窗口。

（3）单击 Statistics 按钮，选择 Mean，Median，Std. deviation，Variance，然后单击 Continue 按钮。

（4）单击 OK 按钮，提交运行。在输出结果窗口看到统计概要和频数分布表。下面仅就与上述结果不同之处进行说明（见表 10-3）。

表 10-3 统计概要

Statistics

月收入

N	Valid	300
	Missing	0
Mean		1601.83
Median		1550.00
Std. Deviation		805.762
Variance		649252.5

表 10-3 的统计概要分别说明的是统计样本的有效个案数是 300，缺失值是 0，均值是 1601. 83，中位数是 1550. 00，标准差是 805. 762，方差是 649252. 5。

二、描述统计（Descriptives）

Descriptives 也是对变量的基本描述统计命令，主要针对的是定距以上变量的测量。

1. Descriptives 的分析过程

打开数据库，执行以下操作；

（1）点击 Analyze→Descriptive Statistics→Descriptives，打开对话框，见图 10-8。Save standardized values as variables 是将原始数据的标准值存为新变量的选项。选择该项后，系统将以原始数据的标准值生成一个新变量。系统默认不选择此项。

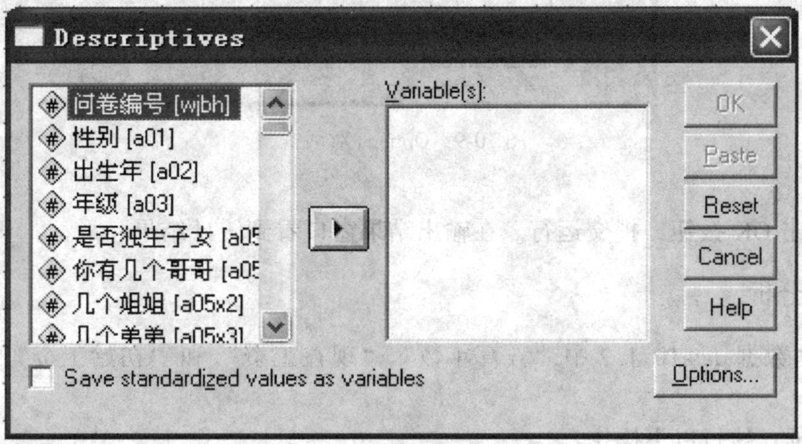

图 10-8　Descriptives 对话框

（2）选择要分析的变量。从源变量框中选择要分析的变量放入 Variable（s）窗口。

（3）Options：选择描述统计量。单击 Options 按钮，打开如图 10-9 的对话框。

该对话框中的大部分内容与 Frequencies 中 Statistics 选项中的统计量一样。在这个对话框中，系统默认状态是输出平均值、标准差、最大值和最小值。其他选项可根据需要进行选择。

Display order 是确定统计结果排列顺序的选项栏。当用户选择了多个变量进行统计时，在输出结果中如何排列这些统计结果，由该栏中的选项决定。

①Variable list：输出的统计结果按变量顺序列表。这是系统默认的选项；

②Alphabetic：输出的统计结果按字母顺序列表；

③Ascending means：输出的统计结果按照平均值的升序排列；

④Descending means：输出的统计结果按照平均值的降序排列。

上述选项都确定以后，单击 Continue 按钮返回 Descriptives 主对话框。

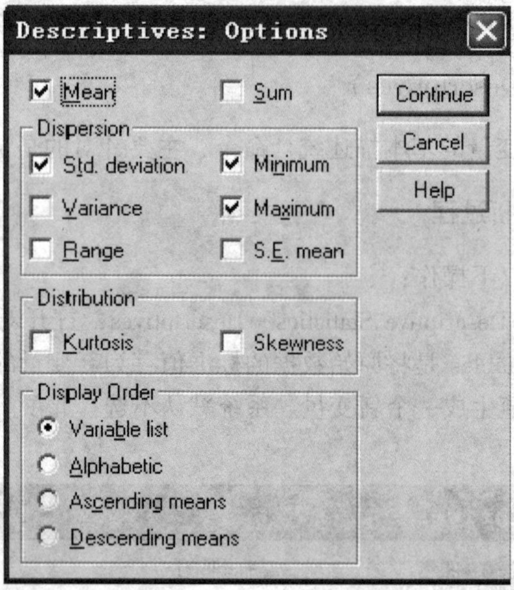

图 10-9　Options 对话框

（4）单击 OK 按钮，提交运行。在输出结果窗口看到统计结果。

2. 实例分析

例 3　对数据 data10. 1. 2 中“教育年数”“现在工资”和“初始工资”进行描述统计。

打开数据，执行以下操作：

（1）点击 Analyze→Descriptive Statistics→Descriptives，打开对话框。

（2）选择“教育年数”“现在工资”“初始工资”进入 Variable（s）窗口。

（3）单击 Options 按钮，选择 Variance，其他选项默认。单击 Continue 按钮。

（4）单击 OK 按钮，提交运行。在结果窗口输出表 10-4 的结果。

表 10-4　**描述统计结果**

Descriptive Statistics

	N	Minimum	Maximum	Mean	Std. Deviation	Variance
教育年数	409	8	21	13.43	2.850	8.123
现在工资	409	1575	13500	3416.61	1690.990	2859446
初始工资	409	900	7998	1680.72	782.973	613046.1
Valid N（listwise）	409					

表 10-4 的结果中，变量是按照选择变量的顺序排列的。三个变量的有效数都是 409，没有缺失值。分析结果中清楚地列出了教育年数、现在工资和初始工资的最小值、最大值、均值、标准差和方差。以现在工资为例，可以看出，调查的 409 人中，现在工资的最小值是 1575，最大值是 13500，平均值是 3416. 61，标准差是 1690. 99，方差是 2859446。

三、探索分析（Explore）

探索分析也是描述单变量基本情况的统计方法，它的很多统计量与 Frequencies 和 Descriptives 是一样的，不同的是 Explore 增加了变量分组的功能。Explore 可以分析变量在分组或不分组情况下统计量与图形，并进行假设检验。其中的图形可以直观地将奇异值、非正常值、丢失的数据以及数据本身的特点呈现出来。由于许多统计过程都要求数据服从正态分布，因此在对数据判断之前除了检查错误的数据、极端值、奇异值等，还需要检查数据的分布是否符合正态分布的要求。检查数据正态性的最直观的方法就是图示法，必要时需要借助统计量进行判断。需要说明的是，几乎所有的正态分布检验都有理由认定数据拒绝正态分布，但是如果数据足够大，则不必勉强观测量一定服从正态分布，只要接近正态分布即可。

1. Explore 的分析过程

打开数据库，执行以下操作：

（1）点击 Analyze→Descriptive Statistics→Explore，打开如图 10-10 及图 10-11 的对话框。

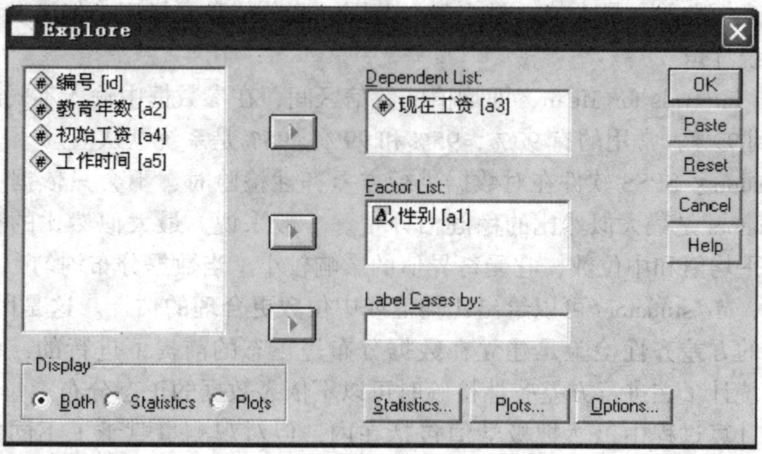

图 10-10　Explore 对话框

（2）选择要分析的变量。从源变量框中选择要分析的变量放入 Dependent List 窗口。

（3）Factor List：分组变量窗口。Explore 除了对样本的总体情况进行分析之外，还提供了分组分析的结果，根据 Factor List 中的变量取值，在结果中输出分组结果。如果不进行分组数据的分析，则无须选择变量放入 Factor list 窗口。

（4）Label Cases by：选择标识变量。使用该变量值标识各观测量。一般不用此功能。

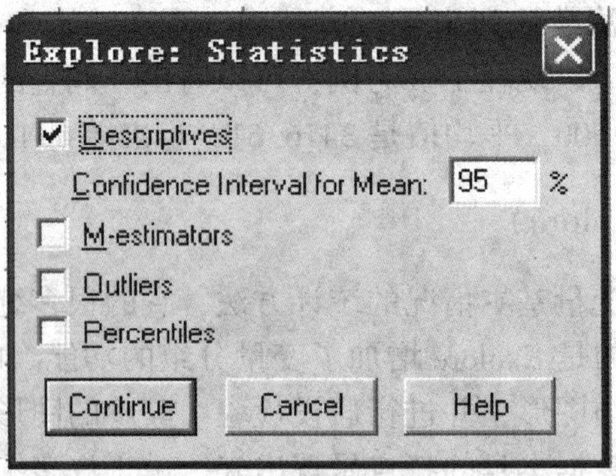

图 10-11　Statistics 统计量

（5）Display：结果显示。Display 是输出结果显示的内容。

①Both：输出图形和描述统计量，这是系统默认选项。选择此项后，激活 Statistics 和 Plots 对话框，进一步进行选择。

②Statistics：输出描述统计量。选择此项激活 Statistics 功能按钮。

③Plots：输出图形。选择此项激活 Plots 功能按钮。

（6）Statistics：描述统计量。

Statistics 列出了主要的统计分析量，包括以下几个方面：

①Descriptives：输出主要的基本描述统计量，平均值、众数、5%的调整平均数、标准误差、方差、标准差、最大值、最小值、范围、四分位数、峰度、偏度及其标准差。这是系统默认的统计量。

Confidence Intervals for Mean，即均值的置信区间，在参数框中输入不同的置信度，选择范围从 1%到 99%，常用的有 90%，95%和 99%。95%是系统默认值。

②M-estimators：SPSS 软件在对数据进行方差齐性检验时，不会只依据一个指标进行检验。M-estimators 是最大似然比的稳健估计量。一般来说，最大似然比的稳健估计量可以很好地替代平均值和中位数，它受奇异值的影响较小。当数据分布均匀，或者当数据中存在极端值时，M-estimators 可以给出比均值或中位数更合理的估计。这是因为依据均值、标准差等进行的方差齐性检验是建立在数据分布呈正态的前提下进行的，而中位数、全距、M 估计等统计量在进行方差齐性检验时可以不依靠数据的正态分布。

M 估计在计算过程中仍然把极端值包括在内，但对观测量赋予了不同的权重，权重的大小随观测值距离分布中心的大小而定，极端值由于靠外比位于中心部位的数据给予较小的权重。M 估计值通常有 Huber、Andrew、Hampel 和 Tukey 四种，这四种方法都可以取代均值和中位数。其中 Huber 估计对近似于正态分布的数据的效果最好。

③Outliers：输出五个最大值与最小值，并在输出窗口标明为极端值。

④Percentiles：输出显示 5%，10%，25%，50%，75%，90%以及 95%的百分位数。

（7）Plots：图形。在主对话框选择 Both 和 Plots 之后，可以点击 Plots 按钮，展开对话框。Explore 提供的图形主要包括（见图 10-12）：

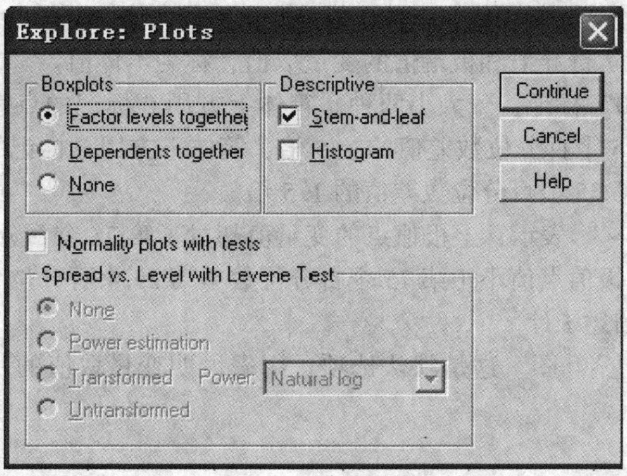

图 10-12　Plots 对话框

①Boxplots：箱形图。

●Factor levels together：每个因变量生成一个箱形图。可以比较同一因变量在分组变量值的不同水平上的分布情况；

●Dependents together：所有因变量生成一个箱形图。可以比较分组变量同一水平的各因变量值的分布情况；

●None 选项，不显示箱形图。

箱形图各部分的含义以图 10-13 为例进行说明。

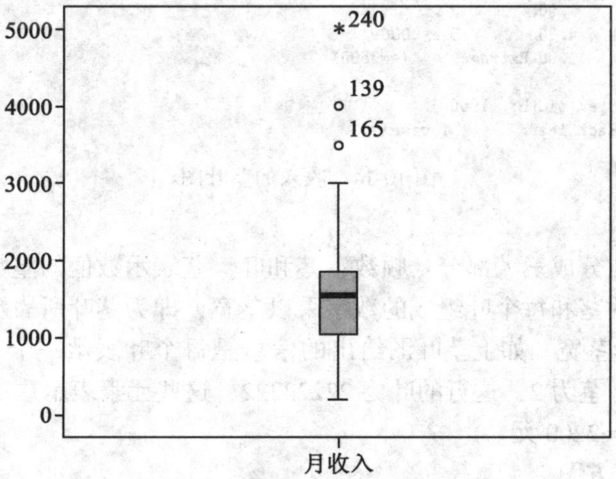

图 10-13　箱形图各部分

Ⅰ. 矩形框是箱形图的主体，上中下三条线分别表示变量值的第 75、50、25 百分位数。变量 50%的观测值落在这一区域。

Ⅱ. 中间的纵向直线是触须线，上截止线是变量的最大值，下截止线是变量的最小值。这两部分是排除了奇异值和极端值的变量取值，称为本体值。

Ⅲ. 奇异值用“0”标记，分大小两种。箱体上方用 0 标记的点表示变量值超过了第 75 个百分位数与第 25 个百分位数差值的 1.5 倍，箱体下方用 0 标记的点表示变量值小于第 75 个百分位数和第 25 个百分位数差值的 1.5 倍。

Ⅳ. 极端值用“*”表示，上极值点的变量值超过了第 75 个百分位数与第 25 个百分位数差值的 3 倍。下极值点值小于第 75 个百分位数与第 25 个百分位数差值的 3 倍。

②Descriptive：描述统计。

●Stem-and-leaf：茎叶图。这是默认选项。用来说明变量取值的基本情况。茎叶图的结构见图 10-14。

```
月收入 Stem-and-Leaf Plot

 Frequency    Stem &  Leaf

      .00        0 .
     4.00        0 .  2333
    13.00        0 .  4444444555555
    10.00        0 .  6666667777
    27.00        0 .  888888888888888888899999999
    39.00        1 .  000000000000000000000000000000001111111
    24.00        1 .  222222222222222222333333
    36.00        1 .  444444444444444445555555555555555555
    43.00        1 .  6666666666777777777777777777777777777777777
    37.00        1 .  8888888888888888888888888888888888889
    21.00        2 .  000000000000000000000
     8.00        2 .  22222222            数据结果
    23.00        2 .  44444444444444444444455
      .00        2 .
      .00        2 .
     4.00        3 .  0000
    11.00 Extremes    (>=3500)

 Stem width:   1000
 Each leaf:        1 case(s)
```

图 10-14　收入的茎叶图

茎叶图从左到右分成三大部分：频数、茎和叶。茎表示数值的整数部分，叶表示数值的小数部分。每行的茎和每个叶组成的数字乘以茎宽，即为茎叶所表示的实际数值的近似值，即（茎、叶）×茎宽。如上茎叶图给出的信息是每个叶表示一个个案，茎宽为 1000，如频数是 8 的一行，茎为 2，这行的叶为 22222222，这些元素表示这一行的 8 个个案的月收入都是 2.2×1000＝2200 元。

●Histogram：直方图。

③Normality plots with tests：输出显示正态概率与离散概率图。同时输出 Kolmogorov - Smirnov 显著性水平。如果观测量不超过 50，则输出 Shapiro-Wilk 统计量。

④Spread vs Level with Levene Test：分散—层次图及其检验。对分散—层次图来说，同时输出回归直线斜率及方差齐性的 Levene 检验。如果没有指定分组变量，则此选项无效。

Spread vs Level 图中每个点的坐标分别是：每个箱图的四分位差、全距、中位数取自然对数为底的值。在显示此图形的同时还输出回归方程斜率及为使方差齐性的 Levene 稳健的估计量，也就是说为了使两个方差相同，对数据进行幂转换的幂值。图 10-15（a）为箱形图，图 10-15（b）为根据箱形图所得的 Spread vs Level 图。图 10-15（b）中 Slope 为回归斜率，Power for transformation 为进行数据幂转换的幂值，它们之间的关系为：幂值=1-回归斜率。

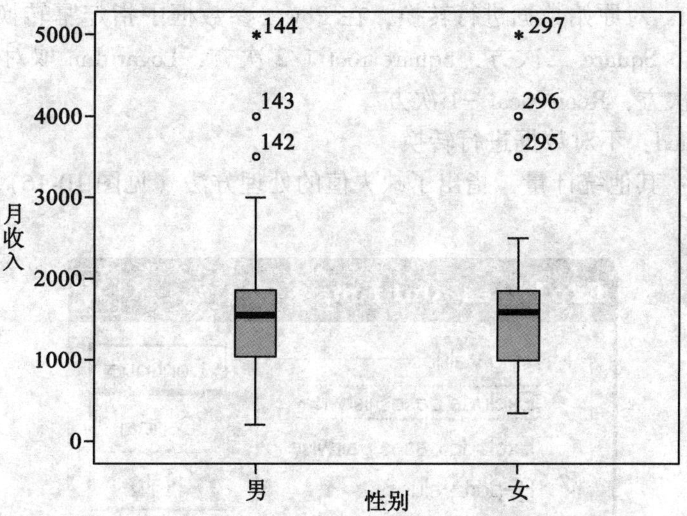

(a) 箱形图

Spread vs. Level Plot of a8 by a1

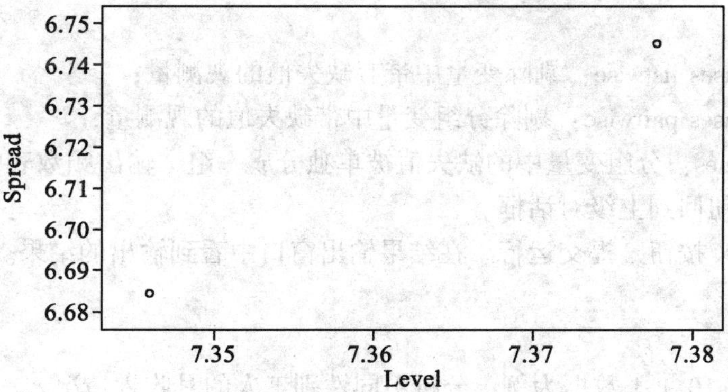

*Plot of LN of Spread vs LN of Level

Slape=1.910 Power for transformation=0.910

(b) Spread vs Level图

图 10-15

Levene 检验方法最大的好处在于对两个样本的数据进行方差齐性检验时，不要求数据必须服从正态分布，Levene 检验实际上也是一种方差检验，先计算出各个观测量减去组内均值的差，然后再通过这些差值的绝对值进行单因素方差分析。一般情况下，如果它的显著性水平小于0.05，就可以拒绝各因素方差相等的假设。

方差齐性检验提供了四种指标进行判断：

●None：不产生分散—层次图和方差齐性的检验，这是系统默认选项。

●Power estimation：转换幂值估计，对每一组数据产生一个中位数的自然范围的自然对数与四分位数范围的自然对数的散点图。为了使每组中的数据方差相等，对数据进行幂转换的估计。

●Transformed：对原始数据进行转换，在Power参数框中指定幂转换使用的幂值，包括：Cube三次方，Square二次方，Square root 1/2次方，Logarithm取对数，Reciprocal of square root -1/2次方，Reciprocal -1次方。

●Untransformed：不对数据进行转换。

（8）Options：其他统计量，指出了缺失值的处理方法（见图10-16）。

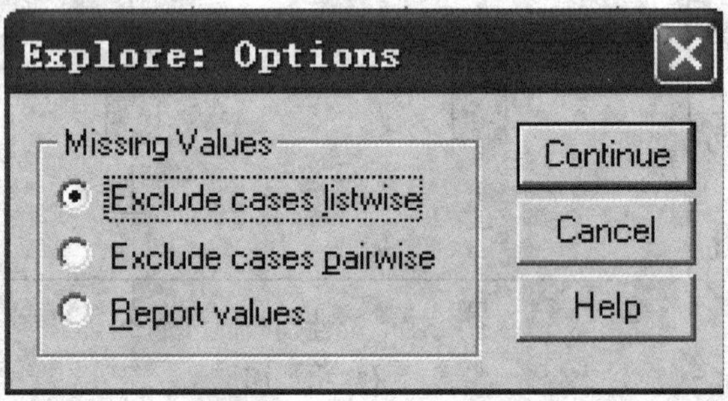

图10-16　Options对话框

①Exclude cases listwise：剔除变量中带有缺失值的观测量；

②Exclude cases pairwise：剔除分组变量中带缺失值的观测量；

③Report values：分组变量中的缺失值被单独分成一组，输出频数表中也包括缺失组，点击Continue按钮回到上级对话框。

（9）单击OK按钮，提交运行。在结果输出窗口中看到输出的结果。

2. 实例分析

例4　以data10.1.1数据为例，分析不同性别工人的月收入情况。

打开数据，进行以下操作：

（1）点击Analyze→Descriptive Statistics→Explore，打开对话框。

（2）选择“月收入（a8）”变量放入Dependent List窗口。选择“性别（a1）”变量放入Factor List窗口。

（3）Display栏中选择Both。

（4）打开Statistics窗口，选择Descriptives、M-estimatiors、Outliers。

（5）单击Plots按钮，打开Plots对话框，选择Boxplots栏中的Factor levels together

项；选择 Descriptives 栏中的 Stem-and-leaf 选项；选择 Normality plots with tests 选项；选择 Spread vs level with Levene Test 中的 Power estimation 项。单击 Continue 按钮。

（6）单击 OK 按钮，提交运行。在输出结果窗口看到如表 10-5 至表 10-9 和图 10-17 的结果。

表 10-5 **统 计 概 要**

Case Processing Summary

		Cases					
		Valid		Missing		Total	
	性别	N	Percent	N	Percent	N	Percent
月收入	男	146	100.0%	0	.0%	146	100.0%
	女	154	100.0 %	0	.0%	154	100.0 %

表 10-5 显示的是分析样本的基本情况，其中男性 146 人，女性 154 人。

表 10-6 **月收入的描述统计**

Descriptives

性别				Statistic	Std. Error
月收入	男	Mean		1604.79	65.810
		95% Confidence	Lower Bound	1474.72	
		Interval for Mean	Upper Bound	1734.87	
		5% Trimmed Mean		1538.55	
		Median		1550.00	
		Variance		632321.7	
		Std. Deviation		795.187	
		Minimum		200	
		Maximum		5000	
		Range		4800	
		Interquartile Range		800.00	
		Skewness		1.796	.201
		Kurtosis		5.774	.399
	女	Mean		1599.03	65.936
		95% Confidence	Lower Bound	1468.76	
		Interval for Mean	Upper Bound	1729.29	
		5% Trimmed Mean		1521.18	

续表

Descriptives

性别		Statistic	Std. Error
	Median	1600.00	
	Variance	669525.2	
	Std. Deviation	818.245	
	Minimum	350	
	Maximum	5000	
	Range	4650	
	Interquartile Range	850.00	
	Skewness	1.917	.195
	Kurtosis	6.253	.389

表 10-6 分两组分别给出了男性和女性月收入的统计结果，包括（1）Mean（均值）；（2）95%Confidence interval for Mean（均值 95%的置信区间）；（3）5%Trimmed Mean（5%的调整平均数）；（4）Median（中位数）；（5）Variance（方差）；（6）Std. Deviation（标准差）；（7）Minimum（最小值）；（8）Maximum（最大值）；（9）Range（全距）；（10）Interquartile Range（四分位数间距）；（11）Skewness（偏度）；（12）Kurtosis（峰度）。

表 10-7 的结果是使用四种不同的方法计算出的 M 的估计值，它们的值与表 10-6 的均值相比要小一些，这是因为均值受到极值的影响。表下的 a、b、c、d 分别说明了四种加权的常数。

表 10-7 **M 估计值**

M-Estimators

	性别	Huber's M-Estimator[a]	Tukey's Biweight[b]	Hampel's M-Estimator[c]	Andrews' Wave[d]
月收入	男	1514.95	1483.74	1496.20	1482.94
	女	1528.19	1499.61	1486.94	1499.57

a. The weighting constant is 1.339.

b. The weighting constant is 4.685.

c. The weighting constants are 1.700, 3.400, and 8.500

d. The weighting constant is 1.340 * pi.

表 10-8　　**变量的极值**

Extreme Values

	性别			Case Number	Value
月收入	男	Highest	1	144	5000
			2	145	5000
			3	146	5000
			4	143	4000
			5	142	3500
		Lowest	1	1	200
			2	3	350
			3	2	350
			4	5	400
			5	4	400
	性别			Case Number	Value
	女	Highest	1	297	5000
			2	298	5000
			3	299	5000
			4	300	5000
			5	296	4000
		Lowest	1	147	350
			2	149	400
			3	148	400
			4	154	550
			5	153	550[a]

a. Only a partial list of cases with the value 550 are shown in the table of lower extremes.

表 10-8 分别列出了男性和女性收入最高和最低的 5 个值的个案编号和具体取值。

表 10-9　　**方差齐性检验**

Test of Homogeneity of Variance

		Levene Statistic	df1	df2	Sig.
月收入	Based on Mean	.049	1	298	.825
	Based on Median	.077	1	298	.782
	Based on Median and with adjusted df	.077	1	297.887	.782
	Based on trimmed mean	.114	1	298	.736

方差齐性检验的是男性和女性组是不是满足方差相等的假设。输出的结果是根据均值、中位数、调整自由度的中位数和调查均值四方面的方差齐性检验，检验的结果包括 Levene 统计量，自由度 1，自由度 2 和显著性水平值。由于各指标所得的显著性水平值都

大于0.05，所以不能拒绝虚无假设，也就是说两组的方差相等。

```
月收入 Stem-and-Leaf Plot for
a1= 男

 Frequency    Stem &  Leaf

      .00        0 .
     3.00        0 .  233
     6.00        0 .  444445
     3.00        0 .  677
     8.00        0 .  88888999
    24.00        1 .  000000000000000000111111
    13.00        1 .  2222222222333
    21.00        1 .  444444444455555555555
    20.00        1 .  66677777777777777777
    17.00        1 .  88888888888888888
     8.00        2 .  00000000
     4.00        2 .  2222
    10.00        2 .  4444444445
      .00        2 .
      .00        2 .
     4.00        3 .  0000
     5.00 Extremes    (>=3500)

 Stem width:  1000
 Each leaf:        1 case(s)
```

(1)

```
月收入 Stem-and-Leaf Plot for
a1= 女

 Frequency    Stem &  Leaf

     1.00        0 .  3
     7.00        0 .  4455555
     7.00        0 .  6666677
    19.00        0 .  8888888888888899999
    15.00        1 .  000000000000011
    11.00        1 .  22222222333
    15.00        1 .  444444455555555
    23.00        1 .  66666667777777777777777
    20.00        1 .  88888888888888888889
    13.00        2 .  0000000000000
     4.00        2 .  2222
    13.00        2 .  4444444444445
     6.00 Extremes    (>=3500)

 Stem width:  1000
 Each leaf:        1 case(s)
```

(2)

图 10-17　男性、女性月收入的茎叶图

图 10-17 的（1）和（2）分别显示的是男性和女性月收入的茎叶图，具体分析见图 10-14。

图 10-18（1）和（2）显示的是男性月收入的正态概率图（女性略）。其中的斜线是正态分布的标准线。散点图的各点组成的曲线接近于直线，数据分布就接近于正态分布。从图（1）可以看出除了少量的奇异值外，大量的散点集中在斜线附近，可以看做近似于正态分布。图（2）的离散正态概率图可以看出，大多数的散点落在一条通过零点的直线周围，分布的散点并没有形成明显的曲线，也可以看出模型近似于正态分布。

图 10-19 是按性别分组的月收入变量的箱形图，从中可以看出男、女月收入的差异，它们的极端值及编号。

图 10-20 是男女月收入的分散—层次图，数据进行幂转换的值为 0.910，两点的斜率为 1.910。

四、多选变量的频数统计（Multiple Response Frequencies）

多选变量是包含了多个答案的变量，要求被调查者在回答时进行多项选择，多项选择题可以在 SPSS 数据输入时做成多个内容相同的变量。多选变量在进行分析时，不仅希望知道某些变量在选择中的顺序，如在第一选择、第二选择或第三选择中分别被多少人选过（通过 Frequencies 解决），还希望知道某些选项在多次选择中被选择的总次数和频率，这时就需要进行多选变量分析（Multiple Response→Frequencies）。多选变量在数据录入时有两种形式（见数据 data10.1.4）：一是根据重要性进行排序，如对大学生每月消费的主要项目按金额多少的排序（变量 d03x1，d03x2，d03x3）；二是在没有顺序排列或不确定选择几个选项时，一般采用“0，1”编码的形式，即选择了此项在录入数据时录为“1”，

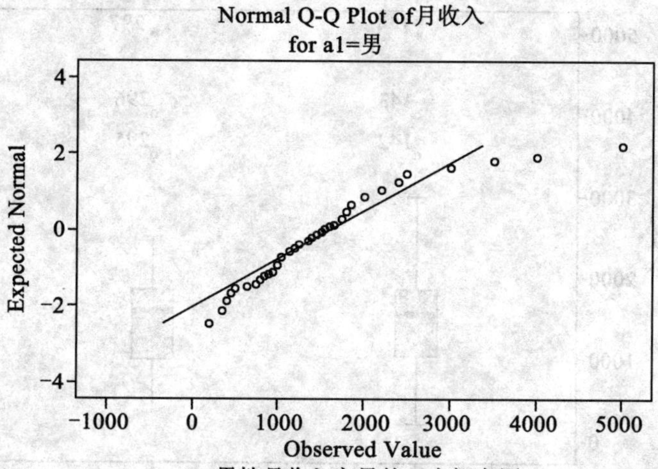

(1) 男性月收入变量的正态概率图

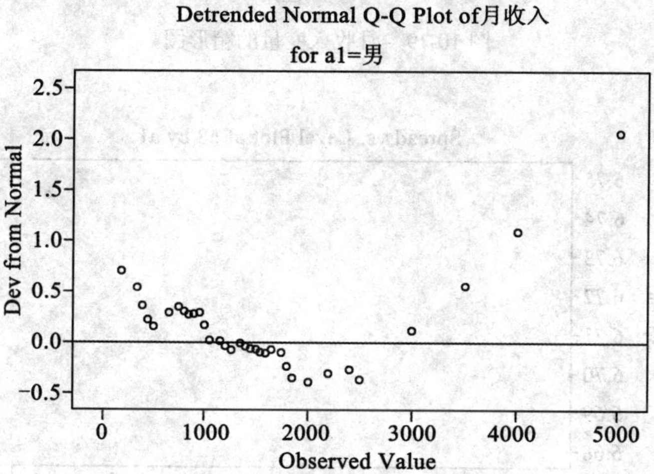

(2) 男性月收入变量的离散正态概率图

图 10-18

没有选择则录“0”，如对大学生闲暇时间的休闲娱乐方式的研究（变量 c2x1 ~ c2x11）。一定要注意的是把这些变量设置为数值型变量，否则无法进行多选变量的分析。多选变量分析的基本过程分两步进行。第一步是将多选变量生成一个新变量；第二步是对新生成的变量进行分析。

1. 多选变量的分析过程

多选变量的分析过程一般分为两步，具体的过程如下：

用多选变量生成新的变量。

执行以下操作：

①点击 Analyze→Multiple Response，打开如图 10-21 的对话框。

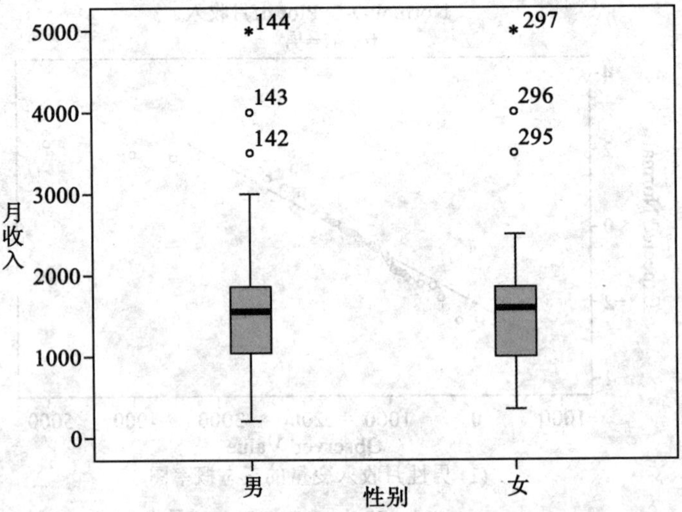

图 10-19　月收入变量的箱形图

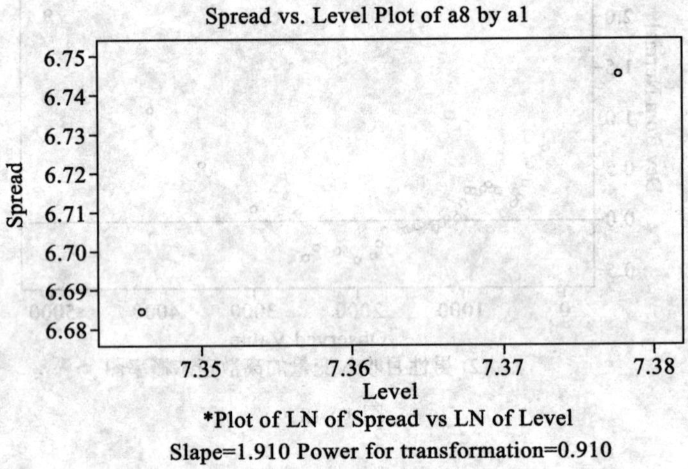

图 10-20　月收入变量的分散—层次图

在 Multiple Response 菜单中，下面两项灰色的是隐含的，只有 Define Sets（定义多选变量）是可以用的。点击 Define Sets，打开对话框，见图 10-22。

其中，Set Definition 窗口列出的是源变量。Variables in Set 窗口是被选入模块的变量。在 Set Definition 窗口中选择将要进行分析的多选变量，使之进入 Variables in Set 窗口。

② Variables Are Coded As：确定多选变量的值。Variables Are Coded As 是定义多选变量的值的选项栏：

●Dichotomies：二分变量选项，将要统计的结果输入“Counted value”框中，如大学生休闲娱乐方式变量，要统计的是大学生休闲时间一般做什么，在数据录入时，参与某项

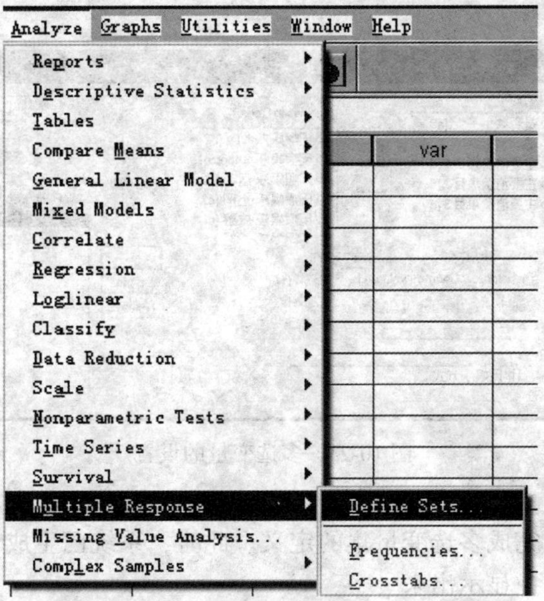

图 10-21　多选变量分析对话框

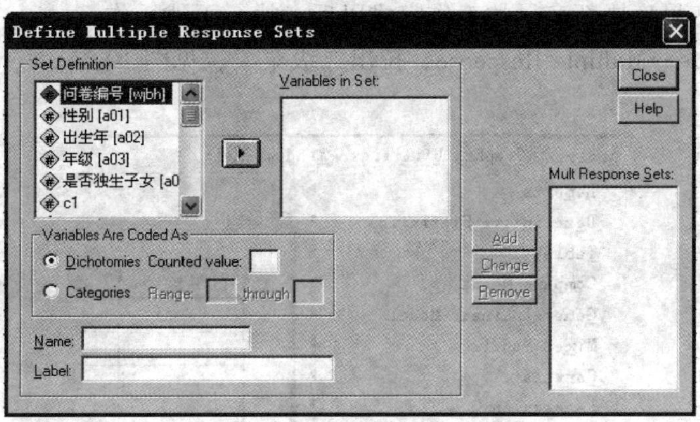

图 10-22　Define Sets 对话框

活动的录为“1”，没有参与的为“0”，所以在统计的时候输入“1”。一般研究的是被调查者是否有此行为，选择要统计的变量一般为 1；如果选择 0，则统计的是不作为的结果。

●Categories：多数值变量选项，适应多项限选题编码。选择此项可统计某一值域范围内变量的结果，范围以外的值将被视为缺失值。将多选变量的取值范围输入到后面的两个窗口中，前一个窗口输入范围的低值，后一个窗口输入范围的高值。

③Name，Label：确定新生成变量的变量名和变量名标签。在 Name 窗口中输入新生成变量的变量名。在 Label 窗口中输入新生成变量的变量名标签。

④上述选项完成以后，便激活了 Add 按钮。单击 Add 按钮，把定义好的变量添加到

Multiple response Sets（多选变量集）窗口中（见图 10-23）。

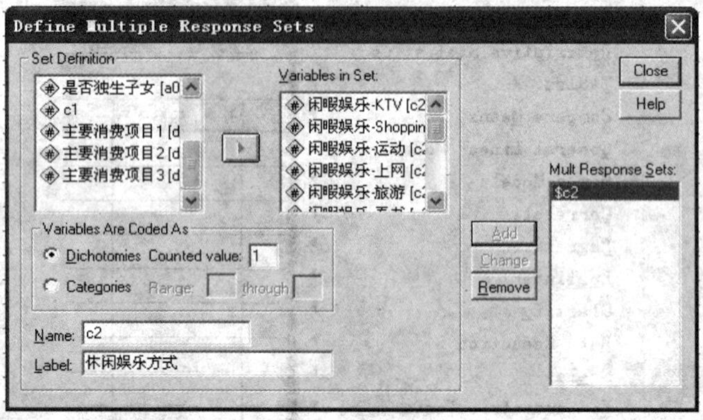

图 10-23　多选变量的设置

⑤ 单击 Close 按钮完成多选变量集的定义。此时，系统已生成了一个新的变量，但这个变量并不在数据窗口中显示出来。

2. 多选变量的频数分析

上述用多选变量生成新变量的工作完成以后，执行下述操作：

①点击 Analyze→Multiple Response，拉出二级菜单，见图 10-24。

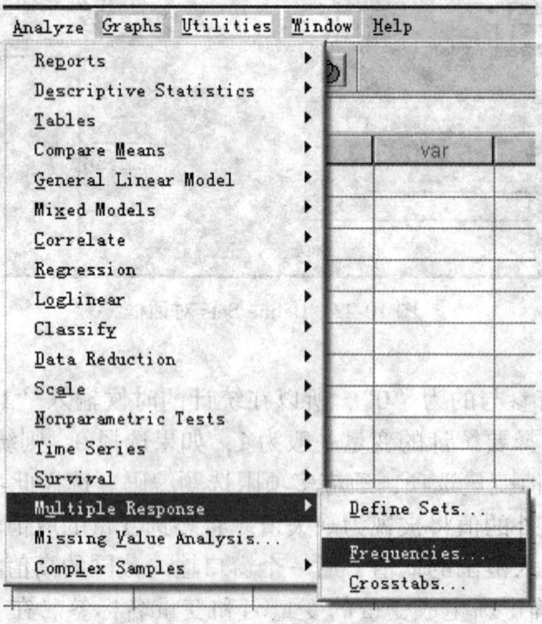

图 10-24　设置完多选变量的统计窗口

经过前面的设置，原来隐含的 Frequencies 和 Crosstabs 命令已被激活，即可以对多选变量进行频数分析和交叉表分析。单击任何一项，打开相应的对话框。

②Frequencies：打开频数对话框，见图 10-25。

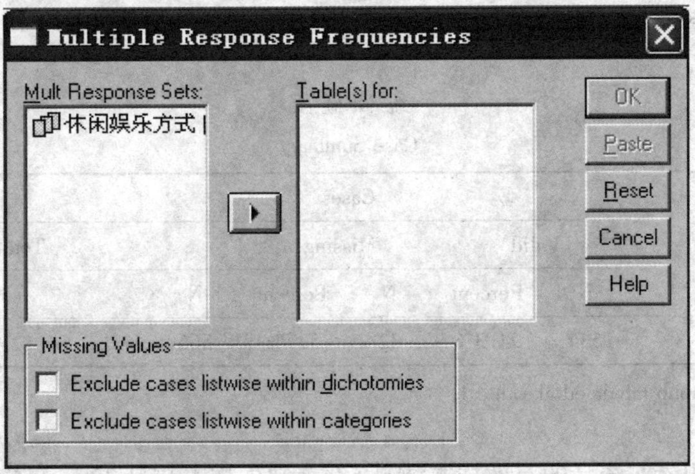

图 10-25　多选变量 Frequencies 分析窗口

其中，

●Multiple Response Sets 窗口中的变量即是多选变量生成的新变量；

●Table（s）for 窗口中的变量是要分析的变量；

●Missing Values：处理缺失值方法的选项栏。

Ⅰ. Exclude cases listwise within dichotomies：排除二分变量中的缺失值。

Ⅱ. Exclude cases listwise within categories：排除多项取值变量中的缺失值。

③确定要分析的变量。选择 Multiple Response Sets 窗口中的变量，放入Table(s) for 窗口。

④单击 OK 按钮，提交运行。在输出结果窗口中输出频数分布表。

3. 实例分析

例 5　以数据 data10. 1. 4 大学生闲暇娱乐变量为例分析大学生的闲暇娱乐方式。

具体的分析过程如下：

（1）点击 Analyze→Multiple Response，打开如图 10-21 的对话框。

（2）点击 Define Sets，在 Set Definition 中选择“c2x1”至“c2x11”变量放入 Variables in Set 窗口。

（3）由于被分析的多选变量采用的是“0，1”编码的形式，只有 0 和 1 两个合法值。所以选择 Dichotomies Counted value 选项，在窗口中输入“1”。

（4）在 Name 窗口中输入“c2”作为新生成变量的变量名，变量名标签为“休闲娱乐方式”。单击 Add 按钮，将新生成的变量“c2”添加到 Multiple Response Sets 窗口中。

（5）单击 Close 按钮，关闭该对话框。系统已生成了一个名为“c2”的新变量。

（6）点击 Analyze→Multiple Response→Frequencies，打开如图 10-25 的对话框。

（7）选择 Multiple Response Sets 窗口中的变量“c2”。将变量“c2”放入Table（s）窗口，激活 OK 按钮。

（8）单击 OK 按钮，提交运行。系统打开输出窗口，得到表 10-10 和表 10-11 的结果。

表 10-10　　统 计 概 要

Case Summary

	Cases					
	Valid		Missing		Total	
	N	Percent	N	Percent	N	Percent
$ c2[a]	534	94. 3%	32	5. 7%	566	100. 0%

a. Dichotomy group tabulated at value 1.

表 10-10 指出参与统计的有效样本数是 534，缺失样本数是 32，样本总数是 566。

表 10-11　　多选变量的分析结果

$C2Frequencies

		Responses		
		N	Percent	Percent of Cases
休闲娱乐方式[a]	闲暇娱乐-KTV	14	1.3%	2.6%
	闲暇娱乐-Shopping	71	6.4%	13.3%
	闲暇娱乐-运动	170	15.4%	31.8%
	闲暇娱乐-上网	352	31.9%	65.9%
	闲暇娱乐-旅游	23	2.1%	4.3%
	闲暇娱乐-看书	145	13.1%	27.2%
	闲暇娱乐-玩游戏	120	10.9%	22.5%
	闲暇娱乐-睡觉	189	17.1%	35.4%
	闲暇娱乐-聚餐	19	1.7%	3.6%
Total		1103	100.0%	206.6%

a. Dichotomy group tabulated at value 1.

表 10-11 中 Response 指的是回答的情况，N 的数据是每个选项被回答的次数，Total 是回答的总次数。Responses 下面的 Percent 是以回答次数作为分母的百分比，Percent of Cases 是以个案数为分母的百分比。由于每个人都可以做多项选择，所以以个案数为分母

的百分比要大于回答次数作为分母的百分比，并大于 100%。从表中可以看出，534 个个案作了 1103 次选择。表下的说明指出统计结果是变量取值为 1 的结果。

第二节　双变量的统计分析

社会生活中各现象之间往往是相互联系、相互影响的，进一步了解社会现象发生和变化的原因，探索现象之间的关系，揭示社会现象的发展规律，是大多数社会研究的主要目的，这就涉及对两个或多个变量的分析。双变量分析是多变量分析的基础，也是社会研究中最常用的分析方法。常用的双变量分析主要包括：交互分类表（交叉表）分析和相关分析。

一、交互分类表分析（Crosstabs）

交互分类表是对两个变量关系进行分析的一个主要方法，又称交叉表或列联表，它可以较深入地描述样本资料的分布状况和内在结构；对变量之间的关系进行分析和解释。交互分析表主要针对的是定类变量和定序变量，定距变量一般经过分组变为定序变量后再进行分析。Descriptive Statistic 命令中的 Crosstabs 提供了交互分类的过程。

1. 交互分类表的分析过程

打开数据，执行以下操作：

（1）点击 Analyze→Descriptive Statistics→Crosstabs，打开如图 10-26 的对话框。

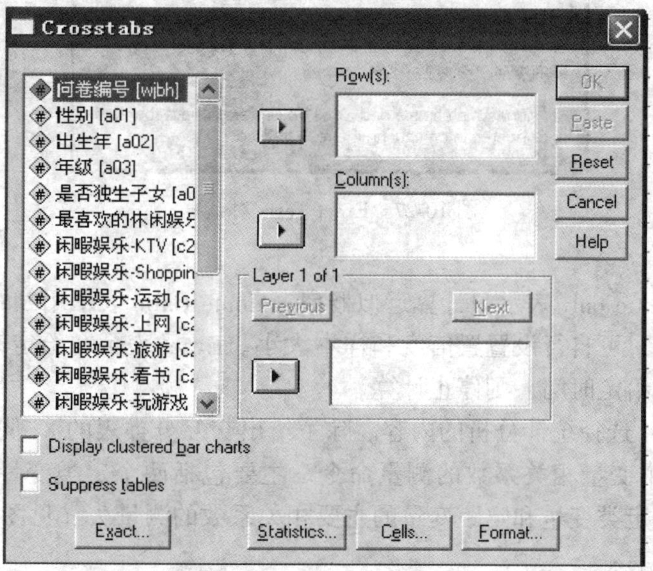

图 10-26　Crosstabs 对话框

其中，Display clustered bar charts 是指在输出结果中显示聚类条形图；Suppress tables 是指隐藏表格选项，如果选择此项，则不输出 R×C 的交互分类表。

（2）选择分析的变量。选择要分析的变量放入 Row(s)和 Column(s)窗口。根据交互分类表的形式，一般将视为自变量的变量放入“Column(s)”窗口，视为因变量的变量放入“Row(s)”窗口，这样形成的交互分类表的纵行显示的自变量，横行显示的是因变量，表示当一个变量的取值不同时，另一个变量的取值发生了怎样的变化，如分析一次调查中，分析同年龄段不同性别青年的婚姻情况是否有差别，可以把性别放入“Column(s)”窗口，婚姻状况放入“Row(s)”窗口。

（3）选择控制变量。Layer 1 of 1 是控制层，表示在某一因素取值不同的情况下，两个变量的关系，如要分析城乡同年龄段青年男女的婚姻状况，就可以将城乡变量放入“Layer 1 of 1”，表示控制了一层，在统计时将分别显示城市和农村青年男女婚姻状况的交互分类表。点击“Next”则设置第二层控制变量。控制的层数越多交互分类表将越大，因此在分析时，一般控制一层即可，如要控制多层，可以采用多变量的统计方法。

（4）Exact：确切概率计算。点击 Exact 按钮，打开 Exact Tests 对话框，见图 10-27。

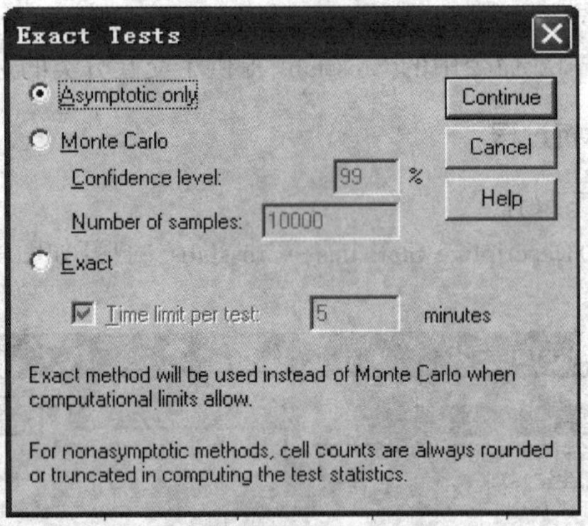

图 10-27　Exact Tests 对话框

其中，Asymptotic only 表示只计算近似概率；Monte Carlo 表示用 Monte Carlo 法计算精确概率，选择此项，可自行设置置信度和样本大小。Exact 表示在给定时间内计算精确概率的值，如果超出给定时间，则停止计算。

（5）Statistics：选择统计分析的内容。除了给出交互分类表的 χ^2 假设检验之外，Statistics 还提供了两个变量相关系数的测量命令。主要包括两个定类变量、两个定序变量、两个定距变量以及定类变量和定距变量的主要相关系数的测量法（见图 10-28）。

可选择的各项有：

①Chi-square：卡方（χ^2）值，用于检验交互分类表的行变量和列变量是否独立；

②Correlations：皮尔逊（Pearson）相关系数，用来测量两个定距及以上层次变量的线性相关；

③Nominal：定类变量选项栏，当两个变量都是定类变量时选择的相关参数。

●Contingency coefficient：列联相关的 C 系数；

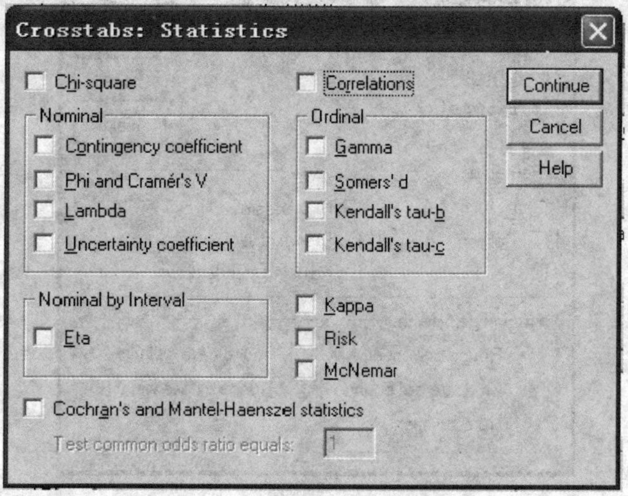

图 10-28　Statistics 统计量

●Phi and Cramér's V：列联相关的 V 系数；

●Lambda：λ 系数；

●Uncertainty coefficient：不确定系数。

④Ordinal：定序变量选项栏，当两个变量是定序变量时，选择的相关参数。

●Gamma：Gamma 系数；

●Somers' d 系数：Somers d 系数

●Kendall's tau-b：肯德尔的 tau-b 系数；

●Kendall' s tau-c：肯德尔的 tau-c 系数。

⑤Nominal by Interval 中的 Eta 是当一个变量是定类变量，一个变量是定距变量时统计的相关系数 Eta 值。

另外，Kappa 系数统计的是同一变量进行两次评估时结果是否一致；Risk 是相对风险测量，检验事件的发生和某事件的相关度；McNemar 是二项变量的非参数检验。点击 Continue 按钮，回到上一级对话框。

（6）Cells：确定交互分类表内单元格值的选项。单击 Cells，打开如图10-29的对话框。在该对话框中可以选择在交互分析表中输出的统计量，包括观测值、百分比和残差。

①Counts：单元格的频数选择栏，有两种频数显示方式。

●Observed：观测值的频次。这是系统默认值。

●Expected：期望值频次。

② Percentages：确定输出百分比的选项栏。该选项栏中的选项用于确定在单元格要输出的百分比。

●Row：单元格中个案的数目占行总数的百分比；

●Column：单元格中个案的数目占列总数的百分比；

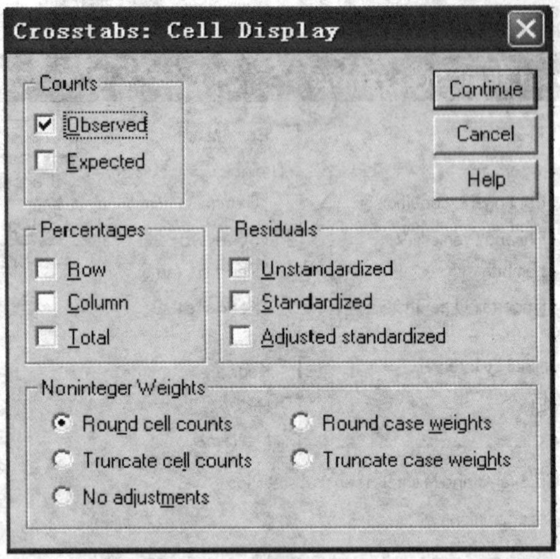

图 10-29 Cells 对话框

●Total：单元格中个案的数目占个案总数的百分比。

③ Residuals：残差选项栏。

●Unstandardized：非标准化残差；

●Standardized：标准化残差；

●Adjusted standardized：调整的标准化残差。

④ Noninterger Weights：非整数加权。

当频数因为加权变成小数时，选择该项对频数取整，主要包括：

●Round cell counts：对单元格频数进行四舍五入取整；

●Round case weights：对个案权数进行四舍五入取整；

●Truncate cell counts：对单元格频数进行舍位取整；

●Truncate case weights：对个案权数进行舍位取整。

上述选择做完以后，单击 Continue 按钮，返回到 Crosstabs 主对话框。

（7）Format：确定交互分析表的行顺序。单击 Format（格式）按钮，打开 Format 对话框，见图 10-30。在该对话框中选择输出的交互分析表中行的排列顺序。Ascending 是按

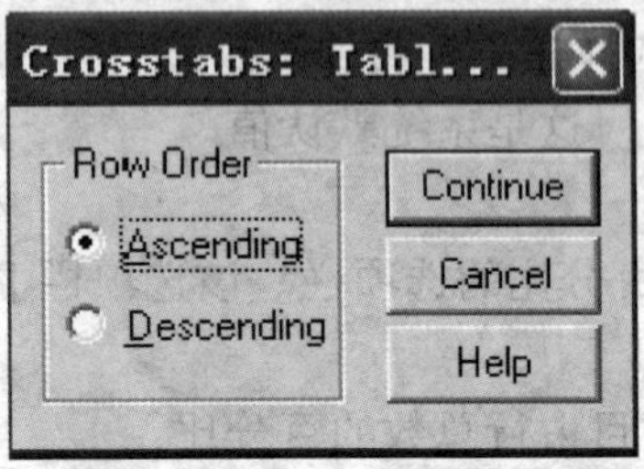

图 10-30 Format 对话框

升序排列；Descending 是按降序排列。系统默认是按升序排列。选择完成后，单击 Continue按钮。

（8）单击 OK 按钮，提交运行。在输出结果窗口中看到输出结果。

2. 实例分析

例 6　对数据 data10. 1. 4 中“性别”和“是否独生子女”进行交互分类表分析，并进行卡方检验。

打开数据文件，分析过程如下：

（1）点击 Analyze→Descriptive Statistics→Crosstabs，打开 Crosstabs 对话框。

（2）将“性别”放入 Column（s）窗口，“是否独生子女”放入 Row（s）窗口。

（3）单击 Statistics 按钮，打开对话框，选择 Chi-Square 选项。单击 Continue 按钮。

（4）单击 Cells 按钮，打开对话框，选择 Percentages 中的 Column。单击 Continue 按钮。

（5）单击 OK 按钮，提交运行。在 Output 窗口输出表 10-12、表 10-13 和表 10-14 的结果。

表 10-12　**统计概要**

Case Processing Summary

	Cases					
	Valid		Missing		Total	
	N	Percent	N	Percent	N	Percent
是否独生子女 * 性别	563	99.5%	3	.5%	566	100.0%

统计概要说明：有效数据是 563，系统缺失值是 3。

表 10-13　**交互分类表**

是否独生子女 * 性别 Crosstabulation

			性别		
			男	女	Total
是否独生子女	是	Count	130	128	258
		% within 性别	45.8%	45.9%	45.8%
	不是	Count	154	151	305
		% within 性别	54.2%	54.1%	54.2%
Total		Count	284	279	563
		% within 性别	100.0%	100.0%	100.0%

交互分类表的结果说明，在男性中，独生子女有 130 人，占男性样本的 45. 8%；非独

生子女 154 人，占男性样本的 54.2%；女性中独生子女有 128 人，占女性样本的 45.9%；非独生子女有 151 人，占女性样本的 54.1%。从男女独生子女和非独生子女比例的比较来看，男性和女性中独生子女与非独生子女几乎没有差别。这里需要注意的是因为频数受样本大小的限制，所以不具有可比性。

表 10-14 **卡方检验结果**

Chi-Square Tests

	Value	df	Asymp. Sig. (2-sided)	Exact Sig. (2-sided)	Exact Sig. (1-sided)
Pearson Chi-Square	.001[b]	1	.980		
Continuity Correction[a]	.000	1	1.000		
Likelihood Ratio	.001	1	.980		
Fisher's Exact Test				1.000	.524
Linear-by-Linear Association	.001	1	.980		
N of Valid Cases	563				

a. Computed only for a 2×2 table

b. 0 cells (.0%) have expected count less than 5. The minimum expected count is 127.85.

在卡方检验表中各项的内容分别为：

- Pearson Chi-Square：皮尔逊卡方值（χ^2）；
- Continuity Correction：列联相关；
- Likelihood Ratio：似然比；
- Fisher's Exact Test：Fisher 检验；
- Linear-by-Linear Association：线性相关；
- N of Valid Cases：有效个案数；
- Asymp. Sig.（2-sided）：双尾的显著性检验。

卡方检验的结果表明，皮尔逊卡方值是 0.001，检验的显著性水平已达到 0.980，大于 0.05，说明了在抽取样本的总体中，男女中是否独生子女的差异并不显著。

卡方检验表下面的说明是：a. 计算结果针对的是 2×2 的表格；b. 有 0 个单元格的值（占总格值数的 20%）的期望频次小于 5，最小的期望频次是 127.85。卡方检验要求期望频次小于 5 的格值数不应超过 25%，本实例的检验满足要求，卡方检验的结果是有效的。

二、多选变量的交互分类表分析

前面介绍的交互分类表中的两个变量都是单项选择变量，当分析的变量中至少有一个是多选变量时，所用的是 Multiple responses 中的 Crosstabs 命令。

1. 多选变量交互分类表分析的过程

多选变量交互分类表分析的第一步与多选变量频数统计一样，先根据多选变量生成新的变量，在此不再赘述。生成新的变量之后，执行以下操作：

（1）点击 Analyze→Multiple Response→Crosstabs，打开如图 10-31 的对话框。该对话框左上方的窗口是单选变量集，Mult Response Sets 窗口是多选变量集，即多选变量新生成的变量。Row（s）是行变量窗口，Column（s）是列变量窗口，Layer（s）是层变量窗口。

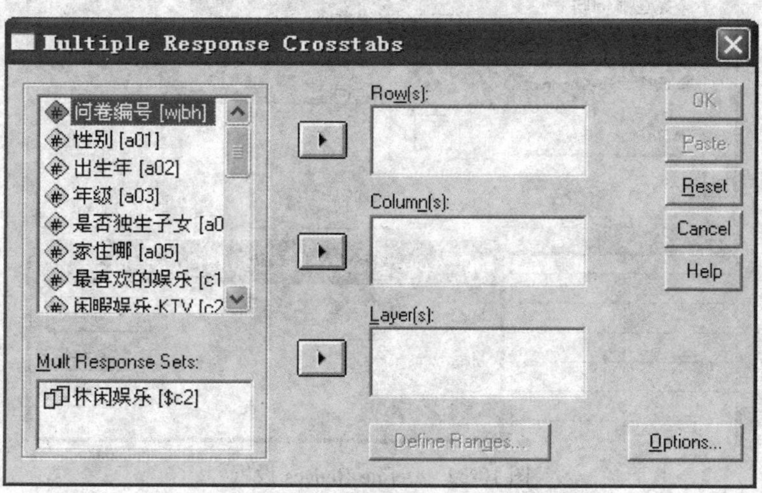

图 10-31　多选变量的交叉表分析

（2）选择分析的变量。将多选变量和将要与之进行交叉表分析的变量分别进入行变量窗口和列变量窗口，Define Ranges（确定范围）按钮被激活。

（3）Define Ranges：确定分析变量的范围。单击 Define Ranges 按钮，打开对话框。在 Minimum 窗口和 Maximum 窗口中，分别填上与多选变量进行交互分析的变量的最小值和最大值。激活 Continue 按钮，见图 10-32。单击Continue按钮，返回主对话框。

（4）Options：确定输出内容。单击 Options 按钮，打开如图 10-33 的对话框。

该对话框包括了三个选项栏：

① Cell Percentages：在输出的交叉表的每个单元格中输出百分比的选项栏。

●Row：输出行百分比（以行总数为分母）；

●Column：输出列百分比（以列总数为分母）；

●Total：输出总百分比（以总数为分母）。多选变量由于是对多个同样变量的选择结果进行了合并。因此选择总数要大于个案总数。相应输出的边缘频率分布也有两种：一种是以个案总数为分母计算的；另一种是以选择总数（Responses）为分母计算的。

●Match variables across response sets：确定使用选择数还是个案数的选项。如果选择了该项，则输出与多选变量进行交互分类的匹配变量的选择数和以选择总数为基础计算的边缘频率分布。如果不作此项选择，则系统将输出与多选变量进行交互分类的匹配变量的个案数和以个案总数为基础计算的边缘频率分布。

② Percentages Based on：确定交互分类表中的百分比计算是采用个案数（Cases）还是以回答总数（Responses）作分母的选项栏。系统默认的是采用个案数作分母。

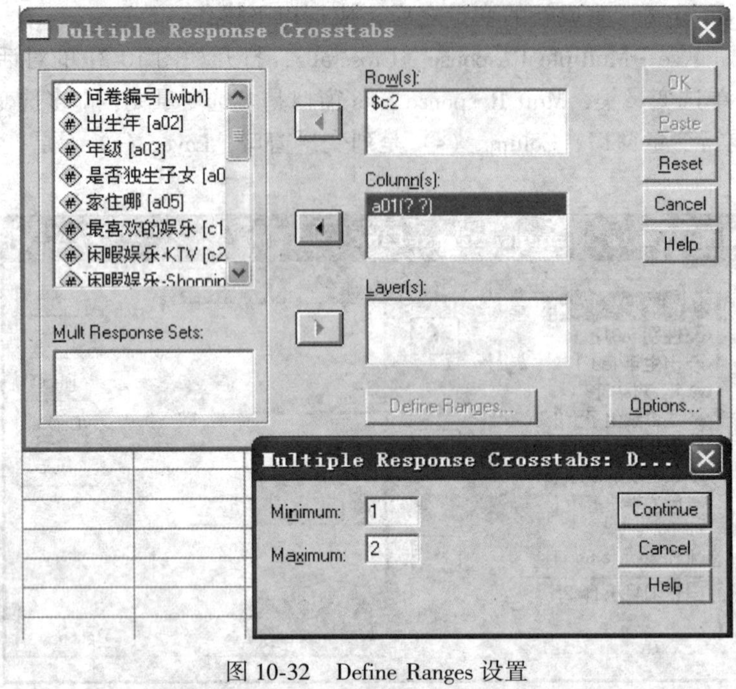

图 10-32 Define Ranges 设置

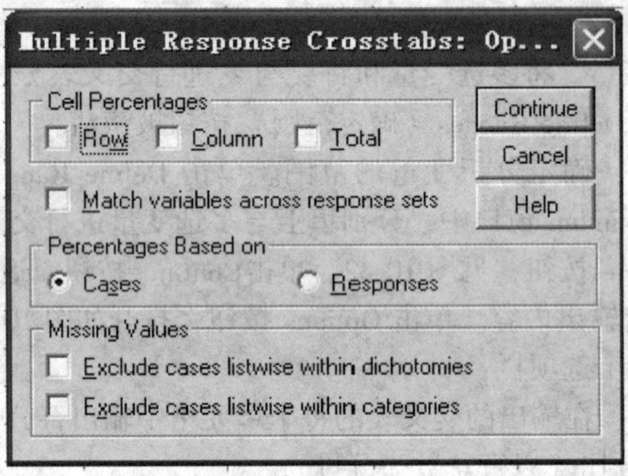

图 10-33 Options 对话框

③ Missing Value：处理缺失值方法的选项栏。

●Exclude cases listwise within dichotomoes：排除二分变量中的缺失值；

●Exclude cases listwise within categories：排除多选项变量中的缺失值。

上述选项做完以后，单击 Continue 按钮，返回主对话框。

(5) 单击 OK 按钮，提交运行。在输出结果窗口中输出分析结果。

2. 实例分析

例 7 对男女大学生的闲暇娱乐生活进行交互分类分析（见数据 data10. 1. 4）。

打开数据文件，分析过程如下：

（1）点击 Analyze→Multiple Response→Define Sets，定义多选变量为新变量 c2。

（2）点击 Analyze→Multiple Response→Crosstabs，打开对话框。

（3）将“性别”放入 Column（s）窗口，将新生成的变量“c2 闲暇娱乐”放入 Row（s）窗口。

（4）单击 Column 中的 a1，打开 Define Ranges，在 Minimum 窗口输入 1，Maximum 窗口输入 2。点击 Continue 按钮，回到上级对话框。

（5）单击 Options 按钮，打开对话框，选择 Cell Percentages 中的 Column。单击 Continue 按钮。

（6）点击 OK 按钮，提交运行，在 Output 窗口看到除统计概要外的表 10-15。

表 10-15 **性别与闲暇娱乐的交互分析表**

$ c2*a01 Crosstabulation

			性别		
			男	女	Total
休闲娱乐	闲暇娱乐-KTV	Count	5	9	14
		% within a01	1.8%	3.2%	
	闲暇娱乐-Shopping	Count	6	65	71
		% within a01	2.2%	23.4%	
	闲暇娱乐-运动	Count	121	49	170
		% within a01	43.5%	17.6%	
	闲暇娱乐-上网	Count	176	176	352
		% within a01	63.3%	63.3%	
	闲暇娱乐-旅游	Count	6	17	23
		% within a01	2.2%	6.1%	
	闲暇娱乐-看书	Count	59	86	145
		% within a01	21.2%	30.9%	
	闲暇娱乐-玩游戏	Count	95	25	120
		% within a01	34.2%	9.0%	
	闲暇娱乐-睡觉	Count	73	116	189
		% within a01	26.3%	41.7%	
	闲暇娱乐-聚餐	Count	7	12	19
		% within a01	2.5%	4.3%	
	闲暇娱乐-看电影/听音乐	Count	109	141	250
		% within a01	39.2%	50.7%	
	闲暇娱乐-其他	Count	2	5	7
		% within a01	.7%	1.8%	
Total		Count	278	278	556

Percentages and totals are based on respondents.

a. Dichotomy group tabulated at value 1.

表 10-15 是性别与休闲娱乐的交互分类表，表中的频数和百分比是建立在回答者（个案）的基础上，显示的是变量取值为 1 的结果，即大学生从事某项活动的结果。从表 10-15 中可以看出，男女大学生在闲暇娱乐的方式上略有差别，男大学生最经常从事的活动是上网（63. 3%），运动（43. 5%）和看电影/听音乐（39. 2%）；女大学生最经常从事的活动是上网（63. 3%），看电影/听音乐（50. 7%）以及睡觉（41. 7%）。

三、相关分析

相关分析是分析两个变量关系密切程度的最常用的分析方法。根据变量测量层次的不同，选择的相关测量法也不同。调查样本中两个变量的相关关系在抽样总体中是否也存在，需要进行相关系数的假设检验。相关分析的基本步骤包括：（1）根据变量类型，选择相关测量法，计算相关系数；（2）进行假设检验，检验总体中两个变量是否也存在相关关系，研究假设是两个变量有相关关系，虚无假设则是两个变量没有相关关系；（3）根据计算的统计量和显著性水平，对假设检验结果进行判断，得出结论。

SPSS13. 0 软件中的多个模块都提供了相关分析和检验的过程：

（1）在 Analyze 的下拉菜单 Descriptive Statistics 中 Crosstabs 命令提供了两个变量相关分析的功能，主要包括：C 列联系数（Contingency coefficient），V 系数（Phi and Cramér's V），Lambda 系数，Gamma 系数，Somers' d 系数，Kendall 的 tau-b，tau-c 系数，Eta 系数以及 Pearson's R 和 Spearman 系数（correlations 命令）。通过这些命令可以获得两个变量的相关系数，及假设检验的值。检验的虚无假设是这两个变量没有相关关系，也就是相关系数为 0。

（2）在 Analyze 的下拉菜单 Correlate 命令中有三个子命令，分别是相关分析（Bivariate）、偏相关分析（Partial）和距离分析（Distance）。这里只介绍 Bivariate 模块。

Bivariate 是两个变量相关分析的命令，计算两个变量的相关系数，包括 Pearson 相关、Spearman 和 Kendall tau-b 相关。在进行假设检验时可以选择单尾或双尾检验。

（一）Crosstabs 命令中的相关分析

交互分类表和相关分析都是对两个变量的关系进行分析，两者最大的区别在于通过交互分类表可以较为深入地描述两个变量的分布情况和内在结构，而相关分析则通过一个相关系数值表示两个变量关系的大小。Crosstabs 命令既可以给出两个变量的交互分类表，也可以计算两个变量的相关系数。

1. Crosstabs 命令计算两个变量相关系数的操作过程

（1）点击 Analyze→Descriptive Statistics→Crosstabs，打开对话框。

（2）选择变量。选择要分析的变量分别放入 Row（s）和 Column（s）窗口。

（3）点击 Statistics 按钮，打开如图 10-34 的对话框。其中各项内容在第一节中已经进行了详细说明。

（4）根据要分析的两个变量的测量层次，选择对应的相关测量法，点击 Continue 按钮。

（5）单击 OK 按钮，提交运行。在输出结果窗口中看到输出结果。

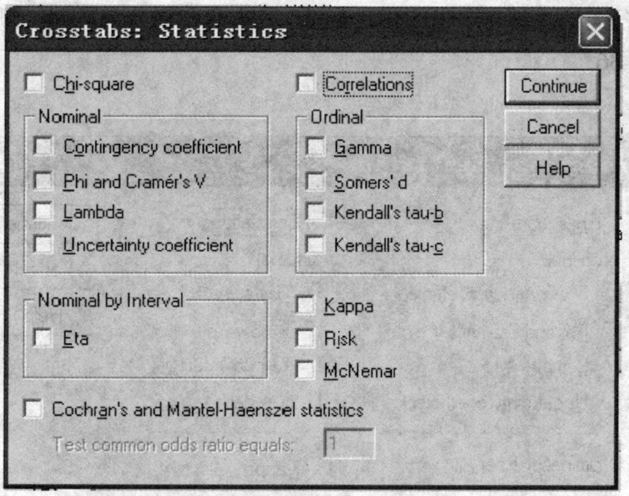

图 10-34　Crosstabs 中的相关分析命令

2. 实例分析

例 8　根据随机抽样调查的数据（data10. 2. 3），分析大学生的性别与大学生活适应的关系，并推断这种关系在总体中是否存在。

打开数据文件 data10. 2. 3 后，执行下述操作：

（1）打开 Analyze→Descriptive Statistics→Crosstabs，分别将“适应大学学习吗（a09）”和“性别（a01）”变量放入 Row（s）和 Column（s）窗口，如图10-35的对话框。

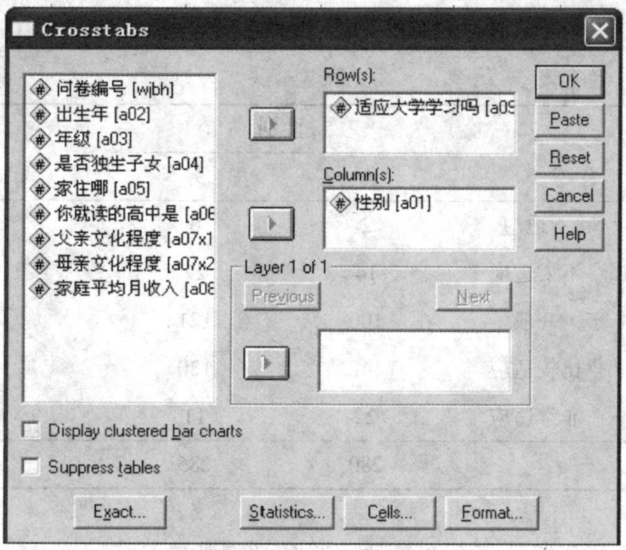

图 10-35　Crosstabs 对话框

（2）点击 Statistics 按钮，因为性别是定类变量，适应大学情况采用的是李克特量表，由“不适应”到“完全适应”分成 5 份，因此可将其看做定序变量，所以选择 Lambda 相关测量法，见图 10-36。

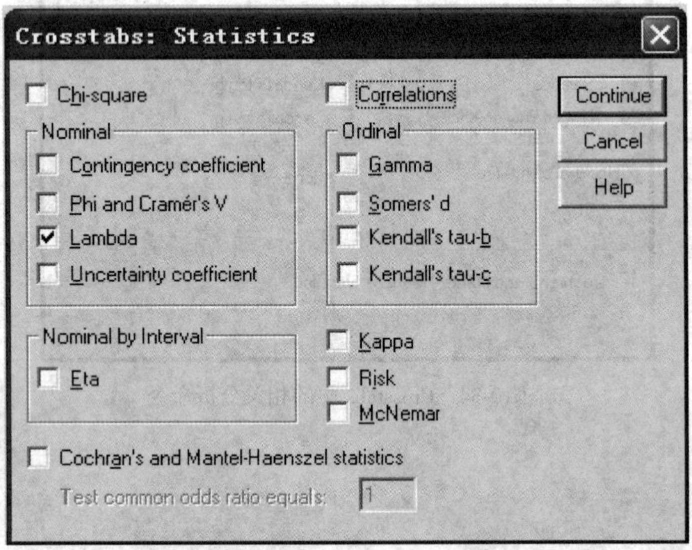

图 10-36　Statistics 对话框

（3）点击 Continue 按钮，回到图 10-35 对话框。点击 OK 按钮。可以在结果输出窗口看到除统计概要外的表 10-16 和表 10-17 的结果。

表 10-16　　**性别与适应大学生活的交互分析表**

适应大学学习吗 · 性别 Crosstabulation

Count

		性别		
		女	男	Total
适应大学学习吗	不适应	2	6	8
	不太适应	14	27	41
	一般	100	121	221
	比较适应	142	120	262
	非常适应	22	11	33
Total		280	285	565

表 10-16 列出的是分析的两个变量的交互分类频数表。

表 10-17　　**相关测量表**

Directional Measures

			Value	Asymp. Std. Error[a]	Approx.T[b]	Approx. Sig.
Nominal by Nominal	Lambda	Symmetric	.058	.047	1.222	.222
		适应大学学习吗 Dependent	. 003	.051	.064	.949
		性别 Dependent	.118	.058	1.928	.054
	Goodman and Kruskal tau	适应大学学习吗 Dependent	. 006	.005		.007[c]
		性别 Dependent	.024	.012		.009[c]

a. Not assuming the null hypothesis.

b. Using the asymptotic standard error assuming the null hypothesis.

c. Based on chi-square approximation.

表 10-17 列出了性别和大学学习适应两个变量采用不同的相关测量法得出的结果。

①Lambda 测量中“Symmetric”表示两个变量对称测量的 λ 值（0. 058），标准误差（0. 047），T 值（1. 222）和显著性检验 Approx. Sig.（0. 222）。“适应大学生活 Dependent”和“性别 Dependent”后面的 Value，Asymp. Std. Error，Approx. T 和 Approx. Sig. 分别表示非对称测量中当“适应大学生活”变量为因变量和“性别”变量为因变量时的 λ 值、标准误差、T 值和显著性检验水平。根据研究的实际意义，决定采用哪一个结果。本例中，分析的是性别与大学生学习适应的关系，只能是性别影响大学学习适应，而不能是大学学习适应影响一个学生是男生还是女生，所以采用的是“适应大学生活吗 Dependent”，即以“适应大学学习吗”为因变量的结果。可以看出，相关系数值为 0. 003，显著性水平为 0. 949，两者的相关非常弱，可以认为这种相关关系在总体中并不存在。

②Goodman and Kruskal tau 进行的非对称测量，显示的分别是当适应大学生活变量为因变量和性别变量为因变量时的 tau 值、标准误差、T 值和显著性检验水平。

③表格下面的说明分别是：a. 没有假定零假设；b. 用标准误假定零假设；c. 建立在卡方相似的基础上。

因为 Crosstabs 的主要功能是对两个变量进行交互分类表分析，因此从测量结果来看，它除了显示相关结果之外，还会显示交互分类表信息，结果多，看起来较复杂，因此除了定类变量外，一般都直接采用 Correlate 命令测量两个变量之间的相关关系。

（二）Correlate 中的相关分析

Correlate 菜单中 Bivariate 命令是统计两个变量之间的相关关系。

1. Bivariate 命令的操作过程

（1）点击 Analyze→Correlate→Bivariate，打开如图 10-37 的对话框。

（2）选择进行相关分析的变量。从左侧的源变量框中选择要分析的变量放入“Variables”窗口。

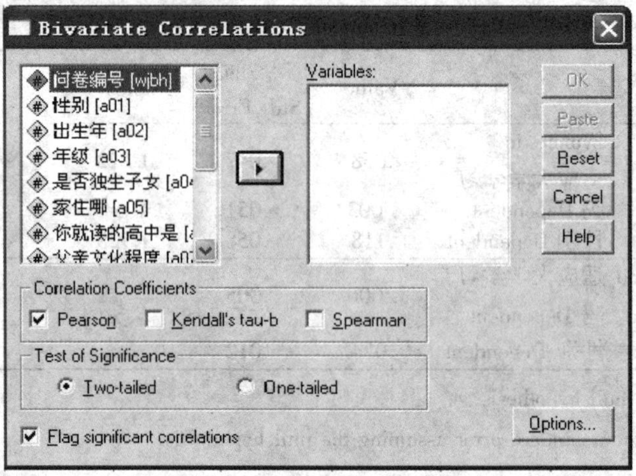

图 10-37　Bivariate 相关分析对话框

（3）Correlation Coefficients：相关系数选择栏，Bivariate 命令提供的主要是定序以上层次变量的相关测量法。

①Pearson：皮尔逊相关系数，也就是积矩相关系数。适用于两个定距以上层次的变量，且两个变量服从正态分布。这是系统的默认选项。

②Kendall's tau-b：肯德尔的 tau-b 系数，表示的是等级相关，适用于两个变量是定序变量的情况。

③Spearman：斯皮尔曼相关系数，表示的也是等级相关，也适用于两个变量都是定序变量的情况。

（4）Test of Significance：确定显著性检验的类型。

①Two-tailed：双尾检验，这是系统默认的选项。

②One-tailed：单尾检验。

（5）Flag significance correlations：显著性水平输出与否。如果选中此项，则系统在输出结果时，在相关系数的右上方用“＊”表示显著性水平为 0.05；用“＊＊”表示显著性水平为 0.01。默认为相关系数值右上角标注星号。

（6）Options：选择输出的统计量。单击 Options 按钮，打开如图 10-38 的对话框。

① Statistics：输出统计量的选择项，包括：

●Means and standard deviations：均值和标准差选项。选择此项，会在输出结果中显示变量的均值和标准差。

●Cross-product deviations and covariances：交叉离差和协方差选项。选择此项，会在输出结果中输出每个变量的离差平方和两个变量的协方差。

② Missing Values：缺失值的处理方法选项。

●Exclude cases pairwise：成对剔除参与相关系数计算的两个变量中有缺失值的个案。这是系统默认选项。

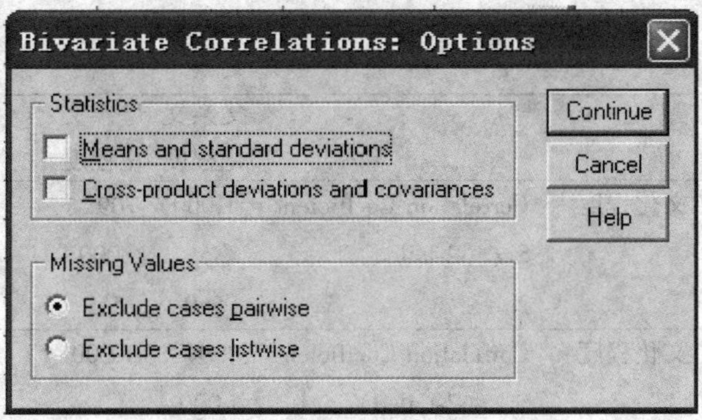

图 10-38 Options 对话框

●Exclude cases listwise：剔除带有缺失值的所有个案。

选择完之后，点击 Continue 按钮，回到双变量相关分析主对话框。

（7）输出结果。单击 OK 按钮，提交运行。在输出结果窗口中输出分析结果。

2. 实例分析

例 9 data10. 2. 3 是某次随机抽样调查的数据，分析父母的文化程度与家庭月收入的关系，并推论总体中是否也存在这种关系。

打开数据文件后，执行下述操作：

① 点击 Analyze→Correlate→Bivariate，打开对话框。分别将“父亲文化程度（a7x1）”“母亲文化程度（a7x2）”和“家庭平均月收入（a8）”变量放入“Variables”窗口。

②因为父母的文化程度和家庭月收入在这里都是定序变量，所以在这里我们选择 Kendll’s tau-b 和 Spearman 系数进行分析。采用单尾检验。

③点击 OK 按钮，提交运行，在结果输出窗口得到如表 10-18 的表格。

表 10-18 **Bivariate 相关分析结果**

Correlations

			父亲文化程度	母亲文化程度	家庭平均月收入
Kendall’s tau_b	父亲文化程度	Correlation Coefficient	1.000	.618**	.415**
		Sig.（2-tailed）	.	.000	.000
		N	560	559	531
	母亲文化程度	Correlation Coefficient	.618**	1.000	.402**
		Sig.（2-tailed）	.000	.	.000
		N	559	559	531
	家庭平均月收入	Correlation Coefficient	.415**	.402**	1.000
		Sig.（2-tailed）	.000	.000	.
		N	531	531	534

续表

			父亲文化程度	母亲文化程度	家庭平均月收入
Spearman's rho	父亲文化程度	Correlation Coefficient	1.000	.709**	.506**
		Sig.（2-tailed）	.	.000	.000
		N	560	559	531
	母亲文化程度	Correlation Coefficient	.709**	1.000	.482**
		Sig.（2-tailed）	.000	.	.000
		N	559	559	531
	家庭平均月收入	Correlation Coefficient	.506**	.482**	1.000
		Sig.（2-tailed）	.000	.000	.
		N	531	531	534

** Correlation is significant at the 0.01 level（2-tailed）.

表 10-18 分两部分列出了 Kendall's tau-b 和 Spearman's rho 相关系数的相关矩阵。右边第一列对应的第一个数据 1 表示的是“父亲文化程度”与“母亲文化程度”的相关系数，因为是同一个变量，所以完全相关。“母亲文化程度”一列对应的数据 0.618 **，表示的是“父亲文化程度”和“母亲文化程度”的相关系数。“家庭平均月收入”一列中显示的“家庭平均月收入”与“父亲文化程度”“母亲文化程度”的两两相关矩阵。

Sig.（1-taild）是单尾检验的显著性水平，可以看出各相关系数的显著性水平都是 0.000，也就是说总体中两个变量的相关关系也是存在的。N 指的是参与分析的个案数目。

如果在统计分析时，点击 Options 里面的选项，如 Means and standard deviations 和 Cross-product deviations and covariances，则除了相关系数和显著性水平等结果外，还会给出每一个变量的均值、标准差选项、交叉离差和协方差等结果。研究者可根据自己的需要和变量的测量层次进行选择。

第三节 均值比较与检验

均值分析是用样本均值来推论总体均值的方法，SPSS 软件 Compare Means 菜单中提供了对均值进行计算和检验的过程。

1. Means 过程

Means 过程是对指定变量综合描述统计，包括均值、方差、中位数、最大值和最小值等统计量的计算。用 Means 过程求若干组的描述统计量，目的在于进行比较，但是各组之间的均值差异是否真的存在，则需要进行检验，Means 过程提供了 ANOVA 方差分析的结果。

2. T test 过程

Compare Means 中专门提供了对均值进行假设检验的命令。均值的假设检验主要是 Z 检验和 t 检验，Z 检验可以看做是 t 检验的特例，无论样本的大小如何，皆可用 t 检验法，t 检验主要有三种形式：

（1）单个样本 T 检验（One-Sample T Test），主要是检验样本的均值与总体均值是否存在差异。

（2）独立样本的 T 检验（Independent-Samples T Test），是用两个不相关样本的均值来估计两个总体的均值是否相等的检验方法。

（3）配对样本 T 检验（Paired-Sample T Test），通过两个相关或配对样本两次测量结果的差异来检验两个总体的差异是否显著。这种相关或配对样本常常来自实验前后被观测的样本或者跟踪调查的样本等。

（4）One-Way ANOVA 过程：单因素方差分析，用于检验多个独立样本的均值差异是否显著。

一、Means 过程

Means 模块的功能是计算指定变量的描述统计量，包括均值、标准差、总和、中位数、最大值、最小值、方差等一系列单变量描述统计量，并可以给出方差分析表和线性检验结果。

1. Means 分析与检验过程

（1）点击 Analyze→Compare Means→Means，打开对话框，见图 10-39。

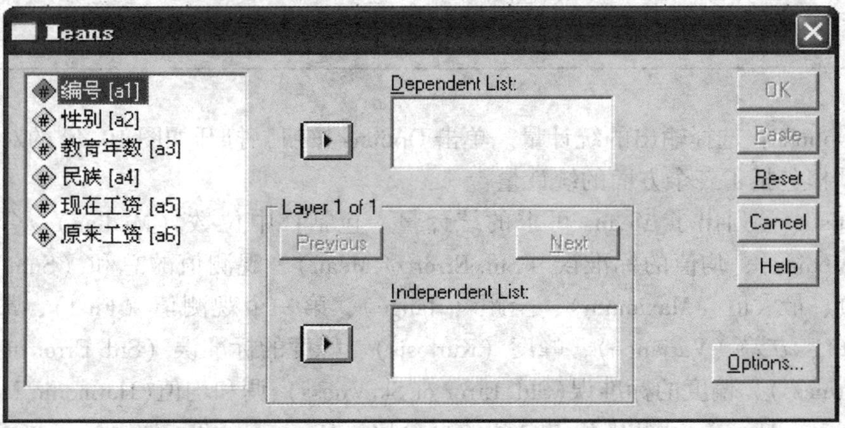

图 10-39　Means 分析对话框

（2）Dependent List：因变量选择项。

Dependent List 是因变量窗口，要分析的变量作为因变量进入该窗口。因变量可以选择一个，也可以选择多个。

（3）Independent List：分组变量的选择项。

Independent List 是分组变量—自变量窗口，对因变量的计算将按照分组变量进行分组统计。将要分组的变量放入该窗口，同时激活 Next 按钮。自变量可以是一个也可以是多个，自变量可以放在第一层，也可以放在不同层。放在同一层表示的是不同分组情况下，均值的差异情况。放在不同的层，则表示建立了一个控制层，显示的结果是在控制某一变量的情况下，比较均值，如我们分析民族不同的男女的受教育年数，这时将教育年数放在“Dependent List”窗口，民族放在“Independent List”窗口，点击“Next”进入“Layer 2 of 2”，表示可以建立第二层了，这时将性别变量放入“Independent List”窗口。这时统计的结果是不同民族男女的受教育年数的均值（见表 10-19）。

表 10-19　　**基本描述统计量**

教育年数　　Report

民族	性别	Mean	N	Std. Deviation
非少数族裔	女	12.32	159	2.380
	男	14.89	173	2.831
	Total	13.66	332	2.919
少数族裔	女	12.51	39	1.931
	男	12.73	56	2.812
	Total	12.64	95	2.479
Total	女	12.36	198	2.295
	男	14.36	229	2.970
	Total	13.43	427	2.856

（4）Options：选择输出的统计量。单击 Options 按钮，打开如图 10-40 的对话框。

该对话框包括了三个方面的统计量：

① Statistics：列出了 Means 可求的统计量。包括：中位数（Median）、分组中位数（Grouped Median）、均值的标准误（Std. Error of Mean）、观测值的总和（Sum）、最小值（Minimum）、最大值（Maximum）、全距（Range）、第一个观测值（First）、最后一个观测值（Last）、方差（Variance）、峰度（Kurtosis）、峰度的标准误（Std. Error of Kurtosis）、偏度（Skewness）、偏度的标准误(Std. Error of Skewness)、调和均值(Harmonic Mean)、几何均值(Geometric Mean)、每组总和占总和的百分比（Percent of Total Sum）、每组中观测量占总观测量数 N 的百分比（Percent of Total N）。

② Cell Statistics：选中的统计量。以下三个统计量是系统默认统计量：算术平均值（Mean）、个案数（Number of Cases）和标准差（Standard Deviation）。除了这三个统计量，如果还需要对其他的统计量进行统计，则可以在 Statistics 窗口中选择即可。

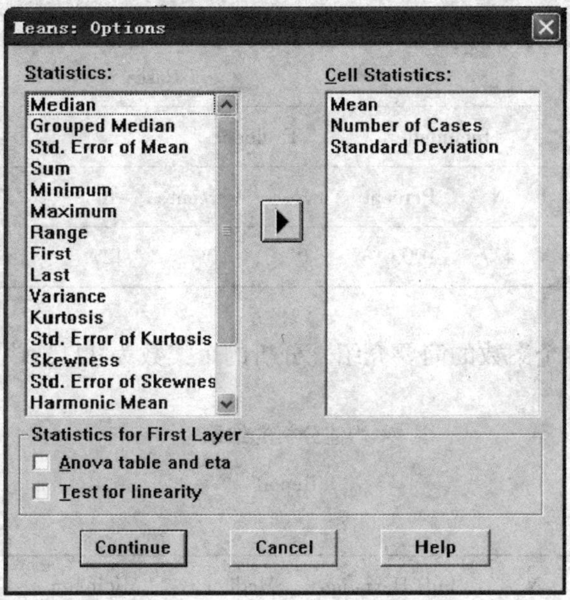

图 10-40　Means 分析的统计量

③ Statistics for First Layer：第一层统计中的两个统计量。

●Anova table and eta ：对分组变量进行单因素方差分析，并计算两变量相关 eta 值。

●Test for linearity：检验线性相关。这个选项主要用于分组变量为定序变量的情况。

上述选项完成后，单击 Continues 按钮返回主对话框。

（5）提交运行。点击 OK 按钮。在结果窗口中可以看到统计结果。

2. 实例分析

例 10　用 data10. 3 数据分析男女被调查者现在工资的差异情况。

打开数据文件 data10. 3 后，执行下述操作：

（1）点击 Analyze→Compare Means→Means，打开 Means 对话框。

（2）从左侧的源变量窗口中选择“现在工资（a4）”进入 Dependent list 窗口。选择“性别（a1）”到 Independent list 窗口。

（3）单击“Options”按钮，选择输出的统计量。

①从 Statistics 窗口中选择 Median、Minimum 和 Maximum，使之进入到 Cell Statistics 窗口中，其他默认。

②在 Statistics for First Layer 框中选择 Anova table and eta，对分组变量进行方差分析，计算 eta。单击 Continues 按钮。

（4）单击 OK 按钮，提交运行。可以在输出结果窗口中看到表 10-20、表 10-21、表 10-22、表 10-23 的结果。

表 10-20　　　　均值分析的统计概要

Cases Processing Summary

	Cases					
	Included		Excluded		Total	
	N	Percent	N	Percent	N	Percent
现在工资 * 性别	427	100.0%	0	.0%	427	100.0%

表 10-20 是对样本个案数的简要介绍，分析的个案数为 427，缺失为 0。

表 10-21　　　　均值分析的结果

Report

现在工资

性别	Mean	N	Std. Deviation	Median	Minimum	Maximum
女	2602.7197	198	747.02620	2437.5000	1575.00	5812.50
男	4100.0742	229	1922.50405	3210.0000	1965.00	13500.00
Total	3405.7506	427	1671.85203	2850.0000	1575.00	13500.00

表 10-21 是均值分析的结果，分别列出了女性、男性以及调查样本的工资的均值、个案数、标准差、最小值和最大值。

表 10-22　　　　方差分析结果

ANOVA Table

			Sum of Squares	df	Mean Square	F	Sig.
现在工资 * 性别	Between Groups	(Combined)	2E+008	1	238079545.3	106.215	.000
	Within Groups		1E+009	425	2241478.741		
	Total		1 E+009	426			

表 10-22 是方差分析的结果，其中 F 值为 106. 215，由于显著性水平 Sig. 为 0. 000，小于 0. 01，认为各组之间平均值的差异是显著的，也就是说 0. 01 的显著性水平下，男性和女性的工资是存在差异的。

表 10-23　　相关测量结果

Measures of Association

	Eta	Eta Squared
现在工资 * 性别	.447	.200

表 10-23 是“性别”和“现在工资”两变量的相关测量结果。Eta 为 0.447，Eta 的平方为 0.2，也就是说用性别来预测现在工资差异时，可以减少 20%的误差。

二、单一样本的 T 检验（One-Sample T Test）

One-Sample T Test 过程是检验单个变量的均值是否与给定的常数之间存在差异。

1. 单一样本 T 检验的过程

（1）点击 Analyze→Compare Means→One-Sample T Test，打开如图 10-41 的对话框。

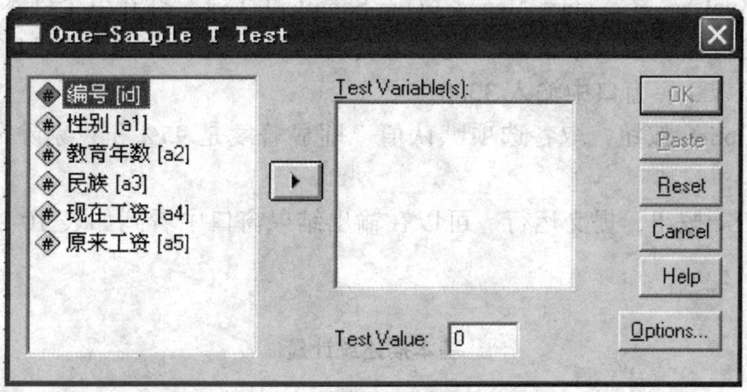

图 10-41　One-Sample T Test 检验对话框

（2）Test Variable（s）：选择分析变量。将左边源变量窗口中的要分析的变量引入 Test Variable（s）窗口，要分析的变量可以是一个，也可以是多个。

（3）Test Value：确定待检参数。在 Test Value 窗口中输入要检验的总体参数值，也就是假设检验中原假设的值。

（4）Options：确定置信度和缺失值。单击 Options 按钮，打开如图 10-42 的对话框。

其中，①Confidence Interval：检验置信度。系统默认值为 95%，即在原假设成立的条件下，样本均值出现的概率如果小于 5%，则不能接受原假设。

②Missing Values：设置缺失值的处理方法。

●Exclude cases analysis by analysis：只剔除分析变量为缺失值的个案。这是默认选项。

●Exclude cases listwise：剔除含有任何缺失值的个案。

上述选项做完以后，单击 Continue 按钮，返回单个样本 T 检验主对话框。

（5）单击 OK 按钮，提交运行。在输出结果窗口中输出 T 检验的结果。

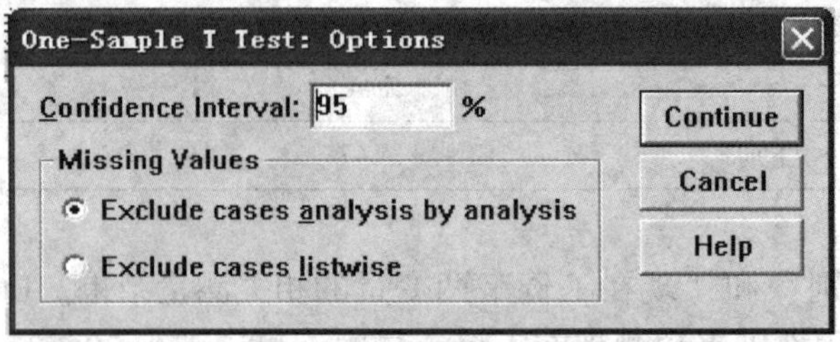

图 10-42　t 检验的置信度和缺失值选择项框

2. 实例分析

例 11　假设某城市工人的平均月工资是 3000 元，随机抽取了 427 名工人进行调查，得到 data10. 3 的数据结果，统计样本的现在工资，并作假设检验，推论总体的工资情况。

打开数据 data10. 3，执行下列操作：

（1）点击 Analyze→Compare Means→One Sample T Test，打开单个样本 T 检验对话框。

（2）从左侧源变量窗口中选择“现在工资（a4）”进入 Test Variable（s）窗口。

（3）在 Test Value 窗口中输入 3000。

（4）点击 Option 按钮，取各选项默认值，即显著度是 95%和只剔除分析变量为缺失值的个案。

（5）单击 OK 按钮，提交运行。可以在输出结果窗口中看到如表 10-24 和表 10-25 的结果。

表 10-24　　**基本描述统计量**

One-Sample Statistics

	N	Mean	Std. Deviation	Std. Error Mean
现在工资	427	3405.7506	1671.85203	80.90659

上表显示，调查的 427 人的月平均工资为 3405. 7505，标准差是 1671. 85，标准误为 80. 91。

表 10-25　　**单一样本 T 检验的结果**

One-Sample T Test

	Test Value = 3000					
					95% Confidence Interval of the Difference	
	t	df	Sig.（2-tailed）	Mean Difference	Lower	Upper
现在工资	5.015	426	.000	405.75059	246.7248	564.7764

T检验的结果，即假设工人现在月工资是3000元的情况下，计算得T值为5.015，自由度df为426，双尾T检验的概率值p小于0.05，所以可以否定原假设，也就是该城市工人的平均月工资已经不是3000元，可能已超过了3000元。

三、独立样本的T检验（Independent-Samples T Test）

独立样本的T检验，要求被检验的两个样本相互独立，没有配对关系。检验的目的是通过比较两个样本均值的大小来确定两个样本的均值是否存在差异。检验之前，要用F检验对两个样本进行方差齐性即等方差的检验，确认两个总体的方差相同之后，用T检验法对这两个样本的均值进行检验。

1. 独立样本T检验的步骤

打开数据后，执行下述操作：

（1）点击Analyze→Compare Means→Independent-Samples T Test，打开如图10-43的对话框。

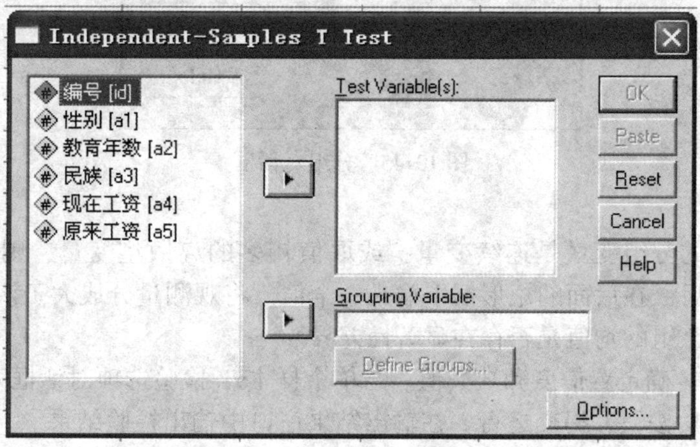

图10-43　独立样本T检验对话框

（2）Test Variable（s）：选择分析变量。从左边的源变量窗口选择要分析的一个或多个变量放入分析变量窗口Test Variable（s）。

（3）Grouping Variable：确定分组变量。从左边的源变量框中选择一个变量作为分组依据进入Grouping Variable窗口，同时激活Define Groups按钮。

（4）单击Define Groups按钮，打开分组对话框，见图10-44。

由于独立样本的T检验是对两个总体的均值差进行检验，所以作为分组依据的变量只能取两个值。

①如果指定的分组变量是定类变量，在Define Groups对话框中选择Use specified values，按照变量的值进行分组，在Group1和Group2中输入定类变量值。如果选择的变

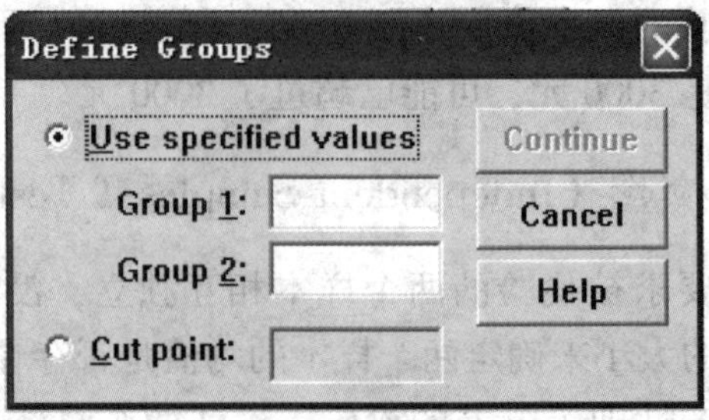

图 10-44　分组对话框

量是字符串变量，单击 Define Groups 按钮，则出现如图 10-45 的对话框，直接在这两个窗口中输入变量值即可。

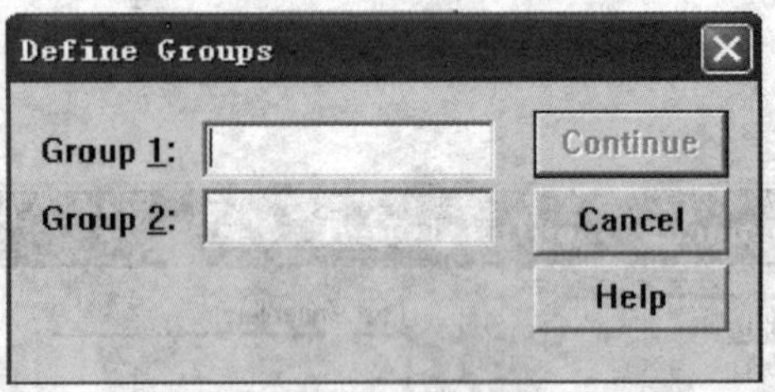

图 10-45　分组对话框

②如果指定的分组变量是连续变量，或取值较多的离散型变量，则可选择 Cut point 选项。选择该项后，在后面的矩形框中输入一个值，将观测量分成大于该值和小于该值的两个组，比较两个组的均值是否存在显著性差异。

（5）Options：确定置信度和缺失值。与单个样本 T 检验选项对话框完全相同。

（6）单击 OK 按钮，提交运行。在输出结果窗口中输出检验结果。

2. 实例分析

例 12　根据 data10.3，分析男性和女性工人的月收入差异情况。

打开数据文件后，执行下述操作：

（1）点击 Analyze→Compare Means→Independent-Samples T Test，打开对话框。

（2）从左边的源变量中选择“现在工资”放入 Test Variable（s）窗口。

（3）选择“性别”放入 Grouping Variable 窗口中。

（4）单击 Define Groups 按钮打开对话框，选择 Use specified values 项，在 Group1 和 Group2 窗口中分别输入 1 和 2。单击 Continues 按钮，返回主对话框。

（5）单击 OK 按钮，提交运行。可以在输出结果窗口中看到如表 10-26 和表 10-27 的结果。

表 10-26　　简单描述统计量

Group Statistics

	性别	N	Mean	Std. Deviation	Std. Error Mean
现在工资	女	198	2602.7197	747.02620	53.08884
	男	229	4100.0742	1922.50405	127.04264

表 10-26 是分男女的基本情况的描述统计。

表 10-27　　独立样本 T 检验的结果

Independent Samples T Test

		Levene's Test for Equality of Variances		t-test for Equality of Means						
									95% Confidence Interval of the Difference	
		F	Sig.	t	df	Sig. (2-tailed)	Mean Difference	Std. Error Difference	Lower	Upper
现在工资	Equal variances assumed	103.855	.000	-10.306	425	.000	-1497.355	145.28839	-1782.93	-1211.78
	Equal variances not assumed			-10.875	303.858	.000	-1497.355	137.68899	-1768.30	-1226.41

Levene's Test for Equality of Variances 是方差齐性检验。采用 T 检验的方法对两个总体的均值进行检验的前提条件是两个总体分布的方差必须相等。对于大样本可以不做这样的要求。通过 F 检验来确定总体的方差是否相等，从而来确定可以接受的 T 值。Equal variances assumed 表示方差相等，Equal variances not assumed 表示方差不相等，如果 Levene's Test for Equality of Variances 检验中总体的方差是相等的，在确定 T 检验时就选择 Equal variances assumed 方差相等一行对应的 T 值；如果检验结果是两个总体的方差不相等，则确定 T 检验时，应采用 Equal variances not assumed 方差不相等一行对应的 T 值。

从表 10-27 的检验结果看，F 值为 103.855，显著性水平为 0.000，远小于 0.05，虽然可以否定两个方差相等的假设。方差不相同时 T 检验的结果为-10.875，显著性水平为 0.000，所以可以说，在 95%的显著性下，不同性别的工人的收入是有显著差异的。

四、配对样本的 T 检验（Paired-Samples T Test）

配对样本的 T 检验，要求被比较的两个样本有配对关系，指的是对同一样本的某个变量进行前后两次测试所获得的两组数据，或是对两个完全相同的样本在不同条件下进行测试所获得的两组数据。均值的配对比较是常见的，如对一个人工资变化情况的比较，前后两次测量的血压进行比较等。

1. 配对样本检验过程

打开数据后，执行下述操作：

（1）点击 Analyze→Compare Means→Paired-Samples T Test，打开如图10-46的对话框。

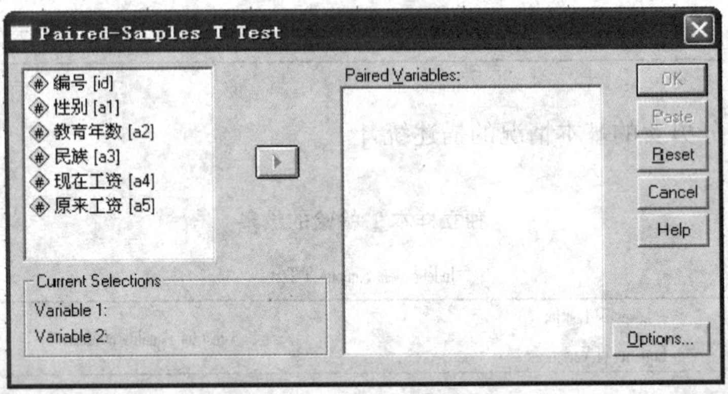

图 10-46　配对样本 T 检验对话框

（2）Paired Variable：配对变量。Current Selections 显示选择的两个变量，Paired Variables 显示已经配对的变量。从左边的源变量框中选择两个变量，选择的两个变量会在 Current Selections 中显示出来。将选择的变量放入 Paired Variable 窗口中，形成配对变量。

（3）Options：确定置信度和缺失值。

（4）提交运行。单击 OK 按钮，提交运行，在输出结果窗口中输出配对样本 T 检验的结果。

2. 实例分析

例 13　根据 data10. 3，分析工人工资的变化情况。

打开数据文件 data10. 3 后，执行以下操作：

（1）点击 Analyze→Compare Means→Paired-Samples T Test，打开对话框。

（2）从左边的源变量窗口中选择“现在工资”和“原来工资”变量放入 Paired Variables 窗口中。

（3）单击 OK 按钮，提交运行，在输出结果窗口中看到如表 10-28、表 10-29、表 10-30的结果。

表 10-28　**配对样本的分组描述统计**

Paired Samples Statistics

		Mean	N	Std. Deviation	Std. Error Mean
Pair	现在工资	3405.7506	427	1671.85203	80.90659
1	原来工资	1678.0644	427	773.72389	37.44312

表 10-28 是配对样本的基本描述统计，显示了调查的 427 名工人原来工资和现在工资的均值、标准差和标准误。

表 10-29　　配对样本的相关表

Paired Samples Correlations

		N	Correlation	Sig.
Pair 1	现在工资 & 原来工资	427	.876	.000

表 10-29 显示的是现在工资和原来工资的相关测量结果，相关度为 0.876，相关度较高，表示现在工资与原来工资有较大关系。

表 10-30　　配对样本的 T 检验结果

Paired Samples T Test

		Paired Differences					t	df	Sig.（2-tailed）
					95% Confidence Interval of the Difference				
		Mean	Std. Deviation	Std. Error Mean	Lower	Upper			
Pair 1	现在工资 & 原来工资	1727.686	1061.39591	51.36455	1626.727	1828.646	33.636	426	.000

表 10-30 是配对样本 T 检验结果。表中的 Mean 是两个变量差的均值，Std. Deviation 是标准差。Std. Error Mean 是标准误。95%Confidece Interval of the Difference 是差值的 95% 的置信区间。t 是 T 检验的计算结果，df 是自由度，Sig.（2-tailed）是双尾检验的显著性水平。从结果来看，$t=33.636$，$df=426$，$p<0.05$，说明该城市工人的工资有了显著变化。

五、单因素方差分析

方差分析也是使用较多的统计分析方法之一，用来分析一个影响因素的不同水平对观测量的影响，主要的目的是想知道当影响因素取不同水平时，分析变量是否存在差异，均值比较主要针对的是影响因素分成两组时，均值的差异情况，如果影响因素多于两种情况，就要用方差分析。使用方差分析时，要求因变量在影响因素的各水平上的分布必须服从正态分布。方差分析在 Means 过程中已经有所涉及，其分析思想虽然不难理解，但过程比较复杂，这里只简单介绍 SPSS 软件中单因素方差分析的常用统计量。单因素方差分析指的是影响因素只有一个，也称一元方差分析。

1. 单因素方差分析的操作过程

（1）点击 Analyze→Compare Means→One-Way ANOVA，打开如图 10-47 的对话框。

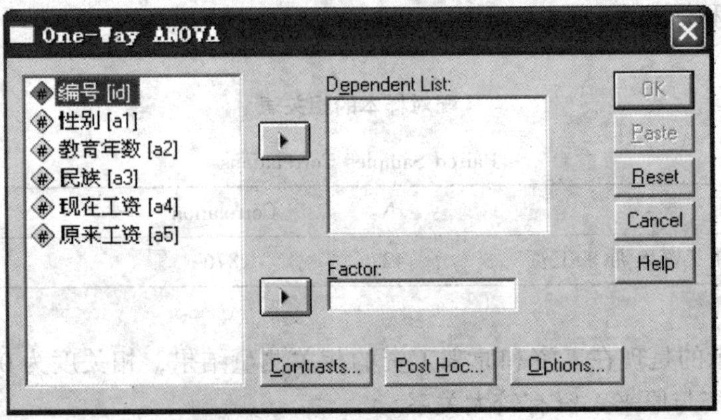

图 10-47　单因素方差分析对话框

其中，Dependent list 是分析变量窗口。Factor 是影响变量窗口。从源变量窗口中选择一个或多个变量放入 Dependent list 窗口，选择一个变量作为影响变量放入 Factor 窗口。

（2）Contrasts：均值的多项式比较。

该窗口对平均数的变动趋势进行趋势检验，研究者根据需要进行某些比较。

选中 Polynomial 选项，激活 Degree 窗口，单击 Degree 参数框中的向下箭头展开阶次菜单，可选 Linear 线性，Quadratic 二次，Cubic 三次，4th 四次，5th 多项式。

Coefficients 为多项式指定各组均值的系数。将各组系数输入窗口，单击 Add 添加。因素变量有几组，输入几个系数，多出的无意义。

（3）Post Hoc：均值的多重比较选择项。研究者可根据需要选择进行多重比较的方法。

（4）Options：其他统计量。打开 Options 对话框，见图 10-48，可选择以下统计量：

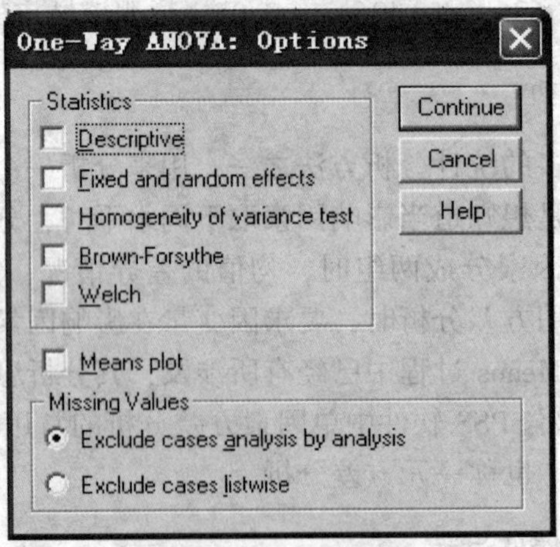

图 10-48　Options 对话框

① Statistics：输出统计结果的选项栏。

●Descriptive：输出描述统计结果。选择该项将在输出结果中输出：个案数、均值、标准差、标准误、最小值、最大值、各组中每个因变量的95%的置信区间。

●Fixed and random effects：输出确定性影响因素和随机影响因素的选项。

●Homogeneity-of-variance test：进行方差齐性检验的选项。选择此项将输出方差齐性检验结果。由于方差分析的前提条件是因变量在影响因素的各个水平上的分布具有等方差性，因此只有方差齐性检验接受了等方差的假设，方差分析的结果才有意义。

●Brown-Forsythe 检验：采用 Brown-Forsythe 分布的统计量进行各组均值是否相等的检验。Brown-Forsythe 分布近似于 F 分布，采用 Brown-Forsythe 检验对方差齐性没有要求。

●Welch 检验：采用 Welch 分布的统计量进行各组均值是否相等的检验。Welch 分布也近似于 F 分布。Welch 检验对方差齐性也没有要求，所以当被分析变量的分布不满足方差齐性要求时，采用 Welch 检验比方差分析更稳妥。

②Means plot：输出均值分布图。选择此项将在输出结果中输出根据各组均值描绘的因变量的分布情况。

③Missing Values：设置缺失值的处理方法的选项栏。Exclude cases analysis by analysis 是剔除分析变量为缺失值的个案，这是系统默认状态。Exclude cases listwise 是剔除任何含有缺失值的个案。

（5）上述选项做完以后，单击 Continue 按钮，返回方差分析主对话框。单击 OK 按钮，提交运行。在输出结果窗口中输出简单方差分析的结果。

2. 实例分析

例 14 根据 data10.3，分析不同受教育年数工人现在工资的差异情况。

分析过程如下：

（1）点击 Analyze→Compare Means→One-Way ANOVA，打开对话框。

（2）将“现在工资”放入 Dependent List 对话框，“受教育年数”放入 Factor 窗口。

（3）单击 Options 按钮，选择 Descriptive、Homogeneity-of-variance test、Means plot 选项。

（4）单击 Continue 按钮，返回方差分析主对话框。单击 OK 按钮，提交运行。在输出结果窗口看到如表 10-31、表 10-32、表 10-33 的结果。

表 10-31　**基本统计量**

Descriptives

现在工资

	N	Mean	Std. Deviation	Std. Error	95% Confidence Interval for Mean		Minimum	Maximum
					Lower Bound	Upper Bound		
8	48	2436.5625	536.01282	77.36679	2280.9206	2592.2044	1575.00	3450.00
12	175	2586.0857	560.34347	42.35798	2502.4841	2669.6873	1620.00	5940.00

续表

	N	Mean	Std. Deviation	Std. Error	95% Confidence Interval for Mean Lower Bound	95% Confidence Interval for Mean Upper Bound	Minimum	Maximum
14	6	3162.5000	579.04015	236.39215	2554.8346	3770.1654	2595.00	3990.00
15	103	3178.4563	849.30580	83.68459	3012.4683	3344.4443	1875.00	8000.00
16	52	4757.1538	1642.74479	227.80771	4299.8108	5214.4969	2310.00	10375.00
17	11	5952.7273	1978.95599	596.67768	4623.2465	7282.2080	2700.00	8250.00
18	8	6248.7500	1163.65189	411.41307	5275.9127	7221.5873	4395.00	7825.00
19	21	7436.9048	2145.94995	468.28467	6460.0801	8413.7295	3600.00	13500.00
20	2	6431.2500	698.26795	493.75000	157.5614	12704.9386	5937.50	6925.00
21	1	6500.0000					6500.00	6500.00
Total	427	3405.7506	1671.85203	80.90659	3246.7248	3564.7764	1575.00	13500.00

表 10-31 分别对不同受教育年数被调查者现在工资情况的均值，标准差，标准误，95%的置信区间，最小值和最大值结果进行了说明。

表 10-32　　**方差齐性检验**

Test of Homogeneity of Variances

现在工资

Levene Statistic	df1	df2	Sig.
13.924[a]	9	417	.000

a. Groups with only one case are ignored in computing the test of homogeneity of variance for 现在工资.

这是方差齐性检验的结果，从表 10-32 中可以看出 F 值为 13. 924，显著性水平为 0. 000，自由度分别为 9 和 417，自变量各个不同影响上的分布是不等方差的。

表 10-33　　**方差分析结果**

ANOVA

现在工资

	Sum of Squares	df	Mean Square	F	Sig.
Between Groups	8E+008	9	85384442.30	84.323	.000
Within Groups	4E+008	417	1012585.203		
Total	1E+009	426			

表 10-33 是方差分析的结果，其中 F 值为 84. 323，显著性水平是 0. 000，由于显著性水平远远小于 0. 05，可以认为不同受教育年数的工人的工资是有差异的。

图 10-49 是不同教育年数工人现在平均工资的分布图，从图中可以看出，受教育年数 19 年的工人的工资最高，受教育年数较少的工人的收入较低。

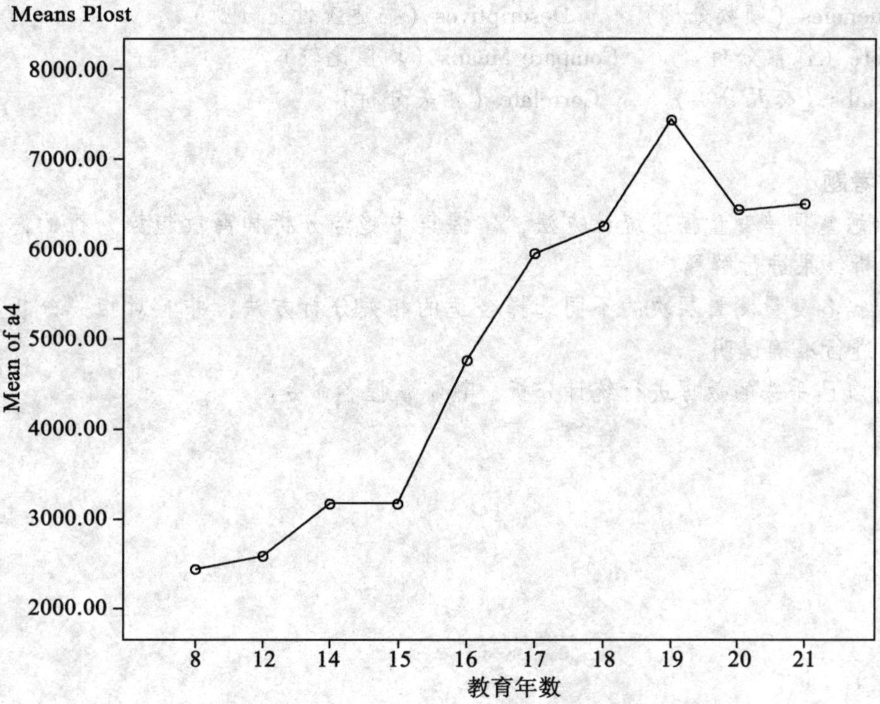

图 10-49 均值分布图

☞本 章 小 结

SPSS 统计分析软件以其友好的界面，方便的操作，强大的数据存储和分析功能，在现代社会研究中得到了越来越广泛的应用。SPSS 软件基本的统计功能包括描述性统计分析、交互分类、相关分析、均值的比较与检验等。

单变量的描述统计是认识研究调查对象的第一步。SPSS 软件提供的基本统计量主要包括对样本分布情况的描述、变量集中趋势的测量及变量离散程度的测量。这一部分的统计功能主要集中在 Analyze 菜单下的 Descriptive Statistics 和 Multiple Response 分析模块中，如 Frequencies（频数分析）、Descriptives（描述统计量分析）、Explore（探索分析）以及多选变量的频数分析等。

均值分析就是样本均值来推论总体均值的方法，均值分析是最简单，也是使用频率最高的统计分析方法。Compare Means 菜单中提供了多种对均值进行计算和检验的过程。

社会科学的研究不仅是关注单变量的基本状况，更重要的在于探索现象之间的关系，揭示社会现象的发展规律。两个变量关系的分析是社会研究中应用最多的统计方法之一。两个变量的分析主要包括交互分类表（交叉表分析）和相关分析。交互分类表深入的描述样本资料的分布状况和内在结构，相关分析则通过一个相关系数值将两个变量之间复杂的关系表示出来。但是调查样本的统计结果是否能反映总体的情况？SPSS 软件不仅提供了对两个变量关系进行统计的功能，并可对其结果进行假设检验。

☞关 键 术 语

Frequencies（频数分析）　Descriptives（描述统计量分析）
Explore（探索分析）　Compare Means（均值比较）
Crosstabs（交互分类）　Correlate（相关分析）

☞复习思考题

1. 熟悉掌握单变量描述统计方法，掌握集中趋势分析和离散趋势分析的意义，并能对统计分析结果进行解释。

2. 根据各变量测量层次的不同选择合适的相关分析方法，并能对相关分析和假设检验的结果进行准确说明。

3. 对自己手头的数据进行统计分析，熟练掌握各命令。

第十一章

多变量统计分析

☞**思考发现**

多变量关系反映了世间事物联系的普遍性和复杂性。多变量统计分析正是分辨数据背后蕴含的信息、理解社会规律的工具。通过多变量统计分析，发现虚假相关，找到真实的因果关系或影响关系，简化数据，善于去粗取精，去伪存真，由此及彼，由表及里，透过现象看本质。

☞**案例导入**

中国人社会地位的获得——阶级继承和代内流动①

社会学阶层继承和地位获得的研究范式，起源于先赋性与后致性理论。基于此，社会分层学家提出的操作性假设是：如果大多数社会成员在等级有序的阶层结构中获得的社会位置，主要由阶级出身和家庭背景所决定，这个社会就是封闭型社会（或传统型社会），在这种社会中，子女主要继承着父亲的阶级位置，阶级继承是社会成员获得社会地位的主要形式；如果大多数社会成员的阶级位置主要取决于自己后天的努力，这个社会就是开放型社会（或现代型社会），在这种社会中，子女的社会地位主要由自己努力取得的人力资本所决定，代内流动是社会成员获得社会地位的主要形式。

布劳与邓肯在1967年出版的《美国的职业结构》一书中对这一分析进行定量研究，结果表明：尽管家庭背景（父亲的职业与受教育水平）给美国男性的职业地位获得以显著作用，但在比较了先赋性因素和后致性因素作用力的强弱后，他们解释说，美国是一个相当开放的社会——因为在决定美国在职男性社会地位获得的因素中，由个人努力所达到的"受教育水平"要比来自于"父亲职业地位"的作用更强。基于此，布劳和邓肯将他们的研究结论推广为：越是工业化社会，先赋性因素对个人社会地位获得的影响

① 张翼．中国人社会地位的获得——阶级继承和代内流动．社会学研究，2004（4）：76-90.

就越弱；越是传统型社会，先赋性因素对个人社会地位获得的影响就越强。但是，即使如此，在美国这样城市化和工业化水平较高的西方市场化国家，来自于父亲的先赋性因素，对子女职业地位的获得仍然具有虽然微弱但却显著而直接的影响。与此同时，西方某些社会学家在对中国人社会地位获得状况的研究中，却得出了某些特殊的结论。白威廉（William Parish）的研究最具影响力，他通过对中国大陆1972—1978年间迁居香港的132位移民的访谈，得到了他们2865位邻居的数据，发现对于那些在“文革”前（1966年前）就年满20岁的同期群案例来说，父亲的“受教育水平”与“职业地位”对子女的受教育水平，父亲的“职业地位”与“阶级出身”对子女的“职业地位”获得等具有显著的影响作用。但对于那些在“文革”时期才年满20岁的同期群案例来说，作用却并不显著。谢文和林南于1983年在北京的调查（N=1774）、林南和边燕杰于1985年在天津的调查（N=1000）等进一步证实：父亲的职业地位既对人们的初职地位获得毫无影响，也对人们目前职业地位的获得缺少明显作用。林南与边燕杰将“工作单位部门”这一具有国家社会主义特色的指标作为中介变量，置于职业地位之前进行检验。研究发现，虽然父亲的职业地位对子女的教育和职业地位获得缺少统计意义的影响，但父亲的“工作单位部门”却通过对儿子“工作单位部门”的作用而影响了儿子的初职地位获得，但女儿却无此殊荣。在对中国社会近50年来人们社会地位获得的研究中，学术界存在着重大的解释性分歧，可谓仁者见仁、智者见智。

社会地位获得模型的经典范例，是研究父亲的职业地位与受教育程度经由社会传承而对子女的职业地位与教育获得所发生的影响，同时也考察子女初职地位对现职地位获得的作用力。其具体方法是：以回归方程模型分析方式，标出自变量对因变量的标准化系数，并通过比较这些标准化系数值的大小及统计显著性，考察社会地位获得的代际与代内影响。

在职业生涯中，人们的初职地位、受教育程度以及父亲的职业地位等，对本人现职职业地位的获得具有极其重大的影响。张翼根据2001年“中国社会结构变迁调查”城乡6193个有效样本对不同时期就业者代际和代内因素对中国人现职地位获得的影响因素进行了分析，得出了以下结论（统计结果见表11-1）：

第一，“14岁时父亲职业地位”对中国社会成员现职地位的获得，有着显著而微弱的直接影响。在有些时段，这种影响并不具有统计推断意义（1957—1965年、1966—1977年，1978—1991年、1992—2001年表示现职所在的年代，根据中国社会的发展情况进行了划分）。

第二，家庭的阶级成分，在“文革”时期显示出了统计显著性，在现职职业地位的获得中，家庭的阶级成分在“文革”时期还出现了负面影响。

第三，“户口”“自己的受教育程度”“党员身份”和“自己的初职地位”“自己的现职单位部门”是五个极其显著的决定中国人现职职业地位获得的影响变量。一般来说，有城市户口者获得的现职职业地位高于被农村户口所限定的人员；教育资本较高的就业者获得的职业地位高于教育资本较低者；党员的职业地位高于非党员；初职职业地位高的那些人更容易流动到较高的职位；而就业单位部门则更具历史时变性。

第四，在1991年之前，“现职单位部门”对个人现职职业地位起着正向支持作用，即那些在全民单位工作的人员，比在非全民单位工作的人员的社会地位要高。但在 1992 年之后，“现职单位部门”对职业地位获得的解释方向发生了转变，那些在全民单位工作的人，反而降低了职业地位。

表 11-1　　**现职职业地位决定**

	全部案例	1957—1965 年	1966—1977 年	1978—1991 年	1992—2001 年
14 岁父亲职业地位	0.0560*	-0.0087	0.1203*	0.0722*	0.0766*
父亲受教育程度	-0.0047	-0.0268	-0.0767	-0.0433	0.0209
家庭阶级成分(出身好=1)	-0.0062	0.0163	-0.1291*	-0.0506	0.0300
户口(非农业户口=1)	0.1574	0.2334	0.2574***	0.1399***	0.1478
自己受教育程度 对照组=小学及小学以下					
初中高中	0.1121***	0.1519	0.1418*	0.0203	0.0891*
中专以上	0.2263***	0.1845	0.2355***	0.2265***	0.2376***
是否党员(是=1)	0.2061***	0.2225	0.2650***	0.1365***	0.1740***
现职单位部门(全民=1)	0.0503*	0.0506	0.1246*	0.1126*	-0.0889*
自己初职职业地位	0.0970***	0.1749	0.0668	0.1444***	0.0301
年龄	0.0158	0.0148	0.1681*	0.0505	0.1007**
性别(男=1)	0.0189	0.0501	-0.0200	0.0207	0.0077
ad R^2	.19	.375	.418	.233	.197
N	2009	86	190	370	1333

注:1.“***”:P<0.001:“**”;P<0.01;“*”P<0.05;“-”:P<0.10.

2. 1950—1956 年时段被省略了,因为这一时期更换工作的案例太少,不能在总体上形成统计推论.

阅读提示：通过这一案例可以看出，社会现象之间是非常复杂的，一个事物的变化并不是单一因素影响的结果，往往受多种因素的影响；并且在不同的情况下，影响因素也会存在差异，那么，怎么在纷杂的社会现象中理清各因素之间的关系，探索社会发展的规律呢？

社会现象的复杂性决定了社会中各事物之间的关系并不是简单的两两相关，因此，当前社会学的研究不仅关注两个变量的关系，更关注对多个变量的分析。详析分析、多因分析等是社会学研究中常用的多变量分析方法。详析分析是通过引进第三个变量（如 W、T），分析第三个变量与两个变量（X，Y）的关系，进一步加深对两个变量关系的了解。偏相关分析（又称净相关分析）就是最常用的控制其他变量影响的情况下对两个变量之间的关系进行分析的方法。多因分析反映的则是多个变量对一个变量的影响，常用的分析方法是线性回归分析。偏相关系数和回归系数的计算都比较复杂，SPSS 软件提供了计算偏相关系数和线性回归系数的命令，为我们认识多个变量的关系提供了方便。

第一节 偏 相 关

相关分析计算的是两个变量的相关系数，反映的是两个变量的相关程度，但是社会生活中两个现象的关系往往受到其他因素的影响，偏相关分析就是在研究两个变量之间的线性关系时控制可能对它产生影响的其他变量的分析方法。

一、偏相关分析的原理

偏相关分析也称净相关分析，它是通过计算在控制其他变量的影响下，两个变量之间的偏相关系数来反映这两个变量真实关系的大小。当控制一个变量时，偏相关分析称为一阶偏相关；当控制两个变量时，称为二阶偏相关；当没有控制变量时，则称为零阶相关，即我们通常所说的相关分析。

偏相关分析的基本步骤如下：

（1）计算样本的偏相关系数。利用样本数据计算的偏相关系数可以反映两个变量间净相关的大小。根据变量的测量层次以及控制变量的不同，偏相关也有不同的计算公式。定距变量一阶相关的公式为：

$$r_p = \frac{r_{xy} - r_{x_1} r_{y_1}}{\sqrt{1-(r_{x1})^2}\sqrt{1-(r_{y1})^2}}$$

其中，r_p：控制一个变量以后 x 与 y 的偏相关系数；r_{xy}：没有控制之前，x 与 y 的相关系数；r_{x1}：控制变量与 x 的相关系数；r_{y1}：控制变量与 y 的相关系数。

（2）提出研究假设。偏相关分析的原假设是总体中的两个变量没有关系，也就是偏相关系数为 0。研究假设是总体中两个变量是有相关关系的。

（3）进行假设检验。偏相关系数的检验可采用 T 检验，公式为：

$$t = r\sqrt{\frac{n-q-2}{1-r^2}}$$

其中，r 是偏相关系数，n 是样本数，q 是控制变量的数量，自由度为 $df=n-q-2$。

（4）计算检验统计量对应的概率 p 值。根据计算的结果，得出结论。如果检验的 p 值小于显著性水平 α，则拒绝原假设，认为两个变量的偏相关存在。

Correlate 子菜单中的 Partial 命令提供了偏相关系数和假设检验统计量的计算。

二、Partial 的操作过程

（1）点击 Analyze→Correlate→Partial，打开如图 11-1 的对话框。

（2）选择进行相关分析的变量。偏相关分析至少涉及三个变量，除了 Variables 窗口外，还有 Controlling for 窗口。将要进行统计的两个变量从源变量框引入 Variables 窗口，控制变量放入 Controlling for 窗口。

（3）Test of Significance：确定显著性检验的类型。研究者可根据需要自由的选择是进行对称性分析还是非对称性分析，包括：

①Two-tailed：双尾检验，这是系统默认的选项；

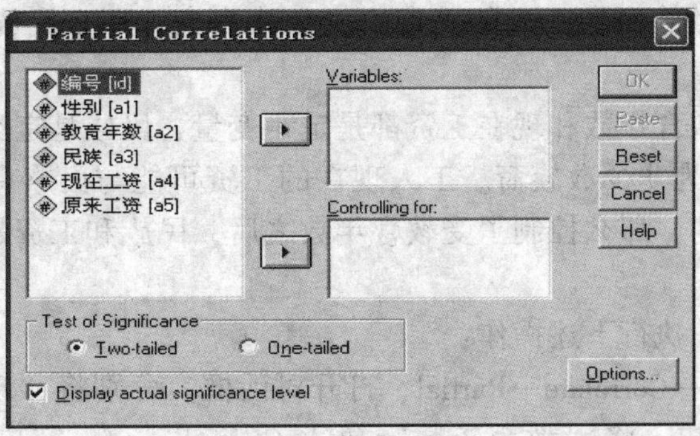

图 11-1　Partial 偏相关分析对话框

②One-tailed：单尾检验。

（4）Display actual significance level：显著性水平输出与否。如果选中此项，系统在输出结果时，则会输出两个变量相关的真实显著性水平，否则只在相关系数的右上方用“＊”和“＊＊”标注显著性水平。系统默认显示真实显著性水平。

（5）Options：选择输出的统计量。单击 Options 按钮，打开如图 11-2 的对话框。

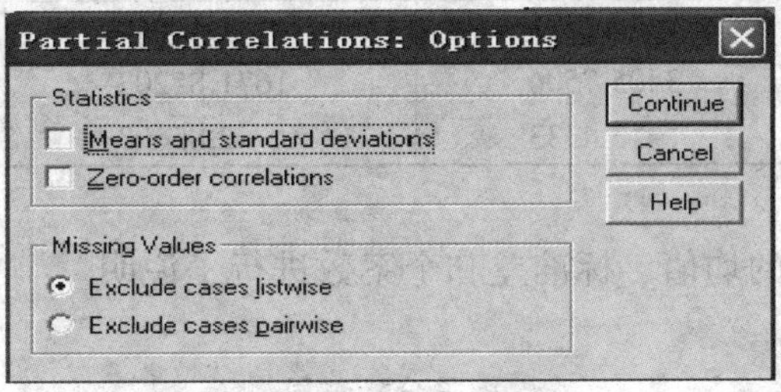

图 11-2　Options 对话框

① Statistics：输出统计量的选择项，包括：

●Means and standard deviations：均值和标准差选项。选择此项，会在输出结果中显示变量的均值和标准差。

●Zero-order correlations：零阶相关。若选择此项，则会在输出结果中输出参加统计的变量的两两相关系数。

② Missing Values：缺失值的处理方法选项。

●Exclude cases listwise：剔除带有缺失值的所有个案，这是系统默认的选项。

●Exclude cases pairwise：成对剔除参与相关系数计算的两个变量中有缺失值的个案。

在选择完之后，点击 Continue 按钮，回到双变量相关分析主对话框。

（6）输出结果。单击 OK 按钮，提交运行，在输出结果窗口中输出分析结果。

三、实例分析

例 1　对数据 data11.1 的分析发现，工人现在工资与是否少数族裔有关，相关系数为

-0.210，也就是非少数族裔的工人的工资比少数族裔高，那么民族与现在工资的关系是否受教育年数的影响。

分析：在这里受教育年数和现在工资都是定距变量，民族是定类变量，作虚拟变量处理，1 为少数族裔，0 为非少数族裔。工人现在的工资可能与民族有关，也可能无关，而是因为其他因素影响的，那么控制了受教育年数之后，民族和工资是否还有关？教育年数在此是控制变量。

打开数据文件后，执行下述操作：

（1）点击 Analyze→Correlate→Partial，打开对话框。分别将“现在工资”和“民族”变量放入 Variables 窗口，将“教育年数”放入 Controlling for 窗口，选择 Test of significance 中的 One-tailed。

（2）点击 Options 按钮，选择 Statistics 中的 Means and standard deviations 和 Zero-order correlations。点击 Continue 按钮，返回上一级对话框。单击 OK 按钮，提交运行。在输出结果窗口中可以看到表 11-2 和表 11-3 的结果。

表 11-2　　**描述统计结果**

Descriptive Statistics

	Mean	Std. Deviation	N
民族	.2225	.41640	427
现在工资	3405.7506	1671.85203	427
教育年数	13.4333	2.85603	427

表 11-2 对三个变量的均值、标准差和个案数进行了说明。

表 11-3　　**相关分析结果**

Correlations

Control Variables			现在工资	民族	教育年数
-none-[a]	现在工资	Correlation	1.000	-.210	.658
		Significance (1-tailed)	.	.000	.000
		df	0	425	425
	民族	Correlation	-.210	1.000	-.148
		Significance (1-tailed)	.000	.	.001
		df	425	0	425
	教育年数	Correlation	.658	-.148	1.000
		Significance (1-tailed)	.000	.001	.
		df	425	425	0

零阶相关

续表

教育年数	现在工资	Correlation	1.000	-.151
		Significance(1-tailed)	.	.001
		df	0	424
	民族	Correlation	-.151	1.000
		Significance (1-tailed)	.001	.
		df	424	0

偏相关

a. Cells contain zero-order (Pearson) correlations.

表 11-3 的上半部分是三个变量两两相关的结果，表 11-3 下 a 注说明这是没有控制变量的零阶相关结果，从表 11-3 中我们可以看到民族和现在工资的相关系数-0.21，显著性水平为 0.000，表明在总体中两个变量也是相关的。

表 11-3 中下半部分显示的是控制了“教育年数”之后，“现在工资”和“民族”的相关结果，可以看出，在控制了“教育年数”之后，现在工资和民族的相关系数为-0.151，与没有控制“教育年数”时相关系数-0.21 相比，有所降低，但在总体中的偏相关还是存在的，这说明现在的工资水平除受民族影响外，还受教育年数等其他因素的影响。

第二节 线性回归分析

回归分析（Regression）是一种应用广泛的统计分析方法，它侧重于分析变量之间的变化规律，通过回归方程反映这种关系，并对其发展趋势进行进一步的预测。回归分析研究的是一个或多个变量（自变量）对一个变量（因变量）的影响。根据变量之间的关系，回归分析又可分为线性回归和非线性回归。社会学研究中最常用的是线性回归，如果参与回归分析的自变量只有一个，则称为一元线性回归分析；如果参与回归分析的变量有多个，则称为多元线性回归分析。

一、一元线性回归

一元线性回归，指的是自变量只有一个的线性回归分析，其表达式为：$Y'=a+bX$,其中 a 是截距，b 是回归直线的斜率。

$$\text{回归系数 } b=\frac{\sum(X-\overline{X})(Y-\overline{Y})}{\sum(X-\overline{X})^2}=\frac{n(\sum XY)-(\sum X)(\sum Y)}{n(\sum X^2)-(\sum X)^2}$$

$$\text{斜率 } a=\overline{Y}-b\overline{X}=\frac{\sum Y-b(\sum X)}{n}$$

b 表示自变量对因变量的影响和方向，反映了 X 对 Y 的影响力，b 代表每增加一个单

位的 X 值时，Y 值的变化量。在非标准化的情况下，b 的取值取决于变量的测量单位，不限于-1 到+1，因此 b 系数不能用于比较大小。如果希望将 b 值限制在-1 到+1 内，则必须标准化，做法就是将 X 与 Y 的数值都变成标准值，公式是：$Z=\frac{X-\overline{X}}{S}$。将 X 与 Y 标准化之后，b 便成了标准回归系数，简称 B 权数（Beta weight），$B=b\frac{S_x}{S_y}$，回归方程也变为标准回归方程：$\widehat{Y}=B\widehat{X}$。

在进行一元回归分析时有几个方面需要注意：

1. 一元线性回归的假设

线性模型的成立需要满足以下条件：

（1）正态性，即总体的各误差项 ε 满足均值为 0，方差为 σ^2 的正态分布。

（2）等方差性，即总体各误差项的方差相同，且为一常数。

（3）独立性，即自变量取任何值，其误差项不相关。

（4）无自相关，即各自变量的误差项之间互不相关。

（5）自变量与误差项不相关，即随机误差项与相应的自变量对因变量的影响相互独立。

2. 一元线性回归方程的检验

在根据统计值预测参数值时，需要对统计结果进行假设检验，回归方程的检验涉及：

（1）回归系数的检验。

对回归系数 b（B）的检验，原假设是：总体回归系数为 0。检验的 T 值计算公式为：$t=\frac{b}{SE}$，SE 是回归系数的标准误。

对截距 a 的检验，原假设是：总体回归方程的截距 $a=0$。检验的 T 值计算公式为：$t=\frac{a}{SE}$，SE 是斜率的标准误。

（2）模型的拟合优度。

在判定一个线性模型的拟合优度时，R^2（决定系数）是一个重要的指标，指的是 X 对 Y 的影响，等于回归平方和在总平方和中所占的比率，一元回归分析中 $R^2=r^2$。R^2 越大表示 X 对 Y 的解释越强。

（3）方差分析。

因变量观测值与均值之间的差异的偏差平方和（SS_t）由回归平方和 SS_r（反映了自变量的重要程度）和残差平方和 SS_e（反映了调查误差和其他误差对 Y 的影响）组成。这两部分除以各自的自由度，就得到它们的均方。F=回归均方/残差均方。当 F 值较大时，拒绝 $b=0$ 的假设。

（4）Durbin-Watson 假设。

在误差项的诊断分析中，一般采用的是Durbin-Watson诊断，简称Dw或D。D的取值范围是$0<D<4$，统计意义如下：

①当残差与自变量相互独立时，$D\approx 2$；

②当相邻两点的残差为正相关时，$D<2$；

③当相邻两点的残差为负相关时，$D>2$。

模型的残差和正态性检验手工计算较为复杂，SPSS软件可以通过残差图形及残差的直方图和累积概率图直观地将其表现出来，不作详细说明。

（5）残差分布图。

在直角坐标系中，以预测值Y'为横轴，以Y与Y'之间的误差或学生化残差为纵轴，绘制残差的散点图，如果散点图呈现出明显的规律性，则认为存在自相关性或非线性或非常数方差的问题。

二、多元线性回归

根据多个自变量的最优组合建立回归方程预测因变量的回归分析，称为多元线性回归分析，回归方程的模型为：$Y' = a + b_1X_1 + b_2X_2 + \cdots + b_iX_i$，其中$a$是常数项，$b_1$，$b_2$，$\cdots$，$b_i$为$X_1$，$X_2$，$\cdots$，$X_i$对应的偏回归系数。通过对偏回归系数的标准化，标准回归方程为：

$$\widehat{Y}=B_1\widehat{X}_1+B_2\widehat{X}_2+\cdots+B_i\widehat{X}_i$$

1. 多元回归分析中的参数：复相关和决定系数

在研究多个自变量和一个因变量的关系时，其中一个重要的方面是研究多个自变量对因变量共同影响的大小，复相关就是用一个统计值来简化多个自变量与因变量关系的方法，表示因变量Y与自变量X_i之间线性相关密切程度，用R表示，R^2称为决定系数，是用来判断模型拟合优度的重要指标。

多元回归分析中$R_{y2}^2=r_{y1}^2+r_{y2}^2$（以两个自变量为例），具有削减误差比例的意义。$R^2$是通过$X$依次尽量解释$Y$的剩余误差得到的结果。$R^2$是一个受自变量个数和样本规模影响的系数，随着自变量个数的增加，余差平方和逐渐减少，R^2会随之增大，因此，在测量时，如果样本较小，则抽样误差可能较大；如果自变量数目较大，则产生的误差也会较大，因此，在小样本和多变量的情况下，则需要对R^2值作一定的调整，常用调整的R_{adj}^2代替R^2，采用的公式是：

$$R_{adj}^2=R^2-\frac{k\ (1-R^2)}{n-k-1}$$

其中：R^2为决定系数，n为样本大小，k为自变量的个数。

2. 多元回归分析的检验

首先，多元回归方程的成立也必须满足前述的假设条件。另外，还要对以下方面进行检验来验证模型对总体的解释力：

(1) 回归系数的检验。

检验的虚无假设是：各自变量的偏回归系数为0，常数项为0。因为多项回归系数是偏回归系数，所以在进行T检验时，t=偏回归系数/偏回归系数的标准误。

(2) 方差分析和方差齐性检验。

方差分析是对整个回归方程进行的显著性检验，它的分析原理与一元回归分析相同。

方差齐性检验是指残差的分布是常数，与预测变量或因变量无关，即残差应该随机的分布在一条穿过0点的水平直线的两侧。在实际应用中，一般绘制预测值与学生化残差的散点图。在线性回归的Plots对话框中，选择SRESID（学生化残差）做*Y*轴，选择ZPRED（标准化预测值）做X轴，在结果窗口中即可输出方差齐性的散点图。

(3) 残差的正态性检验①。

对残差的正态性，检验的方法很多，最直观、简单的方法是残差的直方图和累计概率图，应该明确的是，即使存在理想的总体数据，残差也不可能完全服从正态分布，样本的残差也只能是近似于正态分布。

在Plots对话框中，选择Histogram即可得到残差的直方图。

残差的累计概率图，又称P-P图，是用来判断一个变量的分布是否符合一个特定的检验分布的，这些检验分布包括：Beta分布，Chi-square分布，Exponential分布，Gamma分布，Half-normal分布，Laplace分布，Logistic分布，Lognormal分布，Normal分布，Pareto分布，Student分布，Weibull分布，Uniform分布。如果两种分布基本相同，则P-P图中的点应该围绕在一条斜线的周围。如果两种分布完全相同，则P-P图应该只有一条斜线。通过观察比较观测值的残差与假设直线的分布情况对两种分布进行比较。

残差散点图可以判断模型的拟合效果。如果各点呈随机状，并且大部分落在±2α范围内（68%的点落在±α内，96%的点落在±2α之中），则说明模型对数据的拟合效果较好。如果大部分落在±2α范围之外，则说明模型对数据的拟合效果不好。

3. 虚拟变量

多元线性回归分析要求变量是定距变量，如果是定类和定序变量，可以用交互分类表来研究一个或多个自变量对一个因变量的共同影响，但其效果不如复相关和回归分析得到的信息多。社会学研究中通常将定序变量看做定距变量②，而把定类变量变为一组虚拟变量（Dummy Variables）。

任何一个二分变量（Dichotomous Variables），只要将其中一个值给予1分，另一个值给予0分，就成为定距变量，因为1和0之间的距离是一定的（当然，也可以设置为其他的值，如1分和2分，2分和3分，但在分析时都不如1和0方便）。“性别”是定类二分变量，如果设置男性=1，女性=0，则性别就有了1和0两个值，就变成了定距变量。像“性别”这样，本身不是定距变量，通过赋予0和1两个值而变成了定距变量，在统计学上就称之为虚拟变量或虚构变量。定类变量变为虚拟变量之后，便可以采用定距变量的统

① 卢纹岱．SPSS for Windows统计分析．北京：电子工业出版社，2000：287-288.

② 李沛良．社会研究的统计应用．北京：社会科学文献出版社，2001：267.

计方法进行分析。

如果定类变量不是二分变量，在虚拟化时，就要根据变量值成立一组虚构变量，如一次调查的地区涉及华南、华东、华中、华北四个地区，这个变量可以组成四个虚拟变量：

第一个虚拟变量（D_1）：华南为1，其余为0；

第二个虚拟变量（D_2）：华东为1，其余为0；

第三个虚拟变量（D_3）：华中为1，其余为0；

第四个虚拟变量（D_4）：华北为1，其余为0。

4. 线性回归的分析过程

线性回归的内容较多，在分析时，既要求出回归系数、截距，建立回归方程，也要对统计值进行检验，等等。回归分析的过程可简单归纳如下：

（1）确定回归分析中的自变量和因变量。回归分析分析的是一个事物如何随其他事物的变化而变化，所以第一步首先要确定哪个事物是需要被解释的因变量（Y），哪个或哪些是用于解释其他事物的自变量（X）。

（2）确定回归模型。通过散点图确定应该通过哪种模型来概括变量之间的关系。如果自变量和因变量之间存在线性关系，则应进行线性回归分析，建立线性回归模型。反之，则应进行非线性回归分析。

（3）建立回归方程。通过对样本资料的统计分析，估计出方程的参数值，通过假设检验，得到一个确定的回归方程式。

（4）利用回归方程进行预测。通过建立的回归方程，预测事物的发展趋势。

三、线性回归的 SPSS 应用

SPSS 软件中的 Regression 子菜单提供了多种回归分析的过程，包括 Linear：线性回归分析；Curve Estimation：曲线估计；Binary Logistic：Logistic 回归分析；Multinomial Logistic：多项对数回归分析；Ordinal：有序回归分析；Probit：概率单位回归分析；Nonlinear：非线性回归分析；Weight Estimation：加权估计分析；2-Stage Least Squares：二阶最小二乘回归分析；Optimal Scaling：最佳缩放比例分析。

SPSS 软件中的一元线性回归和多元线性回归分析的功能模块是相同的，都是通过 Regression 中的 Linear 过程进行分析的，在此一并介绍。

1. Linear：线性回归的分析过程

打开数据库，线性回归的分析过程如下：

（1）点击 Analyze→Regression→Linear，打开如图 11-3 的对话框。

（2）选择回归分析的因变量和自变量。从左侧源变量框中选择要分析的因变量和自变量，因变量放入 Dependent 窗口，选择一个或多个自变量放入 Independent（s）窗口。SPSS 软件提供了对一个因变量的多次分析过程，当自变量放入 Independent（s）窗口后，Previous 和 Next 窗口变亮，点击 Next 命令，可以在 Independent（s）窗口输入另一组自变量。

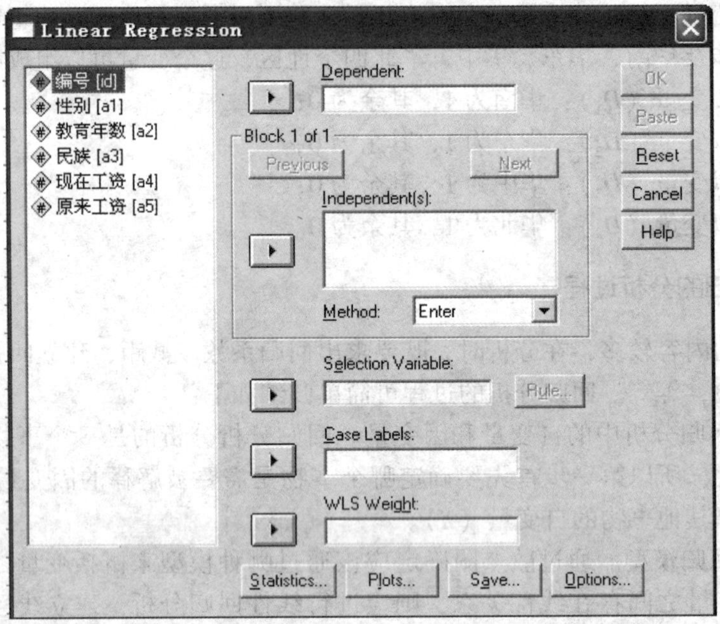

图 11-3　Linear 对话框

（3）Method：确定自变量进入方法。系统根据自变量对因变量作用的大小，对自变量进行选择的方法。Method 窗口提供了五种选择自变量的方式：

①Enter：强行进入法，即所有选择的自变量全部进入回归模型，用户根据自变量回归系数 t 检验的值是否达到显著性水平决定哪些自变量应该进入模型。这是系统默认的选项。一元回归分析因为只有一个自变量，所以采用此种自变量进入方法。

②Remove：消除法，根据 Options 设定的条件逐步剔除对因变量影响不显著的变量。

③Backward：向后剔除法，首先让所有的自变量都进入回归方程中，然后逐一来删除它们，删除变量的标准是 Options 对话框中设定的 F 值。依次删除和因变量之间的偏相关系数最小的自变量。

④Forward：向前选择法，这种方法与 Backward 方法正好相反，它逐一让自变量进入回归方程，进入的标准也是 Options 对话框中设定的 F 值。依次进入与因变量具有最大相关的自变量。

⑤Stepwise：逐步进入法，是 Forward 和 Backward 相结合的方法。根据 Options 设定的判断，在选择自变量时，首先选择对因变量贡献最大的自变量进入方程，每加入一个自变量进行一次方差分析，如果有自变量使 F 值最小且 T 检验达不到显著性水平，则予以剔除。这样重复进行，直到所有符合要求的自变量都进入模型。

（4）Selection Variable：选择变量。

如果选择变量进入 Selection Variable 窗口，该变量被用做指定分析个案的选择标准，在分析时，对选择的个案进行分析。点击 Rule 按钮，打开 Linear Regression：Set Rule 对话框，如图 11-4 所示。在 Value 中输入选择个案的取值，统计分析只对这部分个案进行。

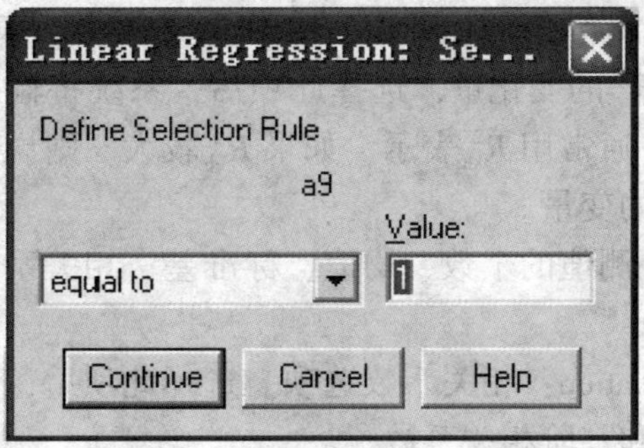

图 11-4　Set Rule 对话框

（5）在 Case Label 下面输入变量名，用其值作为观测量标签。

（6）WLS Weighted：变量加权。

单击 WLS 按钮，选择一个作为权重的变量进入 WLS Weight 框中，利用加权最小二乘法给观测量不同的权重值，可用来弥补或减少不同测量方法所产生的误差，与利用观测值加权改变有效样本的大小是不同的。已选入的因变量与自变量不能作为加权变量，加权变量的值如果是零、负数或缺失值，相应的观测量将被删除。

（7）Statistics：确定输出的统计量。单击 Statistics 按钮，打开 Statistics 对话框，见图 11-5。此对话框中包括以下几部分：

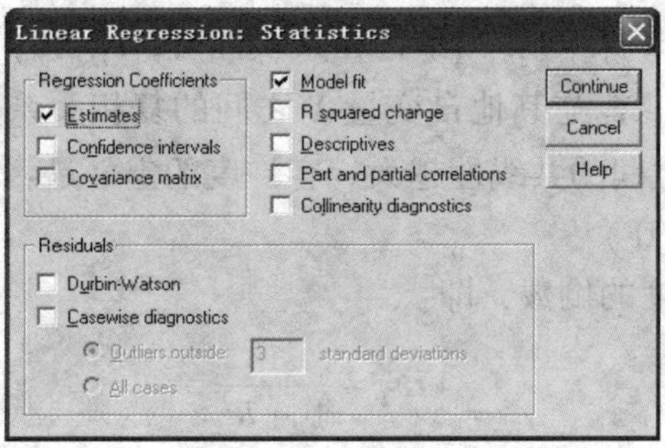

图 11-5　Statistic 对话框

①Regression Coefficients：回归系数选项栏，其中：

●Estimates：输出估计值选项。选择此项，则在输出结果中输出回归系数 B（回归方程中的 b），B 的标准误，标准化回归系数 *beta*，B 的 t 检验值以及 t 值双侧检验的显著性水平 Sig.。这是系统默认的选项。

●Confidence intervals：输出回归系数置区间的选项。若选择此项，则在输出结果中输出回归系数 95%的置信区间。

●Covariance matrix：输出回归系数的协方差矩阵、各变量的相关系数矩阵。

② 模型拟合及拟合效果有关的选项。

●Model fit：输出的是引入模型和从模型中剔除的变量，提供复相关系数 R，复相关系数平方 R^2 及其修正值，估计值的标准误，ANOVA 方差分析表。这是系统默认选择项。

●R Squared change：R^2 的变化量，选择此项后，系统将输出回归方程引入或剔除一个自变量后 R^2 的变化量，通常用 R_{ch}^2 表示。如果 R_{ch}^2 较大，则说明引入或剔除的自变量是一个对因变量的影响较大的变量。

●Descriptives：输出观测值的个数、均值、标准差、相关系数矩阵和检验的显著性水平矩阵。

●Part and partial correlation：相关系数选项。选择此项后，系统将输出回归方程的部分相关系数、偏相关系数和零阶相关系数。

●Collinearity diagnostics：共线性诊断选项①。选择此项后，系统将输出各变量的容许度、方差膨胀因子和共线性诊断表。

在回归分析方程中，参与统计的自变量较多，有些自变量彼此相关，变量之间的相关，可能减弱单个自变量对因变量的影响，从而不能正确地估计自变量和因变量的关系，我们称这种现象为共线性，也称统计累赘。因此，在进行多元线性回归时，需要对变量进行共线性诊断，常用的参数有：容许度、方差膨胀因子、条件参数等。当一组自变量存在共线性时，必须剔除一个或多个自变量，剔除的变量并不包含任何多余的信息，因此得出的回归方程并没有损失什么。为了避免统计累赘，虚拟变量在引进方程时，需要舍弃其中一个变量。

Ⅰ. 容许度（Tolerance）

在只有两个自变量的情况下，自变量 X_1 和 X_2 之间的共线性体现在两个变量的相关系数 r_{12}上，当存在共线性时，$r_{12}^2=1$；当不存在共线性时，$r_{12}^2=0$；r_{12}^2越接近于 1，共线性越强。当存在多个自变量时，X_i 与其他自变量 X 之间的复相关系数的平方体现共线性，R_i^2 越接近于 1，说明自变量之间的共线性越大。容许度的定义是：$\text{Tol}i=1-R_i^2$。

Ⅱ. 方差膨胀因子（VIF）

方差膨胀因子是容许度的倒数，即：

$$VIF_i = \frac{1}{1 - R_i^2}$$

它的值越大，自变量之间存在共线性的可能性越大。

Ⅲ. 条件参数（Condition Index）

条件参数是在计算特征值时提出的一个统计量，它的表达式为：

$$\text{条件参数} = \sqrt{\text{最大特征值}/\text{第 } i \text{ 个特征值}}$$

条件参数的数值越大，说明自变量之间存在共线性可能性越大，虽然理论上还没有得到证明，有学者提出，当条件参数≥30 时，认为有共线性存在的可能性。特征值（Eigenvalue）如果很小，则共线性存在的可能性很大。

③ Residuals：残差分析。该栏包括两项内容：

---

① 卢纹岱 . SPSS for Windows 统计分析 . 北京：电子工业出版社，2000：295-296.

● Durbin-Watson：序列相关检验选项，选择该项后系统将在模型概要中输出 Durbin-Watson 的值。

● Casewise diagnostics：输出观测量诊断表。

Outliers outside standard deviation 是设置奇异值选项，若默认为≥3 倍标准差，则被看做是奇异值，用户可自己修改。

All cases：输出所有观测量的残差值。

上述选项做完以后，单击 Continue 按钮，返回回归分析主对话框。

（8）Plots：绘制图形。单击 Plots 按钮，打开图形选择对话框，见图 11-6。

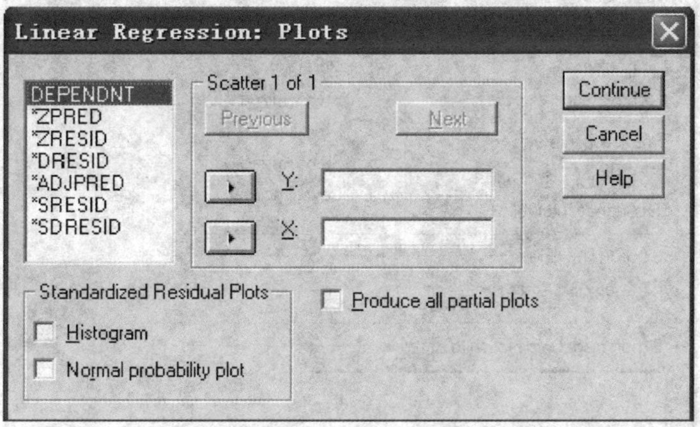

图 11-6　Plots 对话框

系统默认是不输出图形。绘制图形对检验残差的正态性，等方差性，奇异值等是非常有帮助的。作图过程为：

① 选择坐标轴变量。

从左侧的源变量窗口中选择两个变量分别进入右侧的 *X* 窗口和 *Y* 窗口。如果要输出多个散点图，可单击 *Next* 按钮，在 *Y* 和 *X* 窗口中再输入另外两个变量。

●DEPENDNT：因变量。

●ZPRED：标准化预测值。

●ZRESID：标准化残差。

●DRESID：剔除残差。

●ADJPRED：调整的预测值。

●SRESID：学生化残差。

●SDRESID：学生化剔除残差。

② Standardized Residual Plots：确定标准化残差的图形类别，包括两种图形：

●Histogram：输出带有正态曲线的标准化残差的直方图。

●Normal probability plot：输出残差的正态概率图，检查残差的正态性。

上述选项完成以后，单击 Continue 按钮，返回主对话框。

(9) Save：保存结果。单击 Save 按钮，打开如图 11-7 的对话框保存变量。系统将把被选择的分析结果作为新变量保存到数据窗口中。

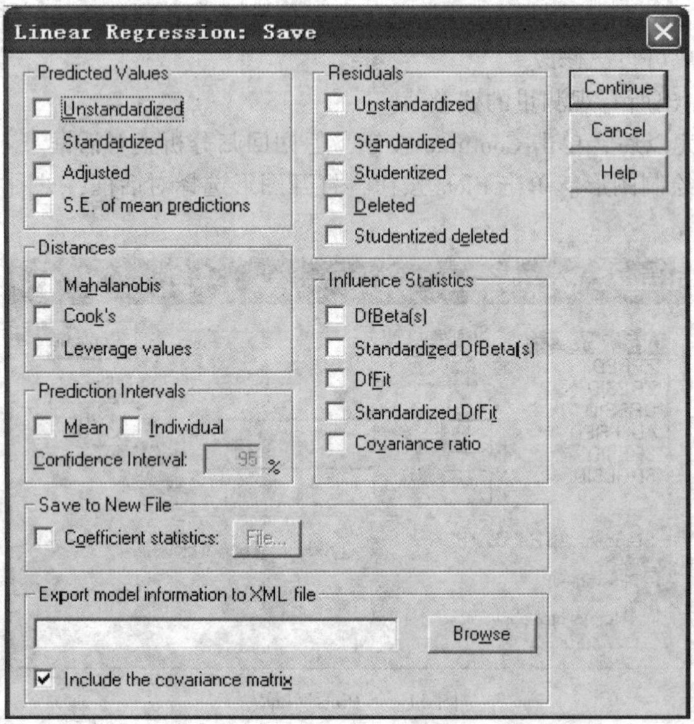

图 11-7　Save 对话框

① Predicted Values：预测值。

●Unstandardized：非标准化预测值。

●Standardized：标准化预测值。

●Adjusted：调节预测值。

●S. E. of mean predictions：预测值的标注误差。

② Residuals：残差。

●Unstandardized：非标准化残差。

●Standardized：标准化残差。

●Studentized：学生化残差。

●Deleted：剔除残差。

●Studentized deleted：学生化剔除残差。

③ Distances：距离。

●Mahalanobis：Mahalanobis 距离。

●Cook's：Cook 距离。

●Leverage values：中心点杠杆值。

④ Prediction Intervals：预测区间栏。

●Mean：预测区间高低限的均值。

●Individual：观测量上限与下限的预测间距。

选择上述两项后，在 Confidence Interval 参数框中确定置信度，默认值为 95%，输入的值必须在 0~100 之间。

⑤ Influence Statistics：影响点的统计量。

●DfBeta（s）：因排除一个特定的观测值所引起的回归系数的变化，一般情况下，此值大于 2，则被排除的观测值可能是影响点。

●Standardized DfBeta（s）：标准化的 DfBeta（s）值。

●DfFit：因排除一个特定的观测值引起的预测值的变化。

●Standardized DfFit：标准化的 DfFit 值。

●Covariance ratio：协方差比矩阵，剔除了一个影响点的协方差矩阵与全部观测量的协方差矩阵比。

⑥ Save to New File：将回归系数结果作为一个文件，保存到指定的文件夹。

⑦ Export model information to XML file：将模型信息输出到一个新的 XML 文件。

⑧ Include the covariance matrix：保存的结果包括协方差矩阵。这是系统默认值。

（10）Options：其他选项。单击 Options 按钮，打开选项对话框，见图11-8。

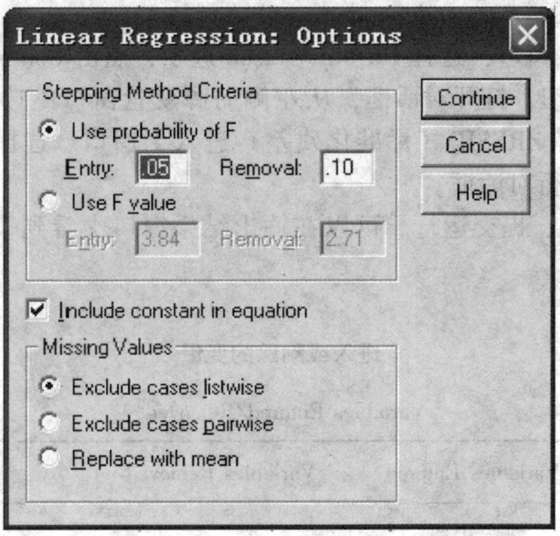

图 11-8　Options 对话框

其中涉及的命令主要包括：

① Stepping Method Criteria：设置变量引入模型或从模型中剔除的判断标准栏。

●Use probability of F：以 F 的概率作为变量引入模型或从模型中剔除的判断标准。系统默认状态是当一个变量的 F 值的显著性水平 Sig. ≤0.05 时，该变量被引入回归方程。当一个变量的 F 值的显著性水平 Sig. ≥0.1 时，该变量被从模型中剔除。

●Use F values：以 F 值作为变量引入模型或从模型中剔除的判断标准。系统默认状态是，当一个变量的 F 值≥3.84，该变量被引入回归方程。当一个变量的 F 值≤2.71 时，该变量被从模型中剔除。用户也可以通过选择 Use F values 选项，根据需要自己设定这两个数值。

② Include constant in equation：在方程中包含常数项的选项。这是系统默认选项。

③ Missing Values：缺失值的处理方法，包括三种方式：

●Exclude cases listwise：剔除参与回归分析的任何变量中的缺失值。

●Exclude cases pairwise：成对删除缺失值。

●Replace with mean：用平均值代替缺失值。

上述选项做完以后，单击 Continue 按钮，返回回归分析主对话框。

（11）输出结果。单击 OK 按钮，提交运行。在输出结果窗口中输出分析结果。

2. 实例分析

例 2 根据 data10.3 数据，以“工资”为因变量，以“教育年数”为自变量进行一元回归分析。

打开数据文件后，执行以下操作：

（1）点击 Analyze→Regression→Linear，打开对话框。

（2）从源变量框中选择“现在工资（a4）”作为因变量放入 Dependent 窗口，“教育年数（a2）”作为自变量放入 Independent（s）窗口。

（3）打开 Statistics 窗口，选择 Durbin-Watson 选项，点击 Continue 按钮。

（4）点击 Plots 按钮，打开对话框，从左侧的源变量窗口中选择 SRESID（标准预测值）放入 *X* 窗口，选择 ZRESID（标准化残差）进入 *Y* 窗口。选择 Histogram 选项。单击 Continue 按钮，回到分析对话框。

（5）单击 OK 按钮，提交运行。可以在输出结果窗口中看到表 11-4 至表 11-11 和图 11-9、图 11-10 的结果。

表 11-4　　**进入或剔除的变量**

Variables Entered/Removed[b]

Model	Variables Entered	Variables Removed	Method
1	教育年数[a]	.	Enter

a. All requested variables entered.

b. Dependent Variable：现在工资

表 11-4 表示的是采用 Enter 法，“教育年数”变量进入模型。这个结果对一元回归分析没有意义，但对多元回归分析的意义较大。

表 11-5　　　　　　　　　　　　　　　　**模型概要**

Model Summary[b]

Model	R	R Square	Adjusted R Square	Std. Error of the Estimate	Durbin-Watson
1	.658[a]	.434	.432	1259.71377	.763

a. Predictors:(Constant),教育年数

b. Dependent Variable:工资

表 11-5 是对模型基本情况的说明，结果显示，两个变量的相关系数 R 为 0.658，模型的决定系数 R^2 为 0.434，说明用教育年数解释工资时可以削减 43.4%的误差，模型的拟合优度较好。标准误差为 1259.71。Durbin-Watson 的值是 0.763。

表 11-6　　　　　　　　　　　　　　　　**方差分析表**

ANOVA[b]

Model		Sum of Squares	df	Mean Square	F	Sig.
1	Regression	5E+008	1	516284530.4	325.346	.000[a]
	Residual	7E+008	425	1586878.776		
	Total	1E+009	426			

a. Predictors: (Constant),教育年数

b. Dependent Variable:现在工资

ANOVA 是对模型的方差分析和 F 检验的结果，表 11-6 中分别列出了回归平方和、残差平方和和总平方和，以及自由度、F 检验的结果和显著性水平。方差分析结果表明，当回归方程包含不同自变量时，其显著性水平值为 0.000，拒绝回归系数为 0 的假设。

表 11-7　　　　　　　　　　　　　　　　**回归系数**

Coefficients[a]

Model		Unstandardized Coefficients		Standardized Coefficients	t	Sig.
		B	Std. Error	Beta		
1	(Constant)	-1772.200	293.470		-6.039	.000
	教育年数	385.458	21.370	.658	18.037	.000

a. Dependent Variable:现在工资

表 11-7 是回归方程的参数及检验结果。从结果来看，回归方程的常数项即截距 a 为-1772.2，标准误为 293.47，t 检验的值为-6.039，显著性水平 Sig. 为 0.000。回归方

程的斜率及回归系数 b 为 385. 458，标准误为 21. 37，标准回归系数 B 为 0. 658，t 检验的值为 18. 037，显著性水平 Sig. 为 0. 000。可以看出，在 0. 001 的显著性水平上，常数和回归系数对总体都是有意义的。根据回归系数，我们可以写出回归方程：工资 = −1772. 2+ 385. 458×教育年数。标准回归方程：现在工资 = 0. 658×受教育年数。

表 11-8　　　　残差分析表

Residuals Statistics[a]

	Minimum	Maximum	Mean	Std. Deviation	N
Predicted Value	1311.4608	6322.4102	3405.7506	1100.87943	427
Residual	−2134.66	7948.505	.00000	1258.23436	427
Std. Predicted Value	−1.902	2.649	.000	1.000	427
Std. Residual	−1.695	6.310	.000	.999	427

a. Dependent Variable：现在工资

表 11-8 中的 Predicted Value 是预测值，Residual 是残差，Std. Predicted Value 是标准化预测值，Std. Residual 是标准化残差。从表 11-8 中可以看出，残差的均值为 0，标准化残差的均值也是 0，说明残差的分布满足均值为 0 的假设。

从图 11-9 中可以看出，残差的分布接近正态分布。

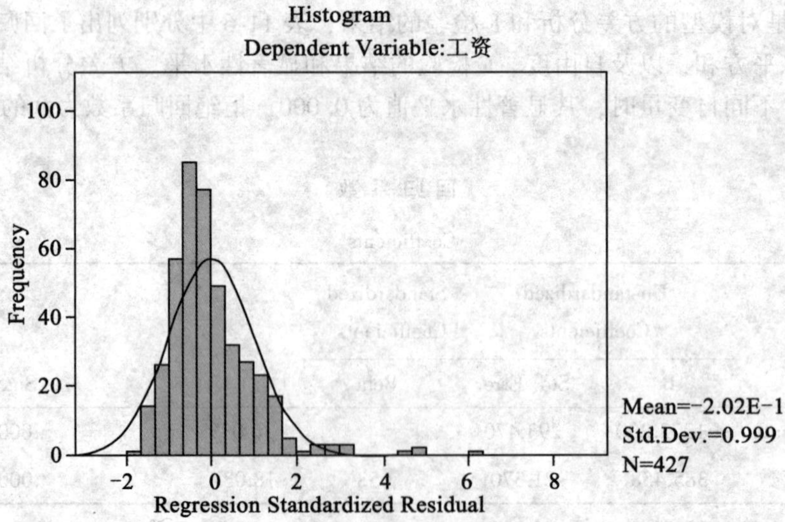

图 11-9　残差的直方图

图 11-10 是以学生化残差为横轴，标准化预测值为纵轴的残差分布图。从结果可以

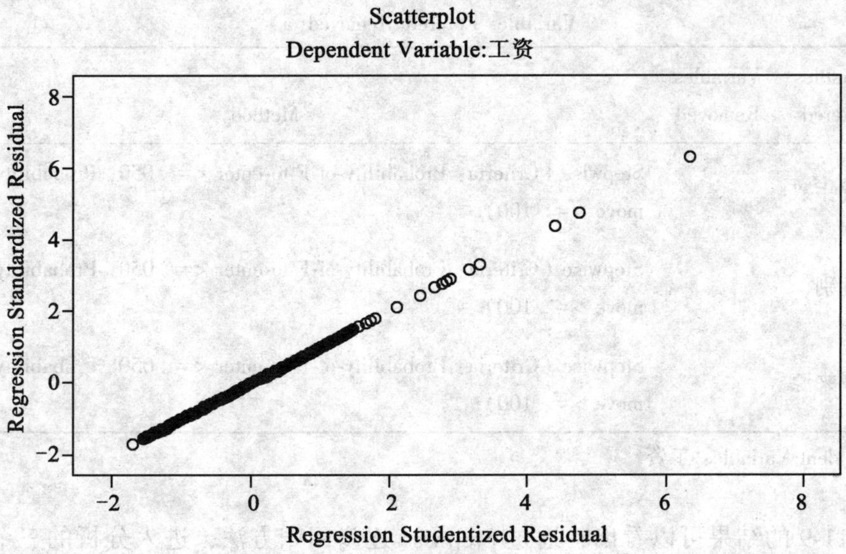

图 11-10　残差散点图

看出，虽然样本存在奇异值，模型的数值绝大多数都落在±2α 范围内，较好地满足了残差等方差性的要求。

例 3　根据 data11.2 数据，以“工资”为因变量，以“性别”“教育年数”“城乡来源”为自变量进行多元回归分析。

分析说明：在此分析中，工资和教育年数为定距变量，而性别和城乡来源为定类变量，首先对定类变量作虚拟变量分析，“性别”变量中 0=男，1=女；“城乡来源”变量中 0=城市，1=农村。

打开数据文件后，执行以下操作：

（1）点击 Analyze→Regression→Linear，打开对话框。

（2）选择“工资”作为因变量放入 Dependent 窗口，“性别”“教育年数”“城乡来源”作为自变量放入 Independent（s）窗口。

（3）在 Method 窗口选择 Stepwise。

（4）打开 Statistics 窗口，选择 R Squared Change，Durbin-Watson 选项，选择 Collinearity diagnostics，其他默认，点击 Continue 按钮。

（5）点击 Plots 按钮，打开对话框，从左侧的源变量窗口中选择 ZPRED（标准预测值）放入 *X* 窗口，选择 ZRESID（标准化残差）进入 *Y* 窗口。选择 Histogram 选项。单击 Continue 按钮，回到分析对话框。

（6）单击 OK 按钮，提交运行。可以在结果输出窗口中看到分析的结果。这里主要介绍与例 1 不同的图形和结果。

表 11-9　　　　　　　　　　**进入/剔除变量窗口**

Variables Entered/Removed(a)

Model	Variables Entered	Variables Removed	Method
1	教育年数	.	Stepwise (Criteria: Probability-of-F-to-enter <= .050, Probability-of-F-to-remove >= .100).
2	性别	.	Stepwise (Criteria: Probability-of-F-to-enter <= .050, Probability-of-F-to-remove >= .100).
3	城乡来源	.	Stepwise (Criteria: Probability-of-F-to-enter <= .050, Probability-of-F-to-remove >= .100).

a. Dependent Variable：工资

从表 11-9 的结果可以看出，通过 Stepwise 逐步回归方法，进入分析的三个变量共建立了三个模型，第一个模型包括“教育年数”变量；第二个模型包括“教育年数”“性别”两个变量；第三个模型包括“教育年数”“性别”和“城乡来源”三个变量。进入模型的标准是 F 值的概率≤0.05，剔除变量的标准是 F 值的概率≥0.1。

表 11-10　　　　　　　　　　**模 型 概 要**

Model Summary[d]

Model	R	R Square	Adjusted R Square	Std. Error of the Estimate	Change Statistics					Durbin-Watson
					R Square Change	F Change	df1	df2	Sig.F Change	
1	.658[a]	.434	.432	1259.71377	.434	325.346	1	425	.000	
2	.698[b]	.487	.485	1200.24605	.053	44.158	1	424	.000	
3	.712[c]	.507	.504	1177.81424	.020	17.304	1	423	.000	.843

a. Predictors: (Constant),教育年数

b. Predictors: (Constant),教育年数,性别

c. Predictors: (Constant),教育年数,性别,城乡来源

d. Dependent Variable:工资

表 11-10 分别说明了三个模型的解释力。第一个模型的调整 R^2 为 0.434，第二个模型的调整 R^2 为 0.485，第三个模型的调整 R^2 为 0.504。Change Statistics 表示出的是每增加一个变量 R Square 的变化情况，可以看出“教育年数”对工资的影响最大，“性别”和“城乡来源”变量对 R Square 的变化的影响不大，分别只增加了 0.53 和 0.20。

表 11-11 **方差分析表**

ANOVA[d]

Model		Sum of Squares	df	Mean Square	F	Sig.
1	Regression	5E+008	1	516284530.4	325.346	.000[a]
	Residual	7E+008	425	1586878.776		
	Total	1E+009	426			
2	Regression	6E+008	2	289948804.5	201.271	.000[b]
	Residual	6E+008	424	1440590.569		
	Total	1E+009	426			
3	Regression	6E+008	3	201300930.9	145.108	.000[c]
	Residual	6E+008	423	1387246.377		
	Total	1E+009	426			

a. Predictors:(Constant),教育年数

b. Predictors:(Constant),教育年数,性别

c. Predictors:(Constant),教育年数,性别,城乡来源

d. Dependent Variable:工资

从结果可以看出，每一个模型都达到了 0.000 的显著性水平，回归模型具有意义。

表 11-12 分别给出了三个模型的截距（Constant）、回归系数、标准误、标准回归系数、检验值、t 检验的显著性水平值，以及共线性诊断中的容许度和方差膨胀因子。从各变量的 t 检验可以看出，三个变量对因变量的影响都是显著的，从模型三的标准回归系数可以看出，教育年数对工资的影响最大，其次是性别。共线性诊断的容许度不是很小，方差膨胀因子不大，可以认为它们之间不存在共线性。根据回归系数可以得到回归模型。以模型三为例，回归方程是：工资=-334. 076+318. 616×教育年数-886. 508×性别-580. 482×城乡；标准回归方程为：工资=0. 544×教育年数-0. 265×性别-0. 145×城乡来源。

表 11-12 **回归系数**

Coefficients[a]

Model		Unstandardized Coefficients		Standardized Coefficients	t	Sig.	Collinearity Statistics	
		B	Std. Error	Beta			Tolerance	VIF
1	(Constant)	-1 772.200	293.470		-6.039	.000		
	教育年数	385.458	21.370	.658	18.037	.000	1.000	1.000
2	(Constant)	-709.270	322.135		-2.202	.028		
	教育年数	334.856	21.739	.572	15.404	.000	.877	1.140
	性别	-826.351	124.355	-.247	-6.645	.000	.877	1.140
3	(Constant)	-334.076	328.730		-1.016	.310		
	教育年数	318.616	21.687	.544	14.692	.000	.849	1.178
	性别	-886.508	122.884	-.265	-7.214	.000	.865	1.156
	城乡来源	-580.492	139.547	-.145	-4.160	.000	.964	1.037

a. Dependent Variable:工资

表 11-13 **剔除的变量**

Excluded Variables[c]

Model		Beta In	t	Sig.	Partial Correlation	Collinearity Statistics		
						Tolerance	VIF	Minimum Tolerance
1	性别	-.247[a]	-6.645	.000	-.307	.877	1.140	.877
	城乡来源	-.115[a]	-3.150	.002	-.151	.978	1.023	.978
2	城乡来源	-.145[b]	-4.160	.000	-.198	.964	1.037	.849

a. Predictors in the Model:(Constant),教育年数

b. Predictors in the Model:(Constant),教育年数,性别

c. Dependent Variable:工资

表 11-13 列出的是每一次模型迭代中剔除的变量。

表 11-14 **共线性诊断**

Collinearity Diagnostics[a]

Model	Dimension	Eigenvalue	Condition Index	Variance Proportions			
				(Constant)	教育年数	性别	城乡来源
1	1	1.978	1.000	.01	.01		
	2	.022	9.523	.99	.99		
2	1	2.527	1.000	.00	.01	.05	
	2	.456	2.355	.01	.02	.75	
	3	.018	11.970	.99	.98	.20	
3	1	2.797	1.000	.00	.00	.04	.04
	2	.752	1.929	.00	.00	.10	.81
	3	.435	2.536	.01	.02	.65	.10
	4	.017	12.961	.99	.98	.21	.06

a. Dependent Variable:工资

除了在 Coefficients 数据表中列出变量的共线性检验的容许度和方差膨胀因子外，共线性诊断表还列出变量共线性诊断的维数（Dimension）、特征值（Eigenvalue）、条件参数（Condition Index）和各变量的方差比例（Variance Proportions）。从特征值和条件参数可以看出，各模型的特征值不算太低，条件参数值不高，因此也可以断定变量存在共线性的可能性比较小。

第三节　因 子 分 析

在社会研究过程中，为了更具体、全面地把握和认识社会事物，往往采用较多的指标对一个问题进行测量，但是较多的变量会增加分析问题的复杂性，变量之间的相关性也可能会导致变量之间信息的重叠。多元线性回归虽然是处理多变量的问题，但指标太多，会增加分析的复杂性，甚至会引起统计累赘问题。那么如何能用较少的变量替代较多的变量，仍能反映原有的全部信息？因子分析是社会统计中常用的简化变量的方法。

因子分析（Factor Analysis）是多元统计分析技术的一种，主要目的是浓缩数据。它通过对众多变量之间内部依赖关系的研究，探求数据之间的基本结构，并用少数的几个假想变量来表示基本的数据结构。这些假想的变量能够反映原来众多的观测变量所代表的信息，并解释这些变量之间的相互依存关系，这些假想的变量称为因子（Factors）。因子分析就是研究如何以最少的信息丢失把众多的指标（变量）浓缩为少数几个因子。

总的来说，因子分析就是寻求变量之间的基本结构，将多元统计中具有相关关系的众多变量转化为代表数据基本结构，反映数据本质特征的几个因子。可以进一步将原始观测变量的信息转化成因子的因子值，用这些因子代替原来的观测变量进行统计分析。

一、因子分析的原理与概念

因子分析模型在形式上与多元线性回归模型相似，每个观测变量由一组因子的线性组合表示。设有 k 个变量 X_1，X_2，X_3，…，X_k，且 X 是均值为 0，标准差为 1 的标准化变量，则因子模型的线性表达式为：

$$\begin{cases} X_1 = a_{11}f_1 + a_{12}f_2 + \cdots + a_{1m}f_m + \varepsilon_1 \\ X_2 = a_{21}f_1 + a_{22}f_2 + \cdots + a_{2m}f_m + \varepsilon_2 \\ \vdots \\ X_k = a_{k1}f_1 + a_{k2}f_2 + \cdots + a_{km}f_m + \varepsilon_k \end{cases}$$

其中：

a_{ij}称为因子负荷（Factor loadings），是第 i 个变量在第 j 个公因子上的负载，相当于多元回归分析中的标准回归系数（$i=1，2，\cdots，k$；$j=1，2，3，\cdots，m$）；

f_1，f_2，…，f_m称为公因子（Common factors），是各个变量所共有的因子，解释了变量之间的关系；

ε_i称为特殊因子（Unique factor），是各个变量所特有的因子，相当于多元回归分析中的残差项，表示该变量不能被公因子解释的部分。

因子模型中，每一个变量由 m 个公因子和一个特殊因子组成，公因子即我们通常所说的因子，公因子的个数最多等于分析的变量数。在因子分析的过程中，总是使第一个因子代表所有变量中最多的信息，后面因子的代表性依次减弱，忽略最后几个因子，对原始变量的代表性也不会有什么损失，所以因子的数目往往少于变量的个数。

因子分析中有以下概念需要注意：

1. 因子负荷

因子负荷指的是第 i 个变量在第 j 个公因子上的负载。当因子之间完全不相关时，因子负荷 a_{ij} 就等于第 i 个变量和第 j 个因子之间的相关系数，在多数情况下，假设因子之间是正交的，即不相关。因此，因子负荷不仅表示变量的因子线性表达，还表示因子和变量之间的相关程度。a_{ij} 的绝对值越大，表示因子与变量 X 的关系越密切。

假设我们有如下的观测量和因子模型：

$X_1 = 0.8972f_1 + 0.2456f_2 + 0.3257\varepsilon_1$

$X_2 = 0.7984f_1 + 0.3125f_2 + 0.3923\varepsilon_2$

$X_3 = 0.2356f_1 + 0.9256f_2 + 0.1557\varepsilon_3$

$X_4 = 0.5674f_1 + 0.8956f_2 + 0.2875\varepsilon_4$

$X_5 = 0.8456f_1 + 0.5623f_2 + 0.31823\varepsilon_5$

从这五个模型可以看出，f_1 与 X_1，X_2，和 X_5 的关系密切，主要代表了这些变量的信息；f_2 与 X_3 和 X_4 的关系密切，主要代表了这两个变量的信息。

因子负荷还可以用来估计变量之间的相关系数，当因子之间彼此不相关时，X_i 和 X_j 之间的相关系数为：

$$r_{ij} = a_{i1}a_{j1} + a_{i2}a_{j2} + \cdots + a_{im}a_{jm}$$

也就是说任何两个变量之间的相关系数等于对应的因子负荷乘积之和。由因子模型导出的变量间的相关系数和通过计算两个变量的相关系数值的比较，可以判断因子解是否合适，如果两者的差别很小，就可以说模型很好地拟合了观测数据，因子解是合适的。

2. 公因子方差

因子分析中，变量的方差由两部分组成，一部分由特殊因子决定，一部分由公因子决定。公因子方差（Communality）又称变量共同度，指的是变量方差中由公因子决定的比例。当公因子之间彼此正交时，公因子方差等于与该变量有关的因子负荷的平方和，即：

$$h_i^2 = a_{i1}^2 + a_{i2}^2 + \cdots + a_{im}^2$$

公因子方差表示了变量方差中能被公因子解释的部分，公因子方差越大，变量能被因子解释的程度越高。公因子方差以变量为中心，它的意义也说明如果用公因子代替变量，原来每个变量的信息被保留的程度。

3. 因子贡献度

每个公因子对数据的解释能力，可以用该因子所解释的总方差来表示，称为该因子的贡献度（Contributions），它等于和该因子有关的因子负荷的平方和，即：

$$g_j^2 = \sum_{i=1}^{k} a_{ij}^2 \quad (j = 1,\ 2,\ \cdots,\ k)$$

表示用一因子 f_j 对各变量的方差贡献之和，反映了因子 f_j 对原有变量总方差的解释能力。所有因子的总贡献度为：$g = \sum_{i=1}^{n} g_i$。因子方差贡献度的值越高，说明相应因子的重要性越高。实际应用中，也常用相对指标，即每个因子解释的方差占所有变量总方差的比例。相对指标衡量了公因子的相对重要性。

二、因子分析的步骤①

因子分析通常包括以下主要步骤：（1）计算变量相关矩阵，判断因子分析的适用性。（2）提取初始因子，确定因子的个数和求解因子的方法。（3）进行因子旋转，明确变量结构。（4）计算因子值，确定因子变量。SPSS 软件提供了专门的命令进行选择和计算，下面对各部分的基本原理和方法进行简单介绍。

1. 因子分析的适用性判定

因子分析的目的是简化数据或找出数据间的结构，使用因子分析的前提是观测变量之间有较强的相关关系。因此在进行因子分析之前，需要先对各个变量进行相关分析，并判断是否适合采用因子分析的方法。一般来说，如果相关矩阵中大部分相关系数都小于 0.3，则不适合做因子分析，除此之外，SPSS 软件还提供了专门的统计量。

（1）反映象相关矩阵（Anti-image correlation matrix），等于负的偏相关系数。偏相关是控制了其他变量后，两个变量间的相关程度，如果数据中确实存在公因子，它与其他变量重叠的影响被扣除了，变量间的偏相关系数应该很小，所以如果反映象相关矩阵中很多元素的值较大的话，观测数据可能不适合做因子分析。

（2）Bartlett 球体检验（Bartlett test of sphericity），该统计量检验整个相关矩阵，零假设是相关矩阵的单位阵。如果不能拒绝该假设，就不适用于因子分析。

（3）KMO（Kaiser-Meyer-Olkin Measure of Sampling Adequacy），该测量是比较变量之间的相关系数和偏相关系数的大小，其值的变化从 0 到 1，当所有变量偏相关系数的平方和远远小于简单相关系数的平方和时，KMO 值接近 1。当 KMO 值较小时，表示变量不适合做因子分析。

2. 因子求解的方法

初始因子求解的主要目的是要确定能够解释变量相关关系的最小因子数。根据依据标准的不同，求解初始因子的方法主要可以分为两类：一类是基于主成分分析模型的主成分分析法；另一类是公因子分析法，主要包括主轴因子法，极大似然法，最小二乘法，Alpha法等。主成分分析是独立于因子分析的一种数据简化方法，因子分析把主成分分析的结果作为一个因子解，在确定因子个数时，主要包括主成分分析的一个统计量——特征值。主成分分析在因子分析中占有重要地位。

（1）主成分分析法。主成分（Principal components）分析是一种数学变换的方法，它把给定的一组变量通过线性转换成一组不相关的变量，这些新的变量按方差依次递减的顺序排列，假设变量的方差能够被主成分解释掉，在数学变换中保持变量的总方差不变，使第一个变量具有最大的方差，称为第一主成分，第二个变量的方差次之，并且和第一个变

① 郭志刚．社会统计分析方法——SPSS 软件应用．北京：中国人民大学出版社，2001：92-110.

量不相关，称为第二主成分，依此类推。n 个变量就有 n 个主成分。求解主成分的主要数学工具是特征方程，通过求解变量相关矩阵的特征方程，得到 k 个特征值和对应的单位向量，把 k 个特征值按从大到小的顺序排列，分别代表 k 个主成分所解释的变量的方差。对求解过程感兴趣者，可以参考专门书籍。

通过主成分分析之后，确定几个主成分作为初始因子呢？最常用的确定因子个数的方法是特征值大于等于 1 的主成分作为初始因子，放弃特征值小于 1 的主成分。有些情况下，也可以根据研究者事先确定的因子个数，直接提取因子。另外，保留的因子是否有意义，是否能被解释，也是在确定因子时应该考虑的因素，如果保留的因子太多，解释因子时可能会比较困难。

（2）公因子法。公因子法与主成分法不同，它从解释变量之间的相关关系出发，假设变量之间的相关能够完全被公因子解释，变量的方差不一定能被公因子解释，因此，每个变量被公因子解释的方差不再是 1，而是公因子方差。因此在求解之前，需要对公因子方差进行估计，常用的估计方法有：

①用主成分分析的结果作为公因子方差的初始估计值，即取特征值大于 1 的主成分，得到每个变量的公因子方差，作为公因子方差的初始估计值。

②取每个变量和其余变量的相关系数中绝对值最大的，作为变量的公因子方差的初始估计值。

③用每个变量和剩余变量的复相关系数的平方，即 R^2 作为该变量公因子方差的初始估计值。

公因子分析法包括主轴因子法，最小二乘法，最大似然法，Alpha 法等形式。

一般来说，各种求解初始因子的方法产生的变量的公因子方差差别不大，当公因子方差为 1 时，主成分分析法和公因子法的实质是一样的，当公因子方差较低时，两者的差别较明显，因为公因子方差只是因子解的一个副产品，所以如果提取相同数目的因子，主成分分析法比公因子法能够解释更多的方差。

决定选择哪一种方法，有两点需要考虑：一是进行因子分析的目的；二是对方差的了解程度。如果因子分析的目的是以最少的因子最大限度地解释原始数据中的方差，或者知道特殊因子和误差带来的方差很小，则适合用主成分分析法。如果因子分析的目的是确定数据结构但并不了解变量方差的情况，则适合用公因子分析法。在大多数情况下，两种方法得到的解很接近。

3. 因子旋转

根据初始因子解求得的大多数因子都和很多变量有关，因为初始因子是按因子的重要程度顺序提取因子的，第一个因子能够解释最大比例的方差，其他因子的解释力依次递减。因子是通过数学计算获得的，为了更好地理解和把握因子分析的结果，我们还希望知道每个因子的实际意义。因子旋转的目的是通过改变坐标轴的位置，重新分配各个因子所解释的方差的比例，使因子结构更简单，更易于理解，因子旋转不改变模型对数据的拟合程度，不改变每个变量的公因子方差。因子旋转的方式分为两种：一种是正交旋转；另一种是斜交旋转。正交旋转是使因子轴之间仍然保持 90°角，也就是因子之间是不相关的。

斜交旋转中没有因子之间是不相关的限制，因子之间的夹角是任意的，用斜交因子描述变量会使因子结构更简洁。

目前，究竟选择哪种旋转方式没有统一的标准，可根据研究问题的需要确定，如果因子分析的目的只是进行数据简化，把更多的变量浓缩为少数几个因子，而因子的确切含义并不重要，应该选用正交旋转。如果研究的目标是要得到几个理论上有明确意义的因子，则应该选择斜交旋转。但因为斜交旋转中因子的斜交程度受使用者定义的参数的影响，而且斜交旋转允许的因子之间的相关程度是很小的，如果两个因子高度相关，则大多数研究者会选取更少的因子重新进行分析，因此斜交旋转的优越性被大大削弱了，正交旋转的应用更广泛。

得到因子之后，便希望给每个因子一个有意义的解释。解释因子主要是看因子的负荷矩阵，找出每个因子上有显著负荷的变量，根据这些变量的意义给因子一个合适的名称，具有较高负荷的变量对因子名称的影响较大。一般来说，绝对值大于 0.3 的因子负荷就是显著的，因子负荷的绝对值越大，在解释因子时就越重要。把因子负荷矩阵重新排列，使得在同一因子上有较高负荷的变量排在一起，很小的负荷可以忽略不计，可以帮助研究者方便地识别出每个因子上重要的负荷。

4. 因子值的计算

计算机完成的各个因子的取值都是一些与变量无关的数字，这些数字是怎么得来的呢？因子对应的每个个案上的值称为因子值（Factor scores）。因子值是用观测量来描述因子，第 p 个因子在第 i 个个案上的值可以表示为：

$$f_{pi} = \sum_{j=1}^{k} w_{pj} x_{ji}$$

其中，x_{ji}是第 j 个变量在第 i 个个案上的值，w_{pj}是第 p 个因子和第 j 个变量之间的因子值系数。因子分析模型是用因子的线性组合来表示一个观测变量，因子负荷实际是该组合的权数，因子求值的过程正好相反，它是通过观测变量的线性组合来表示因子，因子值是变量的加权平均。因为各个变量在因子上的负荷不同，不能简单地相加，权数的大小表示变量对因子的重要程度。

三、因子分析的 SPSS 操作过程

SPSS 软件提供了进行因子分析的命令 Factor，见图 11-11。通过 Factor 可以对前面介绍的因子分析过程的每一步进行统计，简化了计算过程。

1. 因子分析的步骤

因子分析的操作步骤如下：

（1）点击 Analyze→Data Reduction→Factor，打开如图 11-12 的对话框。将要分析的多个变量放入 Variables 窗口。如果不想用全部的样本进行分析，且数据文件中存在一个选择变量，则将选择的变量放入 Selection Variable 窗口，对指定数据进行分析。

（2）Descriptives：选择变量的描述统计量。单击 Descriptives 按钮，打开 Factor Analy-

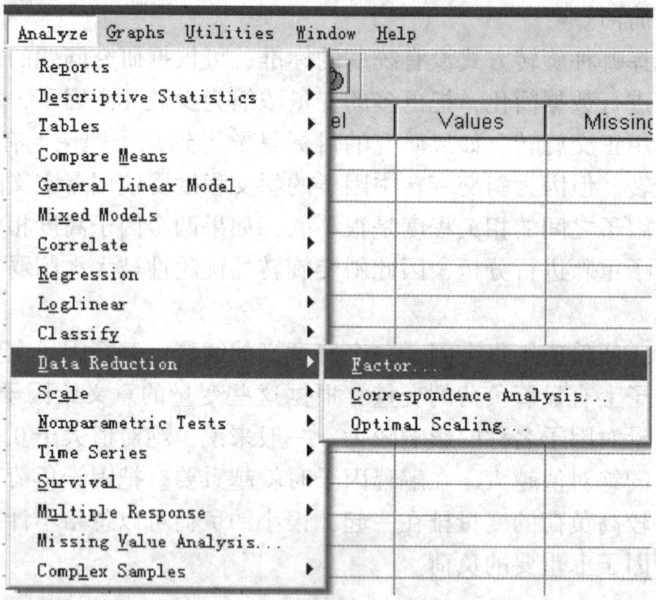

图 11-11 调用 Factor 命令

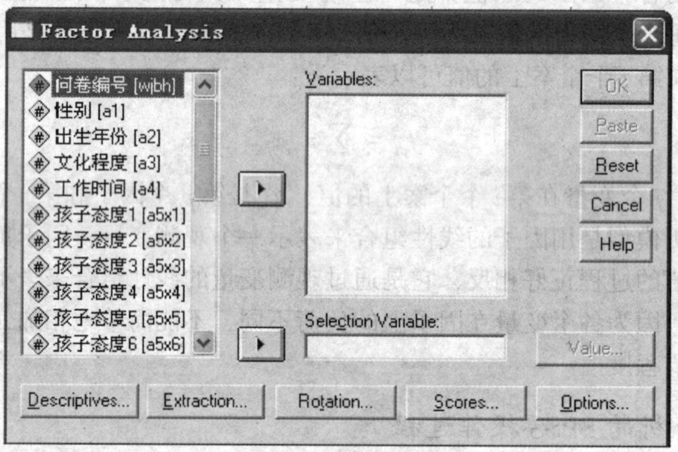

图 11-12 Factor 对话框

sis 对话框，点击 Descriptives 按钮，见图 11-13，选择要分析的统计量。此对话框中包括两方面的内容：

①Statistics：统计量，包括：

●Univariate descriptive：单变量的描述统计量，选择此项会输出变量的基本统计量，包括变量的有效个案数、均值和标准差。

●Initial solution：初始分析结果。选择此项，会输出原始变量的公因子方差，协方差矩阵对角线上的元素，以及解释的方差占总方差的百分比。这是系统的默认选项。

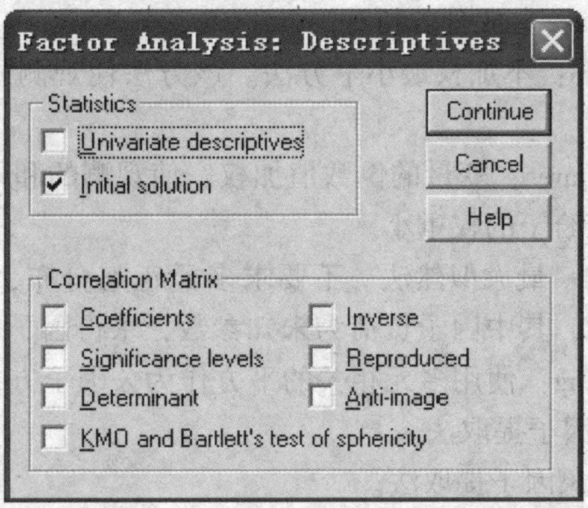

图 11-13 Descriptives 对话框

② Correlation Matrix：相关矩阵。

●Coefficients：相关系数。选择此项会输出原始变量间的相关系数矩阵。

●Significance levels：显著性水平，给出每个相关系数单尾检验的显著性水平。

●Determinant：相关系数矩阵的行列式。

●Inverse：相关系数矩阵的逆矩阵。

●Reproduced：再生相关项。选择此项给出因子分析的相关矩阵后，还给出残差，即原始相关和再生相关之间的差值。

●Anti-image：反映象相关矩阵，包括偏相关系数的负数，反映象协方差阵，包括偏协方差的负数。

●KMO and Bartlett's test of sphericity：KMO 和 Bartlett 检验。选择此项给出对采样充足度的 Kaisex-Meyer-Olkin 测度，检验变量间的偏相关是否很小。Bartlett 检验的相关阵是不是单位阵，表明因子分析是否适合。

（3） Extraction：因子提取选项。Extraction 选项包括以下内容（见图 11-14）：

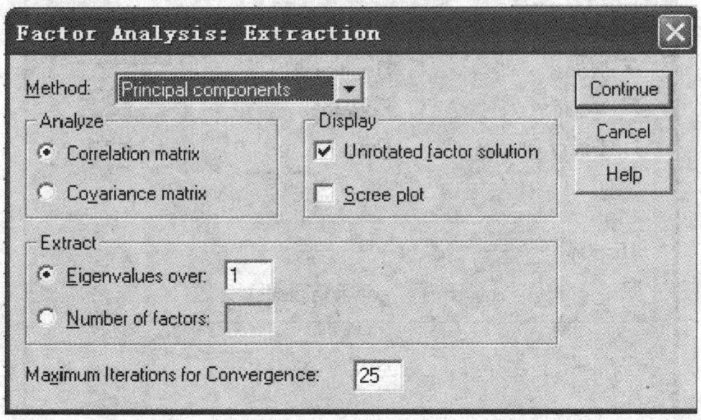

图 11-14 Extraction 对话框

① Method：因子提取方法。这里提供了七种因子提取的方法：

●Principal components：主成分分析法。

●Unweight least square：不加权最小平方法。该方法使观测的和再生的相关之差的平方和最小，不计对角元素。

●Generalized least squares：变量的倒数值加权，使观测的和再生的相关阵之差的平方和最小，最高值比较低值给予的权重小。

●Maximum Likelihood：最大似然法。不要求多元正态分布，通过构造样本的似然函数，使似然函数达到极大，其中因子负荷为未知参数，求得因子解。

●Principal axis factoring：使用多元相关的平方作为公因子方差的初始估计。

●Alpha factoring：α 因子提取法。

●Image factoring：映象因子提取法。

② Analyze：指定分析矩阵。

●Correlation matrix：以分析变量的相关矩阵为提取因子的依据。

●Covariance matrix：以分析变量的协方差矩阵为提取因子的依据。

③ Display：与因子提取相关的输出项。输出结果可以选择：

●Unrotated factor solution：输出未经旋转的因子提取结果、因子解的特征。

●Scree plot：输出与因子相关的方差的碎石图，用于确定应保留多少因子。一般而言，碎石图都会有一个拐点，在此拐点之前是大因子连接的陡峭的折线，在此点之后是小因子连接的缓坡折线。

④ Extract：控制提取过程和提取结果。

●Eigenvalues over：特征值。系统默认项。若选择此项，则提取特征值大于 1 的因子或特征值大于平均方差的因子。可以自己设置因子提取的阈限。

●Number of factors，根据用户确定的因子个数提取因子，不考虑特征值。

⑤ Maximum iterations for Convergence：因子分析的最大迭代次数，系统默认为 25。

（4）Rotation：旋转方法。单击 Rotation 按钮，打开旋转方法对话框，见图 11-15。

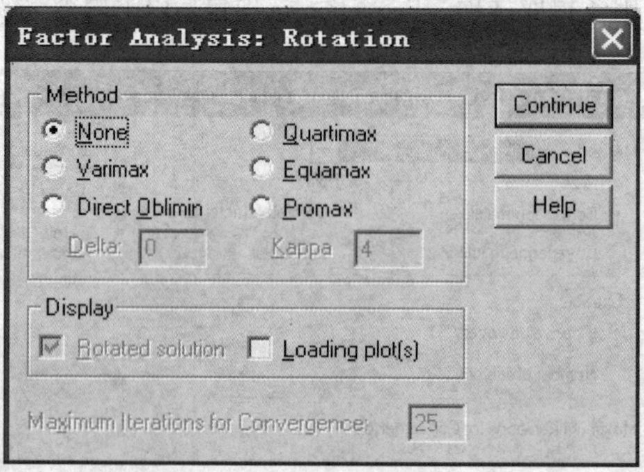

图 11-15　旋转方法对话框

① Method：旋转方法。

●None：不选择旋转。它是系统默认选项。

●Varimax：方差最大正交旋转，它使每个因子上具有最高负荷的变量数最小。这是常用的方法。

●Direct Oblimin：直接斜交旋转，选择此项可以在下面的框中输入 Delta（δ）值，此值在 0~1 之间。0 产生最高相关因子。

●Quatimax：四次最大正交旋转。该方法使每个变量中需要解释的因子个数最少。

●Equamax：平均正交旋转，是 Varimax 和 Quartmax 的结合，结果在一个因子上有高负荷的变量数和需要解释的变量的因子数最少。

●Promax：斜交旋转，允许因子彼此相关，它比直接斜交旋转更快，适合于大数据集的因子分析。

② Display：输出显示项。

●Rotated solution：旋转结果。指定旋转方法才能指定此项。

●Loading plot（s）：因子负荷散点图。指定此项给出以两两因子为坐标轴的各变量的负荷散点图。选择此项后给出的是经旋转后的因子负荷图。

●Maximum iterations for Convergence：指定旋转的最大迭代次数，系统默认为 25。

（5）Scores：因子得分。单击 Scores 按钮，打开如图 11-16 的对话框。

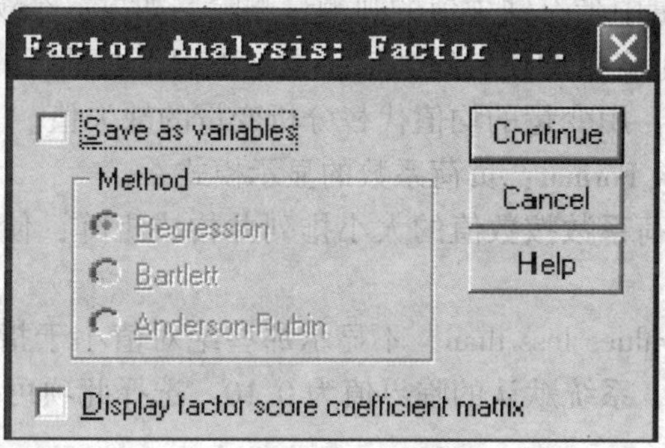

图 11-16　Save 对话框

① Save as variables：将因子得分作为新变量保存到数据文件中。程序运行结束后，在数据窗口显示出新变量。每次分析中产生多少个因子就产生多少个新变量。

② Method：计算因子得分的方法。

●Regression：回归法，其因子得分均值为 0，方差等于估计因子得分与实际因子得分之间的多元相关的平方。

●Bartlett：Bartlett 法，因子得分均值为 0，超出变量范围的各因子平方和被最小化。

●Anderson-Rubin：Anderson-Rubin 法，因子得分均值为 0，标准差为 1，且彼此不相关。

③ Display factor score coefficient matrix：显示因子得分系数矩阵，是标准化的得分矩阵，原始变量经过标准化后，可以根据该矩阵给出的系数计算各观测量的因子得分。

（6）Options：其他输出项。单击 Options 按钮，打开如图 11-17 的对话框。Options 对话框提供了缺省值和其他一个结果的显示形式。

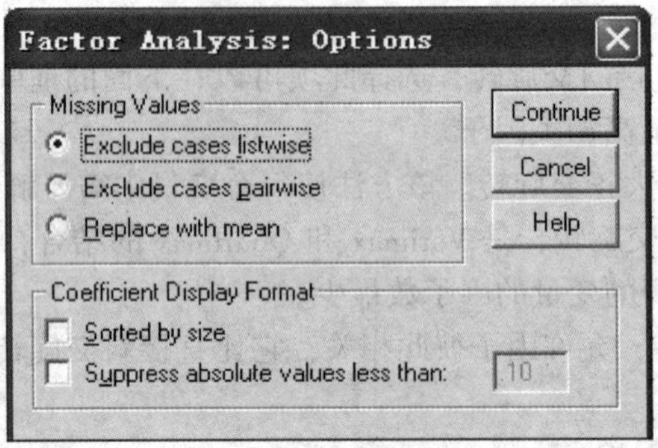

图 11-17　Options 对话框

① Missing Values：缺失值处理方法。缺失值的处理方法主要有三种形式：

●Exclude cases listwise：删除有缺失值的观测量，也就是说有缺失值的观测量都不参与分析。

●Exclude cases pairwise：成对删除带有缺失值的观测量。指的是在计算两个变量的相关系数时，把这两个变量中带有缺失值的观测量删除，如果一个观测量在进行相关分析的变量没有缺失值，则其他变量即使有缺失值，也不影响正在进行的相关分析。

●Replace with mean：用变量的均值代替分析变量的缺失值。

② Coefficient Display Format：负荷系数的显示模式。

●Sorted by size：负荷系数按数值的大小排列并构成矩阵，使在同一因子上具有较高负荷的变量排在一起。

●Suppress absolute values less than，不显示那些绝对值小于指定值的负荷系数。此框中的数应该在 0~1 之间，系统默认的临界值为 0. 10，选择此项可以突出负荷较大的变量，便于得出结论。

2. 实例分析

例 4　以数据 11. 3 中青年白领调查中孩子对婚姻/家庭的影响变量的因子分析。

分析：此次调查中通过 15 个变量反映了孩子对婚姻/家庭的影响，这些变量在设置的时候采用李克特量表的形式，并进行了赋值：5＝非常同意，4＝比较同意，3＝说不清，2＝不太同意，1＝很不同意。

打开数据，执行以下操作：

（1）点击 Analyze→Data Reduction→Factor，打开对话框。

（2）将“孩子态度 1”～“孩子态度 15”变量放入 Variables 窗口。

（3）点击 Descriptives 按钮，选择 Statistics 中的 Univariate descriptives，显示单变量的描述统计量；选择 Initial solution，显示初始因子分析结果。选择 Correlation Matrix 中的

Coefficients，显示相关矩阵；选择 Significance levels 显示显著性水平。

（4）点击 Extration 按钮，选择 Method 中的 Principal components。选择 Analyze 中的 Correlation matrix；选择 Display 中的 Unrotated factorsolution 和 Scree plot；在 Extract 栏中选择 Eigenvalues over 1。

（5）点击 Rotation 按钮，选择 Method 中的 Varimax 最大方差旋转。选择 Display 中的 Rotated solution，显示旋转后的结果，选择 Loading plot（s）显示因子负荷图。

（6）点击 Scores 按钮，选择 Save as variables→Regression，将生成的因子保存为新变量。点击 Display factor score coefficient matrix 显示因子得分。

（7）点击 Options 按钮，在 Missing Values 中选择 Exclude cases listwise，选择 Coefficient Display Format 中的 Sorted by size。

（8）在主对话框中，单击 OK 按钮，提交运行。在结果窗口中看到如表 11-5 所示的结果。

表 11-15 是各个变量的均值，标准差，参与分析的个案数。表 11-16 是公因子方差表，Initial 表示提取公因子之前变量的方差，Extraction 是提取公因子之后变量的方差。

因参与分析的变量较多，表格较大，此处省略了原始变量的相关分析矩阵。

表 11-15 **描述统计结果**

Descriptive Statistics

	Mean	Std. Deviation	Analysis N
孩子态度 1	2.98	1.013	330
孩子态度 2	2.64	.939	330
孩子态度 3	4.27	.708	330
孩子态度 4	2.60	.982	330
孩子态度 5	3.50	.869	330
孩子态度 6	4.01	.671	330
孩子态度 7	3.98	.787	330
孩子态度 8	4.17	.710	330
孩子态度 9	3.32	1.052	330
孩子态度 10	2.87	.936	330
孩子态度 11	2.36	.745	330
孩子态度 12	3.18	1.031	330
孩子态度 13	2.86	.967	330
孩子态度 14	3.73	.890	330
孩子态度 15	2.55	.932	330

表 11-16　　　　公因子方差表

Communalities

	Initial	Extraction
孩子态度 1	1.000	.782
孩子态度 2	1.000	.766
孩子态度 3	1.000	.633
孩子态度 4	1.000	.511
孩子态度 5	1.000	.439
孩子态度 6	1.000	.682
孩子态度 7	1.000	.677
孩子态度 8	1.000	.737
孩子态度 9	1.000	.620
孩子态度 10	1.000	.666
孩子态度 11	1.000	.615
孩子态度 12	1.000	.672
孩子态度 13	1.000	.706
孩子态度 14	1.000	.441
孩子态度 15	1.000	.644

Extraction Method: Principal Component Analysis.

表 11-17 是总体方差的分解表，Initial Eigenvalues 表示相关矩阵或协方差矩阵的特征值，这个值用于确定哪些因子该保留，Total 表示各成分的特征值，% of Variance 表示各因子所解释的方差占总方差的百分比，Cumulative % 表示各因子所解释方差的累计百分比。Extraction Sums of Squared Loadings 是因子提取结果，表示没有旋转的因子负荷的平方和，给出的是每个因子的特征值，方差占总方差的百分比和累计百分比。Rotation Sums of Squared Loadings 是旋转后的因子提取结果，表示旋转后的因子负荷的平方和，给出的是每个因子的特征值，方差占总方差的百分比和累计百分比。从中可以看出特征值大于 1 的因子只有四个，从累计方差解释里可以看出，这四个因子可以解释总方差的 63.941%。

表 11-17　　　　　　　　　　　　**总方差分解表**

Total Variance Explained

Component	Initial Eigenvalues			Extraction Sums of Squared Loadings			Rotation Sums of Squared Loadings		
	Total	% of Variance	Cumulative %	Total	% of Variance	Cumulative %	Total	% of Variance	Cumulative %
1	3.578	23.853	23.853	3.578	23.853	23.853	3.049	20.327	20.327
2	2.933	19.555	43.407	2.933	19.555	43.407	2.365	15.766	36.093
3	1.976	13.170	56.577	1.976	13.170	56.577	2.200	14.669	50.761
4	1.105	7.364	63.941	1.105	7.364	63.941	1.977	13.180	63.941
5	.837	5.580	69.522						
6	.714	4.763	74.285						
7	.682	4.547	78.832						
8	.594	3.961	82.793						
9	.507	3.378	86.171						
10	. 466	3.108	89.279						
11	.386	2.574	91.853						
12	.361	2.405	94.258						
13	.336	2.241	96.499						
14	.319	2.129	98.628						
15	.206	1.372	100.000						

Extraction Method：Principal Component Analysis.

从图 11-18 中因子的折线也可以看出特征值大于 1 的因子有四个。

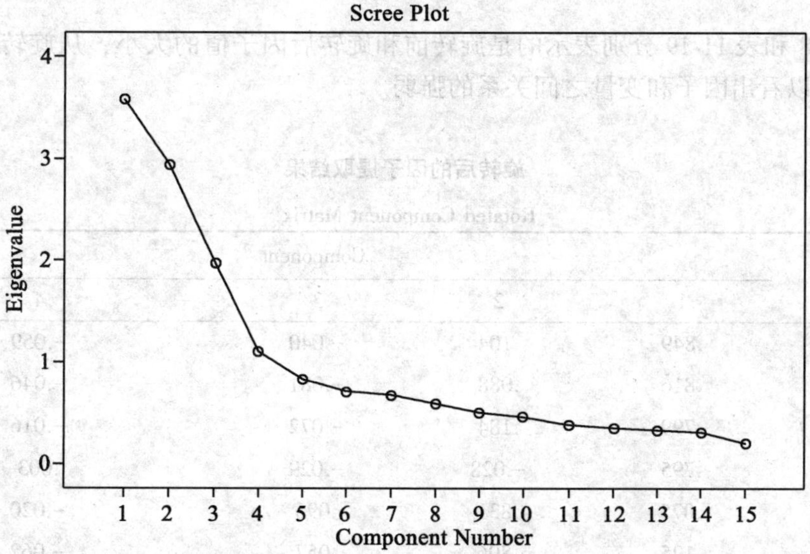

图 11-18　表现各因子特征值的碎石图

表 11-18　　　　旋转前的因子提取结果

Component Matrix[a]

	Component			
	1	2	3	4
孩子态度 8	.707	.360	.321	.067
孩子态度 6	.693	.321	.314	.029
孩子态度 7	.684	.388	.242	.003
孩子态度 3	.608	.295	.418	.039
孩子态度 11	-.554	.369	-.250	.332
孩子态度 4	-.539	.404	.239	.019
孩子态度 10	-.495	.421	.090	.486
孩子态度 5	-.257	.529	.304	.003
孩子态度 1	-.412	.516	.300	-.505
孩子态度 9	-.383	.513	.272	.369
孩子态度 14	.388	.476	-.248	.052
孩子态度 15	.084	.441	-.605	-.276
孩子态度 13	.196	.557	-.598	.001
孩子态度 12	.264	.523	-.573	.011
孩子态度 2	-.519	.416	.208	-.530

Extraction Method：Principal Component Analysis.

a. 4 components extracted.

表 11-18 和表 11-19 分别表示的是旋转前和旋转后因子值的大小，从旋转后的因子提取结果中可以看出因子和变量之间关系的强弱。

表 11-19　　　　旋转后的因子提取结果

Rotated Component Matrix[a]

	Component			
	1	2	3	4
孩子态度 8	.849	.104	-.040	-.059
孩子态度 6	.816	.088	-.081	-.046
孩子态度 7	.799	.184	-.072	-.016
孩子态度 3	.795	-.028	-.029	.003
孩子态度 13	.075	.831	.096	-.020
孩子态度 12	.125	.806	.057	-.062
孩子态度 15	-.081	.773	-.103	.170
孩子态度 14	.367	.548	.060	-.054
孩子态度 10	-.122	.021	.804	.069

续表

	Component			
	1	2	3	4
孩子态度 9	.084	-.031	.753	.211
孩子态度 11	-.370	.258	.638	.068
孩子态度 4	-. 121	-.067	.525	.465
孩子态度 5	.176	.017	.459	.443
孩子态度 1	.014	.031	.180	.865
孩子态度 2	-. 157	.024	.143	.849

Extraction Method：Principal Component Analysis.

Rotation Method：Varimax with Kaiser Normalization.

a. Rotation converged in 6 iterations.

表 11-20　　**因子旋转的转换阵**

Component Transformation Matrix

Compoent	1	2	3	4
1	.757	.213	-.473	-.398
2	.409	.583	.531	.459
3	.504	-.778	.180	.329
4	.073	-. 101	.680	-.722

Extraction Method：Principal Component Analysis.

Rotation Method：Varimax with Kaiser Normalization.

表 11-21 是估计回归因子分数的协方差矩阵，即因子间的相关矩阵。表 11-22 是因子得分系数矩阵，根据因子得分系数和原始变量的标准化值可以计算各个观测量的因子得分数（见图 11-19）。

表 11-21　　**因子得分协方差矩阵**

Component Score Covariance Matrix

Component	1	2	3	4
1	1.000	.000	.000	.000
2	.000	1.000	.000	.000
3	.000	.000	1.000	.000
4	.000	.000	.000	1.000

Extraction Method：Principal Component Analysis.

Rotation Method：Varimax with Kaiser Normalization Component Scores.

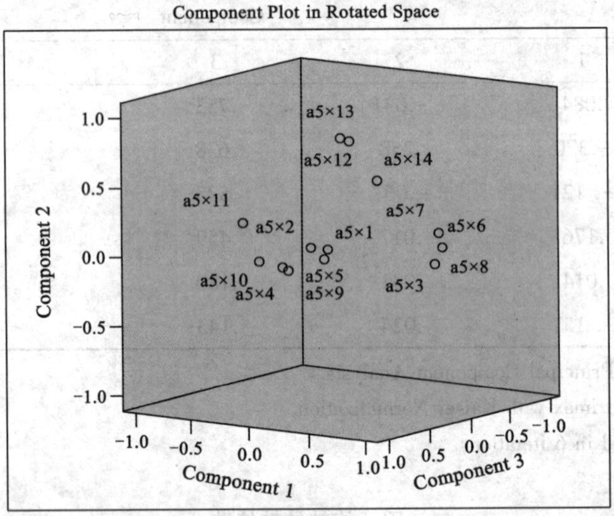

图 11-19　旋转后的主成分图

表 11-22　**因子得分信息**

Component Score Coefficient Matrix

	Component			
	1	2	3	4
孩子态度 1	.028	.006	-.136	.507
孩子态度 2	-.034	.018	-.163	.504
孩子态度 3	.279	-.073	.035	.023
孩子态度 4	.005	-.047	.178	.150
孩子态度 5	.097	-.030	.159	.160
孩子态度 6	.273	-.021	.013	.006
孩子态度 7	.261	.023	.004	.023
孩子态度 8	.286	-.019	.042	-.013
孩子态度 9	.084	-.062	.395	-.073
孩子态度 10	.009	-.026	.449	-.182
孩子态度 11	-.108	.108	.321	-.139
孩子态度 12	-.017	.344	.014	-.051
孩子态度 13	-.033	.358	.021	-.035
孩子态度 14	.088	.211	.044	-.044
孩子态度 15	-.093	.356	-.157	.140

Extraction Method：Principal Component Analysis.

Rotation Method：Varimax with Kaiser Normalization.

Component Scores.

图 11-20 是通过因子得分获得的保存在观测数据中的新的变量，四个因子保存为四个新变量。

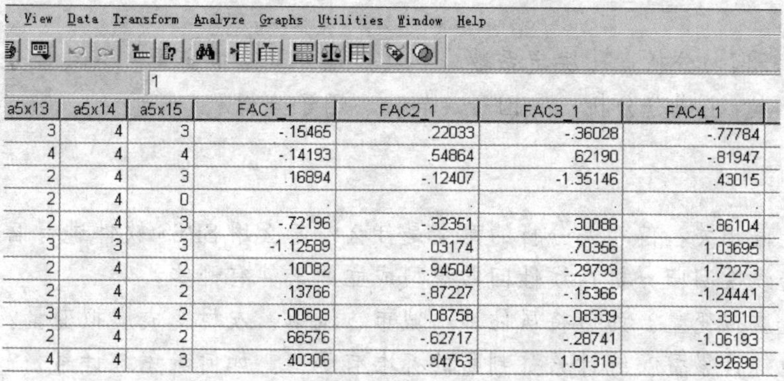

a5x13	a5x14	a5x15	FAC1_1	FAC2_1	FAC3_1	FAC4_1
3	4	3	-.15465	.22033	-.36028	-.77784
4	4	4	-.14193	.54864	.62190	-.81947
2	4	3	.16894	-.12407	-1.35146	.43015
2	4	0	.	.	.	.
2	4	3	-.72196	-.32351	.30088	-.86104
3	3	3	-1.12589	.03174	.70356	1.03695
2	4	2	.10082	-.94504	-.29793	1.72273
2	4	2	.13766	-.87227	-.15366	-1.24441
3	4	2	-.00608	.08758	-.08339	.33010
2	4	2	.66576	-.62717	-.28741	-1.06193
4	4	3	.40306	.94763	1.01318	-.92698

图 11-20　通过因子得分获得的新变量

多变量的统计分析较复杂，但也是社会研究中进一步对变量之间的关系进行分析的重要方法。少数介绍的几种多变量的分析方法，都是现阶段常用的分析方法。研究者可根据自己的研究需要，选择适合的研究方法，查找相关的书籍进一步系统地学习。

☞本章小结

社会现象的复杂性决定了社会中各事物之间的关系并不是简单的两两相关，因此，当前社会学的研究不仅关注两个变量的关系，更关注对多个变量的分析。详析分析、多因分析等提供了多变量分析方法。偏相关分析和线性回归分析是常用的多变量统计方法。

偏相关分析也称为净相关分析，它是通过计算在控制其他变量的影响下，两个变量之间的偏相关系数来反映这两个变量真实关系的大小。偏相关系数涉及多个两个变量的两两相关，计算起来较为复杂，Correlate 子菜单中的 Partial 命令提供了偏相关系数和假设检验的计算结果，从而简化了计算的过程。

回归分析研究的是一个或多个变量（自变量）对一个变量（因变量）的影响。根据变量之间的关系，回归分析又可分为线性回归和非线性回归。社会学研究中最常用的是线性回归，如果参与回归分析的自变量只有一个，则称为一元线性回归；如果参与回归分析的变量有多个，则称为多元线性回归分析。线性回归模型不仅分析变量之间的变化规律，还可以对社会现象发展趋势作进一步的预测，因此就对模型提出了较多的要求，如要求模型的正态性、等方差性、各变量的独立性等，并通过决定系数、方差分析、残差散点图等来检验模型的拟合优度。SPSS 软件中的 Regression 子菜单提供了多种回归分析的过程，最常用的是 Linear 命令。

社会现象的复杂性，决定了只采用一个指标很难对其进行准确测量，因此往往在测量的过程中引进多个指标或变量，这样就增加了分析问题的复杂性，导致变量之间的信息重叠。因子分析提供了用较少变量代替较多变量，仍能反映原有信息的方法。通过 Factor 因子分析命令，生成的新的公因子不仅可以简化指标，分析变量之间的基本结构，而且新生成的变量又可成为回归分析的变量。

☞关 键 术 语

偏相关　回归分析　决定系数　共线性　虚拟变量　线性分析　公因子
因子负荷　主成分分析　因子旋转　因子分析

☞复习思考题

1. 什么是偏相关？偏相关分析的意义是什么？怎么用 SPSS 软件进行偏相关分析？
2. 什么是线性回归分析？线性回归模型成立的条件有哪些？
3. 什么是虚拟变量？如何将居住地：城市、城镇、农村变成虚拟变量？
4. 什么是统计累赘？统计累赘判断的标准有哪些？如何避免统计累赘？
5. 如何用 SPSS 软件进行回归分析，并能够准确解释统计结果？
6. 什么是因子分析？如何用 Factor 命令进行因子分析，并准确解释各统计结果？
7. 对自己手头的数据进行多变量统计分析，熟练掌握各命令。

第十二章

报告撰写

☞思考发现

调查报告所呈现的每一行字、每一组数据，都是社会现象的真实写照，是对现实的精准观察。作为调查研究者，我们应时刻铭记着肩上的责任，心怀着对社会的深沉热爱，尽量全面辩证地看问题，实事求是，不因个人喜好而夸大或隐瞒事实真相，以求真务实的态度撰写调查报告来助力科学决策。

☞案例导入

调查报告中的方法呈现①

有些报告只指出“为了什么目的、于什么时候、在什么地方、对谁进行了调查”。似乎只要说明“我的研究结果是通过调查得到的”就能代表一切。

有些是贴标签式的，也可以说是“一句话方式”。如“我们采用分层随机抽样的方法，对××市300户居民进行了调查”，或者“本文的资料来源于笔者××××年对××市进行的随机抽样调查”。

有些是对抽样方法详细陈述的方式为在研究报告中对抽样的具体方式、方法、过程等逐一进行介绍或说明。比如，“城市样本是按以下方法抽取的：（1）从中心6区中的每区随机抽取3个街道办事处，共18个街道办事处；（2）从抽出的每个街道办事处中随机抽取1个居民委员会，共18个居民委员会；（3）从抽出的每个居民委员会中再按照户口花名册随机抽取33户左右的家庭；（4）在每个被抽取的家庭中，抽取18岁及18岁以上，出生日最靠近11月5日的城市居民作为本次调查的访问对象。城市地区共获得有效样本601个”。

有些是详细陈述加样本统计的方式。这种方式是在做到对抽样过程、方

① 风笑天．结果呈现与方法运用——141项调查研究的解析．社会学研究，2003（2）.

法进行详细说明的同时，还给出样本的基本情况统计。比如，对城市居民的样本，给出性别、年龄、职业、文化程度、婚姻状况、收入水平等背景变量的统计汇总结果，可以使读者十分清楚地了解样本的结构、各种重要特征的分布状况。

有些研究由于是采用过去的样本和资料，叙述如下：我采用一项全国调查资料来分析这一问题。这项调查于1996年进行，它运用多段分层随机抽样的方法，从全中国除西藏自治区、中国台湾省以外的所有地区中抽取有代表性的家庭户样本。抽样设计以及实地调查程序的详细描述可参见项目手册（Treiman，1998），但这项研究的某些性质应该在这里提及。城市和农村的样本是分开抽取的。每个样本都是根据1990年人口普查数据，按照初中以上教育程度人口的比重，将2500多个县级行政区划分成25层。在农村样本中，根据概率与人口规模成比例的方法抽取50个县级行政区。在每一个抽中的县级行政区内，抽取一个镇或镇区；在所抽取的镇或镇区中，又依据概率与人口规模成比例的方法抽取两个村。在所抽取的100个村的每一个中，根据村里的家庭户登记表随机抽取家庭户。在每个抽中的家庭户中，利用随机数表抽取一位年龄在20~69岁之间的成员作为被访者，最终得到一个由3003个被访者（家庭户）所构成的样本。

阅读提示：通过本案的理解，了解到调查报告中抽样方法占据怎样的地位？如何叙述？还要了解以下问题：（1）学术类调查报告包括哪些内容？（2）如何撰写一篇调查研究报告？（3）调查研究在结果呈现与方法运用两方面的状况如何？（4）强调结果呈现中的方法介绍对于社会学经验研究具有什么意义？

第一节　调查报告的类型及特点

所谓调查报告就是对社会调查研究成果的书面报告，它是对整个社会调查过程的全面总结，通常以文字、图表等形式将调查研究的过程、方法、结果和结论表现出来，以告诉读者调查研究的问题是什么，是如何开展调查研究的，采用的方法主要有哪些，取得了哪些结果，发现了哪些规律，得到了什么结论，等等。调查报告是整个调查研究的最后环节，它的作用就是以文字、图表等恰当的形式将研究的结果传达给他人，调查报告是研究者研究成果的集中体现，是同他人进行交流的基础，调查报告的好坏将直接影响到社会研究成果的交流和对社会的作用。因此，研究者必须高度重视调查报告的写作。

一、调查报告的特点

调查报告是针对社会生活中的某一情况、某一事件、某一问题，进行深入细致的调查研究，然后把调查研究得来的情况真实地表述出来，以反映问题，揭露矛盾，揭示事物发展的规律，向人们提供经验教训和改进办法，为有关部门提供决策依据，为科学研究和教学部门提供研究资料和社会信息的书面报告。调查研究具有鲜明的特点：

1. 真实性

真实性是调查报告首要的、最大的特点。所谓真实性，就是尊重客观事实，靠事实说话。反映事实，忠于事实，不带有调查者的主观随意性。不能对客观事实随意引申，或不切实际地渲染。这一特点要求调研人员必须树立严谨的科学态度，认真求实的精神，彻底抛弃“假大空”的虚伪作风，不仅报喜，还要报忧；不仅要充分肯定工作成绩，还要准确反映工作中存在的问题。只有严谨的科学态度，才能写出真实可靠，对工作具有指导意义的调查报告。调查报告的真实性就是要以事实为根据，不仅报告中涉及的人物、事件要真实，就是事件发生的时间、地点、背景、过程、原因和结果也必须真实。实事求是是调查报告的鲜明特点，也是其具有科学价值的关键所在。

2. 针对性

这是调查报告所具有的第二个显著特点，这是由具有很强的工作针对性所决定的。一般来说，一项调查研究工作，特别是大型调查研究，要花费较大的时间、经费和人力，不是随意组织进行的，而是针对一些较为迫切的实际情况，解决某些实际问题而进行的。因此调查研究就具有很强的针对性，在调查报告的写作上，必须中心突出，明确提出所针对的问题，明确交代这一问题所获得的事实材料，分析出问题的症结所在，提出具体可行的建议和对策。社会调查报告是为了解决生活工作中的某一实际问题而写的，就是要有针对性地调查研究一些社会实践中的具体问题，回答广大群众关心的问题，解决“面”上迫切需要解决的问题。

3. 实效性

调查报告需要对当前发生的事务有比较及时有效的描述和探索。调查报告的论点来源于大量的、完整的调查材料的分析、归纳，这些材料往往是生动的、活泼的、有代表性的，而且所揭示的问题是带有普遍性的。这种特点在总结经验和反映典型事件的典型调查中表现得尤为突出。

4. 评价性

调查报告的系统性或完整性是指由调查材料所得出的结论，必须是具有说服力，把被调查的情况完整地、系统地交代清楚。不能只摆出结论，而疏漏交代事实过程和必须的环节。因为这样的疏忽势必造成不严密、根据不足以及不足以令人信服的印象。这里所说的系统性和完整性，并不是要求在调查报告的写作过程中，事无巨细，面面俱到，而是抓住事物的本质和主要方面，写出结论的推理过程。调查报告要真实、客观、系统地反映调查出来的情况，这就要求它的表达方式以叙述为主，但是调查报告不是单纯的陈述，它需要对所调查的现象和问题发表研究者的思考和见解。

二、调查报告的类型

调查报告的种类很多，从不同的角度看，有不同的类型。根据研究目的的不同，可以把调查报告分为学术性调查报告和实用性调查报告。学术性调查报告是以揭示事物的本质及其发展规律为目的的调查报告，实用性调查报告是以解决现实问题为主要目的的调查报告；根据研究内容性质的不同，可以把调查报告分为经验性调查报告、事件性调查报告、问题性调查报告和对策性调查报告。经验性调查报告主要是反映先进典型或工作的经验，具有较强的政策性和普遍指导意义。事件性调查报告，主要是反映现实生活中发生的重要事件，引起领导或社会公众的重视，并针对症结所在提出解决的办法。问题性调查报告，主要是以确凿的证据披露事实真相，揭露那些违背国家政策和法律法规的倾向性问题，指出其严重性和危害性，以期引起有关方面的重视，提出解决问题的建议和办法。对策性调查报告，着眼于分析问题，提出对策建议，往往是直接为领导决策服务的，等等。这里，根据调查报告的性质和功能、读者对象等方面将调查报告分为以下几类：

1. 普通社会调查报告与学术性调查研究报告

普通调查报告往往以政府决策部门领导、各类实际工作部门人员以及社会中的普通读者为对象，以了解和描述社会现实情况、解决实际社会问题为主要目的。学术性调查研究报告则主要以专业研究人员为读者对象，着重于对社会现象的理论探讨，即分析各种社会现象之间的相互关系和因果关系，以及通过对实地调查资料的分析或归纳，达到检验理论或建构理论的目的。

2. 描述性调查报告与解释性调查报告

描述性调查报告着重于对所调查现象进行系统、全面的描述，其主要目标是通过对调查资料和结果的详细描述，向读者展示某一现象的基本状况、发展过程和主要特点。对于那些以弄清现状、找出特点为目的的社会调查来说，描述性调查报告是其表达结果的最适当的形式。

解释性调查报告的着眼点则有所不同，它的主要目标是要用调查所得资料来解释和说明某类现象产生的原因，或说明不同现象相互之间的关系。这类报告中虽然也有一些对现象的描述，但一方面，这种描述不像描述性报告那样严谨，那样详细；另一方面，这种描述也仅仅只是作为合理解释和说明现象原因及关系的必要基础或前提而存在，即为了解释和说明而作必要的描述。

从写作要求来看，描述性调查报告强调内容的广泛和详细，要求面面俱到，同时十分看重描述的清晰性和全面性，力求给人以整体的认识和了解。而解释性调查报告则强调内容的集中与深入，看重解释的实证性和针对性，力求给人以合理且深刻的说明。

3. 综合性调查报告与专题性调查报告

综合性调查报告多用于反映某一总体各方面的情况，或某一现象各方面的内容。专题性调查报告多用于针对某一专门问题或某一特定现象所进行的分析和研究。

从写作要求上看，这两类报告有一定差别。综合性调查报告力求全面，篇幅往往比较大；而专题性调查报告则力求鲜明突出，针对性强，篇幅相对要小一些。从功能上看，综合性调查报告主要是描述性的，而专题性调查报告则更多是属于解释性的。

4. 定量调查报告与定性调查报告

定量调查报告主要对数据材料的统计分析结果及其讨论为主要内容，数量化、表格化、逻辑性强是其表达结果的主要特征，报告的格式十分规范且相对固定，报告的各个部分相互之间界限十分分明。定性调查报告则主要以对文字材料的描述和定性分析为主要特征。在报告的结构上，既无严格的规范，也无十分固定的格式。在内容上，描述和分析、资料和解释之间的界限也不十分明显。一般来说，定性调查报告的篇幅比定量调查报告的篇幅长，报告中所体现的主观色彩也较重。

第二节　调查报告的撰写步骤

一、撰写步骤

写调查报告是一种十分艰苦的脑力劳动，必须按逻辑顺序动笔，按步骤进行，不论写哪一种类型的调查报告，都应该按照以下几个步骤进行。

1. 确立和提炼主题

这是起决定作用的一步，抓不住主题，会前功尽弃。主题是调查报告的旗帜，是中心思想，是生命力。主题选得好就能吸引人、说服人。也就是说，主题选得好，报告的生命力就强。既然这么重要，就应在选主题上下苦工夫，选不到理想的主题决不走第二步。选主题，不是天南海北的空选，也不是乱选，而是要紧紧围绕调查得来的全部资料选。通过对资料的认真分析、思考，找出带有规律性的东西，得出正确的结论，确立报告的主题。

调查报告的主题就是调查报告所要表达的中心问题，它是整个调查报告的灵魂。明确而适当的主题的确立，是整个调查报告撰写过程顺利开展的前提，在一般情况下，调查报告的主题就是该项调查的主题，即调查报告所要反映的中心问题也就是整个调查的中心问题，二者往往是一致的。

但有些时候，由于一些原因，使得报告的主题不能与调查的主题统一起来；还有些时候，由于某些因素的影响，使得研究所得的资料和研究最初的目标之间存在一定的差距，无法说明事先预定的研究主题，这些情况常常是由于准备不充分或者出现的情况在研究者预想之外所导致的。此时也要根据实际的资料和结果重新确定研究报告的主题。

比如，在研究失地农民就业问题过程中，研究的主题是研究失地农民就业率低下的原因，将之归结于社会就业机会不足和个人能力的欠缺。但是在调查中发现失地农民未就业属于自愿不就业的情况，并不是研究中预想的被迫不就业，并且希望就业的失地农民而未就业的原因也是因为社会资本的匮乏或单一。因此，报告的主题转变为对社会资本的研究。

2. 拟订提纲

主题确立后，不要马上动笔写调查报告，而应先构思好调查报告的整体框架，并进一步将这种框架转变为具体的写作提纲。如果说主题是调查报告的灵魂，那么提纲就是调查报告的骨架。

拟订提纲的主要作用是理清思路，明确调查报告内容，安排好调查报告的整体结构，为实际写作打下基础。拟订写作提纲的方法是对调查报告的主题进行分解，并将分解后的每一部分进一步具体化。

3. 选择材料

调查报告所用的材料通常包括两方面的内容：一种是从调查中得到的各种数据、表格、事例等客观材料；另一种是在这些客观材料的基础上通过分析、综合、概括所形成的观点、认识、建议等主观材料。两者相互联系、相互依赖，共同构成填充调查报告“骨架”的“血肉”。

4. 确定格式

报告主体部分采用什么格式，是数字和小标题并用，还是只用小标题？若用小标题，则用什么小标题？若不用小标题，则采用何种形式处理？有经验的研究者知道，主体部分不用小标题，一般是遇到了问题，只好采用省事的办法用数字加括号断开，或者什么都不用，按照事物的发展规律，一段一段地写。而给主体部分添加小标题则会对报告各个段落层次起画龙点睛的作用，对研究主题思想起到逐步深化的作用，使全篇文章看起来一目了然。

5. 撰写调查报告

撰写报告时通常要从头到尾一气呵成，而不要经常地在一些小的环节上停下来推敲修改，以免耽误过多时间。这样做的好处是便于整个调查报告紧紧围绕所确立的主题来展开，使得调查报告在整体思想、体系结构、内容形式、行文风格等方面都前后一致，浑然一体。当调查报告初稿全文写完后，再反复地从头阅读、审查和推敲每一个部分，认真地修改好每一个细节，使调查报告不断丰富和完善。

如果是一个大型的调查报告，则还需进行分工协作。因此还需要补充以下步骤：

(1) 搞好分工。主要是根据参加调查的人数、素质和报告的格式，将报告的几个部分、若干问题，落实到人或组。人多可以以组为单位定任务，人少可以按人头和素质定任务。在区分任务中，要注意两个问题：一是坚持能者多劳的原则。动员和鼓励写作能力强的人或小组多承担任务；二是在分配题目的同时，搞好事例、观点、叙述方式的分工。防止写起来，全篇报告一个模式，前后内容重复。这是一步很细致的工作，要舍得花时间和精力。主持起草报告的人，如果在这一步上图省劲，统起稿来就会费劲。

(2) 分头起草。一般地说，写调查报告不比给领导写讲话稿那样要求急，时间比较充分，也比较自主，可以采取分头起草的办法。这是关键的一步，这一步搞不好，其他的那些步骤就会无济于事。因此，参加起草的每一个研究者，在这个时候，就要以一种对工作极端负责的精神，以一种主人翁的责任感，使尽全身招数，完成好自己所负担的任务。也就是说在分头起草中，要充分发挥自己的聪明才智，自己不满意，决不交稿。分头写作的质量高低，是对业务素质最实际的检验，也是最实际的学习和锻炼，每个研究者应该自觉地严格要求自己，在实践中考验自己，提高自己。

(3) 集体汇审。这一步主要是在分头写出草稿的基础上，主持人把大家集中起来汇审。汇审的通常做法是，先按照报告格式前后的排列顺序，由主笔人先念一遍，使参加起草的每一个研究者，对草稿全文有一个整体概念。而后按报告格式的先后顺序，由主笔人念一个部分，大家评论一个部分，或念一段，议一段。汇审的任务，主要看分头起草的第一个部分是否反映了事物的本质，是否有新意，是否偏离了主题，是否生动感人，是否前后重复。看每一句话，每一部分，每一个问题，每一段落是否达到了理想的要求，按照这个总的要求，看哪一部分可以交稿，哪一部分还需要修改，修改什么，怎么修改，群策群力，发表具体的意见和建议。如果不需要动大手术，修改的只有一两个问题，则一般不用第二次汇审。如果大部分问题需要作较大的返工，就需要来第二次、乃至第三次汇审，达不到要求，决不放过。这样严格要求，即是对工作负责，可以保证质量，可以把集体汇审变成业务培训，不断提高业务素质。

(4) 集中通稿。这一步是主持人在大家分头起草的基础上，把各部分集中起来，从头到尾进行一次过细的把关、定稿工作。任务是，取消重复的、多余的内容，调整不科学的顺序，纠正片面性，深化基本思想，润色各段文字。主持人在通稿中，有时因为时间紧，要求急，或者因分工某一题目的研究者的素质低，写起来比较吃力，主持人可以早点动手，按照既定的格式和汇审的情况，起草好一部分，就“通”一部分；写好一个问题，就修改一个问题。但大多数情况下，是等各部分起草完之后，再进行通稿，这样便于统观全局，前后照应，一气呵成。

二、撰写调查报告的形式

1. 引言

又叫前言，或序，是作者对调查报告主题、动机以及调查研究经过等内容的简单介绍。它是报告的有机组成部分，对整篇报告起着总领和引导作用。引言写得如何，对激发读者兴趣，具有重要意义。它的写作方法一般有四种。

(1) 主旨直述法。即在引言中着重说明调查研究的目的和宗旨。这种写法直接说明调查者的目的和意图，有利于读者具体把握调查报告的主要宗旨和基本精神，从而引起读者的重视。主旨直述法是一种应用较多的引言写作方法。

(2) 情况交代法。即在引言中着重说明调查的目的、时间、地点、对象、方法以及调查工作的过程和具体情况。这种写作方法，详细介绍了调查的背景和过程，相对于“主旨直述法”能让读者了解更多关于调查研究的历史条件和具体情况，也是引言比较常用的写作方法。

(3) 结论先行法。即开门见山，直接把调查的结论写在前头，使人一目了然。这种写法，观点鲜明，先将调查结论写出来，引导读者积极思索，然后在主体部分再作认证，使人容易把握报告的主体，加深对问题的认识。

(4) 提问法。即开头首先提出问题，设下悬念，增强调查报告的吸引力。这种写法在引言中提出报告所要揭示的问题，给读者一定的悬念，能引起其读下去的兴趣，也是比较常用的一种手法。

调查报告引言的写作方法，形式多样，在具体的写作过程中，可根据所撰写报告的类型、目的、内容以及手头所掌握的资料和预计的篇幅等情况作适当的选择，灵活运用。

2. 调查方法和结果

此部分可谓正文的正文，一般包括两个内容，即说明本调查所采用的方法，并简单介绍此次调查的结果。

说明调查方法要点出以下几方面内容：

（1）被试，说明被试具有如何特征，是怎样被确定的。

（2）取样方法，就是说明样本从何而来，怎样进行抽样的。

（3）材料与工具，首先要对研究的主要变量进行说明，它们是什么，是用哪些指标进行测量的，以及对这些指标进行评分，赋值的程序和方法，其次说明调查过程中所用的材料和应用的工具，如阅读材料、测量用的量表、调查所用的问卷等。

（4）数据处理方法，就是采用何种分析方法对调查所收集的数据进行分析，如 SPSS 统计软件。

介绍调查结果要从以下几方面着手：

（1）呈现结果，把调查结果展示给读者，以文字叙述或图表演示的方式均可，最好是以图表为主，辅以适当的文字说明。

（2）概括描述，对调查研究的结果进行说明，详细解释结果中每个数据、每个变量，及其所代表的含义。

（3）列出图表，进一步说明结果，如表格、条形图、饼图等，使读者有更直观的印象和理解。

（4）假设检验，就是依据科学推断方法，对总体作出的判断，看是否与研究假设相符合。

3. 分析讨论

此部分是研究者对调查结果的评价或推论，凡是与课题有关的内容都可以进行分析讨论，从不同层面、不同角度展开。一般而言，分析讨论的主题涉及以下几个方面：此调查的结果作何解释；对结果作出理论上的分析和讨论；调查的不足之处及尚待解决的问题；可进一步朝哪些方面推广等。此部分与引言部分密切相关：引言里所出现的问题会在此部分再次出现。另外，要注意调查结果和结论的差别：调查结果是调查最终所获得的信息，是具体的事实；而结论则是对此信息的说明，是对所获事实的推断和解释。分析讨论之后一般要下结论，针对假设，简洁中肯，要有概括力和普遍性。或者，也可以给出作者对调查问题的某些建议，说明此调查所得到的启示，并提出改进的意见。

撰写调查报告时，应当确定一种“沙漏”的形式来撰写①。这种形式的基本思路：“宽—窄—宽”。当然，这里的宽窄并不是篇幅上的多少，而是内容涉及范围的宽和窄。如果把一篇调查报告看做是一个“沙漏”，引言相当于“沙漏”的上瓶，研究方法和结果是其最狭窄的部分——瓶颈，而分析讨论部分则相当于“沙漏”的下瓶。引言的叙述由

① 风笑天．社会研究方法．北京：中国人民大学出版社，2001：330.

宽到窄，而分析讨论则恰恰相反，由窄到宽。

具体解释为：宽：导言要广阔，提供丰富的背景；窄：集中到专门化的领域，介绍专门研究成果；宽：研究结果讨论，向一般领域拓展、挖掘理论意义，提高研究价值。

广阔的导言可以向读者提供问题形成的背景和意义；狭窄的方法和结果可以帮助读者集中注意力在研究成果和方法上；而讨论部分的拓展，可以向读者展示研究的丰富内涵，发掘研究结果的一般意义，提高研究的价值和意义。

第三节 调查报告的结构与写作

虽然调查报告的形式有不同，但不管什么形式的报告，调查报告中的一些内容都是要具备的。

一、普通调查报告的结构和写作

普通调查报告没有固定不变的格式，但一般来说，各种调查报告在结构上都可分成标题、导言、主体和结尾几个部分。

1. 标题

对于调查报告来说，标题是引起读者注意的关键因素之一。标题生动、明确、针对性强，就能打动读者，吸引读者；标题平平常常，往往难以引起读者的关注。

标题可以有两种写法：一种是规范化的标题格式，即“发文主题”加“文种”，基本格式为“××关于××××的调查报告”“关于××××的调查报告”“××××调查分析”等；另一种是自由式标题，包括陈述式、结论式、提问式和正副题结合使用等形式。

陈述式即直接在标题中陈述调查的对象及调查的问题，如《东北师范大学硕士毕业生就业情况调查》。

结论式即用某种结论式的语言或警句、格言、判断句等作标题，如《大学生就业面临挑战》。

问题式即以一个问题作为标题，这类标题的突出特点是十分吸引人们的注意力，有利于激发人们进一步阅读的欲望，普通调查报告更经常地采用这种标题，用于非专业刊物上发表的调查报告，也较多地采用这类标题，如《爱情是什么》《她们为什么不结婚》。

双标题式是由主标题和副标题共同构成调查报告的标题，主标题多以提问式和结论式表达，而副标题则以陈述式表达，标明调查的对象、范围、问题，这实际上类似于“发文主题”加“文种”的规范格式，如《高校发展重在学科建设——××××大学学科建设实践思考》等。这种形式的标题具有上述三种标题的优点，无论是普通调查报告还是学术性调查研究报告，都可采用这种形式的标题，因而这也是各类报刊发表的调查报告中十分常见的一种标题形式。

标题的写法虽然灵活多样，但有一点要十分注意，这就是“文要对题”，即调查报告的标题要与调查报告的内容相符，不能为了引起读者的注意而使用超出调查报告内容的标题。如《关于调查处理××县水利系统40名工人更改年龄、突击退休补员情况的报告》，这个报告的重点在处理，而不在调查，虽然从标题看似乎是调查×××报告，但其实不符合“调查报告”的要求。

2. 导言

普通调查报告的第一部分称作导言，它的主要任务是向读者简要地介绍整个调查的有关背景。其中，最主要的内容包括调查的目的、调查的意义、调查的对象、调查的内容、调查的方法，等等。导言的具体写法有下列几种常见的方式。

(1) 直述式。直述式即开门见山，平铺直叙，直接把调查的目的、内容、对象、范围等一一写出。如周怡在《贫困研究：结构解释与文化解释的对垒》中这样写道：

> 选题的理由多半来自阅读：阅读现实和阅读文献。阅读现实时，我们看到今天的中国，社会转型已经掀起了一轮新阶级的涌动：人们热衷讨论的“新中产阶级”“新管理精英”诞生了人们始料未及的城乡新贫困群体——城市农民工、下岗工人和那些因制度变迁而越发贫困的乡村贫穷人口——也作为新阶级相继出现。然而目前有关贫困的社会学解释相当乏力，多是围绕贫困线的讨论，或是一些经验层次上的描述与对策性的实际操作性文章。自20世纪60年代以来，西方有关贫困的理论纷争就已十分激烈，尤其是结构解释和文化解释的对垒，已经将原本尚属政府行为的政策学贫困研究纳入了理论轨道。走进理论，我们才有入世（入贫穷世界）的感觉，梳理、归纳和评价这些理论，并将它们借鉴到转型中国的发展实践，这是这篇文章选题的初衷和目的。
>
> 本文将沿结构和文化两个面向，对现有的贫困研究作一系统的综述和评价。力求在“综述”中透析贫困研究随社会发展从经验迈向理论的路程；在“比较”中阐释结构和文化解释的异趣及其关系，以期为社会学的贫困研究提供新思路。①

(2) 悬念式。悬念式，即先描述某种社会现象和社会问题，然后对这种社会现象和问题产生的原因、它的影响等提出一系列问题，最后介绍调查的基本情况。如汪金敖在《失地农民社会保障的问题及其对策》一文中，这样撰写引言：

> 土地是农民最基本的生活保障，是农民的命根子。虽然历来土地征用法规均有保证被征地农民生活水平不下降的原则要求，但按原用途补偿而不充分考虑农民现实生存和未来保障的现行制度，无法使失地农民生活得到长期和稳定可靠的保障。由于土地承载着农民的生产资料和生活保障的双重功能，一旦土地被征用，其生存和养老的保障尽失。同时由于失地农民中大部分文化和技能素质较低，缺乏竞争力，致使农民

① 周怡．贫困研究：结构解释与文化解释的对垒．社会学研究，2002（3）．

失地即失业。现有的一次性货币补偿标准低，无法解决失地农民的长远生计。失地农民问题直接影响到社会公平和安定，引起了党和政府的重视和社会广泛关注。①

（3）结论式。结论式即在描述现象、提出问题的同时，直接写出结论。如沈家观在《国际福利企业残疾人保障模式》中这样写导言：

在西方国家，总是以各种渠道为残疾职工提供充分的教育、培训、就业机会，以提高残疾职工适应岗位的体能，充分保障其劳动就业权利和自我价值的实现。如在美国，政府和社会非常重视残疾人的医疗、康复和劳动技能的培养，让残疾人充分享受社会发展的成果，通过各种途径让残疾人自食其力，参与社会的发展，残疾人在社会生活中的地位得到了十分有力的保障。主要表现在：一是对残疾人的各种适应性培养从小抓起；二是让残疾人参与社会管理；三是尊重残疾人已经形成了社会风气。此外，十分重视对残疾人专用设备的开发，残疾人无障碍设施在城市的规划和建设中，已经成为一个重要的指标。在北欧国家，残疾人从出生起或从伤残开始就备受政府和社会的关注。在未成年前同健全人一样，上学、就医等费用全部由国家负担，残疾人到康复中心进行技能训练和生活自理训练均为免费，为照顾残疾人生活所发生的费用也由政府给予补贴。在丹麦，残疾人上班有困难的，社会福利中心派专车接送；聋哑人语言交流有困难的，社会福利中心派翻译；盲人需要写论文的，社会福利中心派秘书；企业没有无障碍设施的，政府免费帮助改建等。②

3. 调查报告的主体

调查报告的主体部分是容纳大量材料和结果的部分，关键在于如何恰当地进行组织和安排。一般来说，普通调查报告主体部分的结构有下列三种常见的形式。

（1）纵向结构式。纵向结构式，即按照时间的先后来组织和安排，以突出某一现象或问题的发展过程，或者反映不同时期的变化与差别。如调查失地农民失地前后的生产生活方式、经济状况等。

（2）横向结构式。横向结构式，即主要依照调查的内容来安排，以突出某一社会现象或主题的各方面的内容。如调查失地农民现在的情况：①经济状况；②社会保障情况等。

需要注意的是，纵向结构式常用于纵向社会调查的调查报告中，而横向结构式则通常是用于横剖式社会调查的调查报告中。

（3）纵横结合式。纵横结合式，即将上述两种方式相结合，以一种方式为主，常用

① 汪金敖．失地农民社会保障的问题及其对策．湖南社会科学，2007（1）．

② 沈家观．国际福利企业残疾人保障模式．社会福利，2007（5）．

于较大规模调查的调查报告中，以便于反映出比较复杂的内容。

4. 结尾

普通调查报告结尾部分的中心内容是小结调查的过程和主要结果，陈述调查研究的结论。此外，有的调查报告还可以在结尾部分阐明所调查现象产生或形成的原因、所具有的影响，并提出解决的办法或建议等。结尾部分在写作上的具体要求是：语言要精练，陈述要明确，可以简明扼要地列出几点，清晰地表明调查研究的主要结果，以及研究者的看法和观点。如汪金敖在《失地农民社会保障的问题及其对策》一文中，这样撰写结尾：

> 当前，失地农民成为城镇劳动力的重要补充和城乡企业职工队伍的重要组成部分。因此，用人单位招用失地农民必须签订劳动合同，并严格履行合同规定条款，建立和谐稳定的劳资关系；健全适应农民工流动就业的社会保险制度。完善现行养老保险关系转移办法，使失地农民也能与城镇职工一样实现"不论你在哪里干，养老保险接着算"；用人单位必须按规定给农民工办理社会保险，按时缴纳社会保险费，不得降低缴费门槛，损害失地农民的合法利益；用人单位必须按时支付农民工的工资，对无故拖欠和克扣农民工工资的行为，必须严厉处罚，确保农民工的工资按时足额支付；加大对非法职业介绍机构的打击力度。对从事坑蒙拐骗的非法职业介绍机构要坚决取缔和严厉打击，规范劳动力市场秩序。①

总的来说，导言部分以介绍情况、说明目的为主；主体部分则以详细描述社会现象的实况、报告实地调查的结果为主；结尾部分则以对这一社会现象的讨论、总结为主，在必要的时候，还要提出作者的看法以及解决问题的建议，以引起社会的重视，或供有关部门参考。

二、学术性调查报告的结构与写作

学术性调查研究报告主要用于专业学术会议或专业学术刊物，其读者对象主要是各具体学科的专业研究人员，因此，学术性调查研究报告的撰写往往比普通调查报告更加严格。它有比较固定的格式。一般来说，学术性调查研究报告在结构上除了调查包括的基本形式外，通常还包括以下内容。

1. 摘要

摘要是对调查研究报告的总结性介绍，要求简洁而具体。学术性的论文发表一般要求100~200字的摘要，它对论文的发表具有重要意义。如周怡在《社会结构：由"形构"到"解构"——结构功能主义、结构主义和后结构主义理论之走向》的摘要：

> 在社会学及其相关学科中，社会结构是一个使用极为广泛，也极为混乱的概念

① 汪金敖．失地农民社会保障的问题及其对策．湖南社会科学，2007（1）．

(W. H. Sewell, Jr., 1992: 1)。这不仅表现在人们可以用不同的词语，如社会系统、强制性合作伙伴、制度、整合和网络等来表征社会结构，而且表现在同样是对社会结构一词进行诠释时，不同的学者也会有不同的侧重点。前一种做法大多散见于先驱者们的经典论述中，后一种做法则涉及结构功能主义、结构主义和后结构主义各理论流派的主要观点。显然，后者更是本文需要着重铺陈和分析的方面。①

2. 导言

导言部分说明研究的是什么问题以及为什么进行这一研究。虽然同是导言部分，但学术性调查研究报告的导言部分却与普通调查报告很不相同。它通常更为详细，所包括的内容更多。从大的方面看，它一般包括三个方面的内容。

(1) 介绍本项调查所研究的问题。无论是理论性的调查研究，还是应用性的调查研究，在报告中都必须明确说明所研究的问题是什么，以及为什么选择这一问题进行研究，通常还要说明这一问题的来源和背景。在陈述和介绍中，应该采取沙漏式的写作手法，即从广阔的社会背景开始，逐渐缩小到自己所研究的现象或问题上来。这样做的好处是，一方面，可以使读者从叙述中了解到此项研究为什么重要、为什么值得研究，另一方面，还可以使读者从思想上做好探讨所研究问题的准备。

(2) 有关文献的评述。当陈述了所研究的问题及背景后，接下来的工作就是要对这一问题领域中已有的研究及其结果进行综述和评论。因为科学研究是一种知识积累的过程，严格地说，任何一项调查研究，都是在前人已有成果的基础上进行的。每个研究者都应该尽量全面地了解与自己所研究的问题有关的理论和方法，掌握最新的资料、动态和结果。如许琳、张艳妮在《我国残疾人社会保障的现状与问题研究》中这样写文献综述：

> 关于残疾人社会保障公正问题的关注和我国社会保障制度改革的不断深化，专家学者也从多个角度多层面对残疾人社会保障问题进行了探讨。其研究可以分为这样两类：一类是把残疾人社会保障作为一个整体对其进行理论分析。其中，有的是通过对社会主义国家残疾人社会保障实践的历史回顾，侧重对中国残疾人社会保障制度的局限性进行了系统的反思（赵行良，1998），有的学者从新残疾人观角度来分析残疾人的社会保障（丁启文，2002）；也有通过借鉴国外经验分析残疾人社会保障的三种基本理论模式，即医疗救助模式、社会参与模式和劳动福利模式（王齐彦、谈志林，2006），还有的学者以实证的方法着力分析我国残疾人社会保障面临的困境与问题（程凯，2006）；另一类是侧重对残疾人社会保障的某一项目或某一方面进行分析研究，如对残疾人就业保障（孙先德，2006）（张琪、吴江，2004）、残疾人教育保障（曲学利、吕淑惠，2004）（卢德平，2004）、残疾人康复保障（齐乾坤，2005）的研究；针对我国二元社会经济特征，还有学者针对我国农村残疾人社会保障问题作了专

① 周怡．社会结构：由“形构”到“解构”——结构功能主义、结构主义和后结构主义理论之走向．社会学研究，2000 (3).

项调查和研究（石殿忠，2005）（许琳，2006）（赵小瑜，2006）。①

在文献评论这一部分中，研究者应该考虑这样一些问题：第一，在这一特定方面，前人的研究做了些什么工作；第二，对于这一特定的现象，是否存在着有关的理论，有哪些不同的理论；第三，前人的这些研究采取了哪些研究方法，已得到了哪些有价值的结果；第四，已有的研究还存在着哪些缺陷或不足等。

（3）自己研究的介绍。通过介绍研究背景及文献评述，在导言部分还需要简要介绍一下自己的调查研究，告诉读者在什么理论视角下采用什么研究方法来研究什么样的问题，这样研究有什么样的研究意义和研究价值，突出说明自己的研究与已有的研究所不同的地方，说明自己研究的特殊意义。同时，也能够起到沟通文献评述到方法部分的桥梁作用，起到自然平滑的过渡，从而让读者很顺利地沿着研究者的思路继续读下去。

3. 研究方法

在学术性调查研究报告中，研究方法部分是一个十分重要的部分，即说明进行研究所采取的方法、程序和工具，这也是学术性调查研究报告区别于普通调查报告的一个突出标志。一般来说，大多数研究报告的方法部分都包括下述几个方面的内容。（1）概念、变量、假设及研究思路说明。（2）研究方法（包括研究对象、资料收集方式、抽样方法、调查过程、样本构成、资料分析方法、对研究的质量及局限性的说明等）。

有关调查方式的介绍。在方法部分中，需要告诉读者，你采取的是哪种调查方式；有关被调查对象的介绍。在社会调查中，我们总是从一定的人们那里获得有关社会现状的资料，因此，在研究报告中，必须对所研究的总体、所调查的样本进行详细的和较全面的介绍。这是方法部分介绍的重点之一。对研究的主要变量的说明，对资料收集过程的说明。对资料分析方法的说明。如许琳、王蓓、张晖在《关于农村残疾人的社会保障与社会支持现状研究》中这样写道：

> 课题组分别在陕西省经济和自然条件不同的关中和陕南的渭南、咸阳、商洛三个地区中随机选取了三个县，深入农村残疾人家中进行问卷调查，并对随机抽样的市、县、乡残疾人联合会及村委会进行了座谈和访问。我们共走访了280户有残疾人的农村家庭，涉及农村残疾人307人，收回有效问卷306份，回收率为99.7%。采用SPSS11.5统计软件对调查数据进行了统计和分析。②

4. 结果部分

结果部分的撰写原则是：先总体，后个别；先一般，后具体。即先给出基本的结果，然后再陈述更细小的方面的结果。在具体写法上往往也是先给出答案，再展示证据。每一

① 许琳，张艳妮．我国残疾人社会保障的现状与问题研究．西北大学学报，2007（11）．

② 许琳，王蓓，张晖．关于农村残疾人的社会保障与社会支持现状研究．社会学研究，2006（5）．

个方面的结果陈述完毕后，应进行简要小结，然后再开始下一个方面内容的陈述。

结果与讨论的关系。当调查研究报告的内容较少时，结果与讨论两部分合在一起，即成为“结果与讨论”部分。而当调查研究报告的内容较多、较复杂时，则将两部分分开。此时，在结果部分侧重表达和分析各个分支的结果，而在讨论部分则侧重表达和分析研究的整体结果；或者在结果部分侧重讨论各结果的直接内涵，在讨论部分则侧重讨论结果的更深入的内涵和对结果的推广等。如许琳、王蓓、张晖在《关于农村残疾人的社会保障与社会支持现状研究》的结果这样写道：

> 调查结果显示，农村残疾人大多处于劳动力年龄段；近半数的残疾人以从事农业种养殖业为主要经济来源，能够外出打工的残疾人比例很小，仅占被调查对象的7.8%；文化程度较低，近4成残疾人是文盲；近1/3的被调查对象其家庭总人口中一半以上为残疾人；其生活水平和生活质量较低，47.4%的农村残疾人其住房为土木结构；58.3%的农村残疾人反映“除了过年，其他时间吃不上肉”；农村残疾人家庭在各项耐用物品的拥有量上都远远低于农村家庭的平均水平；农村残疾人家庭年均收入还不到本省农村居民年均收入水平的1/3；8成以上的农村残疾人主观评价自己的家庭生活水平低于其他正常农村家庭；2/3的被调查者认为残疾对其家庭经济状况产生了严重影响；农村残疾人社会交往半径狭小，有44.4%的农村残疾人与其他人交流有一定的障碍或交流很困难，或者根本无法交流。以上调查数据充分表明，残疾对农村残疾人家庭生活带来了严重影响，农村残疾人弱势特征明显，其生活水平远远低于健全人家庭。①

5. 讨论

讨论部分一般是从告诉读者本项研究掌握了什么开始。一开头就以明确的叙述说明研究的假设是否得到证实，或者明确地回答导言部分所提出的问题。在撰写研究报告的讨论部分时，应该思考这样一些问题：从我们的调查研究结果中，能够得出些什么样的结论？这些结论中，哪些同研究的数据资料结合得相当紧密？哪些则在较抽象的层次上同理论更加相关？我们的研究结果在理论方面和实践方面具备什么样的内涵和意义？

我们还可以把自己的研究结果同文献评论中列举的那些研究结果进行比较，看看是否又一次验证了它们的结论。在讨论部分还可以包括：对自己的研究仍未能回答的那些问题的讨论，对于那些在研究过程中新出现的问题的讨论，对探讨和解决这些新的问题有所帮助的研究建议，等等。在实际发表的研究报告中，的确有相当一部分是以对进一步研究的建议来作为报告的结尾的。

结果部分的撰写原则是：先总体，后个别；先一般，后具体。

在如何表达结果方面，总的原则是：先给出总体的、一般性的陈述，然后才是个别的和具体的细节陈述。不论是在对各个部分结果的陈述中，还是对整个研究结果的陈述中，

① 许琳，王蓓，张晖．关于农村残疾人的社会保障与社会支持现状研究．社会学研究，2006（5）.

都应该采取这一原则。研究结果的表述方式：(1) 将研究结论整理成几个部分，一一陈述。(2) 每一部分结果表达上，先作一般陈述，再作具体、个别的陈述。(3) 在具体陈述时，“表格、图形+解释”。(4) 每一分支结果末尾作简要小结。

6. 小结

研究报告中常常要包括一个非常简要的小结，即对前面四个部分的主要内容作一个提纲挈领的总结。但是，目前许多专业刊物上发表的研究报告，常常以摘要来代替小结。摘要是一种更加简明扼要的小结，它通常不超过200个字。摘要非常不容易写好，因为它的篇幅十分有限，其中的每一个字、每一句话都要十分明确和恰当。正是由于不可能把各方面的情况都写进摘要里，所以我们必须仔细考虑，作出选择，主要突出哪些内容，而略去哪些内容。许琳、王蓓、张晖在《关于农村残疾人的社会保障与社会支持现状研究》的小结中这样写道：

> 建立和完善针对农村残疾人的社会保障制度迫在眉睫，这是保障社会弱势群体生存权利和维护社会公正的必然要求，也是建设全面小康社会、构建社会主义和谐社会的题中之意。①

7. 参考文献

学术性调查研究报告通常要在报告的末尾列出参考书目。这些书目是研究者在这项研究过程中所阅读、评论、引证过的文献。这样做，一方面，体现了科学的、实事求是的研究态度，另一方面，也为同一域的研究者提供了一个参考的文献索引。应对中文和英文文献的写法、格式等有所了解。

参考文献的格式有：MLA格式和APA格式。

(1) MLA格式（Modern Language Association）是美国现代语言学会针对人文类学科及其他相关学科所制定的书目及注释格式。1999年，MLA在其出版手册中添加了关于注释电子资源的详细规范，是三大格式中调整最快、最符合学者需求的注释体例。MLA：作者姓名、书名（篇名）、出版地、出版社（期刊名）、时间（年/期别）。

(2) APA格式（American Psychological Association），是美国心理学会指定的参考文献规范格式，APA出版手册1944年第一版，1974年第二版，1983年第三版，1994年第四版，2001年7月发行第五版。APA：作者姓名、时间（年/期别）、书名（篇名）、出版地、出版社（期刊名）。

以APA格式为例：

①期刊、杂志。

中文期刊格式：

作者（年代）. 文章名称. 期刊名称. 期别. 页码.

---

① 许琳，王蓓，张晖. 关于农村残疾人的社会保障与社会支持现状研究. 社会学研究，2006（5）.

例如：林纬伦（1996）．教育选择与控制理念的另类思考．教育资料与研究．4. 14-15.

英文期刊格式：

Powers，J. M.，& Cookson，P. W. Jr.（1999）．The politics of school choice research. *Educational Policy*，13（1），104-122.

②报纸。

中文报纸格式：

记者或作者（年月日），文章名称，报纸名称，版别．

例如：张绮芳（2001 年 2 月 20 日），基本学力测验考虑加考国三下课程，台湾立报，第 6 版．

英文报纸格式：

Schwartz，J.（1993，September 30）．Obesity affects economic，social status. The Washington Post，pp. A1，A4

③书籍。

中文书籍格式 A：

作者（年代）．书名．出版地点：出版社．

例如：林诗淳（1992）．教育行政学．台北：三民书局．

英文书籍格式 A：

Barnard，C. I.（1971）．The functions of the executive. Cambridge，MA：Harvard University Press.

④译著格式。

中文翻译书籍格式 A：

原作者中文译名（译本出版年代）．书名（版别）（译者译）．出版地点：出版商．（原著出版年）

例如：李察·普雷特（1993）．不可思议的剖面（汉声杂志社译）．台北：英文汉声．（原著出版年：1992 年）

⑤会议论文。

已出版之会议专刊文章格式：依性质分别与书文集或期刊格式相同。

作者（年代）．论文名称．在编者编，论文集名称（页数）．出版地：出版者．

例如：张保隆，谢宝暖，卢昆宏（1997）．品质管理策略与图书馆业务机能相关性之研究．在铭传管理学院编，1997 海峡两岸管理科学学术研讨会论文集（页 190-195）．台北：编者．

⑥网络文献。

作者（时间）．文章名．网络出处

例如：周成翰，“老年人权益保护知多少”，来源于：http://huayun. teamdo. cn/archives/2008/49701. html Fredrickson，B. L.（2000，March 7）. Cultivating positive emotions to optimize health and well-being. Prevention & Treatment，3，Article 00001a. Retrieved November 20，2000，from http://journals. apa. org/prevention/volume3/ pre0030001a. html

⑦参考文献类型标识。

不同类型的文献在参考文献中缩写的标识不同。

印刷文献

M—专著　C—论文集　N—报纸文章

R—报告　J—期刊文章　D—学位论文　S—标准　P—专利

电子文献类型标识

MT —磁带　DK —磁盘　DB —数据库

EB—电子公告　CD —光盘　OL—联机网络

DB/OL—网上数据库（database online）

M/CD—光盘图书（monograph on CD-ROM）

J/OL—网上期刊（serial online）

8. 附录

附录部分是将一些可以帮助读者更好地了解研究细节的资料编排在一起，作为正文的补充。这些资料主要有：收集数据资料所使用的调查表、问卷、心理测验量表等；计算某些指标或数据的数学公式介绍；某些统计和测量指标的计算方法介绍；某些调查工具、测量仪器以及计算机软件介绍，等等。由于这些材料占有较大的篇幅，故在学术刊物发表时，常略去这一部分，而在以学位论文形式出现的研究报告中，则必须有附录部分。

第四节　撰写调查报告应注意的问题

前面介绍了调查报告撰写的基本形式和格式，在撰写调查报告时，除了按照调查报告的内容采用合适的形式，按照格式要求撰写调查报告外，还有以下问题需要注意。

一、撰写调查报告的要求

调查报告还应注意的方面有：

（1）调查报告有针对性，必须注意它的目的性。在没有动手之前，首先要弄清撰写这个报告是为了什么，是为了反映上级的某一个决策的正确性，还是为了探索新的方针政策；是为了总结经验，还是为了吸取教训；是为了给上层“当参谋”，还是为了给下属指路子；是为了使人们看了之后受到振奋，还是为了引起人们的反思；是以个人的名义向领导汇报，还是以组织的名义向上级报告；是为了在内部传阅，还是为了见诸报刊，等等。如果对这些目的没有弄清，就糊里糊涂上阵，硬着头皮写，是肯定写不好的。

（2）调查报告有新闻性，必须注意与新闻不同。新闻消息这种文体的主要特点，是告诉人们在什么时间、什么地点，发生了什么事情，结果怎样，有什么意义；而调查报告，不仅要写明这些内容，还要用大量事实，全面地、系统地阐述和剖析事件的发展过程，发生的原因，造成的影响，有什么经验教训，内容比新闻消息丰富。

（3）调查报告有求是性，必须注意用事实说话。用事实说话，并非把事例堆积得越多越好，而是要对调查的材料进行深刻的分析，选用能反映事物本质和规律的材料。谁对事物分析得透，对规律抓得准，谁写出的报告质量就好。

(4) 调查报告有主张性，必须注意言辞语气。写指示、命令、决定、讲话、意见、通知等公文，提倡什么，反对什么，要怎么办，不该怎么办，多是用指令性的口语。而调查报告这种文体多是用于个人向组织报告，用于下级向上级报告，用于部门向上级报告，提倡什么，反对什么，强调什么，注意什么，多是用探讨性的语气，很少用指令性的语气。

(5) 调查报告有翔实性，必须注意简明扼要。写调查报告不是越长越好，越全越好。应该从实际出发，该长则长，能短则短。无论写情况复杂的报告，还是写情况简单的报告，都不能片面追求大而全，长而多。就是写那些情况复杂、牵扯面广的调查报告，也要力求简洁明了，防止离题千里。

二、行文要则

用简单平实的语言写作，与新闻报道和文学作品不同，它的撰写强调的是客观性、严密性、简洁性。因此，在行文时，应以一种向读者报告的口气撰写，而不要表现出力图说服读者同意某种观点或看法的倾向，尽量用平实的语言撰写，以简单明了、科学严谨为标准，清楚明确地表达研究的结果；更不能把自己的观点强加于人，力求避免使用主观色彩或感情色彩较浓的语句，叙述中最好使用第三人称或非人称代词，尽量不用第一人称。

另外，调查报告中有时需要援引别人的论述、结果、资料或数据，来支持、佐证或说明自己的某种观点或结论。凡是引用别人的资料，一定要注明来源，而不能将别人的工作和成果不加注明地在自己的报告中使用。

对于报告中引用的别人的资料，一定要加以注释。注释有三种形式，夹注、脚注和尾注。夹注是在直接引用资料后，用括号将来源和有关说明括起来；脚注是在所引用的文字后面加注释号，在此页的最下面，用小一号的字体说明引文的出处，或者作出解释；尾注是在所引用的文字后面加注释号，将所有的解释和引文出处在文章结尾处一并列出。

这种情况有两种：一种是引用别人的原话、原文，要用引号括起来；另一种是引用别人的观点、结论，这时不用引号，只要在其后用注释注明。另外，对于某些不易理解的内容要加注释来进行说明。注释的作用主要有：指出所引用资料的来源，供读者参考查证；表示作者遵守学术道德，不把别人的成果掠为己有；既可帮读者解释报告中的疑难，又不使报告中断和过于冗长。

常见的调查报告在写作上通常还会存在以下几类问题：没有明确的主题，没有假设和理论，只是在有了资料和结果后再作理论；对数据的简单罗列，而不说明来源和对数据作出解释；一大堆引文，没有研究者自己的研究成果，没有实质性的讨论；文献不实、不严谨，变量有明显的漏洞；统计方法上有明显的问题，没有实事求是，没有以合适的方法来研究；对于统计方法没有彻底的了解，只是形式上简单列举，等等。

解决上述可能出现的问题，需要加强日常的写作训练，扎实理论基本功，加强日常的积累；在写作时，在立论的基础上多思考，注意基本逻辑的严谨性，看对于研究方法是否使用得得心应手。

☞本 章 小 结

当完成了资料的收集和分析工作之后，最后的任务就是把调查和研究所得结果以恰当的形式传达给他人，调查报告是研究者研究成果的集中体现，是同他人进行交流的基础，调查报告的好坏将直接影响到社会研究成果的交流和对社会的作用。因此，研究者必须高度重视调查报告的写作。

从形式上来说，社会调查的范围很广，任何一种社会现象都可以作为我们研究性学习的内容。然而，社会调查报告还是有着一定的程式。写调查报告是一种十分艰苦的脑力劳动，必须按逻辑顺序动笔，按步骤进行，不论写哪一种类型的调查报告，都应该按照以下几个步骤进行：选好主题，拟定提纲，选择材料，确定格式，撰写调查报告。

调查报告的结构又分为普通调查报告和学术性调查报告两种。普通调查报告的一般结构包括：导言，调查报告的主体，结尾。学术性调查报告包括的内容较多，如：摘要，导言，研究方法，结果，讨论，小结，参考文献，附录等部分。

在调查报告撰写中应注意有针对性，必须注意它的目的性；新闻性，必须注意与新闻不同点；求是性，必须注意用事实说话；有主张性，必须注意言辞语气；有翔实性，必须注意简明扼要。调查报告的写作不是一蹴而就的，避免在调查报告的写作中产生各种问题就需要研究者加强日常的写作训练，扎实理论基本功，加强日常积累等素质的培养。

☞关 键 术 语

调查报告　　调查报告的类型　　调查报告的撰写　　调查报告的结构

☞复习思考题

1. 普通社会调查报告与学术性研究报告的差别是什么？
2. 调查报告的标题形式有哪几种？它们各有什么优缺点？
3. 调查报告的写作与新闻写作、文学作品写作有何不同？
4. 学术性调查研究报告的结构主要包括哪几部分？

附录一

随机数表

10 09 73 25 33	76 52 01 35 86	34 67 35 48 76	80 95 90 91 17	39 29 27 49 45
37 54 20 48 05	64 89 47 42 96	24 80 52 40 37	20 63 61 04 02	00 82 29 16 65
08 42 26 89 53	19 64 50 93 03	23 20 90 25 60	15 95 33 47 64	35 08 03 36 06
99 01 90 25 29	09 37 67 07 15	38 31 13 11 65	88 67 67 43 97	04 43 62 76 59
12 80 79 99 70	80 15 73 61 47	64 03 23 66 53	98 95 11 68 77	12 17 17 68 33
66 06 57 47 17	34 07 27 68 50	36 69 73 61 70	65 81 33 98 85	11 19 92 91 70
31 06 01 06 05	45 57 18 24 06	35 30 34 26 14	86 79 99 74 39	23 40 30 99 32
85 26 91 76 02	02 05 16 56 92	68 66 57 48 18	73 05 38 52 47	18 62 39 85 79
63 57 33 21 35	05 32 54 70 48	90 55 35 75 48	20 46 82 89 09	83 49 12 56 24
73 79 64 57 53	03 52 96 47 78	35 80 83 42 82	60 93 52 09 44	35 27 38 84 35
98 52 01 77 67	14 90 56 86 07	22 10 94 05 58	60 97 09 34 33	50 50 07 39 98
11 80 50 54 31	39 89 82 77 32	50 72 56 32 48	29 40 52 42 01	52 77 56 78 51
83 45 29 96 34	06 28 89 80 83	13 74 67 00 78	18 47 54 06 10	68 71 17 78 17
88 68 54 02 00	86 50 75 34 01	36 76 66 79 51	90 36 47 64 93	29 60 91 10 62
99 59 46 73 48	37 51 76 49 69	91 82 60 89 28	93 78 56 13 68	23 47 83 41 13
65 48 11 76 74	17 46 85 09 50	58 04 77 69 74	73 03 95 71 86	40 21 81 65 44
80 12 43 56 35	17 72 70 80 15	45 31 32 23 74	21 11 57 82 53	14 38 55 37 63
74 35 09 98 17	77 40 27 72 14	43 23 60 02 10	45 52 16 42 37	96 28 60 26 55
69 91 62 68 03	66 25 22 91 48	36 93 68 72 03	76 62 11 39 90	94 40 06 64 18
09 69 32 05 05	14 22 56 85 14	46 42 75 67 88	96 29 77 88 22	54 38 21 45 98
91 49 91 45 23	68 47 92 76 86	46 16 23 35 54	94 75 08 99 23	37 03 92 00 48
80 33 69 45 98	26 94 03 63 58	70 29 73 41 35	53 14 03 33 40	42 05 08 23 41
44 10 48 19 49	85 15 74 79 54	32 97 92 65 75	57 60 04 08 81	22 22 20 64 13
12 55 07 37 42	11 10 00 20 40	12 86 07 46 97	96 64 48 94 39	28 70 72 58 15
63 60 64 93 29	16 50 53 44 84	40 21 95 25 63	43 65 17 70 82	07 20 73 17 90

07 63 87 79 29	03 06 11 80 72	96 20 74 41 56	23 32 19 95 38	04 71 36 69 94
60 52 88 34 41	07 95 41 98 14	59 17 52 06 95	05 53 35 21 39	61 21 20 64 55
83 59 63 56 55	06 95 89 29 83	05 12 80 97 19	77 43 35 37 83	92 90 15 04 98
10 85 06 27 46	99 59 91 05 07	13 49 90 63 19	53 07 57 18 39	06 41 01 93 62
39 82 09 89 52	43 62 26 31 47	64 42 18 08 14	43 80 00 93 51	31 02 47 31 67
59 58 00 64 78	75 56 97 88 00	88 83 55 44 86	23 76 80 61 56	04 11 10 84 08
38 50 80 73 41	23 79 34 87 63	90 82 29 70 22	17 71 90 42 07	95 95 44 99 53
30 69 27 06 68	94 68 81 61 21	56 19 68 00 91	82 06 76 34 00	05 46 26 92 00
65 44 39 56 59	18 28 82 74 37	49 63 23 40 41	06 33 76 56 76	96 29 99 06 26
27 26 75 02 64	13 19 27 22 94	07 47 74 45 06	17 98 54 89 11	97 34 13 03 58
91 30 70 69 91	19 07 22 42 10	36 69 95 37 28	28 82 53 57 93	28 97 66 62 52
68 43 49 46 88	84 47 31 36 22	62 12 60 84 08	12 84 38 25 90	09 81 59 31 46
48 90 81 58 77	54 74 52 45 91	35 70 00 47 54	83 82 45 26 92	54 13 05 51 60
06 91 34 51 97	42 67 27 86 01	11 88 30 95 28	63 01 19 89 01	14 97 44 03 44
10 45 51 60 19	14 21 03 37 12	91 34 23 78 21	88 32 58 08 51	43 66 77 08 83
12 88 39 73 43	65 02 76 11 84	04 28 50 13 92	17 97 41 50 77	90 71 22 67 69
21 77 83 09 76	38 80 73 69 61	91 64 94 20 96	63 28 10 20 23	08 81 64 74 49
19 52 35 95 15	65 12 25 96 59	86 28 36 82 58	69 57 21 37 98	16 43 59 15 29
67 24 55 26 70	35 58 31 65 63	79 24 68 66 86	76 46 33 42 22	26 65 59 08 02
60 58 44 73 77	07 50 03 79 92	45 13 42 65 29	26 76 08 36 37	41 32 64 43 44
53 85 34 13 77	36 06 69 48 50	58 83 89 38 59	49 36 47 33 31	96 24 04 36 42
24 63 73 87 36	74 38 48 93 42	52 62 30 79 92	12 36 91 86 01	03 74 28 38 73
83 08 01 24 51	38 99 22 28 15	07 75 95 17 77	97 37 72 75 85	51 97 23 78 67
16 44 42 43 34	36 15 19 90 73	27 49 37 09 39	85 13 03 25 52	54 84 65 47 59
60 79 01 81 57	57 17 86 57 62	11 16 17 85 76	45 81 95 29 79	65 13 00 48 60
03 99 11 04 61	93 71 61 68 94	66 08 32 46 53	84 60 95 82 32	88 61 81 91 61
38 55 59 55 54	32 88 65 97 80	08 35 56 08 60	29 73 54 77 62	71 29 92 38 53
17 54 67 37 04	92 05 24 62 15	55 12 12 92 81	59 07 60 79 96	27 95 45 89 09
32 64 35 28 61	95 81 90 68 31	00 91 19 89 36	76 35 59 37 79	80 86 30 05 14
69 57 26 87 77	39 51 03 59 05	14 06 04 06 19	29 54 96 96 16	33 56 46 07 80
24 12 26 65 91	27 69 90 64 94	14 84 54 66 72	61 95 87 71 00	90 89 97 57 54
61 19 62 02 31	92 96 26 17 73	41 83 95 53 82	17 26 77 09 43	78 03 87 02 67
30 53 22 17 04	10 27 41 22 02	39 68 52 3 09	10 06 16 88 29	55 98 66 64 85
03 78 89 75 99	75 86 72 07 17	74 41 65 31 66	35 20 83 33 74	87 53 90 88 23
48 22 86 33 99	85 78 34 76 19	53 15 26 74 33	35 66 35 29 72	16 81 86 03 11
60 36 59 46 53	35 07 53 39 49	42 61 42 91 97	01 91 82 83 16	98 95 37 32 31
83 79 94 34 02	56 62 33 44 42	34 99 44 13 74	70 07 11 47 96	09 95 81 80 65
32 96 00 74 05	36 40 99 32 32	99 38 54 16 00	11 13 30 75 86	15 91 70 62 53
19 32 25 38 45	57 62 05 26 06	66 49 76 86 46	78 13 86 65 59	19 64 09 94 13
11 22 09 47 47	01 39 93 74 08	48 50 92 39 29	27 48 24 54 76	85 24 43 51 59

31 75 15 72 60	68 98 00 53 39	15 47 04 83 55	88 65 12 25 96	03 15 21 92 21
88 49 29 93 82	14 45 40 45 04	20 09 49 89 77	74 84 39 34 13	22 10 97 85 08
30 93 44 77 44	07 48 18 38 28	73 78 80 65 33	28 59 92 04 05	94 20 52 03 80
22 88 84 88 93	27 49 99 87 46	60 53 04 51 28	74 02 28 46 17	82 09 71 02 68
78 21 21 69 93	35 90 10 13 86	44 37 21 54 86	65 74 11 40 14	87 48 13 72 20

41 84 96 45 47	46 85 05 23 26	34 67 75 83 00	74 91 06 43 45	19 92 58 15 49
46 35 23 30 49	69 24 89 34 60	45 30 50 75 21	61 31 83 18 55	14 41 34 09 51
11 08 79 62 94	14 01 33 17 92	59 74 76 72 77	76 50 33 45 13	39 66 37 75 44
52 70 10 83 37	56 30 38 73 15	16 52 06 96 76	11 65 49 98 93	02 18 16 81 61
57 27 53 68 98	81 30 44 85 85	68 65 22 73 76	92 85 25 58 66	88 44 80 35 84

20 85 77 31 56	70 28 42 43 26	79 37 59 52 20	01 15 96 32 67	10 62 24 83 91
15 63 38 49 24	90 41 59 36 14	33 52 12 66 65	55 82 34 76 41	86 22 53 17 04
92 69 44 82 97	39 90 40 21 15	59 58 94 90 67	66 82 14 15 75	49 76 70 40 37
77 61 31 90 19	88 15 20 00 80	20 55 49 14 09	96 27 74 82 57	50 81 69 76 16
38 68 83 24 86	45 13 46 35 45	59 40 47 20 59	43 94 75 16 80	43 85 25 96 93

25 16 30 18 89	70 01 41 50 21	41 29 06 73 12	71 85 71 59 57	68 97 11 14 03
65 25 10 76 29	37 23 93 32 95	05 87 00 11 19	92 78 42 63 40	18 47 76 56 22
36 81 54 36 25	18 63 73 75 09	82 44 49 90 05	04 99 17 37 01	14 70 79 37 97
64 39 71 16 92	05 32 78 21 62	20 24 78 17 99	45 19 72 53 32	83 74 52 25 67
04 51 52 56 24	95 09 66 79 46	48 46 08 55 58	15 19 11 87 82	16 99 03 93 61

83 76 16 08 73	43 25 38 41 45	60 83 32 59 83	01 29 14 13 49	20 36 80 71 26
14 38 70 63 45	80 85 40 92 79	43 52 90 63 18	38 38 47 47 61	41 19 63 74 80
51 32 19 22 46	80 08 87 70 74	88 72 25 67 36	66 16 44 94 31	66 91 93 16 78
72 47 20 00 08	80 89 01 80 02	94 81 33 19 00	54 15 58 34 36	35 35 25 41 31
05 46 65 53 06	93 12 81 84 64	74 45 79 05 61	72 84 81 18 34	79 98 26 84 16

39 52 87 34 84	82 47 42 55 93	48 54 53 52 47	18 61 91 36 74	18 61 11 92 41
81 61 61 87 11	53 34 24 42 76	75 12 21 17 24	74 62 77 37 07	58 31 91 59 97
07 59 61 61 20	82 64 12 28 20	92 90 41 31 41	32 39 21 97 63	61 19 96 79 40
90 76 70 42 35	13 59 41 72 00	69 90 26 37 42	78 26 42 25 01	18 62 79 08 72
40 18 82 81 93	29 59 38 86 27	94 97 21 15 98	62 09 53 67 87	00 44 15 89 97

34 41 48 21 57	86 88 75 50 87	19 15 20 00 23	12 30 28 07 83	32 62 46 86 91
63 43 97 53 63	44 98 91 68 22	36 02 40 09 67	76 37 84 16 05	65 96 17 34 88
67 04 90 90 70	93 39 94 55 47	94 45 87 42 84	05 04 14 98 07	59 36 29 59 38
79 49 50 41 46	52 16 29 02 86	54 15 83 42 43	46 97 83 54 82	20 28 83 40 60
79 49 50 41 46	04 73 72 10 31	75 05 19 30 29	46 66 56 43 82	59 36 29 59 38

附录二

社会调查问卷示例

政府职能转变与优化经济环境调查问卷

问卷编号：______　　　**调查城市编码：**________

尊敬的调查对象：

您好！我们是湖南省重大社科基金项目研究组调查人员，为了进一步优化企业经济发展环境，从而更好地引导和促进我省经济发展水平的进一步提高，我们特对企业、政府及相关事业单位进行此项调查，以全面了解贵单位对我省投资环境和管理服务的满意程度及我省企业经济发展环境现状，希望得到您的积极参与和合作，以帮助政府部门不断提高服务水平。

衷心感谢您的大力支持和参与！祝您工作顺利！

“湖南政府职能转变与经济环境优化研究”项目调查组

中南大学社会学系社会调查中心

2008 年 10 月 22 日

联系人：董海军　　　邮箱：donghj34@ sina. com

问卷填答说明：

1. 本调查采用匿名填写，对您的填答个人信息，我们将严格保密，所有回答只用于统计分析；
2. 如未特殊说明，选择题均为单选题，请您在选项框中打“√”。填空题直接填答在横线处；
3. 所有问题的回答没有正确错误之分。请如实、完整地填写该问卷。

第一部分：基本情况

A1. 您出生于______年______月。

A2. 您的性别？(1) □ 男　　(2) □ 女

A3. 您的文化程度？

(1) □ 硕士及其以上　　(2) □ 大学本科　　(3) □ 大专

(4) □ 高中（中专、中技、职高）　　(5) □ 初中及其以下

A4. 您的政治面貌？

(1) □ 无党派人士　　(2) □ 中共党员

(3) □ 共青团员　　(4) □ 民主党派

A5. 您的户籍是？(1) □ 本省　　(2) □ 外省

A6. 您的职业属于？

(1) □ 政府工作人员 (2) □ 事业单位人员 (3) □ 企业人员或商人

A7. 您平均月收入是多少？

(1) □ 1000 元及其以下　　(2) □ 1001~2000 元

(3) □ 2001~3000 元　　(4) □ 3001~5000 元

(5) □ 5001~8000 元　　(6) □ 8001 元及其以上

A8. 您对现在工资水平的满意度如何？

(1) □ 十分满意　　(2) □比较满意　　(3) □ 一般

(4) □ 比较不满　　(5) □ 十分不满

A9. 您每天工作时间是多少？

(1) □ 低于 8 小时　　(2) □ 8~10 小时　　(3) □10~12 小时

(4) □12 小时以上

A10. 您对现有工作强度的评价如何？

(1) □ 十分累　(2) □ 比较累　(3) □ 一般

(4) □ 比较轻松　　(5) □ 十分轻松

A11. 您对现有工作环境的评价如何？

(1) □ 很好　(2) □ 较好　(3) □ 一般　(4) □ 较差

(5) □ 很差

A12. 您每周休息多少天？

(1) □ 两天　(2) □ 1~1.5 天　(3) □ 半天

(4) □ 没有休息　　(5) □ 视情况而定

A13. 您节假日休息的天数？

(1) □ 遵守国家规定　　(2) □ 最多一天　　(3) □ 不休息

(4) □ 依情况而定

A14. 加班工资是平时工资的多少？

(1) □ 没有　(2) □ 100%　(3) □ 150%　(4) □ 200%

(5) □ 300%

A15. 您购买了以下哪些社会保险？(多选) ______

(1) □ 养老保险 (2) □ 医疗保险 (3) □ 失业保险

(4) □ 其他社会保险 (5) □都没有

第二部分：企业基本情况

(政府与事业单位人员跳过此部分，直接跳答至第三部分)

B1. 您是否与所在企业签订了劳动合同？ ______

(1) □ 是 (2) □ 否

B2. 您所在企业是否拖欠劳动者工资？ ______

(1) □ 从不拖欠 (2) □ 偶尔拖欠 (3) □ 经常拖欠

B3. 您所在企业是否设立了企业工会？ ______

(1) □ 是 (2) □ 否

B4. 您所在企业是否发生劳动纠纷的情况？ ______

(1) □ 经常发生 (2) □ 偶尔发生 (3) □ 基本不发生

(4) □ 从不发生

B5. 您所在企业发生劳动纠纷的形式主要有哪些？(多选) ______

(1) □ 双方不遵守劳动合同

(2) □ 用人单位非法开除、除名、辞退员工

(3) □ 职工非法辞职、自动离职

(4) □ 不合理的工作时间

(5) □ 用人单位拖欠工资

(6) □ 其他（请说明）______

B6. 遇到劳动纠纷事件时，员工一般是如何处理的？(多选) ______

(1) □ 离开企业 (2) □ 向工会反映 (3) □ 向纠察部门反映

(4) □ 申请劳动仲裁 (5) □ 其他（请说明）______

B7. 您所在企业现有约______人。 ______

B8. 您所在企业的法律形式是什么？ ______

(1) □ 有限责任公司 (2) □个人独资企业 (3) □合伙企业

(4) □ 股份有限公司 (5) □一人公司 (6) □其他

B9. 您所在企业的性质是什么？ ______

(1) □ 国有 (2) □ 私营 (3) □ 非港台外资

(4) □ 港资或台资 (5) □ 集体 (6) □ 中外合资

(7) □ 中外合作 (8) □ 其他

B10. 您所在企业是否有分公司或子公司？ ______

(1) □ 没有 (2) □ 只在中国有 (3) □ 只在国外有

(4) □ 在国内外都有

B11. 您所在企业的产业特征属于哪一类型？

(1) □ 劳动密集型　(2) □资本密集型　(3) □ 技术密集型

(4) □ 不清楚或其他

B12. 您所在企业是否是经认定的高新技术产业？

(1) □ 是　(2) □否

第三部分：湖南经济环境评价

C1. 您认为在湖南省投资有哪些区位优势？(多选)

(1) □ 市场容量大，有广泛的市场影响力

(2) □ 有非常广阔的市场前景

(3) □ 劳动力资源丰富，劳动力成本较低

(4) □有良好的合作伙伴

(5) □位置优越，交通运输发达

(6) □ 高校科研机构众多，人力资源丰富

(7) □ 基础设施比较完善

(8) □ 管理人员素质较高，善于经营管理

(9) □ 自然资源丰富，能有效地降低生产成本

(10) □ 有良好的人文环境

(11) □ 自然环境良好

(12) □ 融资渠道广

(13) □ 有较发达的商业服务系统

(14) □ 政府的大力支持

(15) □ 优惠政策比较多

(16) □ 其他，请说明

C2. 您对湖南省投资环境的总体满意度如何？

(1) □ 很满意　(2) □满意　(3) □ 一般满意

(4) □不满意　(5) □很不满意

C3. 请您对湖南省投资环境的各个方面进行评价，在相应栏目打“√”。

	非常满意	比较满意	一般	比较不满意	非常不满意
(1) 交通运输服务					
(2) 通信设施条件					
(3) 供电服务					
(4) 商务服务					
(5) 工商服务					

续表

	非常满意	比较满意	一般	比较不满意	非常不满意
(6) 税务服务					
(7) 金融服务					
(8) 法律服务					
(9) 社保服务					
(10) 社会治安					

C4. 就劳动者素质而言，您认为下列各方面湖南吸引投资的影响程度如何？

	影响很大	影响较大	一般	影响较小	没有影响
(1) 身体素质	1□	2□	3□	4□	5□
(2) 科学文化素质	1□	2□	3□	4□	5□
(3) 道德素质	1□	2□	3□	4□	5□
(4) 心理素质	1□	2□	3□	4□	5□
(4) 思想观念	1□	2□	3□	4□	5□
(5) 行为态度	1□	2□	3□	4□	5□

C5. 您认为在我省市场上企业是否能平等参与市场竞争？

(1) □ 完全平等　(2) □ 相对平等　(3) □ 不好说

(4) □ 不太平等　(5) □ 很不平等

C6. 您认为近几年湖南投资环境的变化趋势如何？

(1) □ 有明显改善　(2) □ 有改善，但仍不令人满意

(3) □ 没什么变化　(4) □ 有变坏的趋势　(5) □ 明显恶化

C7. 您对湖南省的信用环境感到最满意的是什么？

(1) □ 行政信用　(2) □ 企业信用　(3) □ 个人信用

(4) □ 都不满意

C8. 您认为近几年来的社会保障制度建设成效如何？

(1) □ 效果很好　(2) □ 效果较好　(3) □ 效果一般

(4) □ 尚未见效

C9. 您认为各职能部门政务服务中存在哪些问题？(多选)

(1) □ 政务不公开、不规范　(2) □ 办事手续繁琐

(3) □ 工作人员仗权谋私，索拿卡要　(4) □ 执法粗暴，多头执法

(5) □ 办事效率低下　(6) □ 乱摊派、乱收费、乱罚款

(7) □ 暗箱操作，人情关系严重　(8) □ 政出多门，各部门各自为政

(9) □索取税费积极，办事却推诿　(10) □ 服务态度不好

(11) □ 其他（请说明）：

C10. 以下各项是对湖南省投资环境的分项描述，您比较同意下列哪一种说法？

	非常赞同	比较赞同	一般	不大赞同	很不赞同
(1) 周边地区产业配套能力强	1□	2□	3□	4□	5□
(2) 湖南省的市场化水平很低	1□	2□	3□	4□	5□
(3) 在湖南省可以便捷地获得所需的高素质人才	1□	2□	3□	4□	5□
(4) 湖南省的劳动力价格水平高	1□	2□	3□	4□	5□
(5) 湖南省的土地价格高	1□	2□	3□	4□	5□
(6) 在湖南省企业很难融到资	1□	2□	3□	4□	5□
(7) 在湖南省可以便捷地获得所需的专业服务	1□	2□	3□	4□	5□
(8) 湖南省的通信及网络设施完备	1□	2□	3□	4□	5□
(9) 司法效率高，能快速解决商业纠纷	1□	2□	3□	4□	5□
(10) 企业与市政府沟通便利	1□	2□	3□	4□	5□
(11) 城市卫生清洁	1□	2□	3□	4□	5□
(12) 社会治安状况较差	1□	2□	3□	4□	5□
(13) 市民遵守交通规则、公共秩序	1□	2□	3□	4□	5□

C11. 对于政府职能部门的具体行政行为，你的评价如何？______

	非常满意	比较满意	一般	比较不满意	非常不满意
(1) 招商时的承诺和优惠政策落实	1□	2□	3□	4□	5□
(2) 涉企行政事业性发展	1□	2□	3□	4□	5□
(3) 中介机构收费、服务	1□	2□	3□	4□	5□
(4) 机关审批办事效率	1□	2□	3□	4□	5□
(5) 机关的检查和培训	1□	2□	3□	4□	5□
(6) 行政执法机关罚款	1□	2□	3□	4□	5□
(7) 执行涉企“首次不罚”的规定	1□	2□	3□	4□	5□
(8) 部门行政服务承诺兑现	1□	2□	3□	4□	5□
(9) 投诉受理和责任追究	1□	2□	3□	4□	5□
(10) 机关工作人员服务态度	1□	2□	3□	4□	5□
(11) 机关工作人员廉洁从政	1□	2□	3□	4□	5□
(12) 帮助投资者解决矛盾和困难	1□	2□	3□	4□	5□

第四部分：政府职能转变看法

D1. 您认为当前提倡的转变政府职能有必要吗？ ______

(1) □ 很有必要 (2) □可有可无 (3) □没有必要 (4) □ 说不清

D2. 您对湖南省政府职能状况的总体评价如何？ ______

(1) □ 非常好 (2) □ 比较好 (3) □ 一般 (4) □ 比较差

(5) □ 非常差

D3. 您认为转变政府职能重点对象应是哪个或哪些部门？(可多选) ____

(1) □ 中央政府机关 (2) □ 省级政府机关

(3) □ 地方政府机关 (4) □各级职能部门

D4. 您认为当前政府职能转变的突出问题表现在以下哪一环？ ______

(1) □ 道理都清楚，就是思想不解放

(2) □ 思想都解放，就是工作落实不到位

(3) □ 工作都做了，就是问题得不到解决

(4) □ 问题很多，就是政策没突破

(5) □ 其他（请说明）______

D5. 对于以下观点，您的看法如何？ ______

	非常同意	比较同意	一般	比较不同意	非常不同意
(1) 目前政府是以企业的管理者自居。	1□	2□	3□	4□	5□
(2) 实现政府职能转变是行政管理体制改革的核心。	1□	2□	3□	4□	5□
(3) 政府应该由主抓企业的管理者向提供公平发展环境的服务者过渡。	1□	2□	3□	4□	5□
(4) 当前我省政府职能机关服务意识较好。	1□	2□	3□	4□	5□
(5) 政府机关人员腐败行为较严重。	1□	2□	3□	4□	5□
(6) 政府的根本职能就是提供优质服务。	1□	2□	3□	4□	5□
(7) 当前政府管了一些不该由政府管的事。	1□	2□	3□	4□	5□
(8) 当前政府有些该做的事却推诿拖延未做。	1□	2□	3□	4□	5□

D6. 您认为企业表达需求的最好方式是什么？ ______

（1）☐ 企业座谈会　（2）☐ 领导信箱　（3）☐ 领导走访调研

（4）☐ 舆论媒体　（5）☐ 制度化开放接待日　（6）其他

D7. 您认为在政府职能转变中，政府部门应增强哪些意识？（可多选）______

（1）☐ 发展意识　（2）☐ 改革意识　（3）☐ 开放意识

（4）☐ 统筹意识　（5）☐ 民本意识　（6）☐ 服务意识

（7）☐ 其他（请说明）______

D8. 您认为要转变“权力至上”，增强“民本意识”的观念，首先要做到的是什么？______

（1）☐ 还利于“民”　（2）☐ 基层民主　（3）☐ 改进干部作风

（4）☐ 减少行政审批　（5）☐ 其他（请说明）

D9. 您认为在政府职能转变过程中的最大阻碍是什么？______

（1）☐ 干部作风漂浮，缺乏务实精神

（2）☐ 部门利益至上，办事程序多、手续烦琐，效率低下

（3）☐ 不严格依法行政，不给好处不办事，给了好处乱办事

（4）☐ 官僚主义和衙门风气严重，态度生硬，高高在上

（5）☐改革意识不强，思想观念落后

（6）☐ 其他（请说明）______

D10. 您认为要实现政府职能的有效转变需办的事有哪些？（多选）______

（1）☐ 科学划定政府各部门的职能职责，进一步明确政府该管什么不该管什么

（2）☐ 全面推进政务公开，对政务不公开或公开不完全的单位负责人进行问责

（3）☐ 加强对“一把手”的监督，防止个人说了算

（4）☐ 对机关作风进行整治，对不作为或乱作为现象进行公开曝光和及时处理

（5）☐ 实行大部委制，综合办公，简化办事手续

（6）☐ 其他（请说明）______

D11. 请问您我省政府哪些部门的职能需要转变，如何转变？您对优化我省经济发展环境有何意见或建议？

______

______

______

我们的访谈结束了，再次对您表示衷心感谢！

参 考 文 献

[1] [美] 阿列克斯·英克尔斯，戴维·史密斯．从传统人到现代人．北京：中国人民大学出版社，1992.

[2] [美] 艾尔·巴比．社会研究方法．邱泽奇，译．北京：华夏出版社，2005.

[3] [美] 布莱洛克．社会统计学．北京：中国社会科学出版社，1988.

[4] [法] 布迪厄·华康德．实践与反思．李猛，李康，译．北京：中央编译出版社，1998.

[5] [美] 达莱尔·哈夫．统计陷阱．廖颖林，译．上海：上海财经大学出版社，2002.

[6] [美] 戴维·波普诺．社会学．沈阳：辽宁人民出版社，1987.

[7] [法] E. 迪尔凯姆．社会学方法的准则．狄玉明，译．北京：商务印书馆，1995.

[8] [美] 亨特．社会研究方法新论．武汉：华中理工大学出版社，1989.

[9] [美] 怀特．街角社会．北京：商务印书馆，1996.

[10] [美] 肯尼斯·D. 贝利．现代社会研究方法．上海：上海人民出版社，1986.

[11] [美] 科什．抽样调查．北京：中国统计出版社，1997.

[12] [美] 罗纳德·扎加，约翰尼·布莱尔．抽样调查设计导论．重庆：重庆大学出版社，2007.

[13] [美] 林南．社会研究方法．北京：农村读物出版社，1987.

[14] [美] 劳伦斯·纽曼．社会研究方法——定性和定量的取向．北京：中国人民大学出版社，2007.

[15] [美] David S. Moore. 统计学的世界．郑惟厚，译．北京：中信出版社，2003.

[16] [美] Pamela L. Alreck. Robert B. Settle. 调查研究手册．王彦，译．北京：中国轻工业出版社，2008.

[17] 范伟达．现代社会研究方法．上海：复旦大学出版社，2001.

[18] 费孝通．江村经济．北京：商务印书馆，2004.

[19] 风笑天．社会学研究方法．北京：中国人民大学出版社，2004.

[20] 风笑天．现代社会调查方法（第三版）．武汉：华中科技大学出版社，2006.

[21] 风笑天．社会调查中的问卷设计．天津：天津人民出版社，2002.

[22] 风笑天．社会调查原理与方法．北京：首都经济贸易大学出版社，2008.

[23] 高惠璇．SAS 系统 STAT 使用手册．北京：中国统计出版社，1997.

[24] 郭志刚，等．社会调查研究的量化方法．北京：中国人民大学出版社，1989.

[25] 郭志刚．社会统计分析方法-SPSS 软件应用．北京：中国人民大学出版社，2001.

[26] 郭志刚．中国社会学（第三卷）．上海：上海人民出版社，2004.

[27] 郝大海．社会调查研究方法．北京：中国人民大学出版社，2005.

[28] 李沛良．社会研究的统计分析．武汉：湖北人民出版社，1987.

[29] 李沛良．社会研究的统计应用．北京：社会科学文化出版社，2003.

[30] 刘大海，李宁．晁阳．SPSS15.0 统计分析从入门到精通．北京：清华大学出版社，2008.

[31] 卢淑华．社会统计学．北京：北京大学出版社，2002.

[32] 卢纹岱．SPSS for Windows 统计分析．北京：电子工业出版社，2000.

[33] 仇立平．社会研究方法．重庆：重庆大学出版社，2008.

[34] 宋林飞．社会调查研究方法．上海：上海人民出版社，1990.

[35] 水廷凯，等．社会调查教程．北京：中国人民大学出版社，2007.

[36] 陶春芳，蒋永萍．中国妇女社会地位概观．北京：中国妇女出版社，1993.

[37] 吴增基，吴鹏森，等．现代社会调查方法．上海：上海人民出版社，2003.

[38] 吴明隆．SPSS 统计应用实务．北京：中国铁道出版社，2000.

[39] 韦克难．社会调查研究方法．成都：四川人民出版社，2002.

[40] 翁定军．社会统计．上海：上海大学出版社，2006.

[41] 谢俊贵．社会调查理论与方法．长沙：湖南师范大学出版社，2003.

[42] 袁方．社会研究方法教程．北京：北京大学出版社，2005.

[43] 尹海洁，刘耳．社会统计软件 SPSS for Windows 简明教程．北京：社会科学文献出版社，2003.

[44] 周德民，廖益光．社会调查原理与方法．长沙：中南大学出版社，2006.

[45] 郑杭生，李强，李路路．社会指标理论研究．北京：中国人民大学出版社，1989.

[46] 折晓叶．村庄的再造：一个超级村庄的社会变迁．北京：社会科学文献出版社，1998.

[47] 张文彤：SPSS11.0 统计分析教程．北京：北京希望电子出版社，2002.

[48] 张彦，吴淑凤．社会调查研究方法．上海：上海财经大学出版社，2007.

[49] 陈向明．“质的研究”中研究者如何进入研究现场．高等教育研究，1997（4）.

[50] 陈向明．社会科学中的定性研究方法．中国社会科学，1996（6）.

[51] 陈智．毛泽东的社会调查方法．四川师范大学学报（社会科学版），1994（7）.

[52] 董海军．论实地研究中的资料判别．华中师范大学学报（人文社会科学版），2008（2）.

[53] 风笑天．什么是社会调查．青年研究，1993（2）.

[54] 风笑天．近五年社会学研究方法述评．社会学研究，1995（1）.

[55] 风笑天．社会调查方法还是社会研究方法？社会学研究，1997（2）.

[56] 风笑天，田凯．近十年我国社会学实地研究评析．社会学研究，1998（2）．

[57] 风笑天．社会学者的方法意识和方法素养．社会学研究，1999（2）．

[58] 林彬．实地调查研究．青年研究，1993（6）．

[59] 刘少杰．中国社会调查的理论前提．社会学研究，2000（2）．

[60] 刘云．我国社会调查研究历史的回顾．新疆大学学报（哲学社会科学版），1994（4）．

[61] 卢新焰．马德峰．社会调查研究选题存在的不良倾向思考．调研世界，2005（10）．

[62] 马戎．试谈社会学学位论文的写作．学位与研究生教育，2001（9）．

[63] 席旭东，田志莹．选择具有学术价值研究课题的方法．山东工商学院学报，2005（5）．

[64] 啸风．调查报告选题的方法．秘书，2004（4）．

[65] 沈家观．国际福利企业残疾人保障模式．社会福利，2007（5）．

[66] 苏力．法律社会学调查中的权力资源——一个社会学调查过程的反思．社会学研究，1998（6）．

[67] 许琳，张艳妮．我国残疾人社会保障的现状与问题研究．西北大学学报，2007（11）．

[68] 许琳，王蓓，张晖．关于农村残疾人的社会保障与社会支持现状研究．社会学研究，2006（5）．

[69] 乐章．现行制度安排下农民的社会养老保险参与意向．中国人口科学，2004（5）．

[70] 汪金敖．失地农民社会保障的问题及其对策．湖南社会科学，2007（1）．

[71] 周怡．贫困研究：结构解释与文化解释的对垒．社会学研究，2002（3）．

[72] 周怡．社会结构：由“形构”到“解构”——结构功能主义、结构主义和后结构主义理论之走向．社会学研究，2000（3）．

[73] SELLTIZ, WRITHTSMAN & COOK'S. Research Methods in Social Relations. Holt, Rinehear and Winston, Inc., 1981.

[74] C. A. MOSER & G. KALTON. Survey Methods in Social Investigation, Second Edition, HEB Ltd, 1971.

[75] R. A. BARRETT & BENABARRE. The Modernization of a Spanish Village. New York: Holt, Rinehart & Winston, 1974.

后　记

中国著名社会学家、社会调查专家李景汉先生曾经非常自信地把社会调查称之为一场“真正的革命”，认为社会调查“是以有系统的方法从根本上来革命”，“是要实现以科学的程序改造未来的社会，是为建设新中国的一个重要工具，是为中国民族找出路的前部先锋”。① 改革开放以来，我国的社会学得到了重建和发展，中国著名社会学家费孝通先生提出要为社会学补课，其中编写先进的、科学的、适合中国学生的教材尤为重要。现在，国内关于社会调查和社会统计类的教材非常多。但已有的教材偏重理论方面的探讨，而本教材更多地强调作为调查与统计的应用性、操作性和实践性，着重研究设计、问卷制定、资料收集和数据分析，淡化理论色彩和思辨性内容，避免国内外同类著作的通病——学生完成课堂学习后“会说不会做”。本教材通过提供大量案例和课堂互动练习，引导学生在在教材的指导下独立完成社会调查与统计的全过程，让学生碰到具体的调查项目就知道如何下手进行研究。

本书编委会集聚了一批年富力强且教学、研究经验丰富的青年人员。主编董海军博士负责本书的构思、设计、审稿和定稿，副主编杨成胜副教授和唐美玲博士负责部分章节审稿和具体写作统筹工作。修订版的参编者基本仍由原参编者负责，由于个别编者因工作繁忙原因，增加了参编者。本书各章的撰写人员如下（以撰写章节为序）：

第一章：导论　董海军（中南大学）

第二章：选择调查课题　杨成胜（中南大学）

第三章：调查设计　胡双喜（湖南农业大学）

第四章：问卷设计　胡书芝（湖南师范大学）

第五章：抽样　史昱锋（北京航空航天大学杭州创新研究院）；魏水英（浙江万里学院）

第六章：定量资料收集　胡书芝（湖南师范大学）

第七章：定量资料的处理　刘珊（上海工程技术大学）

第八章：定性资料收集与分析　董海军、杨成胜（中南大学）

第九章：统计基础知识　肖霞（东莞职业技术学院）

第十章：单变量和双变量统计分析　唐美玲（厦门大学）

第十一章：多变量统计分析　唐美玲（厦门大学）

第十二章：报告撰写　刘珊（上海松江大学）

---

① 李景汉．社会调查在今日中国之需要．清华周刊，1932 年第 38 卷第 7、8 期合刊。

同时，中南大学社会学系硕士研究生吕耀鹏同学对部分书稿进行了文字编排，并整理了参考文献。在此，对诸位的辛苦工作表示最诚挚的谢意。

本书在写作和书稿评阅期间收到许多批评和建议，在此表示最诚挚的谢意。在这里，一方面我们要感谢风笑天教授对本书写作的批评指导和支持；另一方面，我们对本教材书稿的评阅者表示真诚的敬意和谢意，他们在评阅中为此书提出了许多富有建议性的批评意见，还指出了一些字词等错误。本书的编写和出版得到了出版策划人舒刚博士（397091380@ qq. com）和武汉大学出版社的大力支持和帮助，在此表示真挚的谢意！

当然，我们深知，《社会调查与统计》同样会因为我们自身学术水平的局限而存在这样或那样的问题，但也正因如此，我们愿把自己解剖在同仁们面前，真诚地希望专家、学者们批判和提出宝贵的意见，以便下次予以更正修订，批评和建议永远是不可或缺的前进动力。

《社会调查与统计》编写委员会

2015 年 2 月